Juristische Fall-Lösungen

Koch/Löhnig
Fälle zum Sachenrecht

Fälle zum Sachenrecht

von

Dr. Jens Koch
o. Professor an der Universität Bonn

und

Dr. Martin Löhnig
o. Professor an der Universität Regensburg

5., neu bearbeitete Auflage, 2017

www.beck.de

ISBN 978 3 406 71545 7

© 2017 Verlag C.H. Beck oHG
Wilhelmstraße 9, 80801 München
Druck und Bindung: Nomos Verlagsgesellschaft mbH & Co. KG
In den Lissen 12, 76547 Sinzheim

Satz: Druckerei C.H. Beck Nördlingen
Umschlaggestaltung: Martina Busch, Grafikdesign, Homburg Saar

Gedruckt auf säurefreiem, alterungsbeständigem Papier
(hergestellt aus chlorfrei gebleichtem Zellstoff)

Vorwort

Seit dem Erscheinen der 4. Auflage der „Fälle zum Sachenrecht" sind mehr als zwei Jahre vergangen. Die seither ergangene höchstrichterliche Rechtsprechung haben wir ebenso eingearbeitet wie die Anregungen aus zahlreichen Leserzuschriften, für die wir uns herzlich bedanken und die wir auch weiterhin erbitten, am besten an *jens.koch@jura.uni-bonn.de* oder *martin.loehnig@jura.uni-regensburg.de*.

Für ihre Mitarbeit an der Neuauflage danken wir unseren Mitarbeitern, namentlich *Rebekka Forster* (Bonn), *Maria-Viktoria Runge-Rannow* (Regensburg), *Prof. Dr. Stephan Wagner, M. Jur. (Oxford), M. A.* (Berlin/Regensburg) sowie *Johanna Firsching, Eva Lackner* und *Luis Thoma* (Regensburg).

Wir wünschen allen Leserinnen und Lesern auch bei der Arbeit mit der neuen Auflage viel Vergnügen und Gewinn.

Bonn und Regensburg, im Juni 2017

Jens Koch
Martin Löhnig

Aus dem Vorwort zur 1. Auflage (2007)

Die „Fälle zum Sachenrecht" sind aus den Erfahrungen unserer jahrelangen Tätigkeit in den universitären Examenskursen an den Universitäten Bochum, Regensburg und Konstanz hervorgegangen. Sie sind für das Klausurtraining von Examenskandidaten genauso geeignet wie für Studentinnen und Studenten, die sich auf Abschlussklausuren sachenrechtlicher Vorlesungen vorbereiten.

Die 16 Fälle behandeln alle zentralen Bereiche des Sachenrechts. Wichtige Entwicklungen in der Rechtsprechung der letzten Jahre sind umfassend berücksichtigt. Ein besonderes Augenmerk liegt zudem auf den für die Klausurbearbeitung wichtigen „Querverstrebungen" zwischen dem Sachenrecht und anderen Rechtsgebieten. […]

Inhaltsverzeichnis

Abkürzungsverzeichnis IX
Literaturverzeichnis XIII

Fall 1. Fahrraddiebe *(Koch)*
Possessorische und petitorische Ansprüche – Recht zum Besitz wegen Eigentumserwerbsanspruch – Minderjähriger als Besitzdiener – Besitzkehr und berechtigte GoA als Rechtfertigungsgründe – Ersatzansprüche wegen Abschleppkosten – Arglisteinrede – Widerklage 1

Fall 2. Roth beim Restaurator *(Koch)*
Gutgläubiger Erwerb – Weggabe durch Besitzdiener als Abhandenkommen – Schadensersatz – mittelbarer Besitz und Besitzdiener – Ansprüche beim Erwerb vom Nichtberechtigten 15

Fall 3. Rolfs Probleme *(Löhnig)*
Drittwiderspruchsklage – Übereignung – Übergabesurrogate der §§ 930 ff. BGB – gutgläubiger Erwerb nach § 934 BGB – Anfechtung der dinglichen Einigung – Scheingeheißerwerb – gutgläubiger Erwerb – Ansprüche aus Bereicherungsrecht 31

Fall 4. Angesagte Location *(Löhnig)*
Schuldübernahme (§ 415 BGB) – Verarbeitung (§ 950 BGB) – Sicherungsübereignung – Anwartschaftsrecht als Recht zum Besitz – possessorischer Besitzschutz – petitorischer Besitzschutz – Anspruch auf Nutzungsersatz 47

Fall 5. Erfolg wider Erwarten *(Löhnig)*
Anspruch auf Rückübereignung – Pfandrecht – Rücktritt wegen mangelhafter Kaufsache – Folgen des Rücktritts für die Eigentumslage 63

Fall 6. Lustlose Radler *(Koch)*
Anwartschaftsrecht – gutgläubiger Ersterwerb des Anwartschaftsrechts – Erstarken zum Vollrecht – Übertragung des Anwartschaftsrechts – gutgläubiger Zweiterwerb des Anwartschaftsrechts 73

Fall 7. J'ai deux amours: mon pays et Paris *(Löhnig)*
Sicherungsübereignung – Besitzrechte – Anwartschaftsrecht – Recht zum Besitz aus Anwartschaftsrecht – Ersitzung – Verpfändung – gutgläubiger Erwerb des Pfandrechts (§§ 1244, 932 BGB) 83

Fall 8. Apfelbäume statt Appartements *(Koch)*
Herausgabeanspruch aus § 985 BGB – § 1000 BGB – Verwendungsersatz nach §§ 994, 996 BGB – enger und weiter Verwendungsbegriff – Beseitigungspflicht (§ 1004 BGB) – ererbte Verbindlichkeiten 93

Fall 9. Von Bienen, Blüten und Bäumen *(Koch)*
Unterlassungsanspruch aus § 1004 BGB – § 906 BGB – Anspruch aus § 833 Satz 1 BGB – Wahrnehmung einer fremden Beseitigungspflicht – Geschäftsführung ohne Auftrag – Störerbegriff – nachbarrechtlicher Ausgleichsanspruch 107

Fall 10. Witwer und Waisen *(Koch)*
Schenkung an einen Minderjährigen – Auflassung als Insichgeschäft i.S.d. § 181 BGB – Gesamtbetrachtungslehre und teleologische Reduktion – Nachteiligkeit des dinglichen Geschäfts – Widerruf nach § 178 BGB 121

Fall 11. Begehrtes Grundstück *(Löhnig)*
Schuldrechtliches und dingliches Vorkaufsrecht – Vormerkung – Umdeutung – Anspruch aus § 894 BGB – Anspruch aus § 888 Abs. 1 BGB – Gegenrechte aus §§ 1100, 1000 BGB – analoge Anwendung des Eigentümer-Besitzer-Verhältnisses 133

Fall 12. Auf die Reihenfolge kommt es an *(Löhnig)*
Eröffnung des Insolvenzverfahrens (§ 80 InsO) – Verlust der Verfügungsbefugnis (§ 91 InsO, § 878 BGB) – Zurückbehaltungsrecht (§ 1000 BGB) – Schadensersatzanspruch aus §§ 989, 990 BGB – Nutzungsersatzanspruch aus §§ 987, 990 BGB 147

Fall 13. Erlers Erben *(Löhnig)*
Vormerkung – Anwendbarkeit des Grundbuchberichtigungsanspruchs § 894 BGB auf die Vormerkung – gutgläubiger Erst- und Zweiterwerb der Vormerkung – Erbschein – gutgläubiger Erwerb nach §§ 2366, 2367 BGB – Vor- und Nacherbschaft 155

Fall 14. Guter Junge *(Löhnig)*
Gescheiterte Schuldübernahme – Hypotheken- bzw. Grundschuldentstehung – Folgen der Zahlung auf Hypothek und Grundschuld – Ablösungsrechte Dritter 165

Fall 15. Briefwechsel *(Koch)*
Gutgläubiger Erst- und Zweiterwerb der Hypothek – Gutglaubenserwerb trotz eingetragenen Widerspruchs – Übertragung der Hypothek – § 1138 BGB – gefälschte Abtretungserklärung und § 1155 BGB – Einreden gegen Hypothek und Forderung 177

Fall 16. Mit Sicherheit verunsichert *(Koch)*
Grundbuchberichtigung – Grundschuld – Folgen der Zahlung – Anspruch auf Abtretung der Darlehensforderung aus dem Sicherungsvertrag – Bürgschaft – Wettlauf der Sicherungsgeber 191

Fall 17. Forscher Financier *(Koch)*
Rechtsbehelfe in der Zwangsvollstreckung – Forderungsabtretung einer Bank – Abhängigkeit der Grundschuld vom Sicherungsvertrag nach dem Risikobegrenzungsgesetz – Haftungsverband der Grundschuld 205

Stichwortverzeichnis 219

Abkürzungsverzeichnis

a. A.	anderer Ansicht
Abs.	Absatz
AcP	Archiv für die civilistische Praxis (Zeitschrift)
a. E.	am Ende
a. F.	alte Fassung
AG	Amtsgericht
AgrarR	Agrarrecht (Zeitschrift)
AktG	Aktiengesetz
allg. M.	allgemeine Meinung
Alt.	Alternative
a. M.	am Main
Anh.	Anhang
Aufl.	Auflage
BayObLG	Bayerisches Oberstes Landesgericht
BayObLGZ	Sammlung des BayObLG in Zivilsachen
Bd./Bde.	Band/Bände
BDSG	Bundesdatenschutzgesetz
Bearb.	Bearbeitung
BGB	Bürgerliches Gesetzbuch
BGBl.	Bundesgesetzblatt
BGH	Bundesgerichtshof
BGHZ	Entscheidungen des Bundesgerichtshofs in Zivilsachen
BKR	Zeitschrift für Bank- und Kapitalmarktrecht
BT-Drs.	Drucksache des Deutschen Bundestages
Buchst.	Buchstabe
BVerfG	Bundesverfassungsgericht
BVerfGE	Entscheidungen des Bundesverfassungsgerichts
bzw.	beziehungsweise
ca.	circa
DAR	Deutsches Autorecht (Zeitschrift)
ders.	derselbe
DNotZ	Deutsche Notar-Zeitschrift
EBV	Eigentümer-Besitzer-Verhältnis
Einl.	Einleitung
EuGH	Gerichtshof der Europäischen Union
EUR	Euro
f.	folgende
FamRZ	Zeitschrift für das gesamte Familienrecht
ff.	fortfolgende
FG	Festgabe

Abkürzungsverzeichnis

Fn.	Fußnote
FS	Festschrift

GBO	Grundbuchordnung
gem.	gemäß
GG	Grundgesetz
GmbH	Gesellschaft mit beschränkter Haftung
GmbHG	Gesetz betreffend die Gesellschaften mit beschränkter Haftung
GmbHR	GmbH-Rundschau (Zeitschrift)
GoA	Geschäftsführung ohne Auftrag
GrEStG	Grunderwerbsteuergesetz

HGB	Handelsgesetzbuch
h. M.	herrschende Meinung
hrsgg.	herausgegeben
Hs.	Halbsatz

InsO	Insolvenzordnung
i. S. d.	im Sinne der/des
i. V. m.	in Verbindung mit

JA	Juristische Arbeitsblätter (Zeitschrift)
Jura	Juristische Ausbildung (Zeitschrift)
JuS	Juristische Schulung (Zeitschrift)
JW	Juristische Wochenschrift (Zeitschrift)
JZ	Juristenzeitung

krit.	kritisch
KWG	Kreditwesengesetz

LG	Landgericht
Lit.	Literatur
LMK	Lindenmaier-Möhring, Kommentierte BGH-Rechtsprechung

MDR	Monatsschrift für Deutsches Recht
m. w. N.	mit weiteren Nachweisen
Mot.	Motive zu dem Entwurfe eines Bürgerlichen Gesetzbuches für das Deutsche Reich, 5 Bde., 1888

NJW	Neue Juristische Wochenschrift (Zeitschrift)
NJW-RR	NJW-Rechtsprechungs-Report Zivilrecht
Nr(n).	Nummer(n)
NuR	Natur und Recht (Zeitschrift)
NZV	Neue Zeitschrift für Verkehrsrecht

OLG	Oberlandesgericht
OLGZ	Entscheidungen der Oberlandesgerichte in Zivilsachen

Pkw	Personenkraftwagen
Prot.	Protokolle
RGZ	Entscheidungen des Reichsgerichts in Zivilsachen
Rn.	Randnummer
Rpfleger	Der Deutsche Rechtspfleger (Zeitschrift)
Rspr.	Rechtsprechung
S.	Seite
sog.	sogenannt
StGB	Strafgesetzbuch
st. Rspr.	ständige Rechtsprechung
Tz.	Textziffer
v.	von
VersR	Versicherungsrecht (Zeitschrift)
vgl.	vergleiche
WM	Wertpapier-Mitteilungen (Zeitschrift)
z. B.	zum Beispiel
ZEV	Zeitschrift für Erbrecht und Vermögensnachfolge
ZGS	Zeitschrift für das gesamte Schuldrecht
ZHR	Zeitschrift für das gesamte Handelsrecht und Wirtschaftsrecht
ZIP	Zeitschrift für Wirtschaftsrecht
ZPO	Zivilprozessordnung
z. T.	zum Teil
zust.	zustimmend
zutr.	zutreffend
ZVG	Gesetz über die Zwangsversteigerung und die Zwangsverwaltung

Literaturverzeichnis

Baumbach/Hopt/
Bearbeiter .... *Baumbach/Hopt,* Handelsgesetzbuch, Kommentar, 37. Aufl. 2016
Baur/Stürner .... *Baur/Stürner,* Sachenrecht, 18. Aufl. 2009
BeckOK BGB/
Bearbeiter .... *Bamberger/Roth,* Beck'scher Online-Kommentar BGB, Edition 42 (Stand: 1.2.2017)
Brehm/Berger .... *Brehm/Berger,* Sachenrecht, 3. Aufl. 2014
Brox/Walker Allgemeines SchuldR .... *Brox/Walker,* Allgemeines Schuldrecht, 41. Aufl. 2017
Brox/Walker Besonderes SchuldR .... *Brox/Walker,* Besonderes Schuldrecht, 41. Aufl. 2017
Bülow .... *Bülow,* Recht der Kreditsicherheiten, 8. Aufl. 2012
Canaris .... *Canaris,* Handelsrecht, 24. Aufl. 2006
Erman/*Bearbeiter* .... *Erman,* Handkommentar zum Bürgerlichen Gesetzbuch, 14. Aufl. 2014
Flume .... *Flume,* Allgemeiner Teil des Bürgerlichen Rechts, Bd. 2: Das Rechtsgeschäft, 4. Aufl. 1992
Frank/Helms .... *Frank/Helms,* Erbrecht, 6. Aufl. 2013
Jauernig/*Bearbeiter* .... *Jauernig,* Bürgerliches Gesetzbuch, Kommentar, 16. Aufl. 2015
Kötz/Wagner .... *Kötz/Wagner,* Deliktsrecht, 13. Aufl. 2016
Lange/Kuchinke .... *Lange/Kuchinke,* Erbrecht, 5. Aufl. 2001
Larenz SchuldR BT I .... *Larenz,* Lehrbuch des Schuldrechts, Bd. 1: Allgemeiner Teil, 14. Aufl. 1987
Larenz SchuldR BT II/1 *Larenz,* Lehrbuch des Schuldrechts, Bd. 2: Besonderer Teil, Halbbd. 1, 13. Aufl. 1986
Larenz/Canaris .... *Larenz/Canaris,* Lehrbuch des Schuldrechts, Bd. 2: Besonderer Teil, Halbbd. 2, 13. Aufl. 1994
Lettl .... *Lettl,* Handelsrecht, 3. Aufl. 2015
Löhnig .... *Löhnig,* Erbrecht, 3. Aufl. 2016
Medicus/Petersen .... *Medicus/Petersen,* Bürgerliches Recht, 25. Aufl. 2015
Mugdan .... *Mugdan,* Die gesamten Materialien zum Bürgerlichen Gesetzbuch für das Deutsche Reich, 5 Bde., 1899
MünchKommBGB/
Bearbeiter .... Münchener Kommentar zum Bürgerlichen Gesetzbuch, hrsgg. von *Säcker/Rixecker,* 7. Aufl. 2015f.
MünchKommHGB/
Bearbeiter .... Münchener Kommentar zum Handelsgesetzbuch, hrsgg. von *K. Schmidt,* Bd. 1, 4. Aufl. 2016
MünchKommInsO/
Bearbeiter .... Münchener Kommentar zur Insolvenzordnung, hrsgg. von *Kirchhof/Stürner/Eidenmüller,* 3. Aufl. 2014f.

MünchKommZPO/
Bearbeiter .... Münchener Kommentar zur Zivilprozessordnung, hrsgg. von *Krüger/Rauscher,* 5. Aufl. 2016f.
Musielak/Voit .... *Musielak/Voit,* Grundkurs ZPO, 13. Aufl. 2016
Neuner .... *Neuner,* Sachenrecht, 5. Aufl. 2017
NK/*Bearbeiter* .... Nomos-Kommentar BGB, hrsgg. von *Dauner-Lieb/Heidel/Ring,* Gesamtedition 2014ff.
Palandt/*Bearbeiter* .... *Palandt,* Bürgerliches Gesetzbuch, Kommentar, 76. Aufl. 2017
Picker .... *Picker,* Der negatorische Beseitigungsanspruch, 1972
Prütting .... *Prütting,* Sachenrecht, 36. Aufl. 2017
PWW/*Bearbeiter* .... *Prütting/Wegen/Weinreich,* BGB, Kommentar, 12. Aufl. 2017
Reinicke/Tiedtke .... *Reinicke/Tiedtke,* Kreditsicherung, 5. Aufl. 2006
Rengier .... *Rengier,* Strafrecht Besonderer Teil I, 19. Aufl. 2017
RGRK/*Bearbeiter* .... Reichsgerichtsräte-Kommentar BGB, hrsgg. von Mitgliedern des BGH, 12. Aufl. 1974ff.
Rüthers/Stadler .... *Rüthers/Stadler,* Allgemeiner Teil des BGB, 18. Aufl. 2014
K. Schmidt .... *K. Schmidt,* Gesellschaftsrecht, 4. Aufl. 2002
Schreiber .... *Schreiber,* Sachenrecht, 6. Aufl. 2015
Soergel/*Bearbeiter* .... *Soergel,* Bürgerliches Gesetzbuch, Kommentar, 13. Aufl. 1999f.
Staudinger/*Bearbeiter* ...... *Staudinger,* Kommentar zum BGB, 13. Bearb. ff. 1993ff. (mit Jahresangabe)
Thomas/Putzo/
Bearbeiter .... *Thomas/Putzo,* ZPO, Kommentar, 37. Aufl. 2016
Vieweg/Werner .... *Vieweg/Werner,* Sachenrecht, 7. Aufl. 2015
Wandt .... *Wandt,* Gesetzliche Schuldverhältnisse, 8. Aufl. 2017
Weber/Weber .... *Weber/Weber,* Kreditsicherungsrecht, 9. Aufl. 2012
Wilhelm .... *Wilhelm,* Sachenrecht, 5. Aufl. 2016
Wolf/Neuner .... *Wolf/Neuner,* Allgemeiner Teil des Bürgerlichen Rechts, 11. Aufl. 2016
Wolf/Wellenhofer .... *Wolf/Wellenhofer,* Sachenrecht, 31. Aufl. 2016

Fall 1. Fahrraddiebe

Sachverhalt

An einem Vormittag im Mai fährt Armin Aberle (A) gegen 11.45 Uhr mit seinem Pkw durch die Konstanzer Innenstadt. Als er an der Ampel anhalten muss, überholt ihn der 13-jährige Radfahrer Rudolf Rebmann (R) auf dem Radweg und biegt in die Fußgängerzone ein. Obwohl A nur einen kurzen Blick auf den R werfen konnte, hat er doch sofort erkannt, dass dieser mit dem Fahrrad unterwegs ist, das dem A vor neun Monaten auf dem Konstanzer Seenachtfest gestohlen wurde. Als die Ampel auf Grün springt, zögert A daher keine Sekunde. Er stellt sein Auto auf dem nächsten freien Parkplatz ab und eilt dem R in die Fußgängerzone nach. Sein Einsatz ist von Erfolg gekrönt. R hat das Fahrrad unverschlossen an einen Baum angelehnt und ist selbst in einer Eisdiele verschwunden. A nimmt daher das Fahrrad an sich und will sich sodann den heraneilenden R, der den Vorgang aus der Eisdiele beobachtet hat, als vermeintlichen Dieb des Fahrrades vorknöpfen. R ist jedoch seinerseits höchst empört über das Verhalten des A. Er habe das Fahrrad keineswegs gestohlen, sondern sein Vater (V) habe es am Tag nach dem Konstanzer Seenachtfest in einem Graben am Rande der Stadt aufgefunden und zum Fundbüro gebracht. Erst als sich dort sechs Monate lang niemand gemeldet habe, sei das Fahrrad dem V ausgehändigt worden, der es ihm heute für eine Fahrt zur Eisdiele überlassen habe. A lässt sich davon nicht beeindrucken, sondern fährt unter dem wütenden Protest des R auf dem Fahrrad nach Hause.

Anschließend ruht er sich noch ein wenig von der Aufregung aus und kehrt schließlich im Bus zu der Stelle zurück, wo er sein Auto abgestellt hatte. Als er dort gegen 16.00 Uhr eintrifft, muss er allerdings zu seinem großen Entsetzen feststellen, dass sein Wagen dort nicht mehr steht. Erst jetzt sieht er, dass es sich bei dem Parkplatz, auf dem er sein Auto abgestellt hatte, um die deutlich als „Privatparkplatz" gekennzeichnete Parkfläche eines Mietshauses handelt. Auf näheres Nachfragen in der Nachbarschaft erfährt er, dass die Parkfläche, auf der er sein Auto abgestellt hatte, Teil einer von dem Mieter Maximilian Mehltau (M) angemieteten Parkplatzfläche ist, die zwei Stellplätze umfasst. Dieser sei gegen 14.30 Uhr nach Hause gekommen und habe einen der Stellplätze durch den Wagen seiner Frau, den anderen durch ein fremdes Auto besetzt gefunden. Als der Halter des Wagens bis 14.50 Uhr immer noch nicht wieder aufgetaucht sei, habe er ein Abschleppunternehmen gerufen, das den Wagen gegen 15.40 Uhr von dem Parkplatz entfernt habe.

Gleich am nächsten Tag begibt sich A zu seinem Rechtsanwalt und bittet ihn um ein Rechtsgutachten zu vier Fragen:

1. Muss er befürchten, von V mit Erfolg auf Herausgabe des Fahrrads in Anspruch genommen zu werden?
2. Wie könnte er sich gegen eine derartige Inanspruchnahme zur Wehr setzen?
3. Hat M rechtswidrig gehandelt, als er sein Auto abschleppen ließ?
4. Muss er damit rechnen, auf Erstattung der Abschleppkosten in Anspruch genommen zu werden?

Fall 1. Fahrraddiebe

Bearbeitervermerk: Entwerfen Sie in Form eines Gutachtens die Antwort des Rechtsanwalts auf diese vier Fragen.

Skizze

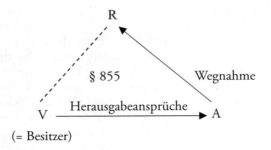

Gliederung

Rn.

Frage 1: Ansprüche des V auf Herausgabe des Fahrrads
    I. Anspruch aus § 985 BGB 1
        1. Eigentumserwerb des V nach § 958 BGB? 1
        2. Eigentumserwerb des V nach § 973 BGB? 2
        3. Recht zum Besitz (§ 986 Abs. 1 BGB)? 3
            Problem: Können hier auch Eigentumserwerbsansprüche geltend gemacht werden?
        4. Zwischenergebnis 5
    II. Herausgabeanspruch aus § 861 Abs. 1 BGB 6
        1. Voraussetzungen des § 861 Abs. 1 BGB 6
            a) Minderjähriger als Besitzdiener 6
            Problem: Hat ein Minderjähriger an ihm überlassenem Eigentum der Eltern Besitz?
            b) Besitzentziehung durch verbotene Eigenmacht 7
        2. Arglist-Einrede 9
            Problem: Ist die Arglist-Einrede auch bei possessorischen Ansprüchen anwendbar?
        3. Zwischenergebnis 10
    III. Herausgabeanspruch aus § 1007 Abs. 1 BGB 11
    IV. Herausgabeanspruch aus § 1007 Abs. 2 BGB 12
    V. Herausgabeanspruch aus § 812 Abs. 1 Satz 1 Alt. 2 BGB 13
    VI. Herausgabeanspruch aus § 823 Abs. 1 BGB 15
    VII. Ergebnis 16

Frage 2: Reaktionsmöglichkeiten des A 17

Fall 1. Fahrraddiebe

Rn.

Frage 3: Rechtmäßigkeit der Abschleppmaßnahme
    I. Berechtigte Geschäftsführung ohne Auftrag (§§ 683 Satz 1, 677 BGB)   19
        1. Berechtigte GoA als Rechtfertigungsgrund 19
        Problem: Ist die berechtigte GoA ein möglicher Rechtfertigungsgrund?
        2. Fremdes Geschäft 20
        3. Fremdgeschäftsführungswille 21
        4. Interessen- und willensgemäße Übernahme der Geschäftsführung   22
        Problem: Liegt das Abschleppen eines Fahrzeugs im Interesse des Halters?
        5. Zwischenergebnis 25
    II. Besitzkehr gem. § 859 Abs. 3 BGB 26
        1. Besitz des M 26
        2. Besitzentzug durch verbotene Eigenmacht 27
        Problem: Besitzentzug oder Besitzstörung bei Entzug einer Teilfläche?
        3. Rechtsfolge 29
    III. Ergebnis 30

Frage 4: Anspruch auf Ersatz der Abschleppkosten
    I. Berechtigte Geschäftsführung ohne Auftrag (§§ 670, 683 Satz 1, 677 BGB) 31
    II. Anspruch aus unerlaubter Handlung nach § 823 Abs. 1 BGB 33
        1. Besitz als sonstiges Recht i. S. d. § 823 Abs. 1 BGB 33
        2. Abschleppkosten als adäquater Schaden 34
    III. Anspruch aus § 823 Abs. 2 BGB wegen Verletzung eines Schutzgesetzes 35
        Problem: Fällt § 858 BGB unter den Begriff des Schutzgesetzes?
    IV. Ergebnis 37

Lösung

Frage 1: Ansprüche des V auf Herausgabe des Fahrrads

I. Anspruch aus § 985 BGB

1. Eigentumserwerb des V nach § 958 BGB?

Ein Anspruch auf Herausgabe des Fahrrads könnte sich zunächst aus § 985 BGB ergeben. A hat die tatsächliche Sachherrschaft über das Fahrrad begründet und ist damit Besitzer i. S. d. § 854 Abs. 1 BGB. Weiterhin müsste der V aber auch Eigentümer des Fahrrads sein. Das Eigentum an dem Fahrrad stand ursprünglich dem A zu. Es könnte jedoch im Wege der Aneignung nach § 958 Abs. 1 BGB auf V übergegangen sein. Das würde voraussetzen, dass das Fahrrad eine herrenlose bewegliche

1

Sache war, die von V in Eigenbesitz genommen worden ist. Herrenlos wird eine bewegliche Sache nach § 959 BGB aber nur dann, wenn der Eigentümer den Besitz der Sache in der Absicht aufgibt, auf das Eigentum zu verzichten. Eine solche willentliche Besitzaufgabe hat hier jedoch nicht stattgefunden, denn Eigentümer war zu diesem Zeitpunkt noch allein der A, der den Besitz unfreiwillig verloren hatte. Überdies wollte auch der V das Fahrrad zum Fundbüro bringen und hatte damit nicht den Willen, Eigenbesitz i.S.d. § 872 BGB an dem Fahrrad zu begründen. Damit ist auch die zweite Voraussetzung des § 958 BGB nicht erfüllt.

2. Eigentumserwerb des V nach § 973 BGB?

2 Des Weiteren könnte sich ein Eigentumserwerb des V aus § 973 BGB ergeben. Das würde zunächst voraussetzen, dass V eine verlorene Sache i.S.d. § 965 Abs. 1 BGB an sich genommen hat. Verloren sind Sachen, die besitzlos, aber nicht herrenlos sind.[1] Das kann auch bei einer freiwilligen Besitzaufgabe der Fall sein, wenn darin ausnahmsweise keine Eigentumsaufgabe liegt.[2] Ein solcher Fall liegt hier vor. Selbst wenn der Dieb bewusst den Besitz an dem Fahrrad aufgegeben hat, so hat doch der Eigentümer A nicht auf sein Eigentum verzichtet (siehe Rn. 1). Das Fahrrad war daher besitz-, aber nicht herrenlos und somit „verloren" i.S.d. § 965 Abs. 1 BGB. V hat das Fahrrad gefunden, indem er es nach Entdeckung in Besitz genommen hat. Weiterhin hat er den Fund gem. § 973 Abs. 1 Satz 1 BGB i.V.m. § 965 Abs. 2 BGB bei der zuständigen Behörde gemeldet, sodass er gem. § 973 Abs. 1 Satz 1 BGB mit dem Ablauf von sechs Monaten nach der Anzeige des Fundes das Eigentum an dem Fahrrad erworben hat. V ist damit Eigentümer gem. § 973 Abs. 1 Satz 1 BGB geworden.

3. Recht zum Besitz (§ 986 Abs. 1 BGB)?

3 Möglicherweise steht dem A jedoch ein Recht zum Besitz i.S.d. § 986 Abs. 1 BGB zu, das sich aus einem Bereicherungsanspruch nach § 977 Satz 1 i.V.m. §§ 812 ff. BGB ergeben könnte. A hat nach dem oben Gesagten einen Rechtsverlust nach § 973 Abs. 1 Satz 1 BGB erlitten. Die Ausschlussfrist des § 977 Satz 2 BGB ist noch nicht abgelaufen, sodass A gem. § 977 Satz 1 BGB die Herausgabe nach den Vorschriften über die Herausgabe einer ungerechtfertigten Bereicherung fordern kann. Ein Recht zum Besitz kann sich sowohl aus dinglichen als auch aus obligatorischen Rechten ergeben, wobei es bei den obligatorischen Rechtsverhältnissen unerheblich ist, ob es sich um ein durch Rechtsgeschäft oder Gesetz begründetes Verhältnis handelt.[3] Auch Eigentumserwerbsansprüche können nach h.M. ein Recht zum Besitz einräumen.[4] A hat einen Bereicherungsanspruch gegen V, der auf Übereignung der Fundsache gerichtet ist. Er erlangt im Vorgriff auf seine künftige Eigentümerstellung die Herrschaft über die Sache, wodurch seine Besitzposition der eines auf Dauer zum Besitz Berechtigten angenähert wird.[5] Dem Recht zum Besitz steht nicht entgegen, dass A die Sachherrschaft durch verbotene Eigenmacht erlangt

---

[1] Palandt/*Herrler* Vor § 965 BGB Rn. 1.
[2] Palandt/*Herrler* Vor § 965 BGB Rn. 1.
[3] Palandt/*Herrler* § 986 BGB Rn. 4; *Vieweg/Werner* § 7 Rn. 13.
[4] BGHZ 90, 269, 270 = NJW 1984, 1960; MünchKommBGB/*Baldus* § 986 BGB Rn. 32; Staudinger/*Gursky* (2013) § 986 BGB Rn. 18; *Lorenz* JuS 2011, 199, 200.
[5] Vgl. *Sosnitza*, Besitz und Besitzschutz, 2003, S. 101.

hat.[6] Daher steht dem Vindikationsanspruch des V eine Einwendung gem. § 986 Abs. 1 BGB entgegen.

Hinweis: An dieser Stelle ist es auch vertretbar, das Recht zum Besitz in einem engeren Sinne zu verstehen, wonach bloße schuldrechtliche Verschaffungsansprüche nicht von § 986 Abs. 1 BGB erfasst sind.[7] Dann hat A kein Recht zum Besitz und es muss schon an dieser Stelle die Einrede des „dolo agit, qui petit, quod statim redditurus est" geprüft werden (siehe dazu Rn. 9). V könnte das Fahrrad zwar herausverlangen, wäre dann aber zugleich einem Herausgabeverlangen nach § 977 Satz 1 BGB ausgesetzt. Der Durchsetzbarkeit seines Herausgabeverlangens stünde daher die Dolo-agit-Einrede entgegen, die A durch die Verweigerung der Herausgabe konkludent erhoben hat.

4. Zwischenergebnis

V hat gegen A keinen Herausgabeanspruch aus § 985 BGB.

II. Herausgabeanspruch aus § 861 Abs. 1 BGB

1. Voraussetzungen des § 861 Abs. 1 BGB

a) Minderjähriger als Besitzdiener

V könnte gegen A einen Anspruch auf Herausgabe wegen Besitzentziehung nach § 861 Abs. 1 BGB haben. Das würde voraussetzen, dass A dem V seinen Besitz durch verbotene Eigenmacht entzogen hat. Dazu muss zunächst festgestellt werden, wer im Zeitpunkt der Inbesitznahme durch A Besitzer des Fahrrads war. Das Fahrrad wurde von dem Minderjährigen R gefahren. Nach allgemeiner Auffassung ist der Besitzwille ein rein tatsächlicher Herrschaftswille und kann daher auch von einem Minderjährigen gebildet werden.[8] Soweit dem Minderjährigen von seinen Eltern Sachen überlassen worden sind, ist allerdings zu berücksichtigen, dass er aufgrund des elterlichen Sorgerechts nach § 1626 Abs. 1 BGB den Weisungen seiner Eltern untersteht und daher Besitzdiener i.S.d. § 855 BGB ist.[9] In diesem Fall ist nach § 855 BGB nur der weisungsberechtigte Besitzherr Besitzer. Diese Besitzstellung wird auch nicht dadurch beeinträchtigt, dass der Besitzdiener R das Fahrrad kurzfristig vor der Eisdiele abgestellt hat, sondern darin liegt nach der für die Beurteilung der Besitzverhältnisse maßgeblichen Verkehrsanschauung lediglich eine vorübergehende Besitzlockerung.[10]

b) Besitzentziehung durch verbotene Eigenmacht

A hat dem R die tatsächliche Sachherrschaft ohne Zustimmung des R oder V entzogen und damit verbotene Eigenmacht i.S.d. § 858 Abs. 1 BGB verübt. Der V kann daher das Besitzschutzrecht des § 861 Abs. 1 BGB geltend machen. Allerdings könnte dieser Anspruch nach § 861 Abs. 2 BGB ausgeschlossen sein, wenn auch der Besitz des V fehlerhaft war und in dem letzten Jahr vor der Entziehung erlangt worden ist. Fehlerhaft ist nach § 858 Abs. 2 Satz 1 BGB der durch verbotene Eigenmacht erlangte Besitz. V hat das Fahrrad gefunden und daher gegen A keine

---

[6] Staudinger/*Gursky* (2013) § 986 BGB Rn. 25; *Diederichsen,* Das Recht zum Besitz aus Schuldverhältnissen, 1965, S. 113; *M. Wolff,* FG R. Koch, 1903, S. 153.
[7] So augenscheinlich *Reuter/Martinek,* Ungerechtfertigte Bereicherung, 1982, § 20 I 1c (S. 671).
[8] Vgl. nur *Prütting* Rn. 55.
[9] Palandt/*Herrler* § 855 BGB Rn. 7; *Baur/Stürner* § 7 Rn. 68 mit Fn. 2.
[10] Vgl. dazu *Prütting* Rn. 52.

verbotene Eigenmacht verübt. Allerdings muss nach § 858 Abs. 2 Satz 2 BGB auch der Nachfolger im Besitz die Fehlerhaftigkeit gegen sich gelten lassen, wenn er Erbe des Besitzers ist oder die Fehlerhaftigkeit seines Vorgängers bei dem Erwerb kennt. Der Dieb hat gegen A verbotene Eigenmacht verübt. V ist aber weder sein Erbe noch kannte er die Fehlerhaftigkeit des Vorbesitzes, sodass die Voraussetzungen des § 858 Abs. 2 Satz 2 BGB und damit auch die des § 861 Abs. 2 BGB nicht erfüllt sind. Der Besitzanspruch ist auch nicht durch Zeitablauf nach § 864 Abs. 1 BGB erloschen, sodass die Voraussetzungen des § 861 Abs. 1 BGB erfüllt sind.

8 **Hinweis:** Wer davon ausgeht, dass der R nicht Besitzdiener ist (vertretbar), muss erkennen, dass V auch in diesem Fall einen eigenen Anspruch geltend machen kann. Da er dem R das Fahrrad geliehen hat, ist er als mittelbarer Besitzer anzusehen. Aufgrund dieser Position kann er den Herausgabeanspruch nach § 869 BGB selbst geltend machen, muss allerdings die Herausgabe an R verlangen.

2. Arglist-Einrede

9 Allerdings könnte man erwägen, ob A dem V nicht die Arglist-Einrede des „dolo agit, qui petit, quod statim redditurus est" entgegenhalten kann, weil der Anspruch gleich nach Erfüllung durch ein Herausgabeverlangen nach § 977 Satz 1 BGB i.V.m. §§ 812ff. BGB rückgängig gemacht werden könnte.[11] Dem steht jedoch § 863 BGB entgegen, wonach gegenüber den in §§ 861, 862 BGB bestimmten Ansprüchen ein Recht zum Besitz nur zur Begründung der Behauptung geltend gemacht werden kann, dass die Entziehung des Besitzes nicht verbotene Eigenmacht sei. Aus dieser unglücklich formulierten Vorschrift ergibt sich der possessorische Charakter des Besitzschutzanspruchs aus § 861 Abs. 1 BGB. Um dem Besitzer die rasche Wiederherstellung seines durch verbotene Eigenmacht beeinträchtigten Besitzstandes zu ermöglichen, werden Einwendungen aus materiellem Recht grundsätzlich ausgeschlossen.[12] Das gilt auch für die Einrede des „dolo agit, qui petit, quod statim redditurus est".[13]

3. Zwischenergebnis

10 V kann daher gegen A einen Anspruch aus § 861 Abs. 1 BGB geltend machen.

III. Herausgabeanspruch aus § 1007 Abs. 1 BGB

11 Daneben könnte V seinen Herausgabeanspruch auch auf § 1007 Abs. 1 BGB stützen. Das würde voraussetzen, dass V ursprünglich eine bewegliche Sache im Besitz hatte und der A als jetziger Besitzer bei dem Besitzerwerb nicht in gutem Glauben war. Im Zeitpunkt der Besitzentziehung hatte V das Fahrrad durch den Besitzdiener R in seinem Besitz. Allerdings hielt sich der A noch für den Eigentümer des Fahrrads und war daher hinsichtlich seines Besitzrechts nicht bösgläubig, sodass die Voraussetzungen des § 1007 Abs. 1 BGB nicht erfüllt sind.

IV. Herausgabeanspruch aus § 1007 Abs. 2 BGB

12 Schließlich könnte V gegen A einen Herausgabeanspruch aus § 1007 Abs. 2 BGB geltend machen. Ein solcher Anspruch ist allerdings nach § 1007 Abs. 2 Satz 1

---

[11] Vgl. dazu statt vieler Palandt/*Grüneberg* § 242 BGB Rn. 52; aus der Rspr. vgl. etwa BGH NJW-RR 2004, 229, 230.
[12] MünchKommBGB/*Joost* § 863 BGB Rn. 1, 6.
[13] MünchKommBGB/*Joost* § 863 BGB Rn. 7; *Lopau* JuS 1980, 501, 504.

BGB dann ausgeschlossen, wenn die Sache dem jetzigen Besitzer noch vor der Besitzzeit des Anspruchstellers abhanden gekommen ist. Das war hier der Fall, sodass ein Anspruch aus § 1007 Abs. 2 BGB ausscheidet.

V. Herausgabeanspruch aus § 812 Abs. 1 Satz 1 Alt. 2 BGB

Schließlich könnte V gegen A auch einen Herausgabeanspruch aus Eingriffskondiktion nach § 812 Abs. 1 Satz 1 Alt. 2 BGB haben. Als vermögenswertes Gut kann der Besitz Gegenstand eines Kondiktionsanspruchs sein.[14] Das ist bei einer Leistungskondiktion unproblematisch. Bei einer Eingriffskondiktion wird hingegen ergänzend gefordert, dass der Bereicherungsschuldner in den Zuweisungsgehalt eines Rechts des Bereicherungsgläubigers eingegriffen hat, was nur dann bejaht wird, wenn der Anspruchsteller berechtigter Besitzer war.[15] V war aufgrund des nach § 973 BGB erfolgten gesetzlichen Eigentumserwerbs (siehe Rn. 2) als Eigentümer berechtigter Besitzer in diesem Sinne, sodass ihm ein Anspruch aus Eingriffskondiktion zusteht.

Allerdings könnte der Durchsetzbarkeit dieses Anspruchs die Einrede des „dolo agit, qui petit, quod statim redditurus est" entgegengehalten werden, da dem A der schuldrechtliche Herausgabeanspruch aus § 977 Satz 1 BGB i.V.m. §§ 812ff. BGB zusteht. Im Gegensatz zum Anspruch aus § 861 Abs. 1 BGB kommt dem Bereicherungsanspruch aus § 812 Abs. 1 Satz 1 Alt. 2 BGB kein possessorischer Charakter zu, sodass der Durchsetzbarkeit des Anspruchs die Dolo-agit-Einrede entgegensteht, die A durch die Verweigerung der Herausgabe konkludent erhoben hat.

VI. Herausgabeanspruch aus § 823 Abs. 1 BGB

A hat das Eigentum des V an dem Fahrrad durch Besitzentziehung rechtswidrig und schuldhaft verletzt, sodass die Voraussetzungen des § 823 Abs. 1 BGB erfüllt sind. Einem darauf gestützten Herausgabeverlangen steht aber wiederum die Dolo-agit-Einrede des A entgegen.

VII. Ergebnis

V hat gegen A einen Anspruch auf Herausgabe des Fahrrads aus § 861 Abs. 1 BGB.

Frage 2: Reaktionsmöglichkeiten des A

A könnte sich durch die Erhebung einer Widerklage (vgl. dazu § 33 ZPO) gegen eine etwaige Besitzschutzklage des V wehren. A hat gegen V einen Anspruch auf Herausgabe des Fahrrades aus § 977 Satz 1 i.V.m. §§ 812ff. BGB (siehe Rn. 3), sodass eine Widerklage grundsätzlich begründet wäre. Fraglich ist jedoch, ob bei einer possessorischen Besitzschutzklage aus § 861 BGB eine solche Widerklage nicht generell unzulässig ist. Dafür könnte sprechen, dass mit Eröffnung der Widerklagemöglichkeit der possessorischen Besitzschutzklage im Ergebnis ein petitorischer Anspruch entgegengehalten werden kann und damit § 863 BGB ausgehöhlt werde. Das wiederum hätte zur Folge, dass der Inhaber des Besitzrechts sich durch

---

[14] *Baur/Stürner* § 9 Rn. 38.
[15] BGH NJW 1987, 771, 772; *Baur/Stürner* § 9 Rn. 39.

verbotene Eigenmacht eigenmächtig den Besitz verschaffen und damit das Gewaltmonopol des Staates durchbrechen könnte.[16]

18 Trotz dieser Bedenken bejaht die Rechtsprechung die Zulässigkeit einer Widerklage und weist die Besitzschutzklage analog § 864 Abs. 2 BGB ab, wenn die Widerklage entscheidungsreif ist.[17] Dieser Vorgehensweise ist zuzustimmen, weil sie nicht nur dem Grundsatz der Prozessökonomie Rechnung trägt, sondern überdies auch dazu beiträgt, widersprüchliche Entscheidungen zu vermeiden. A kann daher eine Widerklage erheben, um sich gegen die Besitzschutzklage des V zu wehren.

Frage 3: Rechtmäßigkeit der Abschleppmaßnahme

I. Berechtigte Geschäftsführung ohne Auftrag (§§ 683 Satz 1, 677 BGB)

1. Berechtigte GoA als Rechtfertigungsgrund

19 Die Rechtmäßigkeit der Abschleppmaßnahme des M könnte sich aus einer berechtigten Geschäftsführung ohne Auftrag gem. §§ 683 Satz 1, 677 BGB ergeben. Diese wird von der h.M. als Rechtfertigungsgrund anerkannt.[18] Im Schrifttum wird dem z.T. mit der Begründung widersprochen, dass die §§ 677 ff. BGB lediglich die schuldrechtlichen Ansprüche und Pflichten im Verhältnis zwischen Geschäftsherrn und Geschäftsführer regelten und deshalb keinen Grundsatz der Rechtfertigung von Eingriffen in fremde Rechtssphären enthielten.[19] Dem ist aber entgegenzuhalten, dass es in der Tat zu erheblichen Wertungswidersprüchen führen könnte, wenn die vom Gesetz durchweg begünstigte berechtigte Geschäftsführung ohne Auftrag zugleich als eine unerlaubte deliktische Handlung anzusehen wäre. Es ist daher der herrschenden Auffassung zu folgen.

2. Fremdes Geschäft

20 Die berechtigte GoA erfordert zunächst, dass M ein Geschäft des A übernommen hat. M geht es bei der Beauftragung des Abschleppunternehmens vorrangig um sein eigenes Interesse an der Räumung der von ihm angemieteten Parkplatzfläche. Zugleich trifft aber auch den A eine Pflicht zur Räumung dieser Fläche aus §§ 861 Abs. 1, 823 Abs. 1 BGB. Durch diese Verpflichtung des A handelt es sich auch um ein in seinem Interesse geführtes Geschäft und damit um ein sog. auch fremdes Geschäft, das den Regeln der GoA unterstellt wird.[20]

3. Fremdgeschäftsführungswille

21 Fraglich ist allerdings, ob auch in diesem Fall ein Fremdgeschäftsführungswille des Geschäftsführers vermutet werden darf.[21] Das erscheint hier zweifelhaft, da nach dem typischen Geschehensablauf kaum behauptet werden kann, M verfolge das Interesse, den Nutzen oder die Zwecke des Störers. Vielmehr darf er vermuten, dass

---

[16] *Prütting* Rn. 124.
[17] Vgl. nur BGHZ 53, 166, 169 = NJW 1970, 707; BGHZ 73, 355, 358 f. = NJW 1979, 1358.
[18] Grundlegend *Zitelmann* AcP 99 (1906), 1, 104 ff.; ihm folgend *Lent,* Wille und Interesse bei der Geschäftsführung, 1938, S. 24 ff.; vgl. aus neuerer Zeit Palandt/*Sprau* Vor § 677 BGB Rn. 5, 11; *Larenz* SchuldR BT I § 57 I b; *Röthel* Jura 2012, 598, 604.
[19] Staudinger/*Bergmann* (2015) Vor § 677 BGB Rn. 245.
[20] Vgl. statt vieler *Wandt* § 4 Rn. 13 m.w.N.; *Wilke* Jura 2013, 547, 548 ff.
[21] Ausführlich zum Streitstand *Martinek/Theobald* JuS 1997, 805, 807 ff.

der Fahrer den Wagen am liebsten stehen lassen würde, um ihn erst später ohne Kostenanfall oder Zeitverlust wegzufahren.[22] Aus §§ 683, 684 BGB ergibt sich aber, dass derartige Überlegungen erst im Rahmen dieser Vorschriften anzustellen sind. Daher ist es vorzugswürdig, den Fremdgeschäftsführungswillen auch beim Auch-fremden-Geschäft zumindest dann zu vermuten, wenn eine vorrangige Verpflichtung des Geschäftsherrn besteht und der Geschäftsführer in Kenntnis dieser Verpflichtung tätig wird.[23] A war als Besitzstörer vorrangig dafür verantwortlich, den Stellplatz des M zu räumen, sodass ein Fremdgeschäftsführungswille hier vermutet werden darf.[24]

4. Interessen- und willensgemäße Übernahme der Geschäftsführung

Des Weiteren setzt ein Anspruch aus berechtigter GoA nach § 683 BGB voraus, dass die Übernahme der Geschäftsführung interessen- und willensgemäß erfolgt ist. A hat seinen Willen nicht ausdrücklich geäußert, sodass nur auf seinen mutmaßlichen Willen abgestellt werden kann. Das ist der Wille, den der Geschäftsherr bei objektiver Beurteilung aller Umstände geäußert hätte, wenn er bei Übernahme des Geschäfts gefragt worden wäre.[25] Mangels anderer Anhaltspunkte ist als mutmaßlicher Wille der dem Interesse des Geschäftsherrn entsprechende Wille anzunehmen.[26] Ob danach das Abschleppen widerrechtlich parkender Fahrzeuge als interessengemäß einzuordnen ist, wird unterschiedlich beurteilt. Eine Auffassung verweist darauf, dass der Falschparker im Regelfall eine für ihn kostenträchtige Abschleppmaßnahme nicht wünsche, und lehnt daher eine Anwendung des § 683 BGB ab.[27]

22

Nach Auffassung des BGH entspricht das Abschleppen dagegen dem objektiven Interesse und damit dem mutmaßlichen Willen des Falschparkers.[28] Da der Falschparker verpflichtet sei, das widerrechtlich abgestellte Fahrzeug zu entfernen, und durch die Abschleppmaßnahme eine einredefreie Schuld des Geschäftsherrn getilgt werde, sei die Beseitigung durch den Geschäftsführer für ihn nützlich und vorteilhaft, mithin interessensgerecht. Außerdem entspreche die Geschäftsführung auch dem mutmaßlichen Willen des Geschäftsherrn. Mangels anderer Anhaltspunkte sei als mutmaßlicher Wille der Wille anzusehen, der dem Interesse des Geschäftsherrn entspreche.[29] Dieses Interesse sei aber auf Störungsbeseitigung bzw. Entfernung des Fahrzeugs gerichtet. Folgt man dieser keinesfalls alternativlosen, aber auch nicht unplausiblen Argumentationslinie, ist die Übernahme des Geschäfts interessens- und willensgemäß i.S.d. § 683 BGB.

23

Hinweis: 2009 ist der BGH in einem ähnlich gelagerten Fall gar nicht auf die berechtigte GoA eingegangen, sondern hat stattdessen nur Ansprüche aus §§ 823 Abs. 2, 858, 859 BGB geprüft. In der Fall-

24

---

[22] Vgl. dazu *Martinek/Theobald* JuS 1997, 805, 809.
[23] Für eine Vermutung des Fremdgeschäftsführungswillens beim „auch fremden Geschäft" der BGH in st. Rspr. – vgl. den Überblick bei BGH NJW-RR 2004, 81, 82 m.w.N.; zur vielstimmigen Kritik vgl. die Übersicht bei *Falk* JuS 2003, 833, 835 ff. und *Martinek/Theobald* JuS 1997, 805, 807 ff. – jeweils m.w.N.
[24] So im Ergebnis auch *Dörner* NJW 1978, 666, 668.
[25] Palandt/*Sprau* § 683 BGB Rn. 5.
[26] Palandt/*Sprau* § 683 BGB Rn. 5.
[27] *Pöschke/Sonntag* JuS 2009, 711, 713; *Wittmann* LMK 2016, 380103.
[28] BGH NJW 2016, 2407; so auch *Wolf/Wellenhofer* § 5 Rn. 21; *Wandt* § 5 Rn. 9; *Baldringer/Jordans* NZV 2005, 75, 77; *Schwarz/Ernst* NJW 1997, 2550, 2551.
[29] BGH NJW 2016, 2407, 2408; *Wandt* § 5 Rn. 14.

konstellation von 2016 kam aber aufgrund einer Personenverschiedenheit von Halter und Fahrer ein Schadensersatzanspruch weder aus § 823 Abs. 1 BGB noch aus § 823 Abs. 2 i.V.m. § 858 BGB in Betracht. Daher prüft der BGH nun § 683 Satz 1 BGB und bejaht die Voraussetzungen einer berechtigten GoA. Steht man auf dem Standpunkt, dass die Abschleppmaßnahme nicht dem objektiven Interesse des Geschäftsherrn entspricht, ist weiter zu untersuchen, ob ein Fall des § 679 BGB vorliegt. Danach wäre ein entgegenstehender Wille des Geschäftsherrn unbeachtlich, wenn die Geschäftsführung im öffentlichen Interesse erfolgt. Ein solches ist jedoch bei einem privaten Stellplatz zu verneinen.[30]

5. Zwischenergebnis

25 Es liegt somit eine berechtigte GoA vor, aus der eine Rechtfertigung der Abschleppmaßnahme hergeleitet werden kann.

II. Besitzkehr gem. § 859 Abs. 3 BGB

1. Besitz des M

26 Die Abschleppmaßnahme könnte aber nach § 859 Abs. 3 BGB rechtmäßig sein. Das setzt voraus, dass M Besitzer eines Grundstücks war und ihm dieser Besitz durch verbotene Eigenmacht entzogen worden ist. Als Grundstück i.S.d. § 859 Abs. 3 BGB gilt nicht allein das Gesamtgrundstück, sondern auch ein Grundstücksteil, also auch ein privater Stellplatz.[31] Besitz ist – wie sich aus §§ 854, 856 BGB ergibt – die von einem Besitzwillen getragene tatsächliche Herrschaft einer Person über eine Sache.[32] Sie wird dann angenommen, wenn eine auf eine gewisse Dauer angelegte räumliche Beziehung zur Sache besteht.[33] Diese Beziehung kann jedoch je nach dem konkreten Besitzobjekt sehr unterschiedlich ausgestaltet sein. Maßgeblich ist insofern die Verkehrsanschauung.[34] Privatparkplätze, die als solche deutlich gekennzeichnet sind, werden im Regelfall vom Rechtsverkehr als Besitz des Mieters respektiert, und zwar auch dann, wenn sich der Besitzer räumlich von seinem Besitz entfernt hat.[35] M war daher Besitzer des Stellplatzes.

2. Besitzentzug durch verbotene Eigenmacht

27 Weiterhin müsste M der Besitz an dem Parkplatz entzogen worden sein. Eine Besitzentziehung liegt vor, wenn die Sachherrschaft des unmittelbaren Besitzers beendet wird.[36] Daran könnte man hier zweifeln, weil A nur einen Teil der dem M zustehenden Parkplatzfläche besetzt hält. Daraus könnte man schließen, dass keine Entziehung der gesamten Sache vorliegt, sondern lediglich eine unter § 859 Abs. 1 BGB fallende „Störung" der ganzen Parkfläche. Diese Unterscheidung ist insofern von Bedeutung, als nur eine Besitzentziehung unter § 859 Abs. 3 BGB fällt und damit der in dieser Vorschrift enthaltenen strengen zeitlichen Grenze unter-

---

[30] So auch *Dörner* JuS 1978, 666, 669; a.A. hinsichtlich Kundenparkplätzen von Supermärkten *Lorenz* NJW 2009, 1025, 1027.
[31] BGH NJW 1967, 46, 48; LG Frankfurt a.M. NJW 1984, 183; MünchKommBGB/*Joost* § 859 BGB Rn. 14.
[32] Palandt/*Herrler* Vor § 854 BGB Rn. 1.
[33] *Baur/Stürner* § 7 Rn. 6.
[34] Palandt/*Herrler* § 854 BGB Rn. 3.
[35] Vgl. dazu *Prütting* Rn. 52.
[36] MünchKommBGB/*Joost* § 858 BGB Rn. 4.

liegt; für eine Besitzstörung gilt hingegen ausschließlich § 859 Abs. 1 BGB.[37] Das würde dazu führen, dass die rechtliche Behandlung davon abhinge, ob ein Mieter über einen oder mehrere Stellplätze verfügt. Da eine derartige Differenzierung nicht sachgerecht erscheint, ist es vorzugswürdig, § 859 Abs. 3 BGB mit dem BGH auch dann anzuwenden, wenn die Abwehrmaßnahme sich zugleich als Wiederergreifung entzogenen Teilbesitzes an einem Grundstück darstellt.[38] An diesem Maßstab lag auch hier ein Besitzentzug i. S. d. § 859 Abs. 3 BGB vor. Dieser Besitzentzug erfolgte ohne den Willen des M und damit durch verbotene Eigenmacht i. S. d. § 858 Abs. 1 BGB. Die Voraussetzungen des § 859 Abs. 3 BGB liegen mithin vor.

Hinweis: Im Jahre 2009 hat der BGH ausdrücklich darauf hingewiesen, dass das Selbsthilferecht nicht schrankenlos gewährt wird. Als Ausfluss von Treu und Glauben gem. § 242 BGB gilt auch der Grundsatz der Verhältnismäßigkeit. Das Selbsthilferecht muss seinerseits notwendig, geboten und angemessen sein.[39] Im vorliegenden Fall ergeben sich jedoch keine Anhaltspunkte dafür, dass M ein milderes Mittel zur Verfügung stand, als das Auto abzuschleppen. **28**

3. Rechtsfolge

Rechtsfolge des § 859 Abs. 3 BGB ist, dass der frühere Besitzer sich des Besitzes **29** sofort nach der Entziehung durch Entsetzung des Täters wieder bemächtigen darf. Beim Parken auf einem fremden Stellplatz wird davon auch die Berechtigung erfasst, das widerrechtlich parkende Fahrzeug zu entfernen. Allerdings wird das Selbsthilferecht nach § 859 Abs. 3 BGB engen zeitlichen Grenzen unterworfen. Die Wiederbeschaffung muss „sofort" erfolgen. Sofort i. S. d. § 859 Abs. 3 BGB ist im terminologischen Unterschied zu „unverzüglich" i. S. d. § 121 Abs. 1 BGB zu verstehen. Es bedeutet, dass die Besitzkehr so schnell wie objektiv möglich zu erfolgen hat.[40] Speziell in den Abschleppfällen wurde dazu früher die Faustregel vertreten, ein Abschleppen sei nur dann zulässig, wenn „die Motorhaube noch warm" sei.[41] Diese restriktive Sichtweise wurde mittlerweile aufgegeben, weil sie dem Kontinuitätsinteresse des Stellplatzinhabers nicht hinreichend Rechnung trägt. Obwohl über die genaue zeitliche Grenze noch keine Einigkeit herrscht, wird doch zumindest ein Zeitraum von knapp drei Stunden noch als Fall einer „sofortigen" Besitzkehr angesehen.[42] M hat den Wagen daher „sofort" von seinem Stellplatz entfernt (eine andere Auffassung ist mit entsprechender Begründung vertretbar).

III. Ergebnis

M war gem. § 859 Abs. 3 BGB dazu berechtigt, den Pkw des A im Wege der **30** Selbsthilfe abschleppen zu lassen. Sein Handeln war daher rechtmäßig.

---

[37] Vgl. zum Streitstand *Baldringer/Jordans* NZV 2005, 75 m. w. N.
[38] BGH NJW 1967, 46, 48; LG Frankfurt a. M. NJW 1984, 183; Palandt/*Herrler* § 859 BGB Rn. 4; *Baldringer/Jordans* NZV 2005, 75; a. A. AG München DAR 1981, 56.
[39] BGH NJW 2009, 2530, 2531 = bei *K. Schmidt* JuS 2009, 762; BGH NJW 2012, 528 Rn. 15 ff.
[40] Vgl. dazu Palandt/*Herrler* § 859 BGB Rn. 4; MünchKommBGB/*Joost* § 859 BGB Rn. 14; *Lorenz* JuS 2013, 776.
[41] *Schünemann* DAR 1997, 267, 269.
[42] Vgl. zu den verschiedenen Richtwerten in Rspr. und Lit. die Nachweise bei *Baldringer/Jordans* NZV 2005, 75, 76.

Frage 4: Anspruch auf Ersatz der Abschleppkosten

I. Berechtigte Geschäftsführung ohne Auftrag (§§ 670, 683 Satz 1, 677 BGB)

31 Eine berechtigte Geschäftsführung ohne Auftrag liegt nach der hier vertretenen Auffassung vor (siehe Rn. 19ff.). Mithin hat M einen Anspruch auf Ersatz der Abschleppkosten aus berechtigter Geschäftsführung gem. §§ 670, 683 Satz 1, 677 BGB.

32 **Hinweis:** Wer davon ausgeht, dass eine GoA keinen Rechtfertigungsgrund darstellen kann, hätte spätestens an dieser Stelle ihre Voraussetzungen dennoch prüfen müssen. Wird eine berechtigte GoA verneint, so ist ein Anspruch aus §§ 684 Satz 1, 818 BGB zu prüfen. Da A weder ein Interesse an noch einen Nutzen durch die Abschleppmaßnahme hatte, wird dieser Anspruch wohl aber an einer fehlenden Bereicherung scheitern.

II. Anspruch aus unerlaubter Handlung nach § 823 Abs. 1 BGB

1. Besitz als sonstiges Recht i.S.d. § 823 Abs. 1 BGB

33 M könnte aber einen Anspruch auf Ersatz der Abschleppkosten aus § 823 Abs. 1 BGB haben. Das setzt zunächst voraus, dass A ein in § 823 Abs. 1 BGB aufgeführtes Recht oder Rechtsgut verletzt hat. M ist lediglich Mieter, nicht aber Eigentümer des Stellplatzes, sodass allenfalls sein Besitz, nicht aber sein Eigentum verletzt sein kann. Ob der Besitz ein sonstiges Recht i.S.d. § 823 Abs. 1 BGB darstellt, ist aufgrund seines Charakters als rein tatsächlichem Herrschaftsverhältnis grundsätzlich umstritten. Einigkeit besteht aber darüber, dass zumindest der berechtigte Besitz als sonstiges Recht anzuerkennen ist, da der berechtigte Besitzer ähnlich wie der Eigentümer nicht nur über negative Abwehransprüche gegenüber Dritten, sondern auch über positive Nutzungsrechte an der Sache verfügt.[43] A hat den berechtigten Besitz des M rechtswidrig und schuldhaft verletzt.

2. Abschleppkosten als adäquater Schaden

34 Fraglich kann allenfalls sein, ob auch die Abschleppkosten als adäquat verursachte Vermögenseinbußen von der Ausgleichspflicht des Falschparkers erfasst werden. Die Maßnahmen zur Beseitigung einer Störung dürfen aber zumindest dann als berechtigt und geboten angesehen werden, wenn das Gesetz eine solche Maßnahme als Reaktion auf das rechtswidrige Verhalten des Schädigers ausdrücklich vorschreibt oder gestattet.[44] Das war hier aufgrund des Selbsthilferechts nach § 859 Abs. 3 BGB der Fall (siehe Rn. 26ff.). Da auch der zweite Stellplatz des M besetzt war und ihm daher keine nahe liegende Ausweichmöglichkeit zur Verfügung stand, kann die Abschleppmaßnahme auch nicht als schikanöse Rechtsausübung i.S.d. § 226 BGB angesehen werden. Problematisch ist jedoch, ob der Schaden vom Schutzzweck der Norm umfasst ist, weil M ihn durch eigenverantwortliches Handeln unmittelbar herbeigeführt hat. Dabei kann es sich um einen sog. Herausforderungsfall handeln, wenn der Verletzte herausgefordert wurde, seine Reaktion auf das haftungsbegründende Ereignis nicht ungewöhnlich ist und das eingegangene, gesteigerte Risiko

---

[43] Vgl. zum Streitstand den Überblick in MünchKommBGB/*Wagner* § 823 BGB Rn. 287ff.
[44] So zutr. *Dörner* JuS 1978, 666, 670.

nicht außer Verhältnis zum verfolgten Zweck steht.[45] M hat das Auto des A auf seinem Parkplatz vorgefunden und durfte auf die verbotene Eigenmacht reagieren. Es ist nicht außergewöhnlich, dass er den Wagen abschleppen ließ, zumal die Parkfläche deutlich als „Privatparkplatz" gekennzeichnet war. Schließlich stehen die Abschleppkosten im angemessenen Verhältnis zur Beseitigung des Besitzentzugs: M hätte den Besitz nicht anders zurückerlangen können als durch Beauftragung eines Abschleppunternehmens. Beließe man die damit verbundenen Kosten bei M, liefe die Wertung des Selbsthilferechts (§ 859 BGB) weitgehend leer. Folglich ist der Schaden vom Schutzzweck der Norm umfasst, sodass M gegen A einen Anspruch auf Erstattung der Abschleppkosten aus § 823 Abs. 1 BGB hat.

III. Anspruch aus § 823 Abs. 2 BGB wegen Verletzung eines Schutzgesetzes

Daneben könnte M gegen A auch einen Anspruch auf Ersatz der Abschleppkosten wegen Verletzung eines Schutzgesetzes nach § 823 Abs. 2 BGB geltend machen. Als Schutzgesetz kommt § 858 Abs. 1 BGB in Betracht. Ob dieser Vorschrift Schutzgesetzeigenschaft zukommt, ist umstritten.[46] Teilweise wird dies mit der Begründung verneint, die Vorschrift diene ausschließlich dem Schutz des Rechtsfriedens.[47] Nach anderer Auffassung gewährt § 858 BGB auch einen Individualschutz des jeweiligen Besitzers und stellt daher ein Schutzgesetz dar, wobei umstritten ist, ob dieser Schutz nur den berechtigten oder auch den unberechtigten Besitzer umfasst.[48] M war aufgrund des Mietvertrages berechtigter Besitzer, sodass der Streit zwischen den beiden letztgenannten Auffassungen dahinstehen kann. Es bedarf aber der Auseinandersetzung mit der erstgenannten Ansicht, die die Schutzgesetzeigenschaft vollständig verneint.   35

Für diese Ansicht spricht nicht so sehr die fehlende Individualschutzfunktion des § 858 BGB, sondern vielmehr der Umstand, dass seine konkrete Ausgestaltung als provisorischer Schutz einer faktischen Position nicht mit der wesentlich weiter gehenden Rechtsfolge eines Schadensersatzanspruchs nach § 823 Abs. 2 BGB zu vereinbaren ist.[49] M kann also gegen A keinen Anspruch auf Ersatz der Abschleppkosten nach § 823 Abs. 2 i.V.m. § 858 Abs. 1 BGB geltend machen.   36

IV. Ergebnis

M hat gegen A einen Anspruch auf Ersatz der Abschleppkosten aus §§ 670, 683 Satz 1, 677 BGB und aus § 823 Abs. 1 BGB.   37

---

[45] Vgl. nur BGHZ 181, 233, 240 f. = NJW 2009, 2530 = bei *K. Schmidt* JuS 2009, 762; *Pöschke/Sonntag* JuS 2009, 711, 713.
[46] Zum Streit *Medicus/Petersen* Rn. 621.
[47] *Prütting* Rn. 128; *Dörner* JuS 1978, 666, 668 Fn. 12; *Gursky* JZ 1997, 1094, 1095; *Medicus* AcP 165 (1965), 115, 118, 136, 149.
[48] Für das Erste BGHZ 73, 355, 362 = NJW 1979, 1358; BGHZ 79, 232, 237 = NJW 1981, 865; BGHZ 114, 305, 313 = NJW 1991, 2420; BGHZ 181, 233, 238 = NJW 2009, 2530 = bei *K. Schmidt* JuS 2009, 762; für das Zweite *Larenz/Canaris* § 77 III 1 c.
[49] *Picker* AcP 176 (1976), 28, 40, 41 Fn. 39.

Fall 2. Roth beim Restaurator

Sachverhalt

Die wissenschaftliche Mitarbeiterin Marlene Markgraf (M) verzweifelt über ihrer Doktorarbeit. Den einzigen Trost spendet ihr ein Gedichtband des von ihr sehr geschätzten Dichters Eugen Roth (1895–1976). Jeden Abend liest sie vor dem Schlafengehen noch einige seiner Verse, um ihrem tristen juristischen Alltag für ein paar Minuten zu entfliehen. Durch die ständige Lektüre wird das Buch, das noch aus dem Nachlass ihres Großvaters stammt, stark strapaziert und zerfällt zunehmend. M bringt das Buch daher im April 2009 zum Buchhändler Berthold Bauerschmidt (B), der neben seiner Händlertätigkeit auch antiquarische Bücher restauriert.

Da die Doktorarbeit der M allerdings schon kurz darauf deutliche Fortschritte macht, ist sie nicht mehr auf die tröstende abendliche Lektüre angewiesen und vergisst zunächst, das Buch abzuholen. B stellt es daher in ein gesondertes Regal in seinem Laden, in dem er die restaurierten Bücher aufzubewahren pflegt. Damit nicht versehentlich eines dieser Bücher verkauft wird, kennzeichnet er sie mit einem gelben Klebepunkt, was er auch dieses Mal tut.

Ende Juli betritt der Kunde Konrad Körner (K) das Geschäft des B und entdeckt in einem etwas abseitigen Regal den Gedichtband der M. Obwohl er den gelben Punkt zur Kenntnis nimmt, zieht er daraus nicht den Schluss, dass dieses Buch nicht zum Verkauf bestimmt ist. Er nimmt es mit zur Kasse, an der gerade die Angestellte Agathe Assfalg (A) kassiert. A wurde von B sorgfältig ausgewählt und ausgebildet, wobei sie ausdrücklich auch über die Funktion des gelben Punktes aufgeklärt wurde. In der Betriebsamkeit des Tagesgeschäfts übersieht sie den gelben Punkt jedoch, kassiert den – für die Restauration des Buches festgesetzten – Preis und übergibt dem K das Buch. K verlässt den Laden, kommt aber gleich darauf wieder zurück und erklärt, da er noch andere Erledigungen machen müsse, wolle er das Buch vorläufig noch im Laden lassen und es erst am nächsten Tag abholen. A verspricht ihm, sie werde das Buch so lange unter der Ladentheke für ihn aufbewahren.

Just an diesem Tage muss die M feststellen, dass zu ihrem Dissertationsthema bereits eine Doktorarbeit erschienen ist, die sie bislang übersehen hat. In ihrer Verzweiflung begibt sie sich umgehend in den Laden des B, um den jetzt wieder dringend benötigten Gedichtband zurückzuholen. Nach langem Suchen entdeckt B, der mittlerweile allein im Laden ist, das Buch zu seiner eigenen Verwunderung unter der Ladentheke. Er händigt es der M aus, die ihm dafür die Restaurationsarbeit bezahlt.

Als am nächsten Tag K in das Geschäft des B zurückkehrt, klärt sich der Sachverhalt auf. B ist über den Vorfall sehr erzürnt und lässt dies die A deutlich spüren. Da er sie an diesem Tag nicht mehr in seinem Geschäft sehen will, weist er sie in unfreundlichen Worten an, dem Stammkunden Samuel Seifermann (S) das von ihm bestellte Coffee-Table-Book „Steingärten in den Abruzzen" nach Hause zu bringen. Auf dem Weg zu S beschließt die verbitterte A, nicht mehr an ihren Arbeitsplatz

Fall 2. Roth beim Restaurator

zurückzukehren. Sie fährt stattdessen zu ihrem Geliebten Gustav Gruber (G) und schenkt ihm das für S bestimmte Buch.

Bearbeitervermerk: In einem Gutachten sind folgende Fragen in der vorgegebenen Reihenfolge zu beantworten:

1. Welche Ansprüche hat K gegen M?
2. Welche Ansprüche hat M gegen B?
3. Welche Ansprüche hat B gegen G?

Skizze

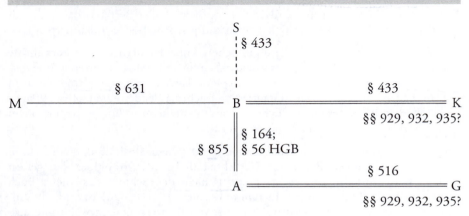

Zeittabelle
M bringt Gedichtband zum Restaurator B
danach: B stellt Gedichtband in Verwahrungsregal
danach: A veräußert das Buch an K
danach: K bringt das Buch in den Laden zurück
danach: B übergibt das Buch an M
danach: B schickt A mit weiterem Buch zu S
danach: A verschenkt das zweite Buch an G

Gliederung

Rn.

Frage 1: Welche Ansprüche hat K gegen M?
   I. Anspruch des K gegen M aus § 985 BGB 1
      1. Eigentümerstellung des K 1
         a) Ursprüngliche Eigentumslage 1
         b) Eigentumserwerb des K nach § 929 Satz 1 BGB 3
            aa) Dingliche Einigung unter Einbeziehung von Stellvertretern 3
            bb) Übergabe des Buches 5
               Problem: Hat der Arbeitnehmer Besitz an ihm überlassenen Gegenständen des Arbeitgebers?
         c) Gutgläubiger Erwerb nach §§ 929 Satz 1, 932 Abs. 1 Satz 1 BGB ... 6

	Rn.
aa) Rechtfertigende Besitzlage	6
bb) Gutgläubigkeit	7
cc) Kein Abhandenkommen (§ 935 BGB)	8
(1) Unfreiwilliger Verlust der M?	8
(2) Unfreiwilliger Verlust des B (§ 868 BGB)?	9
(3) Weggabe durch vertretungsberechtigten Besitzdiener als Abhandenkommen?	10
Problem: Wie wirkt sich § 56 HGB auf das Abhandenkommen aus?	
dd) Zwischenergebnis	12
d) Erneuter Eigentumsverlust an M?	13
e) Zwischenergebnis	14
2. Unberechtigter Besitz des Anspruchsgegners	15
3. Ergebnis	16
II. Herausgabeanspruch aus §§ 861, 869 BGB	17
1. K als mittelbarer Besitzer	17
2. Verbotene Eigenmacht gegen unmittelbaren Besitzer	18
III. Herausgabeanspruch aus § 1007 Abs. 1 BGB	19
IV. Herausgabeanspruch aus § 1007 Abs. 2 BGB	20
V. Anspruch aus § 812 Abs. 1 Satz 1 Alt. 2 BGB	21
VI. Anspruch aus § 823 Abs. 1 BGB	22
VII. Ergebnis	23

Frage 2: Welche Ansprüche hat M gegen B?

I. Ansprüche der M gegen B auf Herausgabe des Veräußerungserlöses	24
1. Anspruch aus § 285 BGB	24
2. Anspruch aus §§ 667, 681 Satz 2 BGB	26
3. Anspruch aus § 816 Abs. 1 Satz 1 BGB	27
a) Wirksame Verfügung eines Nichtberechtigten	27
b) Durch die Verfügung erlangt	28
Problem: Ist die Gegenleistung als solche oder die Befreiung von der Verbindlichkeit durch die Verfügung erlangt?	
II. Ansprüche der M gegen B auf Schadensersatz	30
1. Anspruch aus § 280 Abs. 1 BGB	30
a) Pflichtverletzung	30
b) Vertretenmüssen	31
aa) Eigenes Verschulden des B	31
bb) Zurechnung fremden Verschuldens	32
cc) Gemilderter Haftungsmaßstab des § 300 Abs. 1 BGB?	33
c) Schaden	34
d) Ergebnis	35
2. Anspruch aus §§ 989, 990 Abs. 1 BGB	36
Problem: Ist das EBV auf den nicht-so-berechtigten Besitzer anwendbar?	
3. Anspruch aus § 678 BGB	37
4. Anspruch aus § 831 BGB	38
5. Anspruch aus § 823 Abs. 1 BGB	41
III. Ergebnis	42

Fall 2. Roth beim Restaurator

                                                                                                  Rn.

Frage 3: Welche Ansprüche hat B gegen G?

    I. Anspruch aus § 985 BGB 44
        1. Eigentümerstellung des B 44
            a) Übereignung des Buches von B an G gem. § 929 Satz 1 BGB 44
            b) Übereignung des Buches durch die Nichtberechtigte A nach
                §§ 929 Satz 1, 932 Abs. 1 BGB 45
                aa) Dingliche Einigung und Übergabe 45
                bb) Voraussetzungen des gutgläubigen Erwerbs nach § 932 BGB 46
                cc) Abhandenkommen (§ 935 Abs. 1 Satz 1 BGB) 47
                    (1) Stellung der A als Besitzdienerin 47
                    (2) Weggabe durch Besitzdiener als Abhandenkommen –
                          Meinungsstand 51
                          Problem: Muss die Weisungsabhängigkeit des Besitzdieners
                          nach außen erkennbar sein?
                    (3) Stellungnahme 54
                          Problem: Wie weitreichend schließt das Veranlassungs-
                          prinzip ein Abhandenkommen aus?
        2. Unbefugter Besitz 56
        3. Ergebnis 57
    II. Anspruch aus § 1007 Abs. 1 BGB 58
    III. Anspruch aus § 1007 Abs. 2 BGB 59
    IV. Anspruch aus § 861 BGB 60
    V. Ergebnis 61

Lösung

Frage 1: Welche Ansprüche hat K gegen M?

I. Anspruch des K gegen M aus § 985 BGB

1. Eigentümerstellung des K

a) Ursprüngliche Eigentumslage

1 K könnte gegen M einen Anspruch auf Herausgabe des Buches aus § 985 BGB haben. Das würde zunächst voraussetzen, dass K Eigentümer des Buches ist. Ursprünglich stand das Buch im Eigentum des Großvaters der M. Diese erhielt das Eigentum am Gedichtband im Wege der Gesamtrechtsnachfolge nach § 1922 BGB. Sie könnte ihr Eigentum jedoch durch die Übertragung an K verloren haben.

2 **Hinweis:** Wenn das Eigentum in einem Fall mehrmals übertragen wird, empfiehlt sich auch bei vermeintlich klaren Fällen ein streng chronologischer Prüfungsaufbau, um nicht vorschnell zu unzutreffenden Ergebnissen zu gelangen. Auszugehen ist dabei stets von dem am Beginn der Kette stehenden Eigentümer.

b) Eigentumserwerb des K nach § 929 Satz 1 BGB

aa) Dingliche Einigung unter Einbeziehung von Stellvertretern

3 A und K haben sich darüber geeinigt, dass das Buch dem K übereignet werden sollte. A handelte dabei aber nicht im eigenen Namen, sondern im Namen des B, sodass nur dieser als Veräußerer in Betracht kommt. Dem B könnte jedoch eine dingliche Einigung durch A unter den Voraussetzungen des § 164 Abs. 1 BGB zuzurechnen sein. A hat als Angestellte des B zumindest konkludent i.S.d. § 164 Abs. 1 Satz 2 BGB in dessen Namen eine eigene Willenserklärung abgegeben, durch die das Buch an den K übertragen werden sollte.

Fraglich ist allein, ob sie dabei mit Vertretungsmacht gehandelt hat. Eine solche **4** könnte sich – soweit man nicht aus der Einstellung als Verkäuferin generell auf eine Vollmachterteilung i.S.d. § 166 Abs. 2 BGB schließen mag – zumindest aus § 56 HGB ergeben. Als Buchhändler ist B Kaufmann i.S.d. § 1 HGB. Die im Laden angestellte A gilt daher nach § 56 HGB als ermächtigt zu Verkäufen, die in einem solchen Laden gewöhnlich geschehen. Dabei ist der Begriff der „Verkäufe" untechnisch gemeint und erfasst auch die Übereignung von Waren, sodass eine Vertretungsmacht anzunehmen ist.[1] Die von A abgegebene Übereignungserklärung berechtigte und verpflichtete also B. Diese Erklärung wurde von K angenommen, sodass eine dingliche Einigung zwischen Veräußerer und Erwerber vorliegt.

bb) Übergabe des Buches

Weiterhin müsste das Buch von B an K übergeben worden sein. B selbst hat das Buch **5** nicht übergeben, sondern K erhielt den Besitz an dem Buch von A eingeräumt. A stand aber aufgrund ihres Arbeitsverhältnisses erkennbar in einem sozialen Abhängigkeitsverhältnis, aufgrund dessen sie an die Weisungen des B gebunden war. Sie war daher Besitzdienerin i.S.d. § 855 BGB, was zur Folge hat, dass trotz der tatsächlichen Sachherrschaft der A ausschließlich der B als Besitzer des Buches anzusehen war. Die Übergabe durch die A ist daher dem B zuzurechnen.[2] Sie war spätestens in dem Zeitpunkt abgeschlossen, in dem K die Buchhandlung verließ. Dass er das Geschäft kurz darauf noch einmal betreten und das Buch damit in die Herrschaftssphäre des B zurückgebracht hat, ändert an der einmal vollzogenen Übergabe nichts.

c) Gutgläubiger Erwerb nach §§ 929 Satz 1, 932 Abs. 1 Satz 1 BGB
aa) Rechtfertigende Besitzlage

B war allerdings nicht Eigentümer des Buches und auch nicht zur Eigentumsüber- **6** tragung nach § 185 BGB ermächtigt. K könnte das Buch daher nur im Wege des gutgläubigen Erwerbs nach § 932 Abs. 1 Satz 1 BGB erworben haben. Die Veräußerung erfolgte hier aufgrund eines Rechtsgeschäfts im Sinne eines Verkehrsgeschäfts.[3] Das Buch wurde dem K von A übergeben. A trat dabei als Besitzdienerin auf, sodass nach § 855 BGB B als Besitzer erschien.[4]

bb) Gutgläubigkeit

K war auch zumindest insofern gutgläubig, als er das fehlende Eigentum des B **7** nicht kannte. Fraglich ist allerdings, ob er nicht möglicherweise grob fahrlässig i.S.d. § 932 Abs. 2 BGB gehandelt hat. Eine solche grobe Fahrlässigkeit könnte

---

[1] Vgl. Baumbach/Hopt/*Hopt* § 56 HGB Rn. 4; *Lettl* § 6 Rn. 104.
[2] Zur Einschaltung von Besitzdienern bei der Übertragung nach § 929 BGB vgl. auch *Prütting* Rn. 376.
[3] Vgl. zu dieser Voraussetzung Palandt/*Herrler* § 932 BGB Rn. 1 i.V.m. § 892 BGB Rn. 5 ff.
[4] Auch im Rahmen des § 932 BGB genügt die Übertragung durch einen Besitzdiener (vgl. Palandt/*Herrler* § 932 BGB Rn. 4).

sich daraus ergeben, dass das Buch in einem gesonderten Regal stand und mit einem gelben Punkt versehen war. Von K kann allerdings nicht erwartet werden, dass er mit den Gepflogenheiten des B zur Lagerung restaurierter Bücher vertraut ist, sodass sich daraus nicht der Vorwurf grob fahrlässiger Unkenntnis herleiten lässt.

cc) Kein Abhandenkommen (§ 935 BGB)

(1) Unfreiwilliger Verlust der M?

8   Ein gutgläubiger Erwerb könnte jedoch nach § 935 Abs. 1 BGB ausgeschlossen sein. Dies wäre der Fall, wenn die Sache dem Eigentümer (§ 935 Abs. 1 Satz 1 BGB) oder – im Falle eines Besitzmittlungsverhältnisses – dem unmittelbaren Besitzer (§ 935 Abs. 1 Satz 2 BGB) abhandengekommen ist. Abhanden gekommen ist eine Sache, wenn sie dem unmittelbaren Besitzer gegen seinen Willen oder ohne sein Wissen entzogen wird.[5] Der M ist die Sache nicht abhanden gekommen, sondern sie hat sie freiwillig an B übergeben.

(2) Unfreiwilliger Verlust des B (§ 868 BGB)?

9   Es könnte aber nach § 935 Abs. 1 Satz 2 BGB auch ein unfreiwilliger Besitzverlust des B genügen, wenn zwischen M und B ein Besitzmittlungsverhältnis i. S. d. § 868 BGB bestanden hätte. Das setzt voraus, dass B gegenüber M auf Zeit zum Besitz berechtigt war und B überdies den Willen hatte, seinen Besitz auf der Grundlage dieses Besitzverhältnisses auszuüben.[6] M schloss durch den Werkvertrag mit B ein konkretes Besitzmittlungsverhältnis, das B zur Verwahrung und Rückgabe verpflichtete, ihn mithin i. S. d. § 868 BGB auf Zeit zum Besitz berechtigte.[7] B erkannte M auch als Oberbesitzerin an. M war daher mittelbare Besitzerin i. S. d. § 868 BGB. Es würde daher nach § 935 Abs. 1 Satz 2 BGB auch genügen, wenn dem B die Sache abhanden gekommen wäre.

(3) Weggabe durch vertretungsberechtigten Besitzdiener als Abhandenkommen?

10 Damit stellt sich die Frage, wann die Weggabe durch einen Besitzdiener als Abhandenkommen des Besitzherrn aufzufassen ist. Das ist unproblematisch dann der Fall, wenn der Besitzdiener selbst die Sache unfreiwillig verliert. Umstritten ist die Behandlung der Fälle, in denen der Besitzdiener die Sache weisungswidrig fortgibt (vgl. dazu noch die Ausführungen in Rn. 50 ff.). Ein solcher Fall liegt grundsätzlich auch hier vor, da A mit der Fortgabe des Buches gegen die interne Weisung verstößt, nur die zum Verkauf vorgesehenen Bücher an Kunden zu übereignen. Allerdings besteht hier die Besonderheit, dass A bei der Übereignung mit uneingeschränkter Vertretungsmacht i. S. d. § 56 HGB handelte. Wenn sie danach im Außenverhältnis sogar die Rechtsmacht zur Veräußerung hatte, so muss ihr erst recht die Rechtsmacht zur anschließenden Fortgabe der Sache zugesprochen werden. Auch insofern muss der Erwerber entsprechend dem Rechtsgedanken des § 56 HGB geschützt werden, weil die Vorschrift anderenfalls leer liefe.[8] Folglich ist dem B das Buch nicht abhanden gekommen.

---

[5] *Prütting* Rn. 433.
[6] Vgl. zu dieser zweiten Voraussetzung Palandt/*Herrler* § 868 BGB Rn. 7.
[7] Zum Werkunternehmer als Besitzmittler vgl. *Prütting* Rn. 81.
[8] So daher auch MünchKommBGB/*Joost* § 855 BGB Rn. 23; Palandt/*Herrler* § 935 BGB Rn. 8; *Baur/Stürner* § 52 Rn. 39; *Tiedtke* Jura 1983, 460, 470.

Hinweis: Hier liegt eine zentrale Schwierigkeit des Falles. Wer an dieser Stelle nur in den herkömmlichen Problemkategorien dachte, ohne die Besonderheiten des Einzelfalles im Auge zu behalten, lief Gefahr, die richtige Lösung zu verfehlen. 11

dd) Zwischenergebnis

Die Voraussetzungen des gutgläubigen Erwerbs sind damit erfüllt, sodass K Eigentümer des Buches geworden ist. 12

d) Erneuter Eigentumsverlust an M?

K könnte das Eigentum jedoch wiederum nach §§ 929 Satz 1, 932 BGB verloren haben, als B der M das Buch zurückgab. Zu diesem Zeitpunkt gingen aber sowohl B als auch M davon aus, dass M ohne Unterbrechung Eigentümerin geblieben sei, sodass es auf Seiten des B am Eigentumsübertragungswillen, auf Seiten der M am Eigentumserwerbswillen fehlte. 13

e) Zwischenergebnis

K ist Eigentümer geworden und geblieben. 14

2. Unberechtigter Besitz des Anspruchsgegners

M ist Besitzerin des Buches, ohne dass ihr ein Besitzrecht i.S.d. § 986 BGB zusteht. Die Voraussetzungen des § 985 BGB sind damit erfüllt. 15

3. Ergebnis

K hat gegen M einen Anspruch auf Herausgabe des Buches aus § 985 BGB. 16

II. Herausgabeanspruch aus §§ 861, 869 BGB

1. K als mittelbarer Besitzer

Daneben könnte K auch ein Herausgabeanspruch aus §§ 861, 869 BGB zustehen. Das setzt voraus, dass dem K der Besitz an dem Buch durch verbotene Eigenmacht i.S.d. § 858 Abs. 1 BGB entzogen worden ist. K hatte das von ihm erworbene Buch nur kurzfristig in der Buchhandlung zurückgelassen und war daher mittelbarer Besitzer i.S.d. § 868 BGB. Auch dem mittelbaren Besitzer kann nach § 869 Satz 1 BGB der Herausgabeanspruch aus § 861 BGB zustehen, wenn gegen den unmittelbaren Besitzer verbotene Eigenmacht verübt wird. 17

2. Verbotene Eigenmacht gegen unmittelbaren Besitzer

Fraglich ist, wem der unmittelbare Besitz zustand. K hatte das Buch der A zur Verwahrung gegeben, sodass man in Erwägung ziehen kann, ob das Besitzmittlungsverhältnis mit ihr begründet worden ist.[9] Näher liegt indes die Annahme, dass die A auch insofern als Besitzdienerin des B auftrat, in dessen Gewahrsamssphäre sie das Buch beim Verlassen des Geschäftes hinterließ. Unmittelbarer Besitzer war daher 18

---

[9] In diesem Fall könnte man annehmen, dass B den Besitz seiner Angestellten A i.S.d. § 858 Abs. 1 BGB entzogen hat und auf dieser Grundlage verbotene Eigenmacht des B bejahen. Da die Voraussetzungen des § 858 Abs. 2 Satz 2 BGB nicht vorliegen, müsste M die Fehlerhaftigkeit des Besitzes aber nicht gegen sich gelten lassen.

der B. Da verbotene Eigenmacht i. S. d. § 858 Abs. 1 BGB stets nur gegen den unmittelbaren Besitzer verübt werden kann,[10] liegen die Voraussetzungen der §§ 861, 869 BGB demnach nicht vor.

III. Herausgabeanspruch aus § 1007 Abs. 1 BGB

19 Weiterhin könnte K einen Herausgabeanspruch nach § 1007 Abs. 1 BGB geltend machen. Das würde aber voraussetzen, dass M beim Besitzerwerb nicht in gutem Glauben war. M wusste aber nicht, dass das Buch nunmehr dem K gehörte, sodass sie sich bei der Entgegennahme keiner Besitzentziehung bewusst war. K hat folglich keinen Anspruch aus § 1007 Abs. 1 BGB.

IV. Herausgabeanspruch aus § 1007 Abs. 2 BGB

20 Ein Anspruch aus § 1007 Abs. 2 BGB scheitert daran, dass K die Sache nicht abhanden gekommen ist, sondern er den unmittelbaren Besitz an dem Buch freiwillig auf B übertragen hat.

V. Anspruch aus § 812 Abs. 1 Satz 1 Alt. 2 BGB

21 K könnte schließlich gegen M einen Anspruch aus § 812 Abs. 1 Satz 1 Alt. 2 BGB haben, wenn M in sonstiger Weise bereichert ist. Wegen der grundsätzlichen Subsidiarität der Eingriffskondiktion gegenüber der Leistungskondiktion kommt ein solcher Anspruch aber dann nicht in Betracht, wenn der Zuwendungsempfänger die Bereicherung aufgrund einer Leistung erlangt hat.[11] M hat den Besitz von B aufgrund eines Vertragsverhältnisses erlangt. Auch K hat seinen Besitz an dem Buch aufgrund eines Vertragsverhältnisses hergegeben. Es liegen daher jeweils Leistungen von B an M bzw. K an B und damit eine geschlossene Leistungskette vor. Folglich kommt ein Anspruch aus § 812 Abs. 1 Satz 1 Alt. 2 BGB nicht in Betracht.

VI. Anspruch aus § 823 Abs. 1 BGB

22 Ein Anspruch des K gegen M aus § 823 Abs. 1 BGB könnte auf eine Eigentumsverletzung in Gestalt einer Besitzentziehung gestützt werden. M kann insofern allerdings kein Verschulden vorgeworfen werden, sodass dieser Anspruch nicht besteht.

VII. Ergebnis

23 K hat gegen M einen Anspruch auf Herausgabe des Buches aus § 985 BGB.

Frage 2: Welche Ansprüche hat M gegen B?

I. Ansprüche der M gegen B auf Herausgabe des Veräußerungserlöses

1. Anspruch aus § 285 BGB

24 Ein Anspruch aus § 285 BGB scheidet aus, weil B die von ihm zu erbringende Leistung, Erstellung des Werkes und Herausgabe des Buches, vollständig erbracht hat,

---

[10] BGH NJW 1977, 1818; *Prütting* Rn. 109.
[11] Vgl. dazu statt vieler *Wandt* § 9 Rn. 18 m. w. N.

sodass ein Fall des § 275 Abs. 1 BGB nicht vorliegt. Er hat dabei lediglich die Nebenpflicht verletzt, das Eigentum der M nicht zu beschädigen (siehe dazu Rn. 30).

Hinweis: § 275 BGB und damit auch § 285 BGB sind nicht bei Neben- bzw. Schutzpflichtverletzungen, sondern nur bei Leistungspflichten anwendbar, da nur hier die Erbringung unmöglich werden kann. Innerhalb der Leistungspflichten kommt es aber nicht darauf an, ob es sich um eine Haupt- oder Nebenleistungspflicht handelt.[12]

2. Anspruch aus §§ 667, 681 Satz 2 BGB

Ein Anspruch aus GoA nach §§ 667, 681 Satz 2 BGB scheitert am fehlenden Fremdgeschäftsführungswillen des B.

3. Anspruch aus § 816 Abs. 1 Satz 1 BGB

a) Wirksame Verfügung eines Nichtberechtigten

M könnte gegen B aber einen Anspruch auf Herausgabe des Veräußerungserlöses aus § 816 Abs. 1 Satz 1 BGB haben. Das setzt voraus, dass B als Nichtberechtigter eine Verfügung getroffen hat, die M gegenüber wirksam ist. B war weder Eigentümer des Buches noch war er zur Übertragung des Buches ermächtigt. Dennoch hat er – vertreten durch A – wirksam als Nichtberechtigter über das M zustehende Eigentum an dem Gedichtband verfügt. Diese Verfügung ist M gegenüber wirksam.

b) Durch die Verfügung erlangt

Umstritten ist, was der Leistende in den Fällen des § 816 Abs. 1 BGB durch die Verfügung erlangt hat. Überwiegend wird der Kaufpreis als das aus der Verfügung Erlangte angesehen.[13] Andere weisen dagegen darauf hin, dass bei strenger Beachtung des Trennungsprinzips durch die Verfügung selbst nicht der Kaufpreis, sondern lediglich die Befreiung von der gegen den Verfügenden gerichteten Forderung erlangt werde. Diese könne jedoch nicht herausgegeben werden, sodass ein Wertersatz erfolgen müsse, der sich am Wert des Verfügungsobjektes orientiere.[14] Da das Buch nicht zu seinem Verkaufswert, sondern zu dem für die Restauration vereinbarten Preis veräußert wurde, ist dieser Streit hier von Belang. Den Vorzug verdient die erstgenannte Auffassung. Sowohl der allgemeine Sprachgebrauch als auch eine wirtschaftliche Betrachtungsweise sprechen dafür, die Herausgabe des Erlangten auf die Gegenleistung des Vertragspartners zu beziehen. Auch eine streng juristische Betrachtung vermag dieses Ergebnis nicht zu widerlegen, weil der Veräußerer im Hinblick auf § 320 BGB tatsächlich erst durch die Verfügung einen durchsetzbaren Kaufpreisanspruch erwirbt.[15] Diese Lesart wird auch durch die Gesetzesmaterialien bestätigt[16] und entspricht überdies dem Verständnis des ähnlich gelagerten § 285

---

[12] Vgl. nur Palandt/*Grüneberg* § 275 BGB Rn. 3.
[13] Vgl. dazu BGHZ 29, 157, 159 ff. = NJW 1959, 668; Palandt/*Sprau* § 816 BGB Rn. 10; *Larenz/Canaris* § 72 I 2a; *Hüffer* JuS 1981, 263, 266.
[14] *Medicus/Petersen* Rn. 720 ff. Zu einem ähnlichen Ergebnis gelangt eine weitere Meinungsgruppe, die zwar wie die h. M. auf die Gegenleistung abstellt, die Erlösherausgabepflicht jedoch nach § 818 Abs. 2 BGB auf den Verkehrswert des Gegenstandes beschränkt – vgl. etwa Staudinger/*Lorenz* (2007) § 816 BGB Rn. 23 ff.; umfassend zum Streitstand *Gursky*, 20 Probleme aus dem Bereicherungsrecht, 6. Aufl. 2010, S. 86 ff.
[15] Vgl. *Larenz/Canaris* § 72 I 2a.
[16] Mot. III S. 224.

BGB.[17] M kann daher von B die Herausgabe des von K gezahlten Kaufpreises verlangen.

29 **Hinweis:** Der Reiz dieses Falles liegt darin, dass er neben Standardproblemen des Sachenrechts auch deren schuldrechtliches Umfeld abfragt. Genau hier liegen oftmals interessante Folgeprobleme eines Erwerbs vom Nichtberechtigten.

II. Ansprüche der M gegen B auf Schadensersatz

1. Anspruch aus § 280 Abs. 1 BGB

a) Pflichtverletzung

30 Daneben könnte M gegen B auch einen Schadensersatzanspruch neben der Leistung aus §§ 280 Abs. 1, 241 Abs. 2 BGB haben. Das setzt voraus, dass B eine Pflicht aus einem vertraglichen Schuldverhältnis verletzt hat. Die Hauptpflicht des B bestand in der Restauration des Buches, die ordnungsgemäß durchgeführt worden ist. Die Hauptpflicht aus dem Werkvertrag wurde also nicht verletzt. Auch wurde das Buch pflichtgemäß wieder an die M herausgegeben. B könnte jedoch eine vertragliche, nicht leistungsbezogene Nebenpflicht i.S.d. § 241 Abs. 2 BGB verletzt haben, indem er das Buch während der Verwahrzeit wirksam an K übereignete. Aufgrund des Werkvertrages war der B nicht nur zur Durchführung der Reparaturleistung, sondern auch zur Verwahrung und Rückgabe des ihm zwecks Reparatur ausgehändigten Buches verpflichtet.[18] Diese Verwahrungspflicht hatte er in einer solchen Weise auszuüben, dass das Eigentum der M dabei nicht verletzt wird. Mit der Übereignung durch A ist jedoch die Eigentümerstellung der M aufgehoben worden, sodass die Pflicht zur sorgfältigen Verwahrung verletzt worden ist. B hat daher eine Nebenpflicht verletzt, sodass nach § 280 BGB bei Vorliegen der weiteren Voraussetzungen eine Pflicht zum Schadensersatz begründet wäre.

b) Vertretenmüssen

aa) Eigenes Verschulden des B

31 Weiterhin müsste B diese Pflichtverletzung nach § 280 Abs. 1 Satz 2 BGB zu vertreten haben. Das Vertretenmüssen wird nach § 280 Abs. 1 Satz 2 BGB grundsätzlich vermutet. Fraglich ist aber, ob B sich entlasten kann. Er hätte die Pflichtverletzung nicht zu vertreten, wenn ihm die Veräußerung weder als eigenes Versäumnis noch als ein Versäumnis der A anzulasten wäre, für das er nach § 278 BGB einzustehen hätte. Ein eigenes Verschulden des B ist indes zu verneinen. Er hat für eine gesonderte Verwahrung der Bücher gesorgt und zusätzlich auch noch seine Angestellten entsprechend instruiert.

bb) Zurechnung fremden Verschuldens

32 Möglicherweise muss er sich aber das Verschulden der A nach § 278 BGB als eigenes Verschulden zurechnen lassen. Das setzt zunächst voraus, dass A Erfüllungsgehilfin im Sinne dieser Vorschrift war. Erfüllungsgehilfe ist, wer nach den tatsächlichen Gegebenheiten des Falles mit dem Willen des Schuldners bei der Erfüllung einer diesem obliegenden Verbindlichkeit als seine Hilfsperson tätig wird.[19] A war als Ladenange-

---

[17] Vgl. MünchKommBGB/*Emmerich* § 285 BGB Rn. 27.
[18] Vgl. dazu MünchKommBGB/*Busche* § 631 BGB Rn. 80.
[19] Palandt/*Grüneberg* § 278 BGB Rn. 7.

stellte unter anderem auch damit betraut, die zur Restauration überlassenen Bücher zu verwahren, und damit Erfüllungsgehilfin i.S.d. § 278 BGB. In dieser Funktion hätte sie den gelben Punkt bemerken und den Verkauf demnach verweigern müssen. Sie trifft daher ein Verschulden, das B nach § 278 BGB zuzurechnen ist.

cc) Gemilderter Haftungsmaßstab des § 300 Abs. 1 BGB?

Man könnte allerdings erwägen, ob angesichts der langen Zeitdauer bis zur Abholung 33 des Buches die für den Annahmeverzug geltende Haftungsprivilegierung des § 300 Abs. 1 BGB Anwendung findet. B hat die M aber weder i.S.d. § 295 BGB zur Leistung aufgefordert noch war die Aufforderung nach § 296 BGB entbehrlich, sodass die Voraussetzungen des § 300 Abs. 1 BGB nicht erfüllt sind. Es liegt daher eine schuldhafte Pflichtverletzung vor, die sich B nach § 278 BGB zurechnen lassen muss.

c) Schaden

Der Schaden der M besteht darin, dass sie das Eigentum an dem Gedichtband 34 verloren hat. Ersatzfähig ist nach §§ 249, 251 Abs. 1 BGB der objektive Wert des Buches, wohingegen ein besonderes Affektionsinteresse der M keine Berücksichtigung findet.[20]

d) Ergebnis

M hat gegen B einen Anspruch auf Schadensersatz aus § 280 Abs. 1 BGB.   **35**

2. Anspruch aus §§ 989, 990 Abs. 1 BGB

Daneben könnte M auch noch ein Schadensersatzanspruch aus §§ 989, 990 Abs. 1 36 BGB zustehen. Das setzt allerdings eine Vindikationslage voraus,[21] die daran scheitert, dass B aufgrund des Werkvertrages ein Recht zum Besitz hatte. Ein Anspruch aus dem Eigentümer-Besitzer-Verhältnis könnte daher nur dann angenommen werden, wenn man dieses Rechtsinstitut auch dann anwendet, wenn ein berechtigter Besitzer die Grenzen seines Besitzrechts überschreitet (sog. Nicht-so-Berechtigter).[22] Diese Konstruktion wird heute indes zu Recht nicht mehr vertreten, da sie vom Wortlaut des Gesetzes nicht gedeckt ist und für eine teleologische Ausdehnung der Vorschriften angesichts der übrigen Ansprüche des Eigentümers, namentlich aus dem Vertragsverhältnis, auch kein Bedürfnis besteht.[23]

3. Anspruch aus § 678 BGB

Ein Anspruch aus § 678 BGB scheitert ebenso wie der Aufwendungsersatzanspruch 37 aus §§ 667, 681 Satz 2 BGB (siehe Rn. 26) am fehlenden Fremdgeschäftsführungswillen.

4. Anspruch aus § 831 BGB

M könnte gegen B auch einen Schadensersatzanspruch aus § 831 BGB haben. 38 Dann müsste A Verrichtungsgehilfin des B gewesen sein. Verrichtungsgehilfe ist,

---

20 Palandt/*Grüneberg* § 251 BGB Rn. 10.
21 Vgl. zu dieser Voraussetzung MünchKommBGB/*Raff* Vor § 987 BGB Rn. 15.
22 Die Lehre vom Nicht-so-Berechtigten wurde in der älteren Lit. vereinzelt vertreten, zuletzt namentlich von *Zeuner*, FS Felgentraeger, 1969, S. 423 ff., 429 ff. m.w.N.
23 So die allg. M. – vgl. nur *Baur/Stürner* § 11 Rn. 27; *Prütting* Rn. 531.

wem von einem anderen eine Tätigkeit übertragen worden ist, unter dessen Einfluss er allgemein oder im konkreten Fall handelt und zu dem er in einer gewissen Abhängigkeit steht.[24] A war als weisungsgebundene Ladenangestellte Verrichtungsgehilfin in diesem Sinne. In dieser Funktion hat sie das Eigentum der M rechtswidrig und fahrlässig verletzt.

39 **Hinweis:** Da der Geschäftsherr nach § 831 BGB nicht für fremdes, sondern für ein eigenes (Auswahl- und Anleitungs-)Verschulden haftet, kommt es auf ein Verschulden des Verrichtungsgehilfen grundsätzlich nicht an. Allerdings entfällt nach dem Schutzzweck der Norm die Haftung, wenn der Verrichtungsgehilfe objektiv fehlerfrei gehandelt hat.[25]

40 Dennoch scheitert ein Schadensersatzanspruch aus § 831 Abs. 1 BGB daran, dass B die A sorgfältig ausgewählt und überwacht hat, sodass er sich nach § 831 Abs. 1 Satz 2 BGB exkulpieren kann.

5. Anspruch aus § 823 Abs. 1 BGB

41 Schließlich könnte M gegen B einen Anspruch aus § 823 Abs. 1 BGB haben. B hat das Eigentum der M jedoch nicht selbst verletzt, sondern dies geschah durch die Übereignungshandlung der A. Daraus könnte sich nur dann ein deliktischer Anspruch gegen B ergeben, wenn ihn ein Organisationsverschulden trifft.[26] Es wurde aber bereits festgestellt, dass B hinreichende Vorkehrungen getroffen hatte, um den versehentlichen Verkauf der zur Verwahrung überlassenen Bücher zu verhindern (siehe Rn. 31, 39), sodass eine Verletzung von Organisationspflichten nicht festgestellt werden kann.

III. Ergebnis

42 K kann von M Herausgabe des Buches gem. § 985 BGB verlangen. M kann von B die Herausgabe des Verkaufserlöses gem. § 816 Abs. 1 Satz 1 BGB oder Schadensersatz gem. § 280 Abs. 1 BGB verlangen.

43 **Hinweis:** Zeigen Sie hier Systemverständnis: Die Ansprüche aus § 816 BGB und § 280 BGB stehen in einem Alternativverhältnis. Verlangt M aus § 816 Abs. 1 Satz 1 BGB den Veräußerungserlös, entfällt der Schaden, sodass § 280 BGB nicht mehr erfüllt ist. Entscheidet sich M hingegen für den Schadensersatz, so ist B in dieser Höhe entreichert,[27] sodass insoweit § 816 BGB entfällt. M kann nur noch einen möglicherweise über den Umfang des Schadensersatzes hinausgehenden Erlös verlangen.

Frage 3: Welche Ansprüche hat B gegen G?

I. Anspruch aus § 985 BGB

1. Eigentümerstellung des B

a) Übereignung des Buches von B an G gem. § 929 Satz 1 BGB

44 B könnte gegen G einen Anspruch aus § 985 BGB haben. Das würde zunächst voraussetzen, dass B noch Eigentümer des Buches „Steingärten in den Abruzzen" ist. Er könnte sein Eigentum jedoch durch die Übertragung der A an G verloren haben.

---

[24] Palandt/*Sprau* § 831 BGB Rn. 5.
[25] Vgl. dazu Palandt/*Sprau* § 831 BGB Rn. 8.
[26] Vgl. dazu *Wandt* § 18 Rn. 16.
[27] § 818 Abs. 3 BGB ist anwendbar, vgl. nur MünchKommBGB/*Schwab* § 816 BGB Rn. 52.

Das würde voraussetzen, dass mit diesem Akt eine wirksame Übereignung stattgefunden hat. B selbst hat aber eine Übereignungserklärung an G nicht abgegeben. Auch hat A nicht im Namen des B gehandelt, sodass eine Vertretung nach § 164 Abs. 1 BGB ausscheidet.

b) Übereignung des Buches durch die Nichtberechtigte A nach §§ 929 Satz 1, 932 Abs. 1 BGB

aa) Dingliche Einigung und Übergabe

Möglicherweise könnte G das Buch aber von A übereignet bekommen haben. Das setzt zunächst voraus, dass A und G sich dinglich über den Eigentumsübergang geeinigt haben. Durch die schenkweise Übertragung des Buches hat A dem G konkludent die Übereignung angeboten, die dieser angenommen hat, als er das Geschenk in Empfang nahm. Mit diesem Akt ist zugleich die nach § 929 Satz 1 BGB erforderliche Übergabe erfolgt. A war aber zur Übertragung an G nicht berechtigt, sodass allenfalls ein gutgläubiger Erwerb in Betracht kommt. 45

bb) Voraussetzungen des gutgläubigen Erwerbs nach § 932 BGB

Ein gutgläubiger Erwerb vom Nichtberechtigten setzt nach § 932 Abs. 1 BGB zunächst voraus, dass ein Erwerb nach § 929 Satz 1 erfolgt ist. Das ist hier geschehen. Weiterhin müsste G i.S.d. § 932 Abs. 1 Satz 2, Abs. 2 BGB in gutem Glauben gewesen sein. G war zu dem Zeitpunkt, als er das Buch von A bekam, weder bekannt noch infolge grober Fahrlässigkeit unbekannt, dass das Buch nicht der A gehörte. Somit war G im guten Glauben. 46

cc) Abhandenkommen (§ 935 Abs. 1 Satz 1 BGB)

(1) Stellung der A als Besitzdienerin

Dem gutgläubigen Erwerb durch G könnte jedoch § 935 Abs. 1 Satz 1 BGB entgegenstehen. Das wäre dann der Fall, wenn dem Eigentümer das Buch abhanden gekommen ist.[28] B hat das Buch der A freiwillig übergeben, sodass in diesem Akt noch kein Abhandenkommen zu sehen ist. Möglicherweise könnte dem B das Buch aber auch erst durch die spätere weisungswidrige Weggabe durch A abhanden gekommen sein. Das setzt aber voraus, dass er auch nach der Übergabe an A weiterhin Besitzer blieb. Ein solcher fortdauernder Besitz könnte über die Figur der Besitzdienerschaft gem. § 855 BGB begründet worden sein. 47

Das setzt voraus, dass A die tatsächliche Gewalt über das Buch im Rahmen eines sozialen Abhängigkeitsverhältnisses für den B ausgeübt hat. A war aufgrund eines Arbeitsverhältnisses mit B dessen arbeitsrechtlichem Direktionsrecht unterworfen und übte die tatsächliche Gewalt über das Buch im Rahmen dieses Verhältnisses aus. Sie war somit Besitzdienerin, sodass gem. § 855 BGB nur der B der unmittelbare Besitzer des Buches war. 48

Hinweis: Die richtige Einordnung als Besitzmittler oder Besitzdiener kann klausurentscheidend sein, beispielsweise für die Frage nach Besitzschutzansprüchen oder wie hier im Rahmen des Abhandenkommens bei § 935 BGB. Wichtige Fallgruppen der Besitzdiener sind: Hausangestellte, Arbeitnehmer für die ihnen dienstlich anvertrauten Sachen, minderjährige Kinder für Wohnung und Hausrat.[29] 49

---

[28] Zur Definition vgl. bereits Fn. 5.
[29] Vgl. Palandt/*Herrler* § 855 BGB Rn. 7; MünchKommBGB/*Joost* § 855 BGB Rn. 14.

50 Die Übergabe des Buches durch die A an den G geschah ohne den Willen des B. Fraglich ist, ob diese unbefugte Weitergabe durch die Besitzdienerin ein Abhandenkommen i. S. d. § 935 Abs. 1 BGB darstellt.[30]

(2) Weggabe durch Besitzdiener als Abhandenkommen – Meinungsstand

51 Eine Ansicht bejaht diese Frage mit der Begründung, dass bei der Prüfung des Abhandenkommens ausschließlich auf den Willen des Besitzherrn abzustellen sei.[31] B war mit der Weggabe durch A nicht einverstanden, sodass nach dieser Ansicht ein Abhandenkommen anzunehmen wäre.

52 Eine Gegenauffassung stimmt dem zu, allerdings nur für den Fall, dass die Gebundenheit des Besitzdieners gegenüber dem Besitzherrn nach außen hin erkennbar ist. Anderenfalls könne die äußere Position des Besitzdieners nicht von der eines unmittelbaren Besitzers unterschieden werden, sodass der Erwerber sich auf diesen Rechtsschein verlassen dürfe.[32] A trat dem G nicht in ihrer Funktion als Angestellte des B gegenüber, sodass nach dieser Auffassung ein Abhandenkommen zu verneinen wäre.

53 Eine dritte Meinungsgruppe lehnt die Anwendung des § 935 Abs. 1 Satz 1 BGB schließlich generell ab. Es sei kein Grund ersichtlich, warum das Veruntreuungsrisiko den Eigentümer im Falle des Besitzdieners nicht genauso treffen soll wie im Falle des Besitzmittlers. Deshalb sei § 935 Abs. 1 Satz 2 BGB anzuwenden.[33] Auch nach dieser Ansicht wäre dem B das Buch nicht abhanden gekommen.

(3) Stellungnahme

54 Dem Wortlaut des Gesetzes entspricht allein die erstgenannte Ansicht. § 855 BGB erkennt ausschließlich den weisungsbefugten Besitzherrn als Besitzer an, sodass es auf seinen Besitzwillen ankommen muss und nicht auf den einer unbefugten Hilfsperson. Angesichts dieser relativ eindeutigen Gesetzeslage bedarf es guter teleologischer Gründe, um von diesem Ergebnis abzuweichen.[34] Rechtsscheinüberlegungen können insofern nicht ausschlaggebend sein, weil § 935 BGB keinen über § 932 BGB hinausgehenden Gutglaubensschutz bewirkt. Auch der Erwerber, der sich einem unmittelbaren Besitzer gegenübersieht, wird durch § 935 BGB nicht geschützt, wenn die Voraussetzungen dieser Vorschrift vorliegen.[35]

55 Die ratio des § 935 BGB liegt vielmehr darin, den schon durch § 932 BGB gestatteten Gutglaubenserwerb auf die Fälle einzuschränken, in denen der Eigentümer durch sein Verhalten dazu beigetragen hat, dass der Rechtsschein des Besitzes ent-

---

30 Ausführliche Übersicht über den Meinungsstand bei *Witt* AcP 201 (2001), 165, 172 ff.; *ders.* JuS 2003, 1091, 1094 ff.
31 BGH NJW 2014, 1524 Rn. 9, 16; RGZ 71, 248, 253; 106, 4, 6; Palandt/*Herrler* § 935 BGB Rn. 8; Erman/*Bayer* § 935 BGB Rn. 7; *Hoche* JuS 1961, 73, 78 f.; *R. Weber* JuS 1999, 1, 9.
32 Staudinger/*Wiegand* (2017) § 935 BGB Rn. 14.
33 MünchKommBGB/*Oechsler* § 935 BGB Rn. 10; *Ernst*, Eigenbesitz und Mobiliarerwerb, 1992, S. 32 ff.; *Hager*, Verkehrsschutz durch redlichen Erwerb, 1990, S. 250 f., 404 f.
34 Ob der Wortlaut hier derart eindeutig ist, dass allein eine teleologische Reduktion ein abweichendes Ergebnis rechtfertigen könnte, oder ob dazu bereits eine restriktive Auslegung genügen würde (zur Unterscheidung vgl. Palandt/*Sprau* Einl. Rn. 49), kann an dieser Stelle offen bleiben, da auch die teleologischen Erwägungen letztlich die dem Wortlaut entsprechende erste Auffassung stützen.
35 Vgl. auch Soergel/*Henssler* § 935 BGB Rn. 8; *Prütting* Rn. 76; *Witt* AcP 201 (2001), 165, 175 ff.

stehen konnte (Veranlassungsprinzip).³⁶ Die beiden letztgenannten Auffassungen sehen diesen Beitrag darin, dass er – ebenso wie der mittelbare Besitzer³⁷ – einem anderen freiwillig den Besitz an der Sache überlassen hat. Dabei wird aber nicht hinreichend berücksichtigt, dass es nach der gesetzlichen Wertung einen Unterschied macht, ob die mit dem unmittelbaren Besitz betraute Person nur aufgrund eines schuldrechtlichen Anspruchs zur Rückübertragung verpflichtet ist (Besitzmittler – § 868 BGB) oder ob sie den Weisungen des Besitzherrn untersteht und dieser daher weiterhin eine tatsächliche Herrschaftsmacht über die Sache innehat. Im letzten Fall verliert der Besitzherr seine faktischen Einwirkungsmöglichkeiten tatsächlich erst in dem Augenblick, in dem der Besitzdiener sich zur unbefugten Weggabe entscheidet, sodass von einem Abhandenkommen auszugehen ist.³⁸ Dem Gutglaubenserwerb durch G steht somit § 935 Abs. 1 Satz 1 BGB entgegen. B hat das Eigentum nicht an G verloren.

2. Unbefugter Besitz

G ist Besitzer, ohne dass ihm ein Recht zum Besitz i. S. d. § 986 BGB zusteht. Die Voraussetzungen des § 985 BGB sind somit allesamt erfüllt. **56**

3. Ergebnis

B hat einen Anspruch gegen G aus § 985 BGB auf Herausgabe des Buches. **57**

II. Anspruch aus § 1007 Abs. 1 BGB

G war beim Besitzerwerb in gutem Glauben, sodass B die Herausgabe des Buches nicht aus § 1007 Abs. 1 BGB verlangen kann. **58**

III. Anspruch aus § 1007 Abs. 2 BGB

B könnte gegen G aber einen Anspruch aus § 1007 Abs. 2 BGB haben. Das setzt voraus, dass dem früheren Besitzer die Sache abhanden gekommen ist. Nimmt man mit der hier vertretenen Auffassung an, dass die unbefugte Weggabe durch einen Besitzdiener ein Abhandenkommen i. S. d. § 935 Abs. 1 BGB begründet, so ist diese Voraussetzung erfüllt. Dem G seinerseits war die Sache zuvor nicht abhandengekommen, sodass der Ausschlussgrund des § 1007 Abs. 2 Satz 1 letzter Hs. BGB nicht eingreift. Ebenso wenig kann G sich auf den Ausschlussgrund des § 1007 Abs. 3 BGB berufen. Somit kann B die Herausgabe des Buches gem. § 1007 Abs. 2 BGB von G verlangen. **59**

IV. Anspruch aus § 861 BGB

Des Weiteren könnte B gegen G einen Anspruch auf Wiedereinräumung des Besitzes aus § 861 BGB haben. Das setzt zunächst voraus, dass dem B der Besitz durch verbotene Eigenmacht entzogen worden ist. Die A hatte dem B seinen Besitz ohne dessen Willen und damit durch verbotene Eigenmacht i. S. d. § 858 BGB entzogen. **60**

---

36 Vgl. dazu statt vieler MünchKommBGB/*Oechsler* § 935 BGB Rn. 1.
37 Für diesen Fall stellt § 935 Abs. 1 Satz 2 BGB unzweideutig auf den Willen des Besitzmittlers ab.
38 Vgl. dazu Soergel/*Henssler* § 935 BGB Rn. 8; *Witt* AcP 201 (2001), 165, 180 ff.

Daraus ergibt sich nach § 861 BGB ein Anspruch des früheren Besitzers gegen denjenigen, der ihm gegenüber fehlerhaft besitzt. Nach § 858 Abs. 2 Satz 1 BGB ist der durch verbotene Eigenmacht erlangte Besitz fehlerhaft. G selbst hat aber keine verbotene Eigenmacht gegen B verübt. Er müsste daher allenfalls gem. § 858 Abs. 2 Satz 2 BGB die Fehlerhaftigkeit des Besitzes der A gegen sich gelten lassen. Ungeachtet der Frage, in welchem konkreten Zeitpunkt der zunächst berechtigte Besitz in einen fehlerhaften Besitz umgeschlagen ist, kann jedenfalls festgestellt werden, dass G von dieser Fehlerhaftigkeit keine Kenntnis hatte. Ein Anspruch aus § 861 BGB scheidet demnach aus.

V. Ergebnis

61   B hat gegen G einen Anspruch auf Herausgabe des Buches aus § 985 BGB und aus § 1007 Abs. 2 BGB.

Fall 3. Rolfs Probleme

Sachverhalt

Der Unternehmer Rainer Rolf (R) sammelt Werke fränkischer Künstler. Als er im Katalog des Auktionshauses Karl Kolb (K) eine seltene Lithographie von Prechtl entdeckte, beauftragte er seine Sekretärin Susi Schmidt (S), sich in die Stadt zu der abendlichen Auktion zu begeben und das Bild bis zu einem Preis von 5.000 EUR zu ersteigern, ohne ihren Auftraggeber preiszugeben. Er gab ihr 5.000 EUR Bargeld mit, damit sie das Bild gleich bezahlen, mitnehmen und am nächsten Tag zur Arbeit mitbringen könne. S erhielt den Zuschlag für 4.000 EUR, bezahlte die von Emil Eigen (E) zur Versteigerung gegebene Lithographie und nahm sie gleich mit nach Hause in ihre Regensburger Wohnung. Dort stellte sie das Bild dekorativ auf eine Kommode in ihrem Wohnzimmer. Am nächsten Morgen klingelte der Gerichtsvollzieher bei S, zeigte einen vollstreckbaren Titel des Gläubigers Fritz Fränkel (F) vor, pfändete das Bild gegen den Protest der S und nahm es sogleich mit. Völlig aufgelöst erschien S kurz darauf bei R und erzählte, was vorgefallen war. R rief daraufhin seinen Rechtsanwalt an und fragte, was er gegen die Pfändung seiner Lithographie unternehmen könne.

Dabei trug er gleich noch zwei weitere Probleme vor: R hatte im März 2017 mit der Leasinggesellschaft Haubner (H) einen Vertrag geschlossen, auf dessen Grundlage die Leasinggesellschaft bei dem Maschinenhändler Zacharias Zepter (Z) eine von R ausgesuchte Lackiermaschine kaufte. Nach der Bezahlung wies die Leasinggesellschaft den Z telefonisch an, die Maschine gleich direkt an R auszuliefern. Zwei Monate später hatte die Leasinggesellschaft die Maschine zur Sicherheit auf die Regensburger Bank (RB) übereignet, um ein von dieser Bank gewährtes Darlehen zu sichern, wobei die Leasinggesellschaft den Herausgabeanspruch gegen R an die RB abtrat. Kurze Zeit später trat die Sparkasse Konstanz (SK) an die Leasinggesellschaft heran und verlangte weitere Sicherheiten, weil der Dispositionskredit der Gesellschaft inzwischen seinen Rahmen überschritten hatte. Daraufhin übereignete die Leasinggesellschaft die Maschine zur Sicherheit auch an die SK, der sie ebenfalls den Herausgabeanspruch gegen R abtrat. Nachdem nun sowohl die RB als auch die SK von R Herausgabe der Maschine verlangt haben, möchte R wissen, wem die Maschine nun eigentlich gehöre und ob er die Maschine tatsächlich an eines der Kreditinstitute herausgeben müsse, obwohl der Leasingvertrag noch zwei Jahre laufe.

Außerdem hat R ein Problem mit einer Rechnung des Büromittellieferanten Arnulf Althammer (A). Über Jahre hinweg hatte R das Druckerpapier für sein Unternehmen stets vom Händler Bodo Baumann (B) bezogen. Im November 2017 hatte R bei B angerufen und eilig 1.000 Packungen Papier bestellt, weil seine Vorräte völlig erschöpft waren. B hatte in diesem Telefonat erklärt, er werde das Papier direkt durch den Großhändler unmittelbar bei R anliefern lassen. Was R nicht wusste: B hatte zu diesem Zeitpunkt selbst ebenfalls keine Vorräte, weil er Großhändlerrechnungen nicht beglichen hatte, sodass seine Lieferanten ihn nicht mehr belieferten. Deshalb hatte er sich nach dem Anruf von R an den Händler A gewandt und

Fall 3. Rolfs Probleme

im Namen von R einen Vertrag über 1.000 Packungen Druckerpapier abgeschlossen. Daraufhin hatte A das Druckerpapier an R ausgeliefert, woraufhin R die von B übersandte Rechnung beglich. Eine Woche später traf eine Rechnung des A über die 1.000 Packungen ein. R wandte sich telefonisch an A und verweigerte die Zahlung mit der Begründung, er habe bereits an B bezahlt. Daraufhin erklärte A, er bestehe auf Zahlung. Sollte diese nicht umgehend erfolgen, so werde er das Papier wieder abholen lassen.

Bearbeitervermerk: Erstellen Sie das Rechtsgutachten des Rechtsanwalts und gehen Sie dabei auf alle im Sachverhalt aufgeworfenen Rechtsfragen ein.

Gliederung/Skizze

	Rn.
Frage 1: Drittwiderspruchsklage des R	
I. Zulässigkeit	1
II. Begründetheit	3
1. Eigentum des R an der Lithographie	4
a) Eigentumserwerb des K bei Einlieferung des Bildes	5
b) Übereignung von K an R	6
c) Übereignung von K an S	9
d) Übereignung von S an R	10
aa) Einigung	11
bb) Übergabe	13
cc) Berechtigung	15
dd) Mangelnde Publizität	16
Problem: Bedarf es einer Publizität der antizipierten Übereignung?	
2. Herausgabeanspruch aus § 667 BGB	18
3. „Wirtschaftliches Eigentum" des R an der Lithographie	20
Problem: Kann die Konstellation mit der Sicherungsübereignung gleichbehandelt werden?	

Frage 2: Lackiermaschine

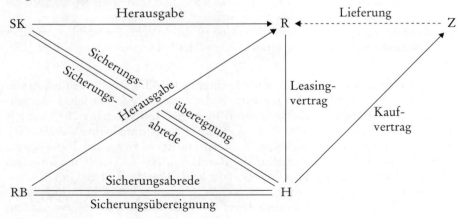

	Rn.
I. Eigentumslage an der Lackiermaschine	23
1. Übereignung von Z an H	23
a) Einigung	24
b) Übergabe	25
c) Berechtigung	27
2. Übereignung von H an RB	28
a) Einigung	28
b) Übergabe	29
c) Einigsein	32
d) Berechtigung	35
3. Übereignung von H an SK	36
a) Einigung	36
b) Übergabesurrogat (§ 931 BGB)	37
Problem: Kann ein vermeintlicher Anspruch Übergabesurrogat sein?	
c) Berechtigung	39
d) Gutgläubiger Erwerb (§ 934 BGB)	41
aa) § 934 Alt. 1 BGB	41
bb) § 934 Alt. 2 BGB	42
II. Herausgabeansprüche gegen R	43
1. SK	43
2. RB	44

Frage 3: Druckerpapier

I. Kaufpreiszahlung	46
II. Abholen des Papiers	49
1. Anspruch aus § 985 BGB	49
a) Eigentümerstellung des A	50
aa) Übereignung von A an R	50
bb) Übereignung von B an R	53
(1) Einigung	53
(2) Anfechtbarkeit der dinglichen Einigung durch A	55
(3) Übergabe	57
Problem: Ist die Übergabe durch eine „Scheingeheißperson" ausreichend?	
(4) Verfügungsberechtigung	60
Problem: Bildet „Scheingeheiß" einen Rechtsscheinstatbestand?	
(5) Gutgläubiger Erwerb (§ 932 BGB)	61
b) Ergebnis	66
2. Anspruch aus § 861 Abs. 1 BGB	67
3. Ansprüche aus § 1007 BGB	68
4. Anspruch aus § 812 Abs. 1 Satz 1 Alt. 1 BGB (Leistungskondiktion)	69
5. Anspruch aus § 812 Abs. 1 Satz 1 Alt. 2 BGB (Nichtleistungskondiktion)	71
III. Ergebnis	73

Fall 3. Rolfs Probleme

Lösung

Frage 1: Drittwiderspruchsklage des R

I. Zulässigkeit

1   Als Rechtsbehelf gegen die Pfändung des Bildes ist eine Drittwiderspruchsklage des R gegen F statthaft (§ 771 ZPO), denn R möchte geltend machen, dass das gepfändete Bild nicht für die Schulden seiner Sekretärin S hafte und die Vollstreckung in seine Rechte eingreife. Das Rechtsschutzbedürfnis für eine solche Klage ist gegeben, da die Zwangsvollstreckung bereits begonnen hat und noch nicht wieder vollständig beendet ist. Ausschließlich zuständig ist das AG Regensburg (§§ 23 Nr. 1, 71 GVG, §§ 771 Abs. 1, 802 ZPO).

2   **Hinweis:** Sind für die Zulässigkeit im Sachverhalt keine besonderen Probleme angesprochen, so müssen Sie sich kurz fassen und dürfen nicht sämtliche Voraussetzungen aufzählen. Fordert eine Klausur – wie hier – ein Anwaltsgutachten, so sollte zunächst die materielle Rechtslage geprüft werden, bevor anschließend zur prozessualen Situation Stellung bezogen wird. Von diesem Aufbau wird vorliegend deshalb abgewichen, weil in der Zulässigkeitsstation lediglich mit einem Satz auf die Statthaftigkeit der Drittwiderspruchsklage einzugehen war. Genauso vertretbar wäre es jedoch, zunächst die Eigentumslage an der Lithographie zu prüfen und dann zu überlegen, wie R seine Eigentümerstellung in der Zwangsvollstreckung zur Geltung bringen kann. Angesichts der Eilbedürftigkeit ist überdies an einen Antrag auf Erlass einer einstweiligen Anordnung zu denken (§§ 771 Abs. 3, 769 ZPO).

II. Begründetheit

3   Die zulässige Klage wäre begründet, wenn R an dem Bild „ein die Veräußerung hinderndes Recht" zustünde und R auch aus sonstigen Gründen nicht zur Duldung der Zwangsvollstreckung in das Bild verpflichtet wäre. Mit einem die Veräußerung hindernden Recht ist ein dingliches Recht an der Lithographie als Vollstreckungsgegenstand gemeint, denn ein die Veräußerung hinderndes Recht als solches gibt es nicht, weil selbst das Eigentum als stärkstes dingliches Recht im Wege des gutgläubigen Erwerbs überwindbar ist, also einer Veräußerung nicht entgegensteht. Vielmehr ist § 771 ZPO so zu verstehen, dass sich ein Dritter gegen die Vollstreckungshandlung wehren kann, wenn auf Vermögen zugegriffen wird, das nicht für die Titelforderung haftet, und auf diese Weise ein Recht des Dritten verletzt wird.[1] Das wiederum ist dann der Fall, wenn die Veräußerung des Gegenstandes durch den Vollstreckungsschuldner selbst oder den Vollstreckungsgläubiger rechtswidrig wäre, weil dadurch in den Rechtskreis des Dritten eingegriffen würde.

1. Eigentum des R an der Lithographie

4   Als ein die Veräußerung hinderndes Recht kommt das Eigentum des R an der gepfändeten Lithographie in Betracht. Ursprünglich stand die Lithographie im Eigentum des E, der sie zur Versteigerung bei K eingeliefert hatte.

a) Eigentumserwerb des K bei Einlieferung des Bildes

5   Durch die Einlieferung des Bildes könnte ein Eigentumsübergang auf K erfolgt sein. Dazu müssten sich E und K über den Eigentumsübergang geeinigt haben

---

[1] MünchKommZPO/*Schmidt* § 771 ZPO Rn. 1, 16.

(§ 929 Satz 1 BGB). In der Regel wird ein Auktionator jedoch als Verkaufskommissionär (§§ 383 ff. HGB) eingeschaltet, der für den Einlieferer das Bild veräußert und selbst keine Rechte an den eingelieferten Gegenständen erhalten soll. Nachdem vorliegend nicht ersichtlich ist, dass E und K von dieser Übung abgewichen wären, fehlt es bereits an einer wirksamen dinglichen Einigung.

b) Übereignung von K an R

Jedoch könnte R Eigentum an dem Bild durch Übereignung des K an ihn erworben haben (§ 929 Satz 1 BGB). Dazu wäre eine dingliche Einigung zwischen K und R erforderlich. Eine solche Einigung ist jedoch nicht erfolgt. 6

Vielmehr haben sich S und K über den Eigentumsübergang geeinigt. Diese Einigung würde aber unmittelbar für und gegen R wirken, wenn R von S wirksam vertreten wurde (§ 164 Abs. 1 BGB). S hat zwar eine eigene Willenserklärung abgegeben, sie hat jedoch weder ausdrücklich im Namen des R gehandelt, noch hat sich aus den Umständen ergeben, dass S mit Wirkung für und gegen R handeln wollte. Damit sind die Voraussetzungen einer wirksamen Stellvertretung nicht erfüllt. 7

Etwas anderes würde jedoch gelten, wenn ausnahmsweise auf die Einhaltung des stellvertretungsrechtlichen Offenkundigkeitsgrundsatzes verzichtet werden könnte. In Fällen, in denen der Schutz des Geschäftspartners die Offenlegung des Vertretenen nicht erfordert, kann § 164 Abs. 1 BGB nämlich teleologisch reduziert werden. Der Offenkundigkeitsgrundsatz dient allein dem Schutz des Geschäftspartners des Stellvertreters. Von einer solchen Reduktion geht man insbesondere bei beiderseits sofort erfüllten Massengeschäften des täglichen Lebens aus,[2] bei denen eine Übereignung „an den, den es angeht"[3] erfolgen kann. Da es sich beim Erwerb einer Lithographie für 4.000 EUR im Rahmen einer Versteigerung jedoch nicht um ein solches alltägliches Massengeschäft handelt und auch nicht einfach unterstellt werden kann, dass es K egal sei, mit wem er es zu tun hat, kann keine Ausnahme vom Offenkundigkeitsgrundsatz gemacht werden. Wollte man dies anders sehen, wären die Voraussetzungen des § 164 Abs. 1 BGB dennoch nicht erfüllt: Eine Ausnahme vom Offenkundigkeitsgrundsatz kommt nämlich überhaupt nur dann in Betracht, wenn der Handelnde den Willen[4] hat, mit Wirkung für und gegen einen Dritten zu handeln; vorliegend hat S jedoch bewusst im eigenen Namen gehandelt. Nachdem die Voraussetzungen des § 164 Abs. 1 BGB somit nicht erfüllt sind, wirkt die Einigung zwischen K und S nicht unmittelbar für und gegen R und ein Eigentumserwerb des R scheidet aus. 8

c) Übereignung von K an S

Jedoch hat K die Lithographie an S übereignet. Eine dingliche Einigung liegt vor (§ 929 Satz 1 BGB; siehe Rn. 7 f.). Eine Übergabe des Bildes von K an S ist ebenfalls erfolgt. Auch die Verfügungsberechtigung des K ist gegeben. Er war zwar nicht Eigentümer, handelte aber mit Einwilligung des E (§ 185 Abs. 1 BGB), der seinerseits verfügungsbefugter Eigentümer war und das Bild in Kommission gegeben hat (siehe Rn. 5). 9

---

[2] MünchKommBGB/*Schramm* § 164 BGB Rn. 42 ff.; Palandt/*Ellenberger* § 164 BGB Rn. 8.
[3] Soergel/*Henssler* § 929 BGB Rn. 45 ff.
[4] Vgl. BGH bei *K. Schmidt* JuS 2016, 938.

d) Übereignung von S an R

10 Möglicherweise könnte R sofort im Anschluss an die Übereignung K–S wiederum Eigentum von S erworben haben. In Fällen nicht offenkundiger („mittelbarer") Stellvertretung kann der mittelbare Stellvertreter eine Übereignung nach §§ 929 Satz 1, 930 BGB auf seinen Hintermann dadurch vornehmen, dass sich beide bereits vor dem Erwerb des Gegenstandes durch den mittelbaren Stellvertreter über den Eigentumsübergang auf den Hintermann einigen und außerdem – ebenfalls bereits vor dem Erwerb – ein Besitzmittlungsverhältnis nach § 868 BGB vereinbaren.[5] Infolgedessen bliebe S als mittelbare Stellvertreterin nur für eine juristische Sekunde Eigentümerin des Bildes, bevor das Eigentum dann auf R überginge.

aa) Einigung

11 Vom Vorliegen einer dinglichen Einigung ist auszugehen, wenn der mittelbare Stellvertreter, wie vorliegend, eine ganz bestimmte Sache erwerben soll und seine Aufwendungen bereits mit Erteilung des Auftrags erhalten hat.[6] In diesem Fall besteht nämlich ein schutzwürdiges Interesse des Hintermannes, dass das Eigentum sofort nach dem Erwerb durch den mittelbaren Stellvertreter auf ihn übergeht. Vorliegend besteht ein vom Arbeitsvertrag zu unterscheidendes Auftragsverhältnis (§ 662 BGB) zwischen R und S: R hat S den aufzuwendenden Kaufpreis bereits mit Auftragserteilung ersetzt (§ 670 BGB), sodass eine antizipierte Einigung zwischen R und S angenommen werden kann (§ 929 Satz 1 BGB).

12 **Hinweis:** Bezieht sich die Absprache zwischen Beauftragtem und Auftraggeber nicht auf eine bestimmte Sache, sondern hat der Beauftragte einen Entscheidungsspielraum, so kommt eine Übereignung an den Hintermann durch Insichgeschäft (§ 181 BGB) in Betracht.

bb) Übergabe

13 Eine Übergabe ist bisher nicht erfolgt. In Betracht kommt jedoch eine, ebenfalls antizipierte, Vereinbarung eines Übergabesurrogats, nämlich eines Besitzkonstituts (§§ 930, 868 BGB). Dazu ist erforderlich, dass zwischen R und S ein Rechtsverhältnis vereinbart wurde, aus dem sich ergibt, dass S den Willen hat, die Sache nach Besitzerwerb für R zu besitzen, also Fremdbesitzer sein möchte, und R einen durchsetzbaren Herausgabeanspruch gegen S hat. Außerdem müsste S anschließend auch wirklich Besitzerin der Lithographie geworden sein.

14 Diese zweite Voraussetzung ist erfüllt, weil K das Bild an S übergeben hat. Zudem haben R und S ein Auftragsverhältnis vereinbart. S als Auftragnehmerin hat damit verdeutlicht, alles, was sie aus der Erfüllung des Auftrags erlangt, für den Auftraggeber R besitzen zu wollen (Fremdbesitzerwille). Ein Herausgabeanspruch des R ergibt sich aus § 667 Alt. 2 BGB, der den Auftragnehmer verpflichtet, das aus der Ausführung des Auftrages Erlangte an den Auftraggeber herauszugeben.

cc) Berechtigung

15 S als Eigentümerin der Lithographie war auch dazu berechtigt, das Bild an R zu übereignen. Damit wäre R Eigentümer des Bildes und seine Drittwiderspruchsklage hätte Erfolg.

---

[5] Palandt/*Bassenge* § 930 BGB Rn. 10; *Wolf/Wellenhofer* § 7 Rn. 28.
[6] Soergel/*Henssler* § 929 BGB Rn. 44.

dd) Mangelnde Publizität

Problematisch an dieser Möglichkeit der Übereignung des mittelbaren Stellvertreters auf den Hintermann ist jedoch, dass der Eigentumsübergang nicht erkennbar und damit die sachenrechtliche Publizität nicht gewährleistet ist. Vorliegend hat S das Bild zudem dekorativ bei sich zu Hause aufgestellt, sodass nichts für einen Eigentumsübergang auf R sprach. Eine Übereignung nach § 930 BGB erfolgt freilich immer ohne Offenlegung des Eigentumsübergangs, sodass bei einer antizipierten Vereinbarung insoweit keine Besonderheiten bestehen. 16

Anders als bei einer gewöhnlichen Übereignung nach § 930 BGB werden in Fällen der antizipierten Übereignung jedoch zwei Übereignungsvorgänge direkt hintereinander geschaltet, vorliegend K–S und S–R, weshalb die Publizität der ersten Übereignung durch die Publizität der zweiten Übereignung getilgt werden muss, weil andernfalls – anders als ansonsten bei § 930 BGB – nicht keine, sondern eine irreführende Publizität vorliegt. Es ist deshalb eine erkennbare Ausführungshandlung, die nach außen treten muss, erforderlich. Deshalb ist S Eigentümerin des Bildes geblieben, sodass eine auf das Eigentum des R gestützte Drittwiderspruchsklage unbegründet ist[7] (a. A. vertretbar, dann hat die Klage Erfolg, denn R muss die Zwangsvollstreckung des F auch aus anderen Gründen nicht dulden). 17

2. Herausgabeanspruch aus § 667 BGB

R hat gegen S einen Anspruch auf Herausgabe der Lithographie aus § 667 Alt. 2 BGB, weil S die Lithographie im Rahmen der Ausführung ihres Auftrags erlangt hat (siehe Rn. 14). Allerdings handelt es sich bei dem Anspruch aus § 667 Alt. 2 BGB um einen bloßen Verschaffungsanspruch, der erst auf die Übertragung eines noch zum Vermögen des Vollstreckungsschuldners (hier: S) gehörenden Vermögensgegenstandes gerichtet ist. Solche schuldrechtlichen Verschaffungsansprüche können jedoch die Drittwiderspruchsklage nicht begründen, weil die Veräußerung des Bildes durch den Vollstreckungsschuldner selbst oder den Vollstreckungsgläubiger nicht rechtswidrig wäre, denn dadurch würde nicht in den Rechtskreis des Anspruchsinhabers R, sondern lediglich in jenen der Vollstreckungsschuldnerin S eingegriffen. 18

Hinweis: Etwas anderes kann bei Gegenständen gelten, die der Auftragnehmer vom Auftraggeber zur Ausführung des Auftrags erhält (§ 667 Alt. 1 BGB). 19

3. „Wirtschaftliches Eigentum" des R an der Lithographie

Ein die Veräußerung hinderndes Recht des R könnte sich jedoch daraus ergeben, dass zwischen R und S eine fremdnützige Treuhand vereinbart wurde, bei der das Treugut, vorliegend die Lithographie, wirtschaftlich gesehen Vermögen des Treugebers R ist („wirtschaftliches Eigentum"). Dann könnte R gegen Vollstreckungsmaßnahmen von Gläubigern der Treuhänderin S mit der Drittwiderspruchsklage (§ 771 ZPO) vorgehen. 20

Nach überwiegender Auffassung ist hierfür erforderlich, dass der Treuhänder im Außenverhältnis Rechtsinhaber ist, im Innenverhältnis zum Treugeber jedoch nach Maßgabe einer Treuhandabrede beschränkt ist und dass schließlich der Treuhänder 21

---

[7] Vgl. BGHZ 21, 52, 56 = NJW 1956, 1315; BGHZ 28, 16, 19 = NJW 1958, 1133.

das Treugut unmittelbar aus dem Vermögen des Treugebers erhalten hat (Unmittelbarkeitsgrundsatz).[8] S ist Eigentümerin, also Rechtsinhaberin des Bildes. Sie ist im Innenverhältnis zu R insoweit durch die Abrede im Rahmen des Auftragsverhältnisses beschränkt, als sie das Bild für R erwerben und an R übereignen und übergeben muss. Der Auftrag hat also treuhänderischen Einschlag. Jedoch hat S das Bild nicht unmittelbar aus dem Vermögen des R erhalten, sondern aus dem Vermögen des E. Aus dem Vermögen des R sind unmittelbar nur die Geldmittel zum Erwerb des Treuguts geflossen, sodass es an der letzten Voraussetzung fehlt und R nicht „wirtschaftlicher Eigentümer" des Bildes ist. Nach gängiger Auffassung kann eine Klage nach § 771 ZPO also auch nicht mit Erfolg auf das „wirtschaftliche Eigentum" des R gestützt werden.

22 Nach vorzugswürdiger anderer Auffassung kann es auf die Unmittelbarkeit des Treuguterwerbs nicht ankommen.[9] Vielmehr genügt es auch, dass der Treuhänder das Treugut mit Mitteln, die er unmittelbar vom Treugeber erhalten hat, erwirbt und die Geldmittel im Vermögen des Treuhänders gleichsam durch das erworbene Treugut, vorliegend das Bild, ersetzt werden. Wenn man die immerhin fragwürdige Figur des wirtschaftlichen Eigentums überhaupt anerkennt, ist es nicht ersichtlich, wieso ihre Anwendbarkeit auf Fälle unmittelbaren Rechtserwerbs des Treuhänders vom Treugeber beschränkt sein soll. Damit wäre eine Drittwiderspruchsklage des R nicht nur zulässig, sondern auch begründet.

Frage 2: Lackiermaschine

I. Eigentumslage an der Lackiermaschine

1. Übereignung von Z an H

23 Ursprünglich war der Maschinenhändler Z Eigentümer der Lackiermaschine. Die Leasinggesellschaft H könnte Eigentum an der Lackiermaschine durch Übereignung seitens des Maschinenhändlers Z erworben haben (§ 929 Satz 1 BGB).

a) Einigung

24 Dazu wäre eine wirksame Einigung erforderlich (§ 929 Satz 1 BGB). Diese ist nicht bereits anlässlich des Kaufvertragsschlusses erfolgt, denn Z wird die Maschine nicht übereignen wollen, bevor er den Kaufpreis erhalten hat. Allerdings hat eine Einigung im Rahmen des Telefongesprächs nach Bezahlung der Lackiermaschine stattgefunden, denn zu diesem Zeitpunkt waren sich beide Seiten einig, dass die H Eigentum an der Maschine erwerben solle.

b) Übergabe

25 Für eine wirksame Übereignung bedarf es ferner der Übergabe der Maschine vom Veräußerer Z an den Erwerber H. Vorliegend ist die Maschine jedoch nicht an den Erwerber, sondern an R übergeben worden. Deshalb ist fraglich, ob eine Übergabe i. S. d. § 929 Satz 1 BGB stattgefunden hat. Voraussetzung für eine Übergabe ist

---

[8] *Henssler* AcP 196 (1996), 37 ff. m. w. N.
[9] *Löhnig*, Treuhand, 2006, § 34.

zunächst der vollständige Besitzverlust auf Seiten des Veräußerers. Diese Voraussetzung ist erfüllt, denn Z hat mit Anlieferung der Maschine bei R den Besitz an der Maschine vollständig verloren. Zweite Voraussetzung ist der Erwerb des Besitzes auf Seiten des Erwerbers. Vorliegend hat R unmittelbaren Besitz an der Maschine erlangt; R ist jedoch nicht Erwerber. Jedoch hat auch die Leasinggesellschaft H zwar nicht unmittelbaren, wohl aber mittelbaren Besitz an der Maschine erworben, denn der Leasingvertrag (atypischer Mietvertrag) zwischen H und R ist ein Besitzmittlungsverhältnis i. S. d. § 868 BGB. Damit ist mit der Anlieferung der Maschine an R auch der Besitzerwerb auf der Erwerberseite eingetreten.[10] Die letzte Voraussetzung, die Veranlassung von Besitzverlust und Besitzerwerb durch den Veräußerer, ist ebenfalls gegeben, sodass eine wirksame Übergabe vorliegt.

Hinweis: In vielen Fällen wirft die Prüfung der Übergabe keine Probleme auf. Dann können Sie auf die Nennung der drei Übergabevoraussetzungen verzichten. In komplizierten Fällen wie diesem können Sie die Übergabe jedoch nur sauber prüfen, wenn Sie die genannten drei Voraussetzungen subsumieren, die Sie unbedingt kennen müssen. 26

c) Berechtigung

Der Maschinenhändler Z war auch berechtigt, über die in seinem Eigentum stehende Lackiermaschine zu verfügen, sodass der Eigentumserwerb bei der Leasinggesellschaft H eingetreten ist. 27

2. Übereignung von H an RB

a) Einigung

Jedoch könnte die Leasinggesellschaft H das Eigentum wieder verloren haben, indem sie die Maschine zur Sicherheit auf RB übereignet hat. Eine Einigung nach § 929 Satz 1 BGB zwischen H und RB ist erfolgt. 28

b) Übergabe

Es fehlt jedoch an einer Übergabe der Maschine (§ 929 Satz 1 BGB), die nach wie vor im Besitz des R befindlich ist. In Betracht kommt hier jedoch das Übergabesurrogat nach § 931 BGB. Voraussetzung hierfür wäre, dass ein Dritter im Besitz der zu übereignenden Sache ist, und dass der Herausgabeanspruch des Veräußerers gegen den Dritten an den Erwerber abgetreten wird. 29

Die Maschine befindet sich in unmittelbarem Besitz des R, also eines Dritten. Fraglich ist, auf welchen Herausgabeanspruch der H gegen R sich die Abtretung der H an RB bezieht. Eine Abtretung des Anspruchs aus § 985 BGB kommt nicht in Betracht, denn dieser Anspruch folgt dem Eigentum, er entsteht also beim jeweiligen Eigentümer immer neu. Er ist deshalb Folge des Eigentumsübergangs, kann aber den Eigentumsübergang nicht herbeiführen. 30

Etwas anderes gilt für vertragliche Herausgabeansprüche. Auf das Leasing werden weitgehend mietrechtliche Vorschriften angewendet; deshalb steht H gegen R ein Herausgabeanspruch aus § 546 Abs. 1 BGB zu. Hier könnte jedoch problematisch sein, dass dieser Herausgabeanspruch erst mit Beendigung des Mietverhältnisses zu erfüllen ist, der Leasingvertrag aber noch über mehrere Jahre hinweg laufen soll. 31

---

[10] Vgl. *Schreiber* Rn. 156; *Wolf/Wellenhofer* § 7 Rn. 8 ff.

Eine Abtretung derartiger Ansprüche (§ 398 BGB) wäre jedoch genauso möglich, wie sie auch für eine Veräußerung nach § 931 BGB genügt. Der Anspruch aus § 546 BGB entsteht jedoch bereits mit Abschluss des Mietvertrages und lediglich die Fälligkeit ist bis zur Beendigung des Mietverhältnisses hinausgeschoben. Die Leasinggesellschaft war auch dazu berechtigt, diesen ihr zustehenden Anspruch abzutreten, sodass das Übergabesurrogat nach § 931 BGB vorliegt.

c) Einigsein

32   Erforderlich ist, dass die frei widerrufliche, dingliche Einigung nach § 929 Satz 1 BGB noch bei Übergabe oder Vollendung des Übergabesurrogats besteht. Handelt es sich – wie vorliegend – um die Abtretung eines künftigen Anspruchs, müssten sich die Parteien also noch bei Entstehen des Herausgabeanspruchs über den Eigentumsübergang einig sein.[11] Hier könnte man daran denken, dass ein Widerruf durch die H darin zu sehen ist, dass die Leasinggesellschaft die Maschine später auch auf SK zur Sicherheit übereignet hat. Jedoch handelt es sich bei dem Anspruch aus § 546 BGB um keinen künftigen Anspruch, sodass das Eigentum bereits mit Abtretung an die RB übergegangen ist.

33   Überdies ist aus Gründen der Rechtssicherheit nach gängiger Auffassung erforderlich, dass der Widerruf gegenüber dem Erwerber erfolgt, diesem also zumindest erkennbar sein muss.[12] Auch das war vorliegend nicht der Fall.

34   **Hinweis:** Das Einigsein ist regelmäßig nur ein „Merkposten", den Sie in der Klausur nur erörtern müssen, wenn er – wie hier – Probleme aufwirft.

d) Berechtigung

35   H ist als Eigentümerin der Lackiermaschine auch zur Verfügung über die Maschine berechtigt, sodass die RB Eigentümerin der Maschine geworden ist.

3. Übereignung von H an SK

a) Einigung

36   Die RB könnte jedoch ihr Eigentum dadurch wieder verloren haben, dass die Leasinggesellschaft die Maschine an SK übereignet hat (§ 929 BGB). Eine Einigung zwischen SK und H liegt vor.

b) Übergabesurrogat (§ 931 BGB)

37   Fraglich ist jedoch, ob die Voraussetzungen des § 931 BGB erfüllt sind. Genau wie oben Rn. 29 ff. müsste an Stelle der Übergabe der Maschine an SK der Herausgabeanspruch der Leasinggesellschaft gegen R aus § 546 BGB abgetreten worden sein (§ 398 BGB). Die Einigung zwischen SK und H über den Übergang des Herausgabeanspruchs auf die SK ist zwar erfolgt, jedoch war H, die nicht mehr Inhaberin dieses Anspruchs war, nicht zur Verfügung über diesen Anspruch berechtigt. Der Herausgabeanspruch aus § 985 BGB kann nicht unabhängig vom Eigentum abgetreten werden, sondern entsteht beim Eigentümer jeweils neu. Somit ist kein Anspruch ersichtlich, den H abgetreten haben könnte.

---

[11] RGZ 135, 366, 367 = JW 1932, 3814; Soergel/*Henssler* § 931 BGB Rn. 9.
[12] BGH NJW 1979, 213, 214; Soergel/*Henssler* § 929 BGB Rn. 38; *Prütting* Rn. 373.

Deshalb könnte eine Übereignung fehlgeschlagen sein. Es genügt für eine Übereignung nach § 931 BGB jedoch bereits die Abtretung eines vermeintlichen Herausgabeanspruchs, letztlich also allein die dingliche Einigung.[13] Das ergibt sich daraus, dass andernfalls die Vorschrift über den gutgläubigen Erwerb nach § 934 Alt. 2 BGB ins Leere laufen würde. **38**

c) Berechtigung

H war weder Eigentümerin, noch zur Verfügung berechtigte Nichteigentümerin, sodass es an der Verfügungsberechtigung fehlt. **39**

Hinweis: Eigentum und Verfügungsberechtigung laufen regelmäßig parallel. Es gibt jedoch auch Ausnahmen, die Sie im Hinterkopf haben sollten: Beispielsweise ist nach Anordnung der Testamentsvollstreckung (§ 2205 BGB) oder Eröffnung eines Insolvenzverfahrens (§ 80 InsO) der Eigentümer nicht verfügungsberechtigt. Umgekehrt sind es Testamentsvollstrecker oder Insolvenzverwalter. Darüber hinaus kann, wie oben in Rn. 9 geschehen, der Eigentümer einer Verfügung des Nichteigentümers zustimmen (§ 185 BGB). **40**

d) Gutgläubiger Erwerb (§ 934 BGB)

aa) § 934 Alt. 1 BGB

Ein gutgläubiger Erwerb nach § 934 Alt. 1 BGB setzt voraus, dass H als Veräußerer mittelbarer Besitzer der Maschine ist, also insbesondere einen Herausgabeanspruch gegen den Besitzer R hat. Das ist jedoch nach Abtretung des Anspruchs aus § 546 Abs. 1 BGB an RB gerade nicht mehr der Fall. **41**

bb) § 934 Alt. 2 BGB

Deshalb sind die Voraussetzungen des § 934 Alt. 2 BGB zu prüfen: Fehlt es mangels Herausgabeanspruchs am mittelbaren Besitz des Veräußerers, so ist ein gutgläubiger Eigentumserwerb dann möglich, wenn der Erwerber Besitzer der veräußerten Sache wird. SK hat jedoch nicht Besitz an der Maschine erlangt. Damit scheidet ein gutgläubiger Eigentumserwerb der SK aus und die Maschine gehört weiterhin RB. **42**

II. Herausgabeansprüche gegen R

1. SK

R möchte außerdem wissen, ob Ansprüche der SK oder der RB auf Herausgabe der Maschine bestehen. SK hat keinen Anspruch aus § 546 Abs. 1 BGB, denn ihr wurde der Herausgabeanspruch der Leasinggesellschaft gegen R nicht wirksam abgetreten. Ein Anspruch der SK aus § 985 BGB besteht ebenfalls nicht, denn SK ist nicht Eigentümerin der Maschine (siehe Rn. 42). **43**

2. RB

Möglicherweise hat jedoch RB einen Herausgabeanspruch aus § 546 Abs. 1 BGB. Einen solchen Anspruch hatte ihr H abgetreten. Dieser Anspruch kann jedoch erst mit Ende des Leasingverhältnisses in zwei Jahren geltend gemacht werden. R kann RB (genau wie zuvor H) die Einwendung mangelnder Fälligkeit entgegenhalten (§ 404 BGB). **44**

---

[13] *Medicus/Petersen* Rn. 445; *Wolf/Wellenhofer* § 7 Rn. 38.

Fall 3. Rolfs Probleme

45 Es könnte jedoch ein Herausgabeanspruch aus § 985 BGB der RB gegen R bestehen. RB ist mit Abtretung des Anspruchs aus § 546 BGB Eigentümerin der Maschine geworden und R ist Besitzer. Fraglich ist deshalb allein, ob R ein Recht zum Besitz der Maschine gegenüber RB hat. Hier eröffnet § 986 Abs. 2 BGB dem Besitzer die Möglichkeit, auch dem Herausgabeanspruch aus § 985 BGB die Einwendungen entgegenzusetzen, die ihm gegen den abgetretenen Anspruch (hier also gegen den Anspruch aus § 546 Abs. 1 BGB) zustehen; R kann sich also auch hier auf mangelnde Fälligkeit berufen. Damit besteht, solange das Leasingverhältnis weiterläuft, kein Herausgabeanspruch der RB gegen R.

Frage 3: Druckerpapier

I. Kaufpreiszahlung

46 Möglicherweise hat A gegen R einen Anspruch auf Zahlung des Kaufpreises (§ 433 Abs. 2 BGB). Voraussetzung dafür wäre, dass zwischen A und R ein wirksamer Kaufvertrag über 1.000 Packungen Druckerpapier zustande gekommen ist. R und A haben sich jedoch nicht geeinigt.

47 Möglicherweise wirkt aber die Einigung zwischen B und A unmittelbar für und gegen R, wenn R von B wirksam vertreten wurde (§ 164 Abs. 1 BGB). B hat zwar eine eigene Willenserklärung im Namen des R abgegeben, R hatte dem B aber keine entsprechende Vollmacht erteilt. Nachdem auch für das Vorliegen einer Rechtsscheinsvollmacht keine Anhaltspunkte bestehen, hat B als Vertreter ohne Vertretungsmacht gehandelt, sodass der Kaufvertrag schwebend unwirksam war.

48 R hatte also noch die Möglichkeit zur Genehmigung nach § 177 Abs. 1 BGB, hat diese Genehmigung jedoch durch seine Weigerung, die Rechnung zu bezahlen, verweigert, sodass der zwischen R und A geschlossene Kaufvertrag endgültig unwirksam geworden ist. Somit besteht kein Zahlungsanspruch des A.

II. Abholen des Papiers

1. Anspruch aus § 985 BGB

49 Möglicherweise kann A jedoch das Druckerpapier wieder abholen lassen. Das wäre dann der Fall, wenn er Eigentümer des Druckerpapiers wäre und R Besitzer ohne ein Besitzrecht gegenüber A.

a) Eigentümerstellung des A

aa) Übereignung von A an R

50 Ursprünglich war A Eigentümer des Druckerpapiers. A könnte das Eigentum verloren haben, als er das Druckerpapier bei R anlieferte. Dazu bedarf es zunächst einer Einigung über den Eigentumsübergang (§ 929 Satz 1 BGB). A hat eine entsprechende Willenserklärung abgegeben. Er ging davon aus, mit R durch den Stellvertreter B einen Kaufvertrag geschlossen zu haben, den er nun erfüllen wollte.

51 Aus Sicht des R jedoch hat A eine derartige Willenserklärung nicht abgegeben, denn R musste davon ausgehen, dass B sein Vertragspartner sei und A lediglich auf Anweisung des B tätig werde, ihm also allenfalls eine entsprechende Willenserklä-

rung des B als Bote überbringe. Damit hat keine dingliche Einigung zwischen R und A stattgefunden und A ist Eigentümer des Druckerpapiers geblieben.

Hinweis: Nicht nur bei der Ermittlung des Inhalts, sondern auch des Urhebers einer Willenserklärung kommt es auf den sog. Empfängerhorizont an (§ 157 BGB).[14] **52**

bb) Übereignung von B an R
(1) Einigung

Möglicherweise könnte jedoch A das Eigentum an dem Druckerpapier durch Übereignung von B an R verloren haben. Hierzu bedarf es zunächst einer wirksamen dinglichen Einigung zwischen B und R. Eine solche Einigung könnte bei Anlieferung des Papiers erfolgt sein. Zu diesem Zeitpunkt konnte R davon ausgehen, dass die Anlieferung auf Weisung des B und zur Erfüllung des Kaufvertrags mit B erfolgte, sodass aus Sicht des R in der Anlieferung ein Übereignungsangebot des B lag, das A als Bote des B überbrachte. **53**

Dieses Angebot hat R angenommen, indem er das Druckerpapier entgegengenommen hat; ein Zugang bei B war entbehrlich (§ 151 BGB). Damit liegt eine wirksame dingliche Einigung zwischen B und R vor. **54**

(2) Anfechtbarkeit der dinglichen Einigung durch A

Möglicherweise kann A jedoch die dingliche Einigung deshalb anfechten, weil er selbst ein Angebot auf Übereignung des Druckerpapiers abgeben wollte, tatsächlich aber eine derartige Erklärung des B als Bote überbracht hat. Dazu müsste ein Anfechtungsgrund vorliegen. Sämtliche Anfechtungsgründe der §§ 119 ff. BGB beziehen sich jedoch auf den Umstand, dass der Anfechtende nach Maßgabe des Empfängerhorizonts eine Willenserklärung abgegeben hat, die er überhaupt nicht oder mit einem anderen Inhalt abgeben wollte. **55**

Vorliegend hat A jedoch umgekehrt nach Maßgabe des Empfängerhorizonts gerade keine Willenserklärung abgegeben, obschon er eine Willenserklärung abgeben wollte. In Betracht käme deshalb allenfalls eine analoge Anwendung der § 119 Abs. 1 BGB oder § 123 BGB. Um das von ihm gewünschte Ergebnis zu erzielen, müsste A jedoch das von ihm überbrachte Angebot des B beseitigen, um sein eigenes Angebot an dessen Stelle setzen zu können. Eine Analogie zu den geregelten Anfechtungsgründen wird jedoch nicht so weit reichen können, dass sie die Beseitigung einer irrig überbrachten fremden Willenserklärung durch den Boten gestattet. Eine Anfechtung scheidet deshalb aus. **56**

(3) Übergabe

Außerdem bedürfte es einer Übergabe des Druckerpapiers (§ 929 Satz 1 BGB). Eine Übergabe erfordert vollständigen Besitzverlust auf Seiten des Veräußerers, Besitzerwerb auf Seiten des Erwerbers und Veranlassung dieser beiden Umstände durch den Veräußerer (siehe Rn. 25). **57**

Hier ist schon problematisch, ob B den Besitz am Druckerpapier verloren hat, denn er war niemals Besitzer. A war auch nicht Besitzdiener des B (§ 855 BGB), weil er nicht in einem sozialen Abhängigkeitsverhältnis zu ihm stand. Es genügt jedoch für die Übergabe, dass ein Dritter, der Besitzer ist, auf Anweisung des Veräußerers die **58**

---

[14] Palandt/*Ellenberger* § 133 BGB Rn. 3 f. und § 157 BGB Rn. 1.

Sache übergibt, Besitz und Besitzaufgabe also in einer sog. Geheißperson auf Veräußererseite stattfinden.[15] Die weiteren Voraussetzungen liegen vor: Besitzerwerb auf Seiten des Erwerbers R ist eingetreten. All das geschah auf Veranlassung des B. Damit ist eine Übergabe erfolgt.

59 Dabei bliebe jedoch außer Betracht, dass A nicht wirklich dem Geheiß des B unterstand, weil er sich nicht der Weisungsbefugnis des B unterworfen hatte, sondern es lediglich für R so wirkte, als habe sich A unterworfen, während in Wahrheit B dem A vorgespiegelt hatte, er handele in Erfüllung einer eigenen Kaufvertragspflicht. Deshalb stellt sich die Frage, ob dieser „Scheingeheiß" ausreicht, um eine wirksame Übergabe nach § 929 Satz 1 BGB von B an R annehmen zu können. Nach zutreffender Auffassung genügt es, dass das Verhalten der scheinbaren Geheißperson, also des A, vom Veräußerer, hier also von B, veranlasst wurde, und dass dieser Veräußerer den Zweck der Eigentumsübertragung verfolgte, weil die Scheingeheißperson in der Lage ist, mögliche Missverständnisse aufzuklären.[16] Damit liegt auch eine wirksame Übergabe vor.

(4) Verfügungsberechtigung

60 Es fehlt jedoch an einer Verfügungsberechtigung des B, weil B weder Eigentümer des Druckerpapiers war, noch aus irgendwelchen Gründen als Nichteigentümer zur Verfügung befugt war.

(5) Gutgläubiger Erwerb (§ 932 BGB)

61 Mithin kann R Eigentum an dem Druckerpapier allenfalls gutgläubig erworben haben (§ 932 BGB). Dafür wäre zunächst erforderlich, dass ein Rechtsscheinstatbestand besteht, an den R als Erwerber seinen guten Glauben an das Eigentum des Veräußerers B knüpfen konnte. Rechtsscheinstatbestand im Rahmen des § 932 BGB ist der Besitz der Sache durch den Veräußerer. Jedoch hatte der Veräußerer B zu keinem Zeitpunkt Besitz an dem Druckerpapier, sodass ein entsprechender Rechtsscheinstatbestand nicht vorlag.

62 Nach zutreffender Auffassung genügt jedoch bereits (als Ersatz für den Besitz) eine vom Veräußerer erfolgreich getroffene Disposition über den Besitz, also die Macht, dem Erwerber den Besitz zu verschaffen.[17] Diese Macht ist deshalb ein dem Besitz als solchem vergleichbarer Rechtsscheinstatbestand, weil das Gesetz selbst in § 934 Alt. 2 BGB die bloße Besitzverschaffungsmacht als ausreichende Grundlage für den gutgläubigen Eigentumserwerb ansieht.

63 Ein Problem liegt allerdings darin, dass diese erfolgreich getroffene Disposition über den Besitz allein durch Täuschung des A seitens des B erreicht wurde. Damit stellt sich die Frage, ob auch bei sog. Scheingeheißpersonen ein ausreichender Rechtsscheinstatbestand gegeben ist, der Grundlage eines gutgläubigen Erwerbs sein kann. Dagegen lässt sich einwenden, dass hier gleichsam nur der Schein eines Rechtsscheins vorliege, § 932 BGB aber nur den guten Glauben schütze, der sich auf einen tatsächlich vorhandenen Rechtsscheinstatbestand stütze, nicht zusätzlich aber auch noch den guten Glauben an das Vorhandensein eines Rechtsscheinstatbe-

---

[15] BGHZ 36, 56, 60 = NJW 1962, 299; *Wolf/Wellenhofer* § 7 Rn. 15.
[16] Soergel/*Henssler* § 932 BGB Rn. 14; MünchKommBGB/*Oechsler* § 932 BGB Rn. 16 ff.; *Wolf/Wellenhofer* § 8 Rn. 7.
[17] Soergel/*Henssler* § 932 BGB Rn. 13.

stands, der tatsächlich überhaupt nicht vorhanden ist. Auf der anderen Seite ist die Übergabe von A an R tatsächlich auf Veranlassung des B erfolgt. Aus Empfängersicht macht es keinen Unterschied, ob sich B seine Befugnis zu Dispositionen über den Besitz des A erschlichen oder redlich erworben hat. Schließlich, so wird gesagt, habe der Besitzer, hier A, bei der Anlieferung eher die Möglichkeit zur Klarstellung, dass er selbst übereignen wolle und nicht auf Geheiß eines anderen handele, als der Erwerber.[18] Folgt man dieser Auffassung, so liegt ein Rechtsscheinstatbestand i. S. d. § 932 BGB vor.

Es ist davon auszugehen, dass R gutgläubig war, denn § 932 Abs. 2 BGB vermutet diesen guten Glauben des Erwerbers („es sei denn, dass") und es sind keine Anhaltspunkte dafür ersichtlich, dass R zumindest infolge grober Fahrlässigkeit unbekannt geblieben ist, dass B nicht Eigentümer des Druckerpapiers war.

Ein gutgläubiger Erwerb des R ist auch nicht deshalb ausgeschlossen, weil A das Druckerpapier abhanden gekommen ist (§ 935 Abs. 1 BGB). Abhandenkommen bedeutet den unfreiwilligen Verlust unmittelbaren Besitzes.[19] A hat den Besitz jedoch freiwillig aufgegeben, auch wenn dies infolge einer Täuschung durch B geschehen ist.

b) Ergebnis

Eigentümer des Druckerpapiers ist damit R. Ein Herausgabeanspruch des A aus § 985 BGB besteht nicht.

2. Anspruch aus § 861 Abs. 1 BGB

Ein Anspruch aus § 861 Abs. 1 BGB scheidet aus, weil A zwar seinen unmittelbaren Besitz am Druckerpapier verloren hat, dies aber nicht durch verbotene Eigenmacht, also ohne seinen Willen, geschehen ist (§ 858 Abs. 1 BGB), da er den Besitz, wenn auch täuschungsbedingt, freiwillig aufgegeben hat.

3. Ansprüche aus § 1007 BGB

Ein Anspruch aus § 1007 Abs. 1 BGB scheidet aus, weil R nicht bösgläubig hinsichtlich seines eigenen Rechts zum Besitz ist. Ein Anspruch aus § 1007 Abs. 2 BGB scheidet deswegen aus, weil es am Abhandenkommen fehlt (siehe Rn. 65).

4. Anspruch aus § 812 Abs. 1 Satz 1 Alt. 1 BGB (Leistungskondiktion)

Möglicherweise kommt jedoch ein Anspruch aus Leistungskondiktion in Betracht. R hat Eigentum und Besitz am Druckerpapier erlangt. Das müsste durch Leistung des A erfolgt sein. Leistung bedeutet die bewusste und zweckgerichtete Mehrung fremden Vermögens. A wollte seine vermeintliche Verbindlichkeit aus dem Kaufvertrag mit R erfüllen, aus seiner Sicht liegt also eine Leistung an R vor. Aus Sicht des R hingegen stellt sich die Lieferung des Druckerpapiers als Leistung seines Vertragspartners B unter Einschaltung des A dar, und damit gerade nicht als Leistung des A.

---

[18] *Schreiber* Rn. 168; *Wolf/Wellenhofer* § 8 Rn. 7.
[19] BGHZ 4, 10, 33 = NJW 1952, 738.

70 Deshalb ist die Frage zu entscheiden, auf wessen Sichtweise es ankommt. Nach zutreffender Auffassung ist die Sichtweise des Empfängers entscheidend. Unabhängig von der Frage, ob man davon ausgeht, dass mit der Leistung eine Tilgungsbestimmung mit rechtsgeschäftlichem Charakter einhergeht oder nicht, ist jedenfalls, wie bei der Auslegung von Willenserklärungen, auf den Empfängerhorizont abzustellen (§§ 133, 157 BGB), denn es kommt auch hier auf den Schutz des Empfängervertrauens an. Auch hier hätte A im Übrigen die Möglichkeit zur Klarstellung gehabt. Es liegt also keine Leistung des A vor und ein Anspruch aus Leistungskondiktion scheidet aus.

5. Anspruch aus § 812 Abs. 1 Satz 1 Alt. 2 BGB (Nichtleistungskondiktion)

71 Möglicherweise hat R aber Eigentum und Besitz am Druckerpapier in sonstiger Weise erlangt. Das Tatbestandsmerkmal „in sonstiger Weise" markiert den Vorrang der Leistungskondiktion vor der Nichtleistungskondiktion.[20] Soweit also der Empfänger das Erlangte durch irgendeine beliebige Leistung erhalten hat, muss ein Bereicherungsanspruch eines Dritten, hier des A, in der Regel ausscheiden. Wie soeben ausgeführt, liegt jedoch aus der Perspektive des R, auf die es hier ankommt, gerade eine Leistung von B an R vor, sodass wegen des Vorrangs der Leistungskondiktion ein Bereicherungsanspruch des A nicht in Betracht kommt.[21]

72 Vielleicht kann A jedoch seine falsch verstandene Tilgungsbestimmung durch Anfechtung beseitigen. A müsste seine Erklärung, die sich vom Empfängerhorizont betrachtet als eine vom Boten A überbrachte Erklärung des B darstellt, anfechten. Es gelten hier jedoch die gleichen Einwände wie oben Rn. 55. Ein Anspruch aus Nichtleistungskondiktion scheidet also aus, weil auch keinerlei Gründe dafür ersichtlich sind, den Grundsatz des Vorrangs des Leistungsverhältnisses hier ausnahmsweise zu durchbrechen.

III. Ergebnis

73 A kann also von R weder Bezahlung des Druckerpapiers noch Herausgabe oder Rückübereignung verlangen. Er muss sich an B halten.

---

[20] *Wandt* § 10 Rn. 18 ff.
[21] Zum Vorrang der Leistungskondiktion BGHZ 40, 272, 278 = NJW 1964, 399; BGH NJW 2005, 60; *Brox/Walker* Besonderes SchuldR § 37 Rn. 1.

Fall 4. Angesagte Location

Sachverhalt

David Doppler (D) hatte seit 1995 von der Stadttheater-GmbH (S) das der S gehörende Theatercafé gepachtet, dessen Besucher selten unter sechzig Jahre alt waren. Das Café erforderte keinen in kaufmännischer Weise eingerichteten Geschäftsbetrieb. Die in Pastelltönen gehaltene Einrichtung des Cafés stammte aus den 1980er-Jahren und hatte zudem längst an Glanz verloren, sodass mehr und mehr auch alte Stammkunden ausblieben. Weil er ohnehin einige Veränderungen vornehmen musste, entschloss sich D auf Anraten seiner Tochter Marie (M), aus dem Theatercafé eine „angesagte Location" zu machen und große Teile der inzwischen abgenutzten Einrichtung zu ersetzen. Heute bildet eine riesige Bartheke das Zentrum des Theatercafés, die D im Altwarenhandel Abel (A) erworben und sogleich vom Restaurator Konrad Kruel (K) aufwendig renovieren hatte lassen – ein italienisches Fabrikat aus den sechziger Jahren, das damals in vielen noblen Cafés und Bars anzutreffen war.

Die Restauration, bei der auch einige fehlende Teile der Bar neu angefertigt werden mussten, kostete 50.000 EUR, was D, der aufgrund der zurückgegangenen Umsätze seines Cafés notorisch klamm war, nicht gerade begeisterte. Deshalb trafen D und K am 20.3.2015 folgende schriftliche Vereinbarung: K soll die 50.000 EUR erst in einem Jahr bekommen, dafür ist er aber ab sofort Eigentümer der Bar und kann statt einer Mietzahlung jederzeit kostenlos im Theatercafé essen und trinken. Nach Begleichung der Rechnung soll K das Eigentum an D zurückgeben. Falls D nicht zahlt, muss er die Bar an K herausgeben. Zwei Tage nach dieser Vereinbarung lieferte K die Bar ins Theatercafé.

Um weitere Einrichtungsgegenstände, darunter eine sündhaft teure italienische Kaffeemaschine, finanzieren zu können, nahm D am 27.3.2015 ein Darlehen in Höhe von 70.000 EUR bei der Creditcasse (C) auf und übereignete C unter anderem die Bar zur Sicherheit, wobei vereinbart wurde, dass er die Sachen „leihweise" weiterbenutzen durfte. Zuvor hatte D das Einverständnis der S in die Übereignung der Bar eingeholt. Von diesem Einverständnis hatte C die Erteilung des Darlehens abhängig gemacht. Die Verabredung mit K hatte D freilich sowohl S als auch C gegenüber verschwiegen.

Am 3.1.2016 verstarb D bei einem Flugzeugabsturz. M, seine Erbin, wollte das Theatercafé nicht weiterführen und gab es deshalb an S zurück. In einem „Pachtaufhebungsvertrag" vereinbarten der Geschäftsführer der S, Gerd Gröhl (G), und M im Januar 2016, dass M sämtliche von ihrem Vater besorgten Einrichtungsgegenstände in dem erfolgreichen Café belässt und S dafür „den Darlehensvertrag mit allem, was dazugehört, übernimmt". Zahlungen leistete S jedoch nicht, sodass C am 23.2.2016 das Darlehen fällig stellte und von M Zahlung der noch ausstehenden Restsumme von 54.000 EUR verlangte. M verweigerte die Zahlung. Erstens habe sie mit dem Darlehen nichts mehr zu tun und zweitens sei sie als Studentin ohnehin ständig pleite.

Als K im April 2016 noch immer auf seine 50.000 EUR wartete und inzwischen auch die Veränderungen in der Leitung des Theatercafés bemerkt hatte, bekam er

Fall 4. Angesagte Location

Angst um sein Geld und verlangte am 2.5.2016 unter Offenlegung seiner Vereinbarung mit D die Bar von S, die das Café inzwischen selbst betreibt, heraus. Als sich S mit der zutreffenden Behauptung, sie habe von der Verabredung zwischen D und K nichts gewusst, standhaft weigerte, reichte K Klage gegen S ein, die am 22.7.2016 zugestellt wurde. Er verlangt Herausgabe der Bar und zudem für den Zeitraum ab 1.4.2016 eine Miete von 500 EUR pro Monat für die Benutzung der Bar durch S.

Bearbeitervermerk: In einem Gutachten sind in der vorgegebenen Reihenfolge folgende Fragen zu beantworten:

1. Von wem kann die C Rückzahlung des Darlehens verlangen?
2. Kann K von S
   a) die Herausgabe der Bar und
   b) die Miete verlangen?

Hinweis: § 5 des Pachtvertrags lautet: „Der Pächter übernimmt das Inventar zum Schätzwert und gibt es bei Beendigung der Pacht zum Schätzwert an den Verpächter zurück."

Skizze

$$D(\dagger) \xrightarrow{\S\ 1922} M \xrightarrow{\S\ 581} S$$

Sicherungs-
übereignung   § 488   § 631   Sicherungs-
                                      übereignung

         C   K

Zeittabelle

seit 1995:	Pachtvertrag D – S
März 2015:	Restaurierung der Bar
20.3.2015:	Vereinbarung D – K
22.3.2015:	Lieferung der Bar in das Theatercafé
27.3.2015:	Darlehen und Sicherungsübereignung D – C
3.1.2016:	Tod des D, Erbin ist M
Januar 2016:	Pachtaufhebungsvertrag M – S
23.2.2016:	Fälligstellung des Darlehens durch die C
2.5.2016:	Herausgabeverlangen des K
22.7.2016:	Zustellung der Klage des K bei S

Gliederung

                                                                              Rn.

Frage 1: Von wem kann C Rückzahlung des Darlehens verlangen?

    I. Anspruch der C gegen M aus § 488 Abs. 1 Satz 2 BGB 1
        1. Anspruch entstanden im Verhältnis C und D 2
        2. Übergang der Verbindlichkeit auf M (§§ 1922 Abs. 1, 1967 Abs. 1 BGB) 3

	Rn.
3. Kein Erlöschen durch Schuldübernahme zwischen M und S (§ 415 Abs. 1 BGB)	5
4. Erlöschen durch teilweise Tilgung (§ 362 Abs. 1 BGB)	7
II. Ansprüche der C gegen S aus § 488 Abs. 1 Satz 2 BGB	8
1. Darlehensvertrag (§ 488 Abs. 1 Satz 2 BGB)	8
2. Schuldübernahme (§ 415 Abs. 1 BGB)	9

Frage 2a: Herausgabeansprüche des K gegen S

	Rn.
I. Anspruch aus Sicherungsabrede (§ 311 Abs. 1 BGB)	11
II. Anspruch aus § 985 BGB	12
1. Eigentümerstellung des K	12
a) Ursprüngliche Eigentumslage	12
b) Verarbeitung (§ 950 Abs. 1 BGB)	13
c) Miteigentum von K und D (§ 947 Abs. 1 BGB)	14
d) „Klassische" Sicherungsübereignung von D an K (§§ 929 Satz 1, 930 BGB)	15
e) Sicherungsübereignung von D an K nach § 929 Sätze 1 und 2 BGB	16
f) (Rück-)Übereignung von K an D bei Anlieferung der Bar	17
g) Eigentumsverlust an S durch Aufstellen der Bar im Café	18
aa) Eigentumsverlust nach § 582a Abs. 2 Satz 2 BGB	18
bb) Eigentumsverlust nach § 946 BGB	20
h) Sicherungsübereignung von D an C (§§ 929 Satz 1, 930 BGB)	22
aa) Einigung zwischen D und C	23
bb) Übergabesurrogat (§§ 930, 868 BGB)	24
Problem: Ist die Leihe „ähnliches Verhältnis"?	
(1) Unmittelbarer Fremdbesitz des D	26
(2) Herausgabeanspruch der C (§ 604 Abs. 1 BGB)	27
cc) Berechtigung des D	28
Problem: Kann S wirksam zustimmen?	
dd) Gutgläubiger Erwerb durch C (§ 933 BGB)	30
ee) Gutgläubiger Erwerb durch C (§ 366 HGB)	33
i) Übereignung von M an S gem. § 929 Satz 1 BGB	34
2. Besitz der S	35
3. Kein Recht zum Besitz (§ 986 BGB)	36
a) Mietvertrag	36
b) Anwartschaftsrecht	38
aa) Anwartschaftsrecht als Recht zum Besitz?	38
bb) Bestehen eines Anwartschaftsrechts	39
III. Anspruch aus § 861 Abs. 1 BGB	41
1. Besitzlage	41
2. Verbotene Eigenmacht (§ 858 BGB)	42
a) Unmittelbarer Besitz	42
b) Mittelbarer Besitz	43
IV. Anspruch aus § 1007 Abs. 1 BGB	46
V. Anspruch aus § 1007 Abs. 2 BGB	48
VI. Ergebnis	49

Frage 2b: Kann K von S Miete für die Bar verlangen?

	Rn.
I. Anspruch aus Mietvertrag (§ 535 Abs. 2 BGB)	51
II. Anspruch auf Nutzungsersatz (§ 987 Abs. 1 BGB)	52
1. Nutzungen (§ 100 BGB)	53
2. Vindikationslage zur Zeit der Nutzungsziehung	54
3. Rechtshängigkeit	56
III. Anspruch auf Nutzungsersatz (§§ 990 Abs. 1, 987 Abs. 1 BGB)	57
1. Nutzungen, Vindikationslage zur Zeit der Nutzungen	57
2. Bösgläubigkeit der S	58
a) Besitzerwerb (§ 990 Abs. 1 Satz 1 BGB)	60
b) Späterer Zeitpunkt (§ 990 Abs. 1 Satz 2 BGB)	61
IV. Anspruch auf Nutzungsersatz (§ 988 BGB)	62
1. Nutzungen, Vindikationslage zur Zeit der Nutzungen	62
2. Unentgeltlicher Besitzerwerb	63
V. Anspruch auf Nutzungsersatz (§ 988 BGB analog)	64
Problem: Ist der rechtsgrundlose Besitzerwerb dem unentgeltlichen Besitzerwerb gleichzustellen?	
VI. Anspruch aus § 812 Abs. 1 Satz 1 Alt. 1 BGB (Leistungskondiktion)	66
1. Anwendbarkeit	66
Problem: Ist ausnahmsweise Bereicherungsrecht neben dem EBV anwendbar?	
2. Weitere Voraussetzungen	68
VII. Anspruch aus § 812 Abs. 1 Satz 1 Alt. 2 BGB (Nichtleistungskondiktion)	69
VIII. Ergebnis	70

Lösung

Frage 1: Von wem kann C Rückzahlung des Darlehens verlangen?

I. Anspruch der C gegen M aus § 488 Abs. 1 Satz 2 BGB

1   C könnte gegen M einen Anspruch aus § 488 Abs. 1 Satz 2 BGB auf Rückzahlung des Darlehens haben. Dazu müsste ein Darlehensrückzahlungsanspruch im Verhältnis zwischen C und D entstanden und die Schuldnerposition auf M übergegangen sein.

1. Anspruch entstanden im Verhältnis C und D

2   Die C und D haben einen wirksamen Darlehensvertrag über ein Darlehen in Höhe von 70.000 EUR geschlossen. Die Darlehensvaluta wurde von C an D ausbezahlt. Am 23.2.2016 hat C das Darlehen fällig gestellt. Damit sind die Voraussetzungen eines Darlehensrückzahlungsanspruchs der C gegen D erfüllt.

2. Übergang der Verbindlichkeit auf M (§§ 1922 Abs. 1, 1967 Abs. 1 BGB)

3   M müsste zudem in die Stellung des D als Darlehensnehmer eingerückt sein. M ist Alleinerbin ihres Vaters D geworden und deshalb in alle Rechtspositionen ihres Va-

ters eingerückt (Universalsukzession; § 1922 Abs. 1 BGB) und haftet insbesondere auch für alle Nachlassverbindlichkeiten, zu denen auch die sog. Erblasserverbindlichkeiten gehören (§ 1967 Abs. 1 BGB).

Jedoch war der Rückzahlungsanspruch im Zeitpunkt des Todes von D noch nicht fällig, es bestand im Zeitpunkt des Erbfalls also überhaupt keine Erblasserverbindlichkeit. Der Erbe tritt jedoch auch in alle schwebenden oder werdenden Rechtspositionen des Erblassers ein, die sich dann in der Person des Erben so weiterentwickeln, wie sie sich in der Person des Erblassers weiterentwickelt hätten.[1] M ist deshalb als Erbin des D zur Rückzahlung des Darlehens an C verpflichtet.

3. Kein Erlöschen durch Schuldübernahme zwischen M und S (§ 415 Abs. 1 BGB)

Etwas anderes könnte aber deshalb gelten, weil M und G, der Geschäftsführer und damit Vertreter der S (§ 35 Abs. 1 GmbHG), anlässlich der Kündigung des Pachtvertrags vereinbart haben, dass M die Einrichtungsgegenstände des nunmehr erfolgreichen Theatercafés dort belässt und dass S im Gegenzug die Rückzahlung des Darlehens übernimmt. In dieser Vereinbarung könnte eine Schuldübernahme durch Vereinbarung zwischen dem Altschuldner und dem Neuschuldner liegen (§ 415 Abs. 1 BGB).

Für die Wirksamkeit einer derartigen Schuldübernahme bedarf es jedoch der Genehmigung des Gläubigers, dem nicht einfach ein neuer Schuldner aufgedrängt werden können soll (§§ 415 Abs. 1, 185 Abs. 2 Satz 1 Alt. 1 BGB). Eine Genehmigung hat C jedoch nicht erteilt, sodass die Schuldübernahme bislang schwebend unwirksam ist und M weiterhin Darlehensschuldnerin bleibt. Sie kann lediglich im Innenverhältnis Freistellung verlangen (§ 415 Abs. 3 BGB).

4. Erlöschen durch teilweise Tilgung (§ 362 Abs. 1 BGB)

Allerdings ist die Darlehensverbindlichkeit, die sich ursprünglich auf 70.000 EUR belief, durch teilweise Tilgung seitens D inzwischen auf 54.000 EUR zurückgeführt und damit erfüllt worden (§ 362 Abs. 1 BGB); hierauf kann sich auch M berufen (§§ 412, 404 BGB). Mit der Behauptung, als Studentin kein Geld zu haben, kann sich M nicht verteidigen, denn Geld hat man zu haben (Beschaffungspflicht, § 276 Abs. 1 Satz 1 a. E. BGB). Deshalb kann C von M nur Zahlung von 54.000 EUR verlangen.

II. Ansprüche der C gegen S aus § 488 Abs. 1 Satz 2 BGB

1. Darlehensvertrag (§ 488 Abs. 1 Satz 2 BGB)

Ferner könnte die C gegen S einen Anspruch auf Rückzahlung des Darlehens haben. Einen Darlehensvertrag haben die C und S nicht geschlossen.

2. Schuldübernahme (§ 415 Abs. 1 BGB)

Wie bereits oben (Rn. 6) festgestellt, ist die zwischen M und S vereinbarte Schuldübernahme mangels Genehmigung durch C schwebend unwirksam, sodass gegen-

---

[1] Frieser/*Löhnig*, Fachanwaltskommentar Erbrecht, 4. Aufl. 2016, § 1967 BGB Rn. 2.

wärtig kein Anspruch der C besteht. Allerdings kann C die Schuldübernahme genehmigen und auf diese Weise S zu ihrem Schuldner machen. Bereits in einem Zahlungsverlangen der C läge eine konkludente Genehmigung, weil C dadurch deutlich machen würde, dass sie S als ihren Schuldner ansieht. Der Anspruch beliefe sich ebenfalls auf 54.000 EUR, denn S hat die Darlehensschuld nur insoweit übernommen, als sie noch bestand.

10 **Hinweis:** In einem Herausgabe- oder Zahlungsverlangen kann immer eine konkludente Genehmigung versteckt sein – nicht nur bei der Schuldübernahme, sondern vor allem auch bei unwirksamen Verfügungen eines Nichtberechtigten, die durch Genehmigung des Berechtigten wirksam werden und dem Berechtigten einen Anspruch aus § 816 Abs. 1 Satz 1 BGB gegen den verfügenden Nichtberechtigten auf Herausgabe des Erlangten eröffnen.

Frage 2a: Herausgabeansprüche des K gegen S

I. Anspruch aus Sicherungsabrede (§ 311 Abs. 1 BGB)

11 Ein Herausgabeanspruch aus der schuldrechtlichen Sicherungsabrede gem. § 311 Abs. 1 BGB scheidet aus, weil die Sicherungsabrede zwischen K und D zustande gekommen ist und zwar M nach §§ 1922 Abs. 1, 1967 Abs. 1 BGB in die Rechtsposition des D aus der Sicherungsabrede eingetreten ist, nicht aber S.

II. Anspruch aus § 985 BGB

1. Eigentümerstellung des K

a) Ursprüngliche Eigentumslage

12 K könnte ein Herausgabeanspruch aus § 985 BGB zustehen. Voraussetzung ist, dass K Eigentümer und S unberechtigte Besitzerin der Bar ist. Ursprünglicher Eigentümer der Bar war A, für dessen Eigentum die Vermutung aus § 1006 Abs. 1 Satz 1 BGB streitet. Von A hat D das Eigentum im Zuge des Erwerbs der Bar erworben (§ 929 Satz 1 BGB).

b) Verarbeitung (§ 950 Abs. 1 BGB)

13 D könnte sein Eigentum durch Verarbeitung oder Umbildung der Bar an den Restaurator K verloren haben (§ 950 Abs. 1 BGB), denn K hat die Bar restauriert und einzelne Teile neu angefertigt. Unter Verarbeitung ist die bestimmungsgemäße Schaffung eines Produkts aus einem Rohstoff zu verstehen, nicht aber die bloße Restauration einer Sache unter Anfertigung einiger neuer Teile. Umbildung hingegen bezeichnet die Herstellung einer neuen Sache aus einer bereits bestehenden alten Sache.[2] Ob eine neue Sache entstanden ist, richtet sich nach der Verkehrsauffassung,[3] wobei als Kriterium zu beachten ist, dass sich die neue Sache in Bezeichnung, Aussehen und Funktion von der bearbeiteten Sache unterscheiden muss.[4] Vorliegend wurde sowohl vor als auch nach der Restauration die Sache als Bar be-

---

[2] MünchKommBGB/*Füller* § 950 BGB Rn. 5; Staudinger/*Wiegand* (2011) § 950 BGB Rn. 8.
[3] Soergel/*Henssler* § 950 BGB Rn. 13.
[4] Vgl. BGH bei *K. Schmidt* JuS 2016, 357: Das Bespielen eines (zumal wieder löschbaren) Tonbandes erfüllt nicht die Voraussetzungen des § 950 BGB.

zeichnet. Eine Restauration dient darüber hinaus gerade nicht der Umwandlung einer Sache in eine andere Sache, sondern der Verbesserung des Zustands einer Sache unter Beibehaltung ihres Charakters; das gilt auch dann, wenn einige fehlende Teile ergänzt werden. Deshalb ist der Tatbestand des § 950 Abs. 1 BGB nicht erfüllt und D ist Eigentümer der Bar geblieben.

c) Miteigentum von K und D (§ 947 Abs. 1 BGB)

K und D könnten durch die Restauration Miteigentum erworben haben, indem K auch einige fehlende Teile der Bar neu angefertigt hat und diese Sachen miteinander verbunden wurden. Die unrestaurierte Bar als solche ist jedoch aufgrund ihres Wertes und ihrer Funktion als Hauptsache i. S. d. § 947 Abs. 2 BGB anzusehen, weil sie auch der restaurierten, um einige Teile ergänzten Bar das wesentliche Gepräge gibt.[5] Deshalb ist D als bisheriger Eigentümer der Bar auch nach ihrer Restauration Alleineigentümer geblieben. 14

d) „Klassische" Sicherungsübereignung von D an K (§§ 929 Satz 1, 930 BGB)

D könnte aber sein Eigentum dadurch verloren haben, dass er K die Bar zur Sicherung seiner Werklohnforderung in Höhe von 50.000 EUR übereignete. Voraussetzungen einer solchen Sicherungsübereignung sind die dingliche Einigung zwischen den Parteien, die vorliegend erfolgt ist, sowie die Ersetzung der Übergabe durch die Vereinbarung eines Besitzkonstituts (§§ 930, 868 BGB). Jedoch haben D und K kein Besitzmittlungsverhältnis vereinbart, weil K im Zeitpunkt der dinglichen Einigung zwischen D und K unmittelbarer Besitzer der Bar war, die sich zu diesem Zeitpunkt noch in seiner Werkstatt befand. Der klassische Fall einer Sicherungsübereignung nach §§ 929 Satz 1, 930 BGB liegt also gerade nicht vor. 15

e) Sicherungsübereignung von D an K nach § 929 Sätze 1 und 2 BGB

Jedoch ist eine atypische Sicherungsübereignung nach § 929 Satz 2 BGB erfolgt: D und K haben sich über den Eigentumsübergang der Bar auf K geeinigt (§ 929 Satz 1 BGB). Der Erwerber K war zu diesem Zeitpunkt bereits Besitzer der Bar (§ 929 Satz 2 BGB). D war als Eigentümer auch berechtigt, über die Bar zu verfügen. Somit hat K Eigentum an der Bar erworben. 16

f) (Rück-)Übereignung von K an D bei Anlieferung der Bar

Möglicherweise hat K die Bar bei ihrer Anlieferung an D zurückübereignet. Der Sicherungszweck – die Sicherung der Werklohnforderung – bestand jedoch zu diesem Zeitpunkt fort. Deshalb kann aus Empfängersicht (§§ 133, 157 BGB), nicht davon ausgegangen werden, dass K bei Anlieferung ein Angebot auf Übereignung der Bar abgegeben hat. Vielmehr hat er lediglich die Bar nach Abschluss seiner Arbeiten an den Werkbesteller D zurückgegeben und darüber hinaus seine Verpflichtung aus dem zwei Tage zuvor geschlossenen Mietvertrag über die Bar erfüllt, indem er dem Mieter D den Gebrauch der Mietsache gewährte (§ 535 Abs. 1 BGB). 17

---

5   *Baur/Stürner* § 53 Rn. 9; *Prütting* Rn. 456; *Wolf/Wellenhofer* § 9 Rn. 24 f.

g) Eigentumsverlust an S durch Aufstellen der Bar im Café

aa) Eigentumsverlust nach § 582a Abs. 2 Satz 2 BGB

18 K könnte jedoch sein Eigentum durch das Aufstellen der Bar im Theatercafé an S verloren haben. Gemäß § 582a Abs. 2 Satz 2 BGB werden die vom Pächter angeschafften Stücke mit der Einverleibung in das Inventar Eigentum des Verpächters. Voraussetzung dafür ist zunächst die Abrede, dass der Pächter das Inventar zum Schätzwert übernimmt und es bei Beendigung der Pacht zum Schätzwert an den Verpächter zurückgibt (§ 582a Abs. 1 BGB). Eine derartige Abrede ist in § 5 des Pachtvertrags enthalten.

19 Außerdem müsste die Bar in das Inventar der Pachtsache, hier des Cafés, eingebracht worden sein. Davon ist bei einer dauerhaften Aufstellung der Bar im Café auszugehen. Schließlich müsste der Pächter, hier D, die Bar angeschafft haben. D hat die Bar in einem Altwarenhandel erworben. Fraglich ist jedoch, ob allein dieser Umstand ausreicht, um die Bar als „angeschafft" i.S.d. § 582a Abs. 2 Satz 2 BGB anzusehen. Diese Norm sorgt dafür, dass der Verpächter das Eigentum an einer vom Pächter „angeschafften" Sache erwirbt. Vorliegend stand die Bar, als sie im Café aufgestellt wurde, jedoch im Eigentum des K. Wäre in diesem Fall § 582a Abs. 2 Satz 2 BGB einschlägig, so könnte eine Norm aus dem Pachtvertragsrecht das Eigentum eines nicht am Vertrag beteiligten Dritten beseitigen. Davon kann bei einer derartigen schuldrechtlichen Norm schon aufgrund ihrer systematischen Stellung im Vertragsrecht nicht ausgegangen werden; § 582a BGB regelt vielmehr nur die Rechtsbeziehung zwischen Verpächter und Pächter und kann deshalb allein dafür sorgen, dass Inventarstücke, an denen der Pächter Eigentum erwirbt, in das Eigentum des Verpächters übergehen.[6] „Anschaffen" bedeutet also die Erfüllung eines Rechtserwerbstatbestands in der Person des Pächters, der vorliegend gerade nicht verwirklicht ist.

bb) Eigentumsverlust nach § 946 BGB

20 Jedoch könnte durch das Aufstellen der Bar in dem Café ein Eigentumserwerb der S nach § 946 BGB eingetreten sein. Dazu müsste die Bar wesentlicher Bestandteil geworden sein.[7] Die Bar wurde jedoch nicht in der Weise mit einer anderen Sache verbunden, dass eine Trennung ohne Zerstörung oder Wesensänderung unmöglich ist (§ 93 BGB). Auch wurde die Bar nicht fest mit Grund und Boden verbunden (§ 94 Abs. 1 BGB).

21 Möglicherweise ist sie jedoch zur Herstellung des Gebäudes eingefügt worden (§ 94 Abs. 2 BGB). Das könnte der Fall sein, weil in ein „angesagtes" Café eine Bar gehört. Wesentliche Bestandteile i.S.d. § 94 Abs. 2 BGB sind jedoch von Zubehörstücken abzugrenzen (§ 97 BGB). Dabei handelt es sich um bewegliche Sachen, die dem wirtschaftlichen Zweck der Hauptsache, hier des Cafés, zu dienen bestimmt sind. Daraus ergibt sich, dass es sich bei den zur Herstellung des Gebäudes eingefügten Sachen lediglich um diejenigen Sachen handelt, die abstrakt für die Herstellung eines Gebäudes erforderlich sind, etwa Türen oder Fenster, nicht aber solche, die nur im Hinblick auf die Zweckwidmung erforderlich sind.[8] Die Bar ist

---

6 Palandt/*Weidenkaff* § 582a BGB Rn. 9.
7 Eingehend dazu *Löhnig/Becker* JA 2011, 650.
8 Soergel/*Mühl* § 946 BGB Rn. 6; *Schreiber* Rn. 180; *Wolf/Wellenhofer* § 9 Rn. 16f.

damit auch nicht wesentlicher Bestandteil nach § 94 Abs. 2 BGB geworden, und ein Eigentumserwerb der S nach § 946 BGB ist nicht erfolgt.

h) Sicherungsübereignung von D an C (§§ 929 Satz 1, 930 BGB)

K könnte sein Eigentum an der Bar jedoch dadurch verloren haben, dass D die Bar zur Sicherung der Darlehensforderung der C in Höhe von 70.000 EUR an die C übereignet hat (§§ 929 Satz 1, 930 BGB). **22**

aa) Einigung zwischen D und C

D und C haben sich über den Eigentumsübergang an der Bar geeinigt (§ 929 Satz 1 BGB). **23**

bb) Übergabesurrogat (§§ 930, 868 BGB)

Anstelle der Übergabe müssten D und C außerdem ein Besitzmittlungsverhältnis i. S. d. § 868 BGB vereinbart haben. In § 868 BGB sind beispielhaft einige Vertragstypen aufgeführt, nicht jedoch die Leihe, die D als Entleiher und die C als Verleiher vereinbart haben. Die Leihe könnte jedoch ein „ähnliches Verhältnis" i. S. d. § 868 BGB darstellen; dafür müssten zwei Voraussetzungen erfüllt sein.[9] **24**

Hinweis: Die anschließend unter (1) und (2) geprüften Voraussetzungen müssen Sie unbedingt kennen, denn in Klausuren werden als mögliche Besitzmittlungsverhältnisse regelmäßig nicht ausdrücklich in § 868 BGB normierte Verhältnisse vorkommen, etwa die Leihe oder auch die Sicherungsabrede als solche. **25**

(1) Unmittelbarer Fremdbesitz des D

D müsste die Bar infolge der Vereinbarung nunmehr als unmittelbarer Fremdbesitzer, der C den Besitz mittelt, besitzen, sodass C infolgedessen mittelbare Eigenbesitzerin (§ 872 BGB) würde. Genau diese Besitzsituation besteht zwischen einem Verleiher (Eigentümer) und einem Entleiher, denn der Entleiher erkennt den Verleiher als Oberbesitzer an. **26**

(2) Herausgabeanspruch der C (§ 604 Abs. 1 BGB)

Außerdem müsste C einen Herausgabeanspruch gegen D haben. Einen Herausgabeanspruch des Verleihers gegen den Entleiher regelt § 604 Abs. 1 BGB. Jedoch kann der Verleiher erst nach Beendigung des Leihvertrags die Leihsache vom Entleiher herausverlangen. Ein derartiger Herausgabeanspruch ist jedoch ausreichend, wie die ausdrückliche Erwähnung der Miete in § 868 BGB zeigt, bei der eine vergleichbare Situation zwischen Vermieter und Mieter besteht. **27**

cc) Berechtigung des D

Schließlich müsste D zur Verfügung über die Bar berechtigt gewesen sein. D war jedoch nicht Eigentümer der Bar. Möglicherweise war er jedoch verfügungsberechtigter Nichteigentümer. Das wäre dann der Fall, wenn der Verfügungsberechtigte einer Verfügung zugestimmt hätte. S hat ihre Zustimmung zur Veräußerung erteilt (§ 185 Abs. 1 BGB). S war aber selbst weder Eigentümerin noch verfügungsberechtigte Nichteigentümerin, sodass ihre Zustimmung keine Verfügungsberechtigung des D erzeugen konnte. Damit war D nicht zur Verfügung über die Bar berechtigt. **28**

---

[9] Palandt/*Bassenge* § 868 BGB Rn. 6; Staudinger/*Bund* (2007) § 868 BGB Rn. 16; MünchKommBGB/*Joost* § 868 BGB Rn. 11; *Schreiber* Rn. 293; *Wolf/Wellenhofer* § 4 Rn. 27 und § 7 Rn. 31.

29 **Hinweis:** S hat ihre Zustimmung deshalb erteilt, weil sie sich zu diesem Zeitpunkt wegen § 582a Abs. 2 Satz 2 BGB für die Eigentümerin der Bar hielt, denn sie wusste nichts von der Sicherungsabrede zwischen K und D.

dd) Gutgläubiger Erwerb durch C (§ 933 BGB)

30 Daher kommt allenfalls ein gutgläubiger Eigentumserwerb durch C nach § 933 BGB in Betracht. Ein Rechtsgeschäft im Sinne eines Verkehrsgeschäfts liegt vor. Rechtsscheinstatbestand beim gutgläubigen Erwerb beweglicher Sachen ist der Besitz des Veräußerers, hier des D. An diesen Rechtsscheinstatbestand knüpfte sich der gute Glaube des Erwerbers, hier der C, an das Eigentum des Veräußerers.

31 Der Gutglaubenstatbestand des § 933 BGB erfordert aber (parallel zum gutgläubigen Erwerb nach §§ 929, 932 BGB) zusätzlich, dass der Veräußerer seinen Besitz vollständig aufgibt und der Erwerber auch auf seine Veranlassung hin Besitz an der veräußerten Sache erwirbt. Diese Voraussetzung ist jedoch nicht erfüllt, weil die Bar im Theatercafé verblieben ist.

32 **Hinweis:** Aufgrund der Formulierung „es sei denn" in § 932 Abs. 2 BGB ist vom guten Glauben als Regelfall auszugehen und im Sachverhalt müssen besondere Hinweise auf die Bösgläubigkeit gegeben sein.

ee) Gutgläubiger Erwerb durch C (§ 366 HGB)

33 In Betracht käme jedoch ein gutgläubiger Erwerb nach § 366 HGB. Dazu wäre erforderlich, dass D Kaufmann war (§ 1 Abs. 1 HGB). Das ist jedoch nicht der Fall, weil das Café keinen in kaufmännischer Weise eingerichteten Geschäftsbetrieb erforderte (§ 1 Abs. 2 HGB), sodass auch ein gutgläubiger Erwerb nach § 366 HGB ausscheidet.

i) Übereignung von M an S gem. § 929 Satz 1 BGB

34 Indem M und S im Rahmen der Beendigung des Pachtvertrags vereinbarten, dass die Einrichtung im Café belassen werden soll, könnte S Eigentümerin der Bar geworden sein. Es fehlt jedoch an der hierfür notwendigen Einigung. Da S davon ausgehen musste, dass infolge ihrer (der S) Zustimmung zur (gescheiterten) Sicherungsübereignung durch D an C nunmehr C Eigentümerin sei, enthielt die Vereinbarung zwischen M und S keine Einigung über die Übereignung der Bar. K ist also Eigentümer der Bar geblieben.

2. Besitz der S

35 S ist Besitzerin (§ 854 Abs. 1 BGB) der Bar, die sich in dem von ihr betriebenen Café befindet; sie besitzt durch ihre Organe, vorliegend also durch den Geschäftsführer G.

3. Kein Recht zum Besitz (§ 986 BGB)

a) Mietvertrag

36 Ein Recht zum Besitz aus dem Mietvertrag kann dem Eigentümer K nur der Mietvertragspartner D und nach dessen Tod seine Erbin M, die in die Rechtsposition als Mieter eingetreten ist (§ 1922 Abs. 1 BGB), entgegenhalten.

37 Etwas anderes würde nur dann gelten, wenn M ihre Rechte aus dem Mietvertrag an S abgetreten hätte. Eine Abtretung hat jedoch bei der Rückgabe des Cafés an S des-

halb nicht stattgefunden, weil M die Verabredung zwischen K und D der S verschwiegen hatte und die Parteien deshalb zu keiner entsprechenden Einigung nach § 398 BGB gelangt sind. Darüber hinaus ist der Sicherungsfall eingetreten, da die Fälligkeit der Werklohnforderung aus § 631 Abs. 1 BGB am 20.3.2016 eintrat und K damit zu der im Herausgabeverlangen liegenden (§§ 133, 157 BGB) Kündigung des Mietvertrags berechtigt war. Selbst M steht also gegenüber K kein Recht zum Besitz aus dem Mietvertrag mehr zu.

b) Anwartschaftsrecht

aa) Anwartschaftsrecht als Recht zum Besitz?

Ein Recht zum Besitz könnte sich jedoch aus einem Anwartschaftsrecht der S an 38 der Bar ergeben. Ob ein Anwartschaftsrecht dem Eigentümer gegenüber ein Recht zum Besitz gibt, ist streitig. Dafür spricht der von der gängigen Auffassung angenommene Charakter des Anwartschaftsrechts als „wesensgleiches Minus" zum Eigentum,[10] das ein Recht zum Besitz gegenüber jedermann, auch gegenüber dem Eigentümer, gibt. Dagegen spricht, dass sich dieses Minus jedoch gerade gegenüber dem Eigentümer als Inhaber eines stärkeren dinglichen Rechts in der Weise auswirkt, dass der Inhaber des Anwartschaftsrechts in diesem Verhältnis kein Recht zum Besitz hat.[11]

bb) Bestehen eines Anwartschaftsrechts

Dieser Streit kann jedoch offen bleiben, da die Einigung zwischen K und D nicht 39 auflösend bedingt war (§ 158 Abs. 2 BGB); vielmehr vereinbarten K und D, dass K dem D nach Tilgung der Werklohnforderung das Eigentum zurück zu übertragen habe. Bei einer unbedingten Sicherungsübereignung bleibt jedoch kein Anwartschaftsrecht beim Sicherungsgeber zurück. D und M (§ 1922 Abs. 1 BGB) stand also nie ein Anwartschaftsrecht an der Bar zu, sodass ein solches Recht auch nicht nach § 582a Abs. 2 Satz 2 BGB oder durch Übertragung nach § 929 BGB analog auf S übergegangen sein kann. S hat also kein Recht zum Besitz. Damit kann K von S die Bar heraus verlangen (§ 985 BGB).

Hinweis: Wichtig ist, dass Sie auch hier das Regel-Ausnahme-Verhältnis beherrschen. Der Regelfall ist 40 die unbedingte Einigung; soll eine Einigung unter einer Bedingung stehen, so muss das gesondert vereinbart werden und deshalb im Sachverhalt auch geschildert sein. Das gilt gerade auch für die dingliche Einigung nach § 929 Satz 1 BGB im Rahmen einer Sicherungsübereignung; deshalb wäre es fehlerhaft, an dieser Stelle vom Bestehen eines Anwartschaftsrechts auszugehen.

III. Anspruch aus § 861 Abs. 1 BGB

1. Besitzlage

Dem K könnte gegen S ein Anspruch aus § 861 Abs. 1 BGB zustehen. K als Anspruchsteller war Besitzer der Bar, S als Anspruchsgegner ist gegenwärtig Besitzer der Bar. 41

---

[10] So BGHZ 28, 16, 21 = NJW 1958, 1113.
[11] So MünchKommBGB/*Baldus* § 986 Rn. 9; RGRK/*Pikart* § 868 BGB Rn. 9; anders Palandt/*Bassenge* § 929 BGB Rn. 41; Soergel/*Mühl* § 986 BGB Rn. 3; *Baur/Stürner* § 59 Rn. 47.

2. Verbotene Eigenmacht (§ 858 BGB)

a) Unmittelbarer Besitz

42 Schließlich müsste der Besitz des K durch verbotene Eigenmacht, also ohne seinen Willen, beendet worden sein (§ 858 Abs. 1 BGB). K hat dem D aber den unmittelbaren Besitz freiwillig verschafft, indem er die Bar zu D ins Café lieferte.

b) Mittelbarer Besitz

43 Möglicherweise hat K aber den mittelbaren Besitz an der Bar ohne seinen Willen verloren. Dies könnte für die Erfüllung der Voraussetzungen des § 861 BGB genügen, denn §§ 861, 862 BGB gewähren auch dem mittelbaren Besitzer Besitzschutz (§ 869 Satz 1 BGB).

44 K war zunächst als Vermieter der Bar mittelbarer Besitzer (§ 868 BGB), während D (und nach dessen Tod M, § 857 BGB) unmittelbarer Besitzer war. Die Besitzlage hat sich durch die (gescheiterte) Sicherungsübereignung an C geändert, denn nunmehr mittelte D der C den Besitz.

45 Durch die Übergabe der Bar von M an S hat sich hieran nichts geändert, denn S mittelte nicht ihm, sondern ebenfalls C den Besitz, die sie für die Sicherungseigentümerin der Bar hielt. Jedoch ist der mittelbare Besitz in § 869 BGB nur insoweit geschützt, als verbotene Eigenmacht gegen den unmittelbaren Besitzer verübt wird.[12] Daran fehlt es hier jedoch, weil die unmittelbare Besitzerin M den Besitz an der Bar willentlich aufgegeben hat.

IV. Anspruch aus § 1007 Abs. 1 BGB

46 K könnte gegen S aber einen Herausgabeanspruch aus § 1007 Abs. 1 BGB haben. Voraussetzung dieses Anspruchs ist, dass S beim Erwerb des Besitzes an der Bar bösgläubig bezüglich ihres eigenen Rechts zum Besitz der Bar war; das wäre dann der Fall, wenn ihr Geschäftsführer G wusste oder aufgrund grober Fahrlässigkeit nicht wusste, dass S kein Recht zum Besitz gegenüber K hat (§ 932 Abs. 2 BGB analog).

47 Wie an seiner Zustimmung zur (gescheiterten) Sicherungsübereignung deutlich wird, ging G davon aus, dass die Bar im Eigentum der C stehe und dass S nunmehr im Zuge der Vertragsübernahme in sämtliche Rechte und Pflichten aus dem Vertrag von D/M mit C eingetreten sei („mit allem, was dazugehört"); dort war jedoch vereinbart, dass der Darlehensnehmer die Bar leihweise benutzen dürfe. Anzeichen für eine Bösgläubigkeit der S sind also nicht gegeben.

V. Anspruch aus § 1007 Abs. 2 BGB

48 Da K die Bar weder gestohlen wurde noch sonst abhanden gekommen ist (siehe Rn. 42), scheidet auch ein Herausgabeanspruch aus § 1007 Abs. 2 BGB aus.

VI. Ergebnis

49 K hat einen Herausgabeanspruch aus § 985 BGB gegen S.

---

[12] Soergel/*Stadler* § 858 BGB Rn. 3.

Hinweis: Neben dem zentralen Herausgabeanspruch aus § 985 BGB müssen stets weitere Herausgabeansprüche geprüft werden:
- possessorischer Besitzschutz (§ 861 Abs. 1 BGB),
- petitorischer Besitzschutz (§ 1007 Abs. 1 BGB und § 1007 Abs. 2 BGB) und,
- soweit entsprechende Anhaltspunkte bestehen, deliktischer Eigentums- oder Besitzschutz (§§ 823 Abs. 1, 249 Abs. 1 BGB), denn die Rechtsfolge „Naturalrestitution" kann Herausgabe bedeuten.

Frage 2b: Kann K von S Miete für die Bar verlangen?

I. Anspruch aus Mietvertrag (§ 535 Abs. 2 BGB)

Voraussetzung eines Anspruchs aus § 535 Abs. 2 BGB ist, dass zwischen S und K ein wirksamer Mietvertrag zustande gekommen ist. Einen Mietvertrag mit K hat aber lediglich D geschlossen; die Rechte und Pflichten aus diesem Vertrag sind mit dem Tod des D auf M übergegangen (§ 1922 Abs. 1 BGB). Eine Vertragsübernahme durch S ist anlässlich des Pachtaufhebungsvertrags aber nicht erfolgt, weil G als Geschäftsführer der S überhaupt nichts von den Vereinbarungen mit K wusste.

II. Anspruch auf Nutzungsersatz (§ 987 Abs. 1 BGB)

Allerdings könnte K gegen S einen Anspruch auf Nutzungsersatz nach § 987 Abs. 1 BGB haben. Voraussetzung hierfür ist das Vorliegen einer Vindikationslage zur Zeit der Nutzungsziehung sowie Nutzungen, die nach dem Eintritt der Rechtshängigkeit einer Herausgabeklage gezogen wurden.

1. Nutzungen (§ 100 BGB)

Zunächst ist jedoch zu prüfen, ob S überhaupt Nutzungen gezogen hat (§ 987 Abs. 1 BGB). Unter Nutzungen versteht das Gesetz in § 100 BGB die Früchte einer Sache oder eines Rechts sowie Vorteile, welche der Gebrauch der Sache oder des Rechts gewährt. Vorliegend hat S das nunmehr erfolgreiche Theatercafé unter Ausnutzung der vielfältigen Funktionen der Bar fortgeführt und damit Nutzungen gezogen.

2. Vindikationslage zur Zeit der Nutzungsziehung

Während der Nutzung der Bar durch S seit dem 1.4.2016 war K stets Eigentümer der Bar und S Besitzerin der Bar. Nach dem Eintritt des Sicherungsfalls am 20.3.2016 hatten weder D/M noch S ein Recht zum Besitz der Bar.

Hinweis: Wichtig ist, dass Sie bei den Sekundäransprüchen auf Schadensersatz, Nutzungsersatz und Verwendungsersatz nicht einfach „die Vindikationslage", sondern die Vindikationslage zum Zeitpunkt des Schadensereignisses, während der Zeitspanne der Nutzungsziehung oder im Zeitpunkt der Verwendungen prüfen.

3. Rechtshängigkeit

Schließlich müsste S die Nutzungen nach Rechtshängigkeit der Klage des K auf Herausgabe der Bar gezogen haben. Die Rechtshängigkeit ist jedoch erst mit Zustellung der Klage an S am 22.7.2016 eingetreten (§§ 261 Abs. 1, 253 Abs. 1 ZPO). Damit besteht ein Anspruch aus § 987 Abs. 1 BGB nur für die seit diesem Zeitpunkt gezogenen Nutzungen.

III. Anspruch auf Nutzungsersatz (§§ 990 Abs. 1, 987 Abs. 1 BGB)

1. Nutzungen, Vindikationslage zur Zeit der Nutzungen

57 Ein weitergehender Nutzungsersatzanspruch könnte sich jedoch aus §§ 990 Abs. 1, 987 Abs. 1 BGB ergeben. Zum Vorliegen von Nutzungen und der Vindikationslage im Zeitraum der Nutzungsziehung vgl. oben Rn. 54.

2. Bösgläubigkeit der S

58 Durch die Verweisung des § 990 BGB auf § 987 BGB tritt die Bösgläubigkeit des Besitzers hinsichtlich seines Besitzrechts an die Stelle der Rechtshängigkeit.

59 **Hinweis:** Wenn Sie Gut- oder Bösgläubigkeit prüfen, sollten Sie stets zunächst den Bezugspunkt des guten oder bösen Glaubens benennen: In §§ 932 ff. BGB ist es beispielsweise das (vermeintliche) Eigentum des Veräußerers, in §§ 1007 und 990 BGB das (vermeintliche) eigene Recht zum Besitz.

a) Besitzerwerb (§ 990 Abs. 1 Satz 1 BGB)

60 § 990 Abs. 1 Satz 1 BGB bestimmt, dass der Besitzer für die gezogenen Nutzungen haften muss, wenn er beim Erwerb des Besitzes nach dem Maßstab des § 932 Abs. 2 BGB bösgläubig war. Dafür sind keine Anhaltspunkte ersichtlich, vielmehr ging der Geschäftsführer G (dessen Wissen S zuzurechnen ist, vgl. § 166 Abs. 1 BGB) davon aus, dass die Bar im Eigentum der C stehe und dass S nunmehr in die Rechte und Pflichten aus dem Vertrag von D/M mit C eingetreten sei; dort war jedoch vereinbart, dass der Darlehensnehmer die Bar leihweise benutzen dürfe.

b) Späterer Zeitpunkt (§ 990 Abs. 1 Satz 2 BGB)

61 Bösgläubigkeit kann aber auch nach Besitzerwerb eintreten, indem der Besitzer positive Kenntnis von seinem fehlenden Besitzrecht erhält (§ 990 Abs. 1 Satz 2 BGB). Diese Kenntnis ist durch das Herausgabeverlangen des K unter Offenlegung der Sicherungsübereignung am 2.5.2016 eingetreten. Damit besteht ein Anspruch aus §§ 990 Abs. 1, 987 Abs. 1 BGB, allerdings nur für die seitdem gezogenen Nutzungen.

IV. Anspruch auf Nutzungsersatz (§ 988 BGB)

1. Nutzungen, Vindikationslage zur Zeit der Nutzungen

62 Ein weitergehender Nutzungsersatzanspruch könnte sich jedoch aus § 988 BGB ergeben. Zum Vorliegen von Nutzungen und der Vindikationslage im Zeitraum der Nutzungsziehung vgl. oben Rn. 54.

2. Unentgeltlicher Besitzerwerb

63 § 988 BGB setzt voraus, dass der Besitzer die Sache unentgeltlich erlangt hat. S hat den Besitz jedoch nicht unentgeltlich, sondern aufgrund des Vertrags mit M erlangt, in dem sie sich zu einer Gegenleistung (Darlehensübernahme) verpflichtet hat. Ein Anspruch aus § 988 BGB besteht deshalb nicht.

V. Anspruch auf Nutzungsersatz (§ 988 BGB analog)

64 Möglicherweise kommt jedoch ein Anspruch auf Ersatz sämtlicher Nutzungen seit dem 1.4.2016 aus § 988 BGB analog in Betracht. Das wäre auf Grundlage einer

Gleichsetzung der in § 988 BGB vorausgesetzten Unentgeltlichkeit des Erwerbs mit der Rechtsgrundlosigkeit des Erwerbs möglich.[13] Für diese Gleichsetzung wird angeführt, auch derjenige, der den Besitz rechtsgrundlos erlange, müsse keine Gegenleistung erbringen oder könne diese zumindest kondizieren.

Die Gegenauffassung wendet zu Recht ein, dass die analoge Anwendung des § 988 BGB in Mehrpersonenverhältnissen wie dem vorliegenden Sachverhalt zu unbilligen, mit den ausgefeilten Wertungen bereicherungsrechtlicher Mehrpersonenverhältnisse nicht zu vereinbarenden Ergebnissen führe.[14] Der Vorrang der Leistungskondiktion und die bereicherungsrechtlichen Risikostrukturen dürften nicht ausgehebelt werden. Das Bereicherungsrecht bilde eine abschließende Regelung für die Rückabwicklung rechtsgrundlosen Erwerbs und werde in Fällen wie dem vorliegenden auch nicht durch das EBV gesperrt. Der Streit muss jedoch nicht entschieden werden, denn S hat den Besitz nicht rechtsgrundlos, sondern aufgrund der Vereinbarungen im Pachtaufhebungsvertrag erlangt. **65**

VI. Anspruch aus § 812 Abs. 1 Satz 1 Alt. 1 BGB (Leistungskondiktion)

1. Anwendbarkeit

§§ 812 ff. BGB sind ausnahmsweise neben dem EBV anwendbar (siehe Rn. 65). **66**

Hinweis: In der Regel ist bei Vorliegen einer Vindikationslage die Anwendung der §§ 812 ff. BGB ausgeschlossen. Sie müssen jedoch auch die Ausnahmen kennen: **67**
– Veräußerung der Sache: § 816 Abs. 1 Satz 1 BGB ist stets neben dem EBV anwendbar,
– Verbrauch der Sache: die Nichtleistungskondiktion (§ 812 Abs. 1 Satz 1 Alt. 2 BGB) in Form der Eingriffskondiktion wird nicht gesperrt und
– Verarbeitung, Verbindung, Vermischung etc.: §§ 946 ff., 951 BGB sind neben dem EBV anwendbar, weil das EBV selbst derartige Fälle nicht regelt.

2. Weitere Voraussetzungen

S hat die Nutzungsmöglichkeit der Bar erlangt, jedoch nicht durch die bewusste und zweckgerichtete Mehrung fremden Vermögens (Leistung) des K; ein Anspruch aus Leistungskondiktion besteht deshalb nicht. **68**

VII. Anspruch aus § 812 Abs. 1 Satz 1 Alt. 2 BGB (Nichtleistungskondiktion)

S müsste die Nutzungsmöglichkeit in sonstiger Weise erlangt haben, also weder durch Leistung des Anspruchsstellers noch durch Leistung irgendeines Dritten (Vorrang der Kondiktion im Leistungsverhältnis).[15] S hat durch die Leistung der M den Besitz und die Nutzungsmöglichkeit der Bar erlangt, denn M ist dadurch ihrer Verpflichtung aus dem Pachtaufhebungsvertrag nachgekommen. Eine Rückabwicklung nach Bereicherungsrecht bleibt deshalb auf diese Leistungsbereicherung beschränkt. **69**

---

[13] BGHZ 32, 76, 94 = NJW 1960, 1105.
[14] Soergel/*Stadler* Vor § 987 BGB Rn. 27; Staudinger/*Gursky* (2006) Vor §§ 987–993 BGB Rn. 40, 49; *Baur/Stürner* § 11 Rn. 38; *Medicus/Petersen* Rn. 600; *Prütting* Rn. 534, 568.
[15] Dazu Palandt/*Sprau* § 818 BGB Rn. 48.

VIII. Ergebnis

70 K hat gegen S lediglich einen Anspruch auf Ersatz der seit 2.5.2016 gezogenen Nutzungen.

Fall 5. Erfolg wider Erwarten

Sachverhalt

Andrea Arnold (A) hat einen alten Bauernhof in der Nähe von Köln gekauft, den sie nach und nach renovieren will. In der bereits fertig gestellten Scheune hat sie ein Café eröffnet. Um die Renovierung des Hofes weiterführen zu können, benötigte sie jedoch weitere Geldmittel. A nahm deshalb bei der Creditcasse (C) ein Darlehen in Höhe von 100.000 EUR auf und bestellte der C eine Sicherungsgrundschuld am Hofgrundstück, die im April 2016 im Grundbuch eingetragen wurde.

Weil A die Rechnung des Schreiners Klaus Krammer (K), der umfangreiche Arbeiten bei der Einrichtung des Cafés geleistet hatte, nicht sofort vollständig bezahlen konnte, übereignete A im Juli 2016 dem K die Schankanlage des Cafés „als Pfand" für die noch offene Forderung in Höhe von 6.000 EUR. A und K vereinbarten, dass A die Anlage weiterbenutzen darf, wobei sie zur Erhaltung des Wertes der Anlage bestimmte Sorgfaltspflichten beachten muss, und K die Anlage bei vollständiger Bezahlung der Rechnung an A zurückübereignen wird; sollte A aber bis Juli 2017 nicht zahlen, so soll K die Maschine zur Verwertung herausverlangen können. Im Dezember 2016 erfuhr K, dass seine Nichte Felicitas Fröhlich (F), die eine Ausbildung als Köchin absolviert hat, bald ein Lokal eröffnen möchte. Deshalb übereignete er die Schankanlage schenkweise an seine Nichte, der er von seiner Absprache mit A erzählt, die aber „sowieso nicht zahlen" werde. Von der Grundschuld wussten K und F freilich nichts. F, die die Schankanlage gut gebrauchen kann, möchte das Eigentum auf jeden Fall behalten und die Anlage so bald wie möglich bekommen.

Außerdem war A mit Zahlungen von Rechnungen des Lebensmittelgroßhändlers Erwin Ehrenreich (E) in Verzug; weil dieser um sein Geld fürchtete, forderte er sie auf, ihm ein Pfand zu bestellen. Da A ihren Dampfgarer in der Küche erst wieder im Winter benötigte, verpfändete sie ihn im August 2016 an E. Daraufhin ließ sich E auf die Verabredung eines Zahlungsaufschubs bis zum 15.10.2016 ein. Der Dampfgarer hatte allerdings einen technischen Defekt, sodass nicht alle vorgesehenen Funktionen des Geräts einsetzbar waren. A benötigte diese Funktionen jedoch nicht und hatte das irreparable Gerät billiger bekommen. Weil für einen Laien dieser Defekt nicht erkennbar war, hatte A ihren Gläubiger E „der Fairness halber" auf den Defekt hingewiesen. Am 1.10.2016 ließ E den Dampfgarer in öffentlicher Versteigerung, deren Zeit und Ort ordnungsgemäß öffentlich bekannt gemacht worden waren, verwerten; damit er einen höheren Erlös erzielen konnte, informierte E den versteigernden Gerichtsvollzieher jedoch nicht über den Defekt des Geräts. Hans Holzer (H), Inhaber eines Gästehauses, ersteigerte den Garer in der Annahme, dass dieser voll funktionstüchtig sei, für 2.000 EUR. H erklärt durch seinen Rechtsanwalt, er trete nun vom Kaufvertrag zurück.

Bearbeitervermerk:
1. Welche Ansprüche stehen A gegen K zu, wenn sie ihre Schulden bei K pünktlich begleicht, weil das Café inzwischen sehr gut läuft?
2. Wer ist Eigentümer des Dampfgarers?

Fall 5. Erfolg wider Erwarten

Skizze

$$
\begin{array}{c}
\text{K}\xlongequal[\text{„als Pfand"}]{\S\,631}\text{A}\xlongequal[\S\,1191]{\S\,488}\text{C} \\
\S\,516\,\Vert\S\,433\Vert\,\S\,1204 \\
\text{F}\text{E}\xlongequal[\S\S\,929\,\text{ff.}]{\S\,433}\text{H}
\end{array}
$$

Gliederung

                                                                                                  Rn.

Frage 1: Anspruch der A gegen K auf Rückübereignung aus § 311 Abs. 1 BGB

I. Anspruchsvoraussetzungen 1
   1. Sicherungsabrede 1
   2. Sicherungsübereignung von A an K 2
      a) Einigung 2
         Problem: Welchen Inhalt hat die Einigung?
      b) Übergabesurrogat 4
      c) Berechtigung 5
         Problem: Gelten die Pfändungsverbote aus der ZPO auch hier?
II. Erlöschen infolge Unmöglichkeit (§ 275 Abs. 1 BGB) 7
   1. Einigung 8
   2. Übergabesurrogat 9
   3. Berechtigung 12
   4. Ergebnis 13

Frage 2: Eigentümer des Dampfgarers

I. Eigentumserwerb der C 15
II. Eigentumserwerb des E 16
III. Eigentumserwerb des H 18
IV. Eigentumserwerb des E oder der A 21
   1. Rücktritt 22
      a) Mangelhafte Kaufsache 22
      b) Vorrang der Nacherfüllung 23
         Problem: Ist der Stückverkäufer zur Nachlieferung verpflichtet?
      c) Haftungsausschluss 25
      d) Weitere Voraussetzungen 27
   2. Die Folgen des Rücktritts für die Eigentumslage 28
      Problem: Kann der nichtberechtigt Verfügende im Zuge des Rücktritts Eigentum erwerben?

Lösung

Frage 1: Anspruch der A gegen K auf Rückübereignung aus § 311 Abs. 1 BGB

I. Anspruchsvoraussetzungen

1. Sicherungsabrede

A könnte einen Anspruch gegen K auf Rückübereignung der Schankanlage aus der Sicherungsabrede haben (§ 311 Abs. 1 BGB). Die Sicherungsabrede zwischen A und K ist wirksam zustande gekommen. Der Sicherungszweck ist durch die Tilgung der Schuld durch A nach § 362 Abs. 1 BGB entfallen.

2. Sicherungsübereignung von A an K

a) Einigung

Ein Anspruch auf Rückübereignung von A gegen K setzt außerdem voraus, dass A die Schankanlage wirksam an K übereignet hat. A und K waren sich darüber einig, dass die Schankanlage „als Pfand" übereignet werden solle. Der Inhalt dieser Einigung erscheint widersprüchlich, weil die Schankanlage entweder übereignet (§§ 929 ff. BGB) oder verpfändet (§§ 1204 ff. BGB) werden kann. Es ist deshalb im Wege der Auslegung (§§ 133, 157 BGB) zu ermitteln, was die Parteien tatsächlich vereinbart haben. A und K waren sich darüber einig, dass die Schankanlage zwar einerseits als Sicherungsmittel („Pfand") dienen soll, andererseits aber von A weiterbenutzt werden darf. Dieses Gestaltungsziel können die Parteien nur im Wege einer Sicherungsübereignung (§§ 929, 930 BGB) erreichen. Die Übergabe des Pfandes (§ 1205 BGB) kann nämlich nicht durch ein Übergabesurrogat gem. § 930 BGB ersetzt werden,[1] weil eine Verpfändung für Außenstehende erkennbar sein soll (Publikationsprinzip).[2]

Hinweis: Enthält der Sachverhalt Passagen, die – wie hier „als Pfand" – in Anführungszeichen gesetzt sind, so ist dies regelmäßig ein Hinweis darauf, dass Sie diese Worte auf die Goldwaage der Auslegung legen müssen.

b) Übergabesurrogat

Bei der Sicherungsübereignung tritt an die Stelle der Übergabe der Sache (§ 929 Satz 1 BGB) die Vereinbarung eines Besitzkonstituts (§ 930 BGB). Der Sicherungsvertrag müsste also als „ähnliches Verhältnis" i.S.d. § 868 BGB anzusehen sein. Dafür müssten folgende zwei Voraussetzungen erfüllt sein:[3] A müsste die Schankanlage auf Grundlage der Sicherungsabrede nunmehr als unmittelbare Fremdbesitzerin besitzen und K den Besitz mitteln, der infolgedessen mittelbarer Eigenbesitzer würde. Genau dieses Besitzverhältnis besteht zwischen A und K. A hat sich dazu

---

[1] Palandt/*Bassenge* § 1205 BGB Rn. 3, 8; Staudinger/*Wiegand* (2009) § 1205 BGB Rn. 19; *Baur/Stürner* § 55 Rn. 6; *Brehm/Berger* § 34 Rn. 3.
[2] *Wolf/Wellenhofer* § 16 Rn. 13.
[3] Palandt/*Bassenge* § 868 BGB Rn. 6; MünchKommBGB/*Joost* § 868 BGB Rn. 11; *Schreiber* Rn. 293; *Wolf/Wellenhofer* § 7 Rn. 30 i.V.m. § 4 Rn. 23 ff.

bereit erklärt, im Interesse des Eigentümers K zu handeln und bestimmte Sorgfaltsmaßstäbe zu erfüllen. Außerdem müsste K einen Herausgabeanspruch gegen A haben; ein Anspruch ergibt sich aus der Sicherungsabrede. Jedoch kann K die Schankanlage nur dann herausverlangen, wenn A nicht bezahlt. Ein derartiger bedingter Herausgabeanspruch ist jedoch ausreichend.[4]

c) Berechtigung

5 Fraglich ist schließlich, ob A auch dazu berechtigt war, die Schankanlage zu übereignen; schließlich hatte sie zuvor bereits eine Sicherungsgrundschuld zugunsten der C an ihrem Grundstück bestellt. Gemäß §§ 1192 Abs. 1, 1120 BGB gehören auch Zubehörgegenstände (§§ 97, 98 Nrn. 1 und 2 BGB) zum Haftungsverband der Grundschuld, werden also von der Grundschuld erfasst. Trotzdem bleibt A jedoch, solange eine Beschlagnahme nicht erfolgt ist (§§ 1192 Abs. 1, 1121 Abs. 1 BGB), verfügungsbefugte Eigentümerin,[5] sodass die Schankanlage auch als Zubehörgegenstand weiterhin veräußert werden konnte.

6 Auch die Pfändungsverbote des § 865 Abs. 2 Satz 1 ZPO und des § 811 Abs. 1 Nr. 4 ZPO stehen einer Sicherungsübereignung vorliegend nicht entgegen.[6] Die besitzlose zivilrechtliche Verpfändung in Form der Sicherungsübereignung beruht auf privatautonomem Handeln, während die Pfändung als Zwangsmaßnahme durch den Gerichtsvollzieher erfolgt.[7] Die Vorschriften der ZPO dienen zum Schutz des Einzelnen; dieses Schutzes bedarf ein Teilnehmer am Rechtsverkehr nicht, wenn er privatautonom über seine Sachen verfügt. Damit hat A die Schankanlage wirksam an K übereignet.

II. Erlöschen infolge Unmöglichkeit (§ 275 Abs. 1 BGB)

7 Allerdings könnte der Anspruch auf Rückübereignung der Schankanlage ausgeschlossen sein, wenn K diese an F übereignet hat (§§ 929 ff. BGB), die das Eigentum auf jeden Fall behalten möchte; dann läge nämlich rechtliche Unmöglichkeit vor (§ 275 Abs. 1 BGB).

1. Einigung

8 K und F haben sich über den Eigentumsübergang an der Schankanlage geeinigt (§ 929 Satz 1 BGB). Der Wirksamkeit dieser Einigung könnte jedoch § 161 BGB entgegenstehen. Die Einigung wäre unwirksam, wenn eine auflösende Bedingung für den Rückfall des Eigentums an A vereinbart worden wäre. Dann wäre die Einigung zwischen K und F in der Schwebezeit erfolgt und hätte den Bedingungseintritt, den Rückfall des Eigentums von K an A, verhindert. Jedoch enthält die Sicherungsabrede im vorliegenden Fall keine derartige Klausel, sondern räumt dem Sicherungsgeber lediglich einen schuldrechtlichen Rückübertragungsanspruch ein. Daher ist die Wirksamkeit der Einigung nicht durch § 161 Abs. 1 Satz 1, Abs. 2 BGB berührt. Für eine Nichtigkeit nach § 138 Abs. 1 BGB wegen bewussten Zu-

---

4 MünchKommBGB/*Joost* § 868 BGB Rn. 16; Soergel/*Stadler* § 868 BGB Rn. 10.
5 Vgl. *Baur/Stürner* § 39 I 2; *Brehm/Berger* § 17 Rn. 50, 57.
6 Vgl. MünchKommBGB/*Damrau* § 1204 BGB Rn. 3; Staudinger/*Wiegand* (2009) § 1204 BGB Rn. 47.
7 Staudinger/*Wiegand* (2009) § 1204 BGB Rn. 47.

sammenwirkens der Beteiligten zum Nachteil der A ist nichts ersichtlich, weil F davon ausgehen durfte, dass der Sicherungsfall eintreten werde.

2. Übergabesurrogat

Jedoch kam es nicht zu einer Übergabe der Schankanlage, da K als mittelbarer Besitzer hierzu nicht in der Lage war. Möglicherweise hat K der F stattdessen seinen Anspruch auf Herausgabe der Schankanlage abgetreten (§ 931 BGB). Dabei kann es sich nicht um den Anspruch aus § 985 BGB handeln, der bei jedem Eigentümer neu entsteht; in Betracht kommt jedoch der Herausgabeanspruch aus dem Sicherungsvertrag. 9

Ein solcher Anspruch stand K zu. Es ist davon auszugehen, dass sich K und F über den Anspruchsübergang auf F geeinigt haben (§ 398 BGB). K als Anspruchsinhaber war zur Abtretung des Herausgabeanspruchs auch berechtigt. 10

Dass dieser Anspruch bedingt war, steht einer wirksamen Abtretung nicht entgegen; auch die Abtretung eines bedingten Anspruchs ist als Übergabesurrogat i. S. d. § 931 BGB ausreichend.[8] 11

3. Berechtigung

K war zur Veräußerung der Schankanlage auch berechtigt. Der Umstand, dass K durch die Verfügung gegen die Sicherungsabrede mit A verstößt, ändert hieran nichts. 12

4. Ergebnis

F ist somit Eigentümerin der Schankanlage geworden und der Anspruch der A gegen K scheint nach § 275 Abs. 1 BGB ausgeschlossen zu sein, nachdem F die Schankanlage behalten will. Zweifelhaft ist allerdings, ob F mit dem Eigentum vorliegend eine Rechtsposition erlangt hat, die ihr die Nutzung der Schankanlage ermöglicht. Hierzu müsste F von A Herausgabe der Schankanlage verlangen können. Der bedingte Herausgabeanspruch, den K ihr abgetreten hatte, ermöglicht dies nicht, weil A ihre Schulden bei K vollständig und pünktlich beglichen hat, sodass der Sicherungsfall – also die Bedingung – nicht mehr eintreten kann. Für einen Herausgabeanspruch aus § 985 BGB müsste eine Vindikationslage bestehen. Zwar ist F Eigentümerin und A Besitzerin der Schankanlage, jedoch hat A gegenüber F ein Recht zum Besitz: Dem K gegenüber war sie, solange der Sicherungsfall nicht eintritt, zum Besitz berechtigt (§ 986 Abs. 1 Satz 1 BGB); dies ergibt sich aus der Sicherungsabrede. Dieses Besitzrecht kann A auch F entgegenhalten, weil die Schankanlage nach §§ 929 Satz 1, 931 BGB übereignet wurde (§ 986 Abs. 2 BGB). Weitere Herausgabeansprüche sind nicht ersichtlich, sodass Eigentum (der F) und Besitz (der A) dauerhaft auseinanderfallen würden. 13

Wird das Eigentum jedoch solchermaßen zur leeren Hülle, ergibt sich aus dem Rechtsgedanken der §§ 886, 1169, 1254 BGB ein Anspruch der dauerhaft besitzberechtigten (hier: A) gegen die Eigentümerin (hier: F) auf Übereignung der 14

---

[8] Erman/*Michalski* § 931 BGB Rn. 3, 7; MünchKommBGB/*Oechsler* § 931 BGB Rn. 15 f.; Staudinger/*Busche* (2005) § 398 BGB Rn. 63.

Schankanlage.[9] Vor diesem Hintergrund erschiene es treuwidrig, wenn die selbst zur Übereignung an A verpflichtete F sich gegen eine Rückübereignung der Schankanlage von K an A sperren würde (§ 242 BGB). Deshalb ist der Anspruch der A gegen K nicht nach § 275 Abs. 1 BGB ausgeschlossen.

Frage 2: Eigentümer des Dampfgarers

I. Eigentumserwerb der C

15 Ursprüngliche Eigentümerin des Dampfgarers war A. Möglicherweise könnte sie das Eigentum jedoch an C verloren haben, indem sie zugunsten der C eine Grundschuld (§ 1191 BGB) an ihrem Grundstück bestellt hat. Zwar fällt der Dampfgarer als Grundstückszubehör trotz seiner vorübergehenden Entfernung weiterhin in den Haftungsverband der Grundschuld (§§ 1192 Abs. 1, 1120, 97 Abs. 2 Satz 1, 98 Nrn. 1 und 2 BGB). Dieser Umstand ändert jedoch nichts an der Eigentumslage (siehe auch Rn. 5).[10]

II. Eigentumserwerb des E

16 Möglicherweise könnte sich aber ein Eigentumsverlust der A aus der Verpfändung an E ergeben. Beide Parteien waren sich über die Entstehung eines Pfandrechts einig (§ 1204 Abs. 1 BGB). A hat den Dampfgarer an E übergeben (§ 1205 BGB). Schließlich war A zu Verfügungen über den Dampfgarer auch berechtigt. Dem steht insbesondere nicht die Zugehörigkeit des Dampfgarers zum Haftungsverband der Grundschuld entgegen. Auch ein zu sichernder Anspruch bestand in Form der Zahlungsforderung des E gegen A (Akzessorietät des Pfandrechts). Jedoch hat E durch die Bestellung des Pfandrechts lediglich ein Befriedigungsrecht am Dampfgarer erworben; an der Eigentumslage ändert sich nichts.

17 **Hinweis:** Mehrere Sicherungsrechte an einer Sache stehen in einem Rangverhältnis zueinander. Für Grundstücke ergibt sich der Rang aus der Reihenfolge der Eintragungen im Grundbuch (§ 879 Abs. 1 BGB), für bewegliche Sachen aus der Reihenfolge der Entstehung der Sicherungsrechte.

III. Eigentumserwerb des H

18 Allerdings könnte H Eigentum am Dampfgarer im Zuge der Versteigerung erworben haben. Es handelt sich bei dem Pfandrecht des E um ein privatrechtliches Pfandrecht, sodass sich der Eigentumserwerb nach § 929 Satz 1 BGB richtet. E als Pfandgläubiger, vertreten durch den Gerichtsvollzieher (§ 164 Abs. 1 BGB), und H haben sich über den Eigentumsübergang geeinigt. Eine Übergabe von E – hier durch den Gerichtsvollzieher als Besitzmittler des E – an H ist ebenfalls erfolgt.

19 Fraglich ist allerdings, ob E auch Berechtigter war. E ist zwar nicht Eigentümer des Dampfgarers, als Pfandrechtsinhaber (siehe Rn. 15) jedoch verfügungsberechtigter Nichteigentümer, weil das Pfandrecht als beschränkt dingliches Recht eine Verwertungsbefugnis einräumt. Dem stehen die Pfändungsverbote des § 865 Abs. 2 Satz 1 ZPO und des § 811 Abs. 1 Nr. 4 ZPO nicht entgegen (siehe Rn. 6). Auch die am Grundstück bestellte Grundschuld nimmt E die Verfügungsberechtigung nicht (wie

---

[9] *Reinicke/Tiedtke* Rn. 705 m.w.N.
[10] MünchKommBGB/*Damrau* § 1204 BGB Rn. 5.

oben Rn. 5). Jedoch hätte E die öffentliche Versteigerung androhen (§ 1220 BGB) und die darauf folgende Wartefrist einhalten müssen (§ 1234 BGB). Beides ist nicht geschehen; diese Verstöße beseitigen jedoch nicht die Berechtigung des E (§ 1243 Abs. 1 BGB). Außerdem hätte Pfandreife vorliegen müssen; die durch das Pfandrecht gesicherte Forderung hätte zum Versteigerungszeitpunkt fällig gewesen sein müssen (§ 1228 Abs. 2 Satz 1 BGB). Die Versteigerung erfolgte am 1.10., die Forderung hingegen war noch bis zum 15.10. gestundet, sodass es auch an der Pfandreife fehlte. Dieser Verstoß führt zu einer rechtswidrigen Veräußerung des Pfandes (§ 1243 Abs. 1 BGB). E handelte somit als Nichtberechtigter.

Jedoch könnte H Eigentum an dem Dampfgarer gutgläubig erworben haben (§ 1244 BGB). Ein Rechtsgeschäft im Sinne eines Verkehrsgeschäfts liegt vor. Da die Vorschriften des Gutglaubenserwerbs entsprechend anzuwenden sind, müssen sie im Lichte der §§ 1204 ff. BGB gesehen werden. Folglich muss sich der an den Besitz des Veräußerers geknüpfte gute Glaube des H nicht auf die Eigentumsstellung des E, sondern auf seine Verwertungsbefugnis beziehen.[11] Auszugehen ist – wie stets – vom Regelfall der Gutgläubigkeit. Es ist nicht ersichtlich, dass H infolge grober Fahrlässigkeit den Verstoß gegen § 1228 Abs. 2 BGB nicht kannte. Damit bleibt es beim Regelfall der Gutgläubigkeit und H konnte gem. §§ 1244, 932 Abs. 2 BGB das Eigentum am Dampfgarer erwerben. **20**

IV. Eigentumserwerb des E oder der A

Möglicherweise kann jedoch E oder die frühere Eigentümerin A als Folge eines Rücktritts des H vom Kaufvertrag mit E Eigentum am Dampfgarer erworben haben. Ein wirksamer Rücktritt gestaltet nämlich den Vertrag in ein Rückgewährschuldverhältnis um, das zur Rückgewähr der empfangenen Leistungen verpflichtet. Voraussetzung für das Entstehen dieser Verpflichtung wäre, dass H ein Rücktrittsrecht zustand, das er wirksam ausgeübt hat. **21**

1. Rücktritt

a) Mangelhafte Kaufsache

H könnte nach §§ 433, 437 Nr. 2, 326 Abs. 5 BGB ein Rücktrittsrecht zustehen. Zwischen E und H ist im Rahmen der Versteigerung ein wirksamer Kaufvertrag zustande gekommen (§ 433 BGB); die Verwertung eines Pfandes auf Grundlage eines rechtsgeschäftlich bestellten Pfandrechts erfolgt nämlich durch privatrechtlichen Verkauf (§ 1233 BGB). Die Kaufsache müsste außerdem bei Gefahrübergang (Übergabe, § 446 Satz 1 BGB) mangelhaft gewesen sein (§ 434 BGB). Da nicht alle Funktionen des Dampfgarers uneingeschränkt nutzbar sind, eignet er sich nicht zur gewöhnlichen Verwendung und ist deshalb mangelhaft (§ 434 Abs. 1 Satz 2 Nr. 2). **22**

b) Vorrang der Nacherfüllung

Grundsätzlich hat die Nacherfüllung (§§ 437 Nr. 1, 439 BGB) Vorrang vor den anderen Mängelgewährleistungsrechten (vgl. das Fristsetzungserfordernis in §§ 281 Abs. 1, 323 Abs. 1 BGB).[12] Eine Nachbesserung scheidet jedoch aus, weil der **23**

---

[11] Staudinger/*Wiegand* (2009) § 1244 BGB Rn. 4.
[12] Palandt/*Weidenkaff* § 439 BGB Rn. 1.

Dampfgarer irreparabel ist (§ 275 Abs. 1 BGB). Insoweit ist H vom Erfordernis einer Nachfristsetzung befreit (§ 326 Abs. 5 BGB).

24 Möglicherweise kommt jedoch die Nachlieferung eines anderen, mangelfreien Dampfgarers in Betracht. Für eine solche Möglichkeit auch beim Stückkauf spricht, dass das Gesetz in § 439 BGB den Nachlieferungsanspruch nicht auf Gattungskäufe beschränkt. Gegen eine Nachlieferungspflicht des Stückverkäufers lässt sich jedoch einwenden, dass auf diese Weise der Stückverkäufer einem Beschaffungsrisiko unterworfen würde, wie es nach dem Inhalt des Schuldverhältnisses eigentlich nur ein Gattungsverkäufer trägt.[13] Vorliegend haben sich H und E aber in Bezug auf den Leistungsgegenstand auf den in der Versteigerung befindlichen Dampfgarer festgelegt. Gegenstand des Kaufvertrags sollte dieser konkrete Dampfgarer sein, kein anderer. Es handelt sich folglich um einen echten Stückkauf, bei dem eine Nachlieferung nach herrschender Meinung ausgeschlossen ist.[14] H steht somit ein Rücktrittsrecht zu.

c) Haftungsausschluss

25 Etwas anderes könnte jedoch gelten, wenn gem. § 445 BGB ein Haftungsausschluss des Verkäufers E bestünde, da der Dampfgarer im Rahmen einer öffentlichen Versteigerung verkauft wurde. Grundsätzlich hat der Verkäufer den Mangel einer versteigerten Sache nicht zu vertreten. Dies gilt jedoch nicht, wenn der Mangel arglistig verschwiegen wurde. E hat den Dampfgarer nicht selbst verkauft, sodass es für die Arglist auf den Gerichtsvollzieher als Vertreter ankommt (§ 166 Abs. 1 BGB analog).

26 Etwas anderes gilt jedoch, wenn der vertretene E seinem Stellvertreter Weisungen gegeben hat (§ 166 Abs. 2 BGB analog). E hat den Gerichtsvollzieher nicht angewiesen, sondern ihm den Mangel verschwiegen. In erweiternder Anwendung des § 166 Abs. 2 BGB ist jedoch immer dann auf den Kenntnisstand und die Arglist des Vertretenen abzustellen, wenn dieser das Vertreterverhalten steuern konnte.[15] Dies ist aber gerade auch durch Verschweigen eines bedeutsamen Umstands möglich. Der Haftungsausschluss gem. § 445 BGB greift folglich nicht ein.

d) Weitere Voraussetzungen

27 Der Mangel ist auch erheblich, da der Dampfgarer in seiner Verwendungsfähigkeit nicht nur marginal eingeschränkt ist (§ 323 Abs. 5 Satz 2 BGB), sodass H ein Rücktrittsrecht zusteht, das er durch Erklärung seines Rechtsanwalts (§ 164 Abs. 1 BGB) gegenüber seinem Vertragspartner E ausgeübt hat (§ 349 BGB).

2. Die Folgen des Rücktritts für die Eigentumslage

28 Infolge des Rücktritts müssen sich die Vertragsparteien die empfangenen Leistungen zurückgewähren (§ 346 Abs. 1 BGB). H hat also den Dampfgarer an E, der ihm Eigentum und Besitz verschafft hat, zu übereignen und zu übergeben. Infolge-

---

[13] Für die grundsätzliche Möglichkeit der Nachlieferung bei der Stückschuld: BGH NJW 2006, 2839; Staudinger/*Matusche-Beckmann* (2004) § 439 BGB Rn. 29 ff.; MünchKommBGB/*Westermann* § 439 BGB Rn. 11 f.; dagegen: *Faust* ZGS 2004, 252; *Tiedtke/Schmitt* JuS 2005, 583.
[14] BGH NJW 2006, 2839; vgl. Palandt/*Weidenkaff* § 439 BGB Rn. 15.
[15] Palandt/*Ellenberger* § 166 BGB Rn. 11.

dessen erhielte freilich E Eigentum am Dampfgarer, das er zuvor nicht innehatte. Dieses Ergebnis wird zum Teil gebilligt,[16] zum Teil für unbillig gehalten, weil derjenige, der als Nichtberechtigter verfügt und dem Berechtigten das Eigentum auf diese Weise entzogen hat, nunmehr nicht auch noch selbst Eigentum erwerben können soll.[17]

Der Unterschied zwischen beiden Auffassungen liegt darin, dass die ehemalige Eigentümerin A nach der ersten Auffassung das Insolvenzrisiko des E trüge, nach der zweiten Ansicht hingegen nicht. Nach der ersten Auffassung steht ihr nämlich ein Anspruch aus Pflichtverletzung der Sicherungsabrede gegen E zu (§ 280 Abs. 1 BGB). E wäre deshalb zur Wiederherstellung des Zustands verpflichtet, der ohne die rechtswidrige Verwertung bestünde (§ 249 Abs. 1 BGB), und müsste deshalb das von H im Zuge des § 346 Abs. 1 BGB erhaltene Eigentum am Dampfgarer an A weiterübereignen. Nach der zweiten Auffassung hingegen gelangt das Eigentum direkt von H an A, sodass es nicht bei E „hängen bleiben" kann. **29**

Ein direkter Eigentumserwerb der A von H lässt sich jedoch dogmatisch kaum begründen, zumal H zur Übereignung an E schon deshalb verpflichtet ist, weil er ansonsten nicht seinerseits Kaufpreisrückzahlung verlangen kann (§ 348 BGB); E wird also in Folge der Erfüllung der Rückgewährpflichten aus § 346 Abs. 1 BGB Eigentümer des Dampfgarers. Zudem erscheint es nicht unbillig, dass A das Insolvenzrisiko ihres Vertragspartners E trägt. Deshalb ist E Eigentümer des Dampfgarers (a. A. gut vertretbar mit dem Hinweis darauf, dass Eingriffe in das verfassungsrechtlich geschützte Eigentumsrecht (Art. 14 Abs. 1 GG; hier: der A), zugunsten der Verkehrssicherheit mit Blick auf den Verhältnismäßigkeitsgrundsatz auf das Erforderliche zu beschränken sind. Macht der gutgläubige Erwerber (hier: H) den Erwerb rechtswirksam rückgängig, endet damit auch die Notwendigkeit seines Schutzes und aus seinem gutgläubigen Erwerb sollten sich keine Rechtsfolgen zulasten des ursprünglichen Eigentümers (hier: A) ergeben können. **30**

---

[16] Staudinger/*Wiegand* (2009) § 1242 BGB Rn. 4.
[17] MünchKommBGB/*Damrau* § 1242 BGB Rn. 6; Soergel/*Habersack* § 1242 BGB Rn. 6; eingehend *Wagner* JA 2015, 412, 415 f.

Fall 6. Lustlose Radler

Sachverhalt

Im Sommer 2004 hatte Othmar Ohnesorg (O) seinem Neffen Nestor Nibulski (N) für unbestimmte Zeit sein Mountainbike geliehen. Als O das Fahrrad im Frühjahr 2007 immer noch nicht zurückverlangt hat, geht N davon aus, dass er es endgültig behalten dürfe. Da er aber auch selbst die Lust am Fahrradfahren verloren hat, beschließt er, das Rad im eigenen Namen und auf eigene Rechnung an den Käufer Kurt Katanek (K) zu verkaufen, der ihm gegenüber schon des Öfteren sein Erwerbsinteresse geäußert hat. Auf Nachfrage des N erklärt sich der K, der den N für den Eigentümer des Rades hält, in der Tat dazu bereit, das Rad zu einem Preis von 800 EUR zu erwerben. Er bittet aber darum, den Kaufpreis in monatlichen Raten in Höhe von jeweils 200 EUR entrichten zu dürfen. N erklärt sich mit diesem Ansinnen einverstanden, besteht aber darauf, dass die Veräußerung in diesem Fall nur unter Eigentumsvorbehalt erfolgen könne. K stimmt diesem Vorschlag zu. N übergibt ihm daraufhin das Fahrrad, worauf K im Gegenzug noch am selben Tag die erste Kaufpreisrate überweist. Die zweite und dritte Rate folgen am 15.5.2007 und am 15.6.2007.

Einige Tage nach Zahlung der dritten Rate erleidet K mit dem Mountainbike einen schweren Sturz. Er bringt das leicht beschädigte Fahrrad in die Werkstatt des Unternehmers Ulf Unrat (U). Durch den Unfall ist aber auch dem K die Freude am Radfahren vergangen. Als ihn sein Freund Ferdinand Fischer (F) besucht und Interesse an dem Fahrrad bekundet, einigen sich die beiden darauf, dass F das Rad übernehmen soll. K erklärt daher, er veräußere das Mountainbike an F und trete ihm zugleich seine Ansprüche gegenüber N und U ab. Im Gegenzug verspricht F, der über die Absprachen zwischen K und N vollständig informiert ist, 400 EUR an K zu zahlen und die noch ausstehende Kaufpreisrate in Höhe von 200 EUR an N zu überweisen.

Mit dieser Überweisung lässt F sich allerdings zunächst noch Zeit und versäumt dadurch die rechtzeitige Ratenzahlung am 15.7.2007. Das kommt dem N sehr gelegen. Mittlerweile hat sich bei ihm nämlich sein Onkel gemeldet und das Mountainbike zurückverlangt. N, der auf die Erbschaft des reichen O spekuliert und es sich mit ihm deshalb nicht verscherzen will, erzählt ihm nichts von dem Verkauf an K. Stattdessen setzt er ein Schreiben an den K auf, in dem er ihm erklärt, angesichts des Zahlungsverzuges trete er mit sofortiger Wirkung vom Kaufvertrag zurück. Anschließend fährt er zur Werkstatt des mit ihm gut befreundeten U, dem er erklärt, er wolle das mittlerweile reparierte Fahrrad in Absprache mit K abholen. U übergibt ihm daraufhin das Rad, das von N sodann unverzüglich zu O zurückgebracht wird.

Kann F, der mittlerweile die letzte Rate an den N bezahlt hat, das Fahrrad von O herausverlangen?

Abwandlung: Würde sich die Rechtslage anders darstellen, wenn K beim Erwerb von N dessen fehlende Eigentümerstellung gekannt hätte?

Fall 6. Lustlose Radler

Skizze

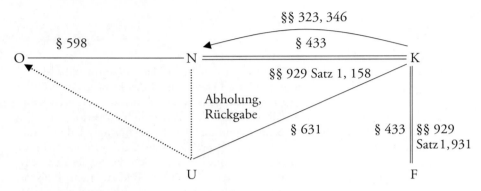

Zeittabelle
O verleiht Fahrrad an N
danach: N übereignet Fahrrad unter Eigentumsvorbehalt an gutgläubigen K
danach: K bringt Fahrrad zum Werkunternehmer U
danach: K überträgt bei U befindliches Fahrrad an F
danach: F zahlt Rate nicht
danach: N erklärt Rücktritt und holt Fahrrad bei U ab
danach: N bringt Fahrrad zu O zurück

Gliederung

Rn.

Ausgangsfall
- I. Anspruch aus § 985 BGB 1
  1. Abgeleitete Rechtsposition des F von K 1
  2. Rechtsposition des K bei der Übertragung an F 3
     a) Eigentumserwerb des K nach §§ 929 Satz 1, 932 Abs. 1 BGB? 3
     b) K als Anwartschaftsberechtigter 4
        Problem: Wann entsteht ein Anwartschaftsrecht?
        aa) Anwartschaftsrecht des Vorbehaltskäufers 4
        bb) Fehlende Berechtigung des N 6
           Problem: Ist ein gutgläubiger Ersterwerb eines Anwartschaftsrechts möglich?
  3. Übertragung des Anwartschaftsrechts an F 9
     a) Dingliche Einigung 9
     b) Übergabe 10
     c) Berechtigung 11
     d) Zwischenergebnis 12
  4. Untergang des Anwartschaftsrechts 13
     Problem: Inwieweit ist das Anwartschaftsrecht in seinem Bestand von schuldrechtlichen Vorschriften abhängig?
  5. Erstarken zum Vollrecht 15

	Rn.
6. Gegenrechte des O	18
7. Zwischenergebnis	19
II. Anspruch aus § 861 Abs. 1 i.V.m. § 858 Abs. 2 Satz 2 BGB	20
III. Ansprüche aus § 1007 Abs. 1 und Abs. 2 BGB	21
IV. Anspruch aus § 812 Abs. 1 Satz 1 Alt. 2 BGB	22
V. Ergebnis	23

Abwandlung 24
Problem: Ist ein gutgläubiger Zweiterwerb eines Anwartschaftsrechts vom Nichtberechtigten möglich?

Lösung

Ausgangsfall

I. Anspruch aus § 985 BGB

1. Abgeleitete Rechtsposition des F von K

F könnte gegen den O einen Anspruch auf Herausgabe des Fahrrads aus § 985 BGB haben. Das Rad befindet sich derzeit im Besitz des O. Fraglich ist die Eigentümerstellung des F. F könnte das Rad durch den Übertragungsakt von K erworben haben. Um festzustellen, welcher rechtliche Gehalt diesem Übertragungsakt beizumessen ist, muss zunächst untersucht werden, welche Rechtsposition K im Zeitpunkt der Veräußerung innehatte. **1**

Hinweis: Üblicherweise werden sachenrechtliche Ansprüche chronologisch geprüft. Speziell beim Anwartschaftsrecht hilft die chronologische Prüfung aber oftmals nicht weiter, da das Eigentum auf zwei verschiedenen Wegen übertragen werden kann, nämlich einmal nach den herkömmlichen Regeln des vertraglichen oder gesetzlichen Eigentumsübergangs, daneben aber auch durch die Übertragung des Anwartschaftsrechts, das erst mit der letzten Kaufpreisrate zum Volleigentum erstarkt. Aufgrund dieser Zweigleisigkeit wird sich in vielen Fällen eine Abweichung vom herkömmlichen chronologischen Aufbau anbieten. **2**

2. Rechtsposition des K bei der Übertragung an F

a) Eigentumserwerb des K nach §§ 929 Satz 1, 932 Abs. 1 BGB?

Das Eigentum an dem Rad stand ursprünglich dem O zu. Durch die Übergabe an N hat er das Eigentum nicht verloren, da diese nur leihweise erfolgte. O könnte sein Eigentum aber durch den Übertragungsakt von N an K nach §§ 929 Satz 1, 932 Abs. 1 BGB verloren haben. Das setzt voraus, dass N dem K das Eigentum wirksam übertragen hat. Dafür müssten sich N und K zunächst über den Eigentumsübergang geeinigt haben. Sie waren sich darüber einig, dass das Eigentum an dem Fahrrad auf den K übergehen sollte. Diese dingliche Einigung wurde allerdings unter einem Eigentumsvorbehalt erklärt. Ein solcher Eigentumsvorbehalt ist nach § 449 Abs. 1 BGB im Zweifel dahingehend zu verstehen, dass das Eigentum unter der aufschiebenden Bedingung (§ 158 Abs. 1 BGB) vollständiger Kaufpreiszahlung **3** übertragen wird.¹ Diese Bedingung war zumindest zu dem Zeitpunkt, in dem K seine Rechte an F abtrat, noch nicht erfüllt, sodass die dingliche Einigung noch nicht wirksam geworden war. F hat also durch diesen Übertragungsakt noch nicht das Eigentum von K erworben. Auch ein gutgläubiger Erwerb vom Nichtberechtigten nach § 932 Abs. 1 BGB kommt nicht in Betracht, da K den F über seine fehlende Eigentümerstellung aufgeklärt hatte.

b) K als Anwartschaftsberechtigter

aa) Anwartschaftsrecht des Vorbehaltskäufers

4   Wenn K im Zeitpunkt des Veräußerungsaktes an F auch nicht Eigentümer des Fahrrads war, könnte ihm zu diesem Zeitpunkt aber doch bereits ein Anwartschaftsrecht daran zugestanden haben. Von einem Anwartschaftsrecht spricht man, wenn von einem mehrstufigen Erwerbstatbestand bereits so viele Erfordernisse erfüllt sind, dass die gesicherte Rechtsposition des Erwerbers vom Veräußerer des Rechts nicht mehr durch eine einseitige Erklärung zerstört werden kann.² Es ist anerkannt, dass mit der Übertragung bedingten Eigentums nach §§ 929 ff. BGB ein Anwartschaftsrecht des Vorbehaltskäufers entsteht.³ Die bedingte Verfügung wird durch die Vorschrift des § 161 BGB abgesichert, wonach eine andere Verfügung, die der Rechtsinhaber während der Schwebezeit über den Gegenstand trifft, mit Bedingungseintritt unwirksam wird.⁴ Damit hat der Vorbehaltskäufer eine Rechtsposition erlangt, die vom Veräußerer nicht mehr einseitig zerstört werden kann.⁵

5   **Hinweis:** Zwar lässt auch § 161 Abs. 3 BGB einen gutgläubigen lastenfreien Erwerb zu, der das Anwartschaftsrecht zum Erlöschen bringen kann, doch wird ein solcher Erwerb in der Regel an §§ 161 Abs. 3, 936 Abs. 3 BGB scheitern, weil der Vorbehaltskäufer unmittelbarer Besitzer der Sache ist.⁶ Ob angesichts dieser gesetzlichen Schutzvorschriften die Figur eines selbständigen Anwartschaftsrechts überhaupt eine Existenzberechtigung hat oder ob es sich bei der gesamten Konstruktion nicht lediglich um eine Metapher für die bedingte Rechtsstellung des Erwerbers handelt, ist weiterhin umstritten.⁷ In der Klausur muss diese Frage nicht erörtert werden. Soweit die rechtliche Behandlung des Anwartschaftsrechts aber auch im Gesetz eine Stütze findet, sollte der Bearbeiter diesen Bezug herausstellen.

bb) Fehlende Berechtigung des N

6   Auch ein Anwartschaftsrecht kann grundsätzlich aber nur von demjenigen begründet werden, der selbst Eigentümer ist. Das war bei N, der sich das Fahrrad lediglich geliehen hatte, indes nicht der Fall. Es könnte daher allenfalls ein gutgläubiger Erwerb eines Anwartschaftsrechts in Betracht kommen. Da das Anwartschaftsrecht gesetzlich nicht geregelt ist, hat auch die Möglichkeit eines gutgläubigen Erwerbs keine Regelung gefunden. Nach ständiger Rechtsprechung stellt das Anwartschafts-

---

1   Zum Zusammenspiel zwischen den sachenrechtlichen Regeln des Eigentumsvorbehalts und der schuldrechtlichen Regel des § 449 BGB vgl. statt vieler *Wolf/Wellenhofer* § 14 Rn. 1 ff.
2   BGHZ 45, 186, 188 f. = NJW 1966, 1019; BGHZ 49, 197, 201 = NJW 1968, 493.
3   Vgl. statt vieler Palandt/*Weidenkaff* § 449 BGB Rn. 9.
4   MünchKommBGB/*Westermann* § 449 BGB Rn. 37; *Wolf/Wellenhofer* § 14 Rn. 13; *Brox* JuS 1984, 657, 658.
5   Vgl. dazu statt vieler *Wolf/Wellenhofer* § 14 Rn. 13 ff.; *Leible/Sosnitza* JuS 2001, 341.
6   Vgl. zu diesem Schutzmechanismus vor Zwischenverfügungen *Vieweg/Werner* § 11 Rn. 41 f.; *Röthel* Jura 2009, 241, 243 f.; *Werner* JA 2009, 411, 413 ff.
7   Krit. zuletzt etwa *Armgardt* JuS 2010, 486 ff.; vgl. im Übrigen die Nachweise bei MünchKommBGB/*Westermann* § 449 BGB Rn. 36.

recht ein „wesensgleiches Minus" des Eigentums dar, auf das die §§ 929 ff. BGB entsprechende Anwendung finden.[8]

Hinweis: Auch die umstrittene Frage der korrekten dogmatischen Einordnung des Anwartschaftsrechts kann im Rahmen einer Klausur nicht vertieft werden.[9]

Daher kommt auch der gutgläubige Ersterwerb eines Anwartschaftsrechts vom Nichtberechtigten analog §§ 929 Satz 1, 932 BGB in Betracht.[10] K hat mit dem N ein Rechtsgeschäft im Sinne eines Verkehrsgeschäfts abgeschlossen.[11] Dabei war N durch den Rechtsschein des Besitzes legitimiert. K war hinsichtlich der Eigentümerposition des N auch in gutem Glauben i.S.d. § 932 Abs. 2 BGB.[12] Schließlich war das Fahrrad dem O auch nicht abhandengekommen (§ 935 BGB), sondern er hatte es dem N aufgrund eines Besitzmittlungsverhältnisses aus freien Stücken übertragen.[13] Die Voraussetzungen eines gutgläubigen Erwerbs analog §§ 929 Satz 1, 932 BGB sind daher erfüllt. K hat vom nichtberechtigten N gutgläubig das Anwartschaftsrecht an dem Fahrrad erworben.

3. Übertragung des Anwartschaftsrechts an F

a) Dingliche Einigung

Dieses Anwartschaftsrecht könnte K an F übertragen haben. Der Erwerb eines Anwartschaftsrechts vollzieht sich aufgrund seines quasi-dinglichen Charakters nicht nach den Regeln der Abtretung (§§ 398 ff. BGB), sondern nach den Vorschriften über den Eigentumserwerb.[14] K müsste dem F also sein Anwartschaftsrecht nach den Regeln des § 929 Satz 1 BGB analog übertragen haben. Dafür müssten sich die Parteien über die Übertragung des Anwartschaftsrechts geeinigt haben. Grundsätzlich haben die Parteien nicht über eine solche Übertragung gesprochen. K hatte den F aber über die Umstände seines Erwerbs aufgeklärt. F wusste daher, dass er das Volleigentum an dem Fahrrad noch nicht von K erwerben konnte. Vor diesem Hintergrund ist die Erklärung des K, das Rad an den F veräußern zu wollen, gem. §§ 133, 157 BGB so zu verstehen, dass K nicht das Eigentum an dem Rad übertragen wollte, welches er ja noch nicht hatte, sondern lediglich das aus seiner Position als Eigentumsvorbehaltskäufer resultierende Anwartschaftsrecht. Hiermit war F einverstanden, sodass sie sich über die Übertragung des Anwartschaftsrechts einig waren.[15]

b) Übergabe

Weiterhin müsste K dem F das Rad auch übergeben oder ein Übergabesurrogat mit ihm vereinbart haben. Hier kommt ein Übergabesurrogat nach § 931 BGB in Be-

---

[8] Vgl. etwa BGHZ 28, 16, 21 = NJW 1958, 1133; BGHZ 35, 85, 89 = NJW 1961, 1349.
[9] Vgl. dazu etwa den Überblick bei MünchKommBGB/*Westermann* § 449 BGB Rn. 37 f.
[10] Allg. M., vgl. nur BGHZ 10, 69, 72 = NJW 1953, 1099; *Leible/Sosnitza* JuS 2001, 341, 343.
[11] Vgl. zu diesem Erfordernis Palandt/*Herrler* § 932 BGB Rn. 1 i.V.m. § 892 BGB Rn. 5 ff.
[12] Zu diesem Tatbestandmerkmal vgl. statt aller *Prütting* Rn. 425 ff.
[13] Dazu etwa MünchKommBGB/*Oechsler* § 935 BGB Rn. 2 ff.; *Wolf/Wellenhofer* § 8 Rn. 30.
[14] BGHZ 10, 69, 72 = NJW 1953, 1099; *Baur/Stürner* § 59 Rn. 34; *Hofmann/John* JuS 2011, 515, 516, 519; *Lorenz* JuS 2011, 199, 200; *Leible/Sosnitza* JuS 2001, 341, 342.
[15] Die h.M. lässt eine solche Auslegung sogar in den Fällen zu, in denen der Erwerber davon ausgeht, das Eigentum übertragen zu bekommen, ein solcher Erwerb aber scheitert, vgl. BGHZ 35, 85, 91 = NJW 1961, 1349; BGHZ 50, 45, 48 f. = NJW 1986, 1382; Palandt/*Herrler* § 929 BGB Rn. 45.

tracht. Danach kann die Übergabe dadurch ersetzt werden, dass der Eigentümer dem Erwerber den Anspruch auf Herausgabe der Sache abtritt.[16] K hatte gegen den U einen Anspruch auf Herausgabe des Rades aus einem Werkvertrag nach § 631 BGB. Diesen Anspruch hat er an den F nach § 398 BGB abgetreten, sodass die Voraussetzungen des § 931 BGB erfüllt sind.

c) Berechtigung

11 Schließlich müsste K auch zur Übertragung des Anwartschaftsrechts berechtigt gewesen sein. Nach den oben getroffenen Feststellungen war der N zwar nicht berechtigt. Dennoch hat der K von ihm gutgläubig ein Anwartschaftsrecht nach §§ 929 Satz 1, 932 Abs. 1 BGB analog erworben. K war daher hinsichtlich des Anwartschaftsrechts zur Übertragung berechtigt.

d) Zwischenergebnis

12 F hat ein Anwartschaftsrecht von K erworben.

4. Untergang des Anwartschaftsrechts

13 Dieses Anwartschaftsrecht könnte durch die Zahlung der letzten Rate zum Vollrecht erstarkt sein.[17] Das setzt allerdings voraus, dass das Anwartschaftsrecht zu diesem Zeitpunkt noch bestand. Das ist insofern bedenklich, als das Anwartschaftsrecht durch den Rücktritt des N untergegangen sein könnte. Das Anwartschaftsrecht besteht nur so lange, wie die Bedingung noch eintreten kann. Tritt eine Partei von dem Kaufvertrag zurück, verwandelt sich dieser in ein Abwicklungsschuldverhältnis und die Parteien werden von ihren Leistungspflichten befreit.[18] Dadurch kann die Bedingung nicht mehr erfüllt und das Eigentum nicht mehr erworben werden, sodass auch das Anwartschaftsrecht untergeht.[19]

14 Fraglich ist aber, ob der Rücktritt des N überhaupt wirksam war. Dazu müsste gem. §§ 346 Abs. 1, 323 Abs. 1 BGB zunächst ein Rücktrittsgrund vorgelegen haben. Dieser könnte sich aus § 323 BGB ergeben. K hat eine fällige Leistung aus einem gegenseitigen Vertrag nicht vertragsgemäß erbracht. Das ermöglicht dem Verkäufer aber nur dann einen Rücktritt nach § 323 Abs. 1 BGB, wenn er dem Käufer zuvor eine angemessene Frist zur Nacherfüllung bestimmt hat. An einer solchen Fristsetzung fehlt es hier. Auch die Voraussetzungen des § 323 Abs. 2 Nr. 2 BGB liegen nicht vor, weil N beim Vertragsschluss nicht zum Ausdruck gebracht hat, dass der Fortbestand seines Leistungsinteresses an die Rechtzeitigkeit der Leistung gebunden ist. Das Anwartschaftsrecht des F ist also nicht durch den Rücktritt des N untergegangen.

5. Erstarken zum Vollrecht

15 Da das Anwartschaftsrecht durch die Rücktrittserklärung des N nicht untergegangen ist, könnte es durch die Zahlung der letzten Rate zum Vollrecht erstarkt sein.

---

[16] Überblick dazu etwa bei *Prütting* Rn. 382 ff.
[17] Zu dieser Wirkung des Bedingungseintritts vgl. statt aller *Baur/Stürner* § 59 Rn. 31.
[18] Vgl. statt aller Palandt/*Grüneberg* § 346 BGB Rn. 4.
[19] Zu dieser schuldrechtlichen Achillesferse des Anwartschaftsrechts vgl. Soergel/*Henssler* Anh. zu § 929 BGB Rn. 50; *Wolf/Wellenhofer* § 14 Rn. 17, 31.

Die Zahlung der letzten Rate war die Bedingung dafür, dass die dingliche Einigung zwischen N und K entstand. Mit ihr hätte sich der Eigentumserwerb des K vollendet. Nachdem dieser sein Anwartschaftsrecht übertragen hat, vollendet er sich unmittelbar in der Person des F.[20]

Hinweis: Dass das Eigentum ohne Durchgangserwerb des Veräußerers unmittelbar in der Person des Erwerbers eintritt, ist namentlich in Pfändungssituationen von Bedeutung: Wird das Vorbehaltsgut beim Vorbehaltskäufer gepfändet, obwohl er es bereits unter Vereinbarung eines Besitzkonstituts (§ 930 BGB) an einen Dritten weiterübereignet hat, so kann dieser nach Zahlung der letzten Darlehensrate die Drittwiderspruchsklage nach § 771 ZPO erheben.[21]

16

Dem steht auch nicht entgegen, dass F nicht Partei des Vertrages war. Nach § 267 Abs. 1 BGB kann auch ein Dritter die Leistung bewirken, wenn der Schuldner nicht in Person zu leisten hat. Bei einer Geldschuld ist die Möglichkeit einer Drittleistung demnach regelmäßig zu bejahen.[22] F ist somit Eigentümer des Rades geworden.

17

6. Gegenrechte des O

O steht kein Recht zum Besitz i. S. d. § 986 BGB zu. Insbesondere hat er auch nicht seinerseits das Rad gutgläubig von N erworben. Da zumindest der O nämlich von seiner fortbestehenden Eigentümerposition ausging, haben sie sich nicht über einen Eigentumserwerb geeinigt.

18

7. Zwischenergebnis

F hat gegen O einen Herausgabeanspruch aus § 985 BGB.

19

II. Anspruch aus § 861 Abs. 1 i. V. m. § 858 Abs. 2 Satz 2 BGB

Daneben könnte F gegen O auch einen Herausgabeanspruch aus § 861 Abs. 1 BGB geltend machen. Das setzt zunächst voraus, dass dem F der Besitz durch verbotene Eigenmacht entzogen worden ist und der O diese Fehlerhaftigkeit des Besitzes nach § 858 Abs. 2 Satz 2 BGB gegen sich gelten lassen muss.[23] Bereits an der ersten Voraussetzung fehlt es aber. F ist nämlich nicht unmittelbarer Besitzer, sondern lediglich mittelbarer Besitzer i. S. d. § 868 BGB. Nur dieser mittelbare Besitz ist ihm ohne seinen Willen entzogen worden. Angriffsobjekt i. S. d. § 858 Abs. 1 BGB kann aber nur der unmittelbare Besitz sein. Der mittelbare Besitz ist daher in § 869 BGB nur insoweit geschützt, als verbotene Eigenmacht gegen den unmittelbaren Besitzer verübt wird.[24] Das war hier nicht der Fall. U hat dem N das Rad freiwillig herausgegeben. Da der Wille zur Sachherrschaft ein natürlicher und kein rechtsgeschäftlicher Wille ist, berührt ein bloßer Irrtum die Freiwilligkeit nicht.[25] Im Übrigen

20

---

[20] Vgl. dazu *Vieweg/Werner* § 11 Rn. 53.
[21] Vgl. dazu *Baur/Stürner* § 59 Rn. 34 mit Fallbeispiel; zur Frage, ob auch bereits das bloße Anwartschaftsrecht schon vor Zahlung der letzten Rate die Drittwiderspruchsklage eröffnet, vgl. *Baur/Stürner* § 59 Rn. 48.
[22] Im Fall des Anwartschaftsrechts vgl. statt vieler MünchKommBGB/*Krüger* § 267 BGB Rn. 17; so auch die Rspr. in BGHZ 75, 221, 228 = NJW 1980, 175.
[23] Zu § 861 Abs. 1 BGB vgl. etwa *Prütting* Rn. 117.
[24] So bereits RGZ 105, 413, 415; fortgeführt von BGH WM 1977, 218, 220; vgl. auch dazu MünchKommBGB/*Joost* § 869 BGB Rn. 3.
[25] Vgl. BGHZ 4, 10, 38 = NJW 1952, 738; MünchKommBGB/*Joost* § 858 BGB Rn. 7.

müsste O die Fehlerhaftigkeit des Besitzes auch nicht nach § 858 Abs. 2 Satz 2 BGB gegen sich gelten lassen. Er ist weder Erbe des N noch ist ihm dessen fehlerhafte Besitzposition bekannt.[26]

III. Ansprüche aus § 1007 Abs. 1 und Abs. 2 BGB

21 Schließlich könnte F gegen O auch noch einen Herausgabeanspruch aus § 1007 Abs. 1 oder Abs. 2 BGB haben. Ein Anspruch aus § 1007 Abs. 1 BGB scheitert aber bereits an der Gutgläubigkeit des O. Der Anspruch aus § 1007 Abs. 2 BGB setzt voraus, dass dem früheren Besitzer die Sache abhanden gekommen ist. Das ist bei einem mittelbaren Besitzer ebenso wie in § 935 Abs. 1 Satz 2 BGB nur dann anzunehmen, wenn die Sache dem unmittelbaren Besitzer abhanden gekommen ist.[27] Das war hier nicht der Fall.

IV. Anspruch aus § 812 Abs. 1 Satz 1 Alt. 2 BGB

22 Ein Anspruch aus § 812 Abs. 1 Satz 1 Alt. 2 BGB scheitert an der Subsidiarität der Eingriffskondiktion gegenüber der Leistungskondiktion.[28] O hat den Besitz durch eine Leistung des N aufgrund eines Vertragsverhältnisses (Leihvertrag nach § 598 BGB) erlangt. Aufgrund dieses Leistungsverhältnisses sind die Regeln der Nichtleistungskondiktion, zu denen auch die Eingriffskondiktion gehört, nicht anwendbar.

V. Ergebnis

23 F hat gegen O einen Herausgabeanspruch hinsichtlich des Fahrrads aus § 985 BGB.

Abwandlung

24 Hätte K die fehlende Berechtigung des N gekannt, so wäre ein gutgläubiger Ersterwerb des Anwartschaftsrechts seinerseits nicht möglich gewesen. F hätte daher allenfalls im Wege des gutgläubigen Zweiterwerbs Anwartschaftsberechtigter werden können. Während die Möglichkeit des gutgläubigen Ersterwerbs aber durchweg anerkannt ist, werden hinsichtlich der Zulässigkeit eines gutgläubigen Zweiterwerbs Bedenken geäußert, da es an einem hinreichend aussagekräftigen Rechtsscheinträger fehle. Der Besitz trage nämlich nur eine Eigentumsvermutung, nicht aber eine Vermutung für das Bestehen eines Anwartschaftsrechts.[29] Die h.M. lässt jedoch trotz dieser Bedenken einen gutgläubigen Zweiterwerb unter Hinweis auf die mit dem Eigentumserwerb vergleichbare Schutzbedürftigkeit des Erwerbers eines Anwartschaftsrechts zu; der Rechtsschein des Eigentums umfasse auch den des Anwartschaftsrechts.[30] Auch diese Möglichkeit wird aber nur dann anerkannt, wenn ein Anwartschaftsrecht zwar besteht, aber nicht dem Veräußerer zusteht. Wenn hin-

---

[26] Vgl. dazu etwa MünchKommBGB/*Joost* § 858 BGB Rn. 13 ff.; Soergel/*Stadler* § 858 BGB Rn. 17 f.
[27] Vgl. MünchKommBGB/*Baldus* § 1007 BGB Rn. 32.
[28] Vgl. dazu statt vieler *Wandt* § 9 Rn. 18 m.w.N.
[29] *Medicus/Petersen* Rn. 475; *Brox* JuS 1984, 657, 661 f.; *Leible/Sosnitza* JuS 2001, 341, 343, *Schreiber* Jura 2001, 623, 627.
[30] BGHZ 75, 221, 225 = NJW 1980, 175; Palandt/*Herrler* § 929 BGB Rn. 46; *Baur/Stürner* § 59 Rn. 39; *Prütting* Rn. 393; *Wolf/Wellenhofer* § 14 Rn. 35 f.

gegen überhaupt kein Anwartschaftsrecht existiert, so ist der gutgläubige Zweiterwerb eines Anwartschaftsrechts nach allgemeiner Auffassung ausgeschlossen, da der gutgläubige Erwerb als Anknüpfungspunkt ein existierendes Recht voraussetzt.[31] In dieser Fallkonstellation könnte F demnach keine Ansprüche gegen O geltend machen.

---

[31] Soergel/*Henssler* Anh. zu § 929 BGB Rn. 86; *Brox* JuS 1984, 657, 661; *Leible/Sosnitza* JuS 2001, 341, 343.

Fall 7. J'ai deux amours: mon pays et Paris*

Sachverhalt

Tobias Timm (T) hat in Nürnberg eine Buchhändlerlehre absolviert und anschließend einige Jahre in einer bekannten Buchhandlung in Paris gearbeitet, in der schon viele berühmte Intellektuelle und Philosophen Bücher gestohlen haben. Im Jahre 2011 kehrte er nach Deutschland zurück, um in Nürnberg eine eigene Buchhandlung zu eröffnen, weil er wusste, dass es dort an einer Buchhandlung fehlt, die ein ambitioniertes literarisches Programm mit entsprechenden kulturellen Veranstaltungen bietet. Er brachte aus Paris etliches antikes Mobiliar zur Einrichtung seiner Buchhandlung mit, das er im September 2011 unter Auflistung aller einzelnen Gegenstände der Stadtsparkasse Nürnberg (SN) zur Sicherheit für einen Existenzgründungskredit in Höhe von 20.000 EUR übereignete. In dem Darlehensvertrag wurde neben der Übereignung außerdem vereinbart, dass das Mobiliar in der Buchhandlung verbleiben und von T weiterbenutzt werden dürfe, es allerdings dann an SN herausgegeben werden müsse, wenn T mit zwei Darlehensraten in Zahlungsrückstand gerate. Nach vollständiger Rückzahlung des Darlehens solle SN die Gegenstände zurückübereignen.

Um weiteren Geldbedarf zu befriedigen, brachte T schließlich noch eine goldene Uhr in die Pfandleihe Paul Pichelsteiner (P), die er im Nachlass seines verstorbenen Onkels, dessen Alleinerbe er war, gefunden hatte. Dafür erhielt T ein Darlehen von 2.000 EUR. Was T allerdings nicht wusste: Sein Onkel hatte die Uhr vor mehr als 25 Jahren als junger Mann einem Besucher des „Christkindlesmarktes" gestohlen, um mit der Uhr bei einer Freundin angeben zu können. Im Herbst 2017 wurde die Uhr unter Auftrag des P in öffentlicher Versteigerung versteigert, weil T, dem an der Uhr nicht viel lag, die zweijährige Frist zur Auslösung der Uhr verpasst hatte.

T hatte nämlich längst neue Pläne: Er gab zum Jahresende 2017 seine Buchhandlung auf und kehrte wieder nach Paris zurück. Er veräußerte deshalb das gutgehende Geschäft mit Inventar und Buchbeständen an Bettina Brahy (B). Beide vereinbarten, dass B erst dann Eigentümerin werden solle, wenn sie den Kaufpreis bezahlt habe. Als T, der sein Geld inzwischen für anderes brauchte, die Darlehensraten nicht mehr bezahlte, wendete sich SN an B und verlangte Herausgabe des Mobiliars. B berief sich dagegen auf die zutreffende Behauptung, dass sie von der Sicherungsübereignung nichts gewusst habe. SN hingegen stellte B vor die Alternative: Herausgabe oder Rückzahlung des Darlehens. Das hält B, die mit der Bezahlung der Kaufpreisraten an T belastet ist, für ungerecht, weil sie das Mobiliar auf diese Weise doppelt bezahlen müsse. Sie will nun wissen, ob der Herausgabeanspruch besteht und insbesondere, an wen sie nun am besten „das Mobiliar bezahlen soll".

Nicht nur dieses Problem hat T in Nürnberg zurückgelassen: Karol Kern (K), der sich im Stil der 1960er-Jahre kleidet, sodass die aus dieser Zeit stammende Uhr perfekt zu seinem Stil passt, ersteigerte die Uhr für 3.800 EUR. Auf einer Vernissage in

---

* Ich habe zwei Geliebte, meine Heimat und Paris – so der Titel eines Chansons aus den 1930er-Jahren.

Fall 7. J'ai deux amours: mon pays et Paris

seiner Lieblingsgalerie in der Oberen Wörthstraße wurde K im Mai 2018 von dem Internisten Dr. Dr. Imhof (I) angesprochen, weil K genau so eine Uhr trage, wie er selbst sie vor langer Zeit von seinen Eltern zum Abschluss seiner Facharztausbildung geschenkt bekommen habe; leider sei ihm die Uhr allerdings schon vor Jahren gestohlen worden. Als K ihm die Uhr stolz zur näheren Betrachtung aushändigte, öffnete I geschickt einen Deckel auf der Rückseite der Uhr und entdeckte die ihm vertraute Widmung, die seine Eltern dort angebracht hatten. Er möchte die Uhr nun unbedingt zurückhaben, weil sie für ihn ein unschätzbares Erinnerungsstück an seine längst verstorbenen Eltern darstelle. K wittert ein gutes Geschäft und bietet dem betucht aussehenden I die Uhr für 10.000 EUR an. I ist empört über das Ansinnen, für „seine Uhr" Geld zahlen zu müssen.

Bearbeitervermerk: Wie ist die Rechtslage?

Gliederung

Rn.

Komplex Buchhandlung
- I. Anspruch der SN gegen B aus § 985 BGB 1
  - 1. Eigentümerstellung der SN 2
    - a) Übereignung von T an SN 2
      - aa) Einigung 2
      - bb) Übergabe 3
      - cc) Berechtigung 5
    - b) Übereignung von T an B 6
  - 2. Besitz der B 7
  - 3. Kein Recht zum Besitz der B 8
    - a) Obligatorisches Besitzrecht 8
    - b) Dingliches Besitzrecht 11
      - **Problem:** Gibt das Anwartschaftsrecht ein Recht zum Besitz gegenüber dem Eigentümer?
      - aa) Bestehen eines Anwartschaftsrechts 12
        - (1) Ersterwerb vom Berechtigten 13
        - (2) Gutgläubiger Erwerb 14
      - bb) Recht zum Besitz aus Anwartschaftsrecht 16
- II. Ergebnis und weitere Herausgabeansprüche 20
- III. Handlungsmöglichkeiten der B 22
  - 1. Zahlung an SN 22
  - 2. Zahlung an T 23

Komplex goldene Uhr
- I. Anspruch des I gegen K aus § 985 BGB 24
  - 1. Eigentümerstellung des I 24
    - a) Eigentumserwerb durch den Onkel 25
    - b) Eigentumserwerb durch T 29
    - c) Verpfändung der Uhr 30
    - d) Versteigerung der Uhr 31

	Rn.
aa) Anwendbare Normen	31
bb) Übereignung von P an K	33
(1) Einigung und Übergabe	33
(2) Berechtigung	34
II. Ergebnis und weitere Herausgabeansprüche	43

Lösung

Komplex Buchhandlung

I. Anspruch der SN gegen B aus § 985 BGB

Die SN kann die Sachen herausverlangen, wenn sie Eigentümerin und B Besitzerin ohne Recht zum Besitz ist (§ 985 BGB). **1**

1. Eigentümerstellung der SN

a) Übereignung von T an SN

aa) Einigung

Ursprünglich war T Eigentümer der Sachen. Er könnte sein Eigentum jedoch durch die Sicherungsübereignung an die SN verloren haben (§§ 929, 930 BGB). Beide Parteien waren sich darüber einig, dass das Eigentum an den Mobiliargegenständen des T auf die SN übergehen solle (§ 929 Satz 1 BGB). Damit handelt es sich streng genommen um mehrere Einigungen, die jeweils dem Bestimmtheitsgrundsatz genügen, weil die einzelnen Gegenstände genau benannt werden. **2**

bb) Übergabe

Eine Übergabe der Sachen hat jedoch nicht stattgefunden. In Betracht kommt jedoch die Vereinbarung eines Besitzmittlungsverhältnisses (§ 868 BGB) als Ersatz für die Übergabe (§ 930 BGB). Die Parteien haben keines der in § 868 BGB ausdrücklich genannten Rechtsverhältnisse miteinander vereinbart. Jedoch kann auch ein den genannten Rechtsverhältnissen gleichwertiges Verhältnis als Besitzmittlungsverhältnis dienen. **3**

Gleichwertigkeit ist dann gegeben, wenn folgende Voraussetzungen erfüllt sind: (1.) Der Veräußerer, der unmittelbarer Besitzer bleibt, muss die Sachen nunmehr als Fremdbesitzer für den Erwerber besitzen und (2.) der Erwerber muss einen, wenn auch künftigen oder bedingten Herausgabeanspruch gegen den Veräußerer haben.[1] Beide Voraussetzungen sind vorliegend durch die Abreden im Darlehensvertrag erfüllt, sodass ein Übergabeersatz i. S. d. § 930 BGB gegeben ist. **4**

cc) Berechtigung

Schließlich war T als Eigentümer der Sachen auch zur Verfügung über diese Sachen berechtigt. Damit ist SN Eigentümerin der aufgelisteten Sachen aus dem Mobiliar der Buchhandlung geworden. **5**

---

[1] Vgl. MünchKommBGB/*Joost* § 868 BGB Rn. 11; Palandt/*Bassenge* § 868 BGB Rn. 6; Staudinger/*Bund* (2007) § 868 BGB Rn. 16; *Schreiber* Rn. 293; *Wolf/Wellenhofer* § 4 Rn. 26 f. und § 7 Rn. 31.

c) Übereignung von T an B

6 Sie könnte das Eigentum jedoch dadurch wieder verloren haben, dass T, als er seine Buchhandlung veräußerte, an B das gesamte Mobiliar übereignete (§ 929 Satz 1 BGB). Im Rahmen der Veräußerung waren sich T und B darüber einig, dass das Eigentum an den bestimmt bezeichneten Sachen auf B übergehen soll. Allerdings haben sie diese Einigung unter eine aufschiebende Wirksamkeitsbedingung (§ 158 Abs. 1 BGB) gestellt: Die dingliche Einigung sollte erst dann wirksam werden, wenn B den gesamten Kaufpreis für die Buchhandlung an T gezahlt hat. Diese Bedingung ist bislang nicht eingetreten, sodass bereits aus diesem Grund ein Eigentumserwerb der B ausscheidet. Damit ist die SN Eigentümerin der Sachen.

2. Besitz der B

7 B ist Besitzerin der Sachen, die sich in dem von ihr betriebenen Laden befinden.

3. Kein Recht zum Besitz der B

a) Obligatorisches Besitzrecht

8 Fraglich ist jedoch, ob B ein Recht zum Besitz der Sachen gegenüber SN hat. Ein obligatorisches Besitzrecht (§ 986 Abs. 1 Satz 1 Alt. 1 BGB) aus Kaufvertrag (§ 433 BGB) steht B zu, allerdings nur gegenüber ihrem Kaufvertragspartner T.

9 Möglicherweise kommt jedoch ein abgeleitetes obligatorisches Besitzrecht nach § 986 Abs. 1 Satz 1 Alt. 2 BGB in Betracht: T ist gegenüber SN zum Besitz der Sachen berechtigt, was sich aus den Vereinbarungen im Darlehensvertrag ergibt. B wiederum ist aufgrund des Kaufvertrags mit T zum Besitz gegenüber T berechtigt, sodass sich eine Besitzrechtskette von B zu SN ergäbe und B gegenüber SN ein Recht zum Besitz der Sachen hätte.[2] Jedoch war T nach den Vereinbarungen im Darlehensvertrag nur zur Benutzung, nicht aber zur Weiterveräußerung der Mobiliargegenstände, die SN gehören, berechtigt, sodass für B auch kein von T abgeleitetes obligatorisches Besitzrecht besteht.

10 **Hinweis:** Ein Besitzrecht kann sich nicht nur aus einem Rechtsverhältnis zwischen Eigentümer und Besitzer ergeben, sondern auch aus einer ununterbrochenen Kette von Besitzrechtsverhältnissen zwischen Besitzer und Eigentümer. Bearbeiter vergessen jedoch oft, dass darüber hinaus jeweils zu prüfen ist, ob die einzelnen Besitzrechtsverhältnisse auch ihrem Inhalt nach den Besitz des Besitzers legitimieren können.

b) Dingliches Besitzrecht

11 Möglicherweise könnte B jedoch ein eigenes Besitzrecht dinglicher Rechtsnatur haben, wenn sie Inhaberin eines Anwartschaftsrechts an den Sachen ist. Dazu müssten zwei Voraussetzungen erfüllt sein: Erstens müsste B überhaupt ein Anwartschaftsrecht an den Sachen haben und zweitens müsste dieses Anwartschaftsrecht ihr ein Besitzrecht gegenüber SN als Eigentümerin der Sachen geben.

aa) Bestehen eines Anwartschaftsrechts

12 **Hinweis:** Das Anwartschaftsrecht ist „wesensgleiches Minus" zum Eigentum. Deshalb ist die Anwartschaftsrechtslage wie die Eigentumslage historisch zu prüfen. Gleiches gilt übrigens auch bei der Hypotheken- oder Grundschuldrechtslage!

---

[2] Vgl. MünchKommBGB/*Baldus* § 986 BGB Rn. 21; *Prütting* Rn. 516; *Wolf/Wellenhofer* § 21 Rn. 23.

(1) Ersterwerb vom Berechtigten

Die Voraussetzungen für das Entstehen eines Anwartschaftsrechts sind die soeben geprüfte bedingte Übereignung der Sachen nach §§ 929, 158 Abs. 1 BGB, die ebenfalls erfolgte Übergabe der Sachen und die Verfügungsberechtigung des Veräußerers T. An dieser letzten Voraussetzung fehlt es, weil T nicht Eigentümer der Sachen war, die er zur Sicherheit auf SN übereignet hat, und von der Eigentümerin auch nicht zur Verfügung ermächtigt wurde.

(2) Gutgläubiger Erwerb

In Betracht kommt deswegen allein ein gutgläubiger Erwerb eines Anwartschaftsrechts (§ 932 BGB analog).[3] Rechtsscheinstatbestand, an den sich der gute Glaube der B knüpfen kann, ist auch hier der Besitz der Sachen durch den Veräußerer T. Es ist auch nicht ersichtlich, dass B zum Zeitpunkt der Einigung und Übergabe der Sachen wusste oder aufgrund grober Fahrlässigkeit nicht wusste, dass T tatsächlich nicht Eigentümer der Gegenstände war.

Fraglich ist jedoch, bis zu welchem Zeitpunkt diese Gutgläubigkeit der B vorhanden gewesen sein muss, denn mit dem Herausgabeverlangen der SN hat B erfahren, dass T nicht Eigentümer der Sachen war. Zu diesem Zeitpunkt hatte sie jedoch noch nicht Eigentum an den Gegenständen erworben, weil die Bedingung, die vollständige Bezahlung des Kaufpreises, noch nicht eingetreten war. Nach gängiger Auffassung kommt es jedoch für den gutgläubigen Erwerb des Anwartschaftsrechts zutreffend nicht auf den Zeitpunkt an, zu dem Eigentum erworben wird, sondern allein auf den Zeitpunkt des Anwartschaftsrechtserwerbs.[4] Damit hat B gutgläubig ein Anwartschaftsrecht an den Sachen erworben (§§ 929, 932 BGB analog).

bb) Recht zum Besitz aus Anwartschaftsrecht

Damit bleibt als zweite Frage zu erörtern, ob dieses Anwartschaftsrecht ein dingliches Besitzrecht der B gegenüber der Eigentümerin SN gibt.

Hinweis: Diese Frage ist vorliegend deswegen von Bedeutung, weil der Inhaber des Anwartschaftsrechts nicht zugleich Vertragspartner des Eigentümers ist, sodass nicht bereits ein obligatorisches Besitzrecht etwa aus einem Kaufvertrag besteht und die Frage nach der Rolle des Anwartschaftsrechts offen bleiben könnte.

Für ein solches Recht zum Besitz des Anwartschaftsrechtsinhabers spricht, dass das Anwartschaftsrecht als „wesensgleiches Minus" zum Eigentum angesehen wird, welches ein Recht zum Besitz gibt,[5] und im Übrigen das Sachenrecht auch den Inhabern beschränkt dinglicher Rechte ein Besitzrecht zugesteht, etwa dem Inhaber eines Pfandrechts (§ 1227 BGB).

Dagegen spricht jedoch, dass das Anwartschaftsrecht gerade im Verhältnis zum Eigentümer eine bloße Vorstufe zum Eigentumserwerb bildet und deswegen dem Inhaber zwar gegenüber Dritten, nicht aber dem (Noch-)Inhaber des stärkeren Eigentumsrechts Herrschaftsbefugnisse gewähren können soll.[6] Möchte der Inhaber des Anwartschaftsrechts seine Position verbessern, so kann er dies durch Herbeiführung

---

[3] Soergel/*Mühl* § 455 BGB Rn. 75; *Baur/Stürner* § 59 Rn. 39; *Wolf/Wellenhofer* § 14 Rn. 34 f.
[4] BGHZ 10, 69, 72 = NJW 1953, 1220; BGHZ 30, 374, 377 = NJW 1960, 34; *Schreiber* Rn. 330; *Wolf/Wellenhofer* § 14 Rn. 18.
[5] Zust. etwa Palandt/*Bassenge* § 929 BGB Rn. 41; *Baur/Stürner* § 59 Rn. 47; *Schreiber* Rn. 335.
[6] MünchKommBGB/*Joost* § 868 BGB Rn. 10; Soergel/*Stadler* § 986 BGB Rn. 3.

des Bedingungseintritts jederzeit tun, indem er auf diese Weise das stärkere Eigentumsrecht des Veräußerers beseitigt.

II. Ergebnis und weitere Herausgabeansprüche

20 Damit hat B kein Recht zum Besitz und es besteht ein Herausgabeanspruch der SN gegen B. Weitere Herausgabeansprüche bestehen hingegen nicht: Ein Anspruch aus § 861 BGB scheitert an den Voraussetzungen des § 858 BGB, ein Anspruch aus § 1007 Abs. 1 BGB an der Gutgläubigkeit der B hinsichtlich ihres eigenen Rechts zum Besitz, ein Anspruch aus § 1007 Abs. 2 BGB am Fehlen eines Abhandenkommens der Sachen bei SN.

21 **Hinweis:** Soweit keine besonderen Probleme bestehen, können Sie die weiteren Herausgabeansprüche knapp abhandeln.

III. Handlungsmöglichkeiten der B

1. Zahlung an SN

22 Zu klären bleibt, welche Handlungsmöglichkeiten B verbleiben. Zahlt sie die noch fehlenden Darlehensraten des T an SN, so kann sie damit den Herausgabeanspruch abwenden. Es entsteht nämlich infolgedessen ein Anspruch des T gegen SN auf Rückübereignung der Mobiliargegenstände, sodass einem Herausgabeverlangen der SN der Einwand einer sofortigen Rückgabepflicht (§ 242 BGB) entgegengehalten werden könnte.[7] Damit ändert sich jedoch die Rechtsstellung der B nicht: Sie hat nach wie vor nur ein Anwartschaftsrecht an den Sachen, weil die Bedingung, die sie mit T vereinbart hat, nicht eintritt.

2. Zahlung an T

23 Zahlt B hingegen nicht an die SN, sondern an T, so erstarkt das von ihr gutgläubig erworbene Anwartschaftsrecht zum Eigentum. Auf den Eigentumserwerb hat der Umstand, dass B inzwischen nicht mehr gutgläubig hinsichtlich der Eigentümerstellung des T ist, keinen Einfluss. Infolgedessen verliert die SN das Eigentum an den Sachen und ihr Anspruch aus § 985 BGB gegen B entfällt. B sollte also an T zahlen.

Komplex goldene Uhr

I. Anspruch des I gegen K aus § 985 BGB

1. Eigentümerstellung des I

24 In Betracht kommt ein Anspruch aus § 985 BGB des I gegen K. Dazu müsste der I zunächst Eigentümer der Uhr sein. Ursprünglich waren die Eltern des I Eigentümer der Uhr. Sie haben die Uhr schenkweise an ihren Sohn übereignet (§ 929 Satz 1 BGB), der damit Eigentümer geworden ist.

a) Eigentumserwerb durch den Onkel

25 Durch den Diebstahl der Uhr seitens des Onkels hat sich an der Eigentumslage nichts geändert. Etwas anderes könnte aber deshalb gelten, weil der Onkel des K die

---

[7] Soergel/*Stadler* § 986 BGB Rn. 3; *Wolf/Wellenhofer* § 21 Rn. 29.

Uhr über Jahrzehnte hinweg besessen hat. Auf diese Weise könnte er möglicherweise Eigentum an der Uhr im Wege der Ersitzung erlangt haben. § 937 Abs. 1 BGB regelt, dass derjenige, der eine bewegliche Sache zehn Jahre als Eigentümer besitzt, das Eigentum an dieser Sache durch Ersitzung erwirbt.

Hinweis: Die historische Prüfung der Eigentumslage in Klausuren enthält immer leicht zu erkennende, weil an ein Rechtsgeschäft anknüpfende Ereignisse, die einen Eigentümerwechsel herbeiführen können, und schwieriger zu erkennendes, rein tatsächliches Geschehen, das zu einer Veränderung der Eigentumslage führen kann: Hier die Ersitzung (§ 937 BGB), in anderen Fällen etwa den gesetzlichen Eigentumserwerb nach §§ 946 ff. BGB oder §§ 953 ff. BGB. Analysieren Sie deshalb den Sachverhalt sorgfältig, um auch diese Tatbestände prüfen zu können. **26**

Allerdings ist nach § 937 Abs. 2 BGB die Ersitzung ausgeschlossen, wenn der Erwerber bei dem Erwerb des Eigenbesitzes nicht in gutem Glauben (§ 932 Abs. 2 BGB) war oder später erfährt, dass ihm das Eigentum nicht zusteht. Der gute Glaube des Besitzers muss sich darauf beziehen, dass er mit dem Erwerb des Eigenbesitzes auch Eigentümer wird oder geworden ist.[8] Hier liegt dieser Ausschlusstatbestand vor, denn es ist davon auszugehen, dass der Onkel jedenfalls infolge grober Fahrlässigkeit nicht wusste, dass ein Dieb kein Eigentum am Diebesgut erwirbt. Damit ist I Eigentümer geblieben. **27**

Hinweis: Benennen Sie bei der Prüfung guten oder bösen Glaubens stets den Bezugspunkt: Etwa das Eigentum des Veräußerers in §§ 932 ff. BGB, oder hier in § 937 BGB der Eigentumserwerb mit Besitzerwerb. **28**

b) Eigentumserwerb durch T

An der Eigentumslage hat sich auch durch den Eintritt des Erbfalls nach dem Tod des Onkels nichts verändert, denn der Erbe T trat in die Rechtspositionen ein, die sein Onkel zum Zeitpunkt des Erbfalls innehatte (§ 1922 Abs. 1 BGB). Sein Onkel war nicht Eigentümer der Uhr, sodass auch T mit dem Erbfall nicht Eigentümer werden konnte. Auch eine Ersitzung kommt nicht in Betracht, weil der Zeitraum, in dem der Onkel die Uhr besaß, dem T nicht als Ersitzungszeit zugutekommen kann (§ 943 BGB; vgl. oben Rn. 25 ff.: Bösgläubigkeit). **29**

c) Verpfändung der Uhr

Die Eigentumslage an der Uhr hat sich schließlich auch nicht durch die Verpfändung der Uhr geändert, denn selbst wenn diese Verpfändung durch T wirksam sein sollte, so wurde nur ein Pfandrecht des P als beschränkt dingliches Recht an der Uhr begründet. **30**

d) Versteigerung der Uhr

aa) Anwendbare Normen

Im Zuge der Versteigerung könnte jedoch K Eigentum an der Uhr erworben haben. Zu prüfen ist zunächst, nach welchen Regeln sich ein derartiger Eigentumserwerb richten würde. Es handelt sich hier bei dem möglicherweise von T zugunsten von P bestellten Pfandrecht um ein privatrechtliches Pfandrecht (im Gegensatz zu einem durch einen Zwangsvollstreckungsakt begründeten Pfändungspfandrecht), sodass die Verwertung des Pfandes (§§ 1228 Abs. 1, 1233 Abs. 1 BGB) durch privatrecht- **31**

---

[8] Palandt/*Bassenge* § 937 BGB Rn. 1; *Schreiber* Rn. 179.

lichen Verkauf (§ 433 BGB) erfolgt und der Eigentumserwerb durch den Erwerber sich nach § 929 BGB richtet. Der Versteigerer handelt dabei jeweils als Stellvertreter (§ 164 Abs. 1 BGB) des Einlieferers, hier also des P.

32   **Hinweis:** Wenn ein Pfandrecht vorkommt, so stellt sich immer die Frage: Liegt ein
– rechtsgeschäftliches oder gesetzliches Pfandrecht vor, sodass ausschließlich Privatrecht gilt, oder
– ein Pfändungspfandrecht vor, bei dem beispielsweise das Eigentum eines Erwerbers in der Versteigerung durch privatrechtsgestaltenden Verwaltungsakt beim Erwerber originär begründet wird.

bb) Übereignung von P an K

(1) Einigung und Übergabe

33   P, vertreten durch den Versteigerer, und der Erwerber K haben sich wirksam über den Eigentumsübergang an der Uhr geeinigt (§ 929 BGB). Eine Übergabe von P – hier durch den Versteigerer als Besitzmittler des P – an K ist ebenfalls erfolgt.

(2) Berechtigung

34   Fraglich ist allerdings die Verfügungsberechtigung des P. Verfügungsbefugt über eine Sache ist grundsätzlich deren Eigentümer. P ist jedoch nicht Eigentümer der Uhr.

35   Es könnte jedoch ein verfügungsberechtigter Nichteigentümer, nämlich P als Inhaber eines privatrechtlichen Pfandrechts, verfügt haben (§§ 1242, 1243 BGB). Dazu müssten zwei Voraussetzungen erfüllt sein: Erstens, dass P überhaupt ein Pfandrecht an der Uhr hat (siehe Rn. 36 ff.), und zweitens, dass die Rechtmäßigkeitsvoraussetzungen bei der Verwertung des Pfandes beachtet worden sind (siehe Rn. 42).

36   (a) Zu prüfen ist also zunächst die wirksame Bestellung eines Pfandrechts durch T an P (§ 1204 BGB). Das Pfandrecht ist ein akzessorisches beschränkt dingliches Recht an einer beweglichen Sache zur Sicherung eines Anspruchs; deshalb erfordert sein wirksames Entstehen und Fortbestehen einen zu sichernden Anspruch. Ein solcher Anspruch ist vorliegend mit der Darlehensforderung des P gegen T in Höhe von 2.000 EUR aus § 488 Abs. 1 Satz 2 BGB vorhanden.

37   Eine dingliche Einigung (§§ 1205, 1204 BGB) liegt ebenfalls vor. Auch eine Übergabe der Pfandsache vom Verpfänder an den Pfändungsgläubiger (§ 1205 BGB) ist erfolgt. Problematisch ist jedoch das Vorliegen der Verfügungsberechtigung des Verpfänders T, die grundsätzlich dem Eigentümer einer Sache zusteht. T war jedoch nicht Eigentümer der Uhr und auch nicht ausnahmsweise verfügungsberechtigter Nichteigentümer.

38   Es kommt daher nur ein gutgläubiger Erwerb des Pfandrechts nach §§ 1207, 932 BGB in Betracht. Rechtsscheinstatbestand ist hier, wie auch beim gutgläubigen Eigentumserwerb, der Sachbesitz des Verpfänders, an den sich der gute Glaube des Pfändungsgläubigers an das Eigentum des Verpfänders knüpft.[9] Vorliegend war T Besitzer der Uhr; es ist nicht ersichtlich, dass P bösgläubig gewesen wäre („es sei denn").

39   Allerdings scheidet ein gutgläubiger Erwerb des Pfandrechts deshalb aus, weil die Uhr als Pfandsache dem Eigentümer I abhandengekommen ist (§§ 1207, 935

---

[9] Palandt/*Bassenge* § 1207 BGB Rn. 2 f.; *Schreiber* Rn. 258; *Wolf/Wellenhofer* § 16 Rn. 16 f.

Abs. 1 BGB). Damit ist P nicht Inhaber eines Pfandrechts, sodass er nicht zur Verfügung berechtigter Nichteigentümer war.

Möglicherweise könnte K aber im Rahmen der Versteigerung die Uhr vom nichtberechtigten P gutgläubig erworben haben (§§ 1244, 932 BGB). Voraussetzung hierfür ist, dass nach §§ 1244, 932 BGB der eigentlich nicht verfügungsberechtigte Nichteigentümer als verfügungsberechtigter Nichteigentümer anzusehen ist. Rechtsscheinstatbestand ist auch hier wieder der Besitz an der zu veräußernden Pfandsache durch den Veräußerer P, dessen Besitzmittler der Versteigerer war. Der gute Glaube des Erwerbers muss sich auf das Pfandrecht des Veräußerers beziehen, von dem mangels gegenteiliger Anzeichen auszugehen ist **40**

Ein gutgläubiger Erwerb des K könnte jedoch an § 935 BGB scheitern, weil die Uhr dem Eigentümer I abhanden gekommen ist. § 1244 BGB verweist jedoch nur auf §§ 932–934 und 936 BGB, sodass bei einer Verwertung nach Maßgabe des § 1244 BGB auch gutgläubig Eigentum an abhanden gekommenen Sachen erworben werden kann. **41**

(b) Bei der Veräußerung der Sache als Pfand sind die Rechtmäßigkeitsvoraussetzungen des § 1243 Abs. 1 BGB eingehalten worden. Insbesondere wurde die Uhr in einer öffentlichen Versteigerung (§§ 1235, 383 Abs. 3 BGB) versteigert; es ist nichts dazu ersichtlich, dass der Goldwert unterschritten worden wäre (vgl. § 1240 BGB). **42**

II. Ergebnis und weitere Herausgabeansprüche

Damit hat K Eigentum an der Uhr erworben, und I kann sie nicht nach § 985 BGB herausverlangen. Andere Herausgabeansprüche scheiden ebenfalls aus, insbesondere die Ansprüche aus § 1007 Abs. 1 und Abs. 2 BGB scheitern wegen des Eigentumserwerbs von K. **43**

Ein Anspruch aus § 812 Abs. 1 Satz 1 Alt. 2 BGB (Nichtleistungskondiktion) scheidet ebenfalls aus, weil K zwar Eigentum und Besitz an der Uhr erlangt hat, dies aber nicht auf sonstige Weise, sondern durch Leistung des P geschah, sodass wegen der vorrangigen Rückabwicklung im Leistungsverhältnis Ansprüche aus Nichtleistungskondiktion ausscheiden müssen. **44**

I wird also, wenn er die Uhr wiederhaben möchte, nicht umhinkönnen, für „seine Uhr" 10.000 EUR an K zu bezahlen. **45**

Fall 8. Apfelbäume statt Appartements

Sachverhalt

Die betagte Eleonore Engel (E) ist Eigentümerin eines Grundstücks am Rande einer Universitätsstadt, auf dem nur einige Obstbäume stehen. Ihre geschiedene Tochter Annemarie Asbest (A) und deren derzeitiger Lebensgefährte Torben Tofu (T) haben schon länger ein Auge auf das Grundstück geworfen, um dort einen Wohnblock mit Studentenappartements zu errichten.

Während der duldsame T sich damit zufrieden gibt, auf ein baldiges Entschlafen der E zu hoffen, verliert die gebieterische A zunehmend die Geduld. Sie stellt ihre Mutter im Dezember 2004 vor eine Wahl: Diese soll das Grundstück endlich übereignen, anderenfalls will A dafür sorgen, dass der geliebte, preisgekrönte Kater Paule der E den Jahreswechsel nicht erlebt. Die alte Frau sieht sich so gezwungen, der Tochter das Grundstück zu übertragen. Die Parteien erklären im Januar 2005 die Auflassung, im März 2005 erfolgt die Eintragung der A in das Grundbuch. Der Stress und das Gewissen schlagen A in der folgenden Zeit auf die ohnehin angegriffene Gesundheit; sie erleidet einen Schlaganfall und verstirbt im Juli 2005. Ihren Lebensgefährten hat sie testamentarisch als Alleinerben eingesetzt; außer dem Grundstück hinterlässt sie neben einigen persönlichen Gegenständen von unbedeutendem Wert noch ein Vermögen in Höhe von 3.000 EUR.

Im Herbst 2005 beginnt T nach Erteilung der Baugenehmigung damit, ein Wohnhaus mit acht Wohneinheiten zu errichten. Im April 2007 ist das Haus fertiggestellt. Die schadhafte Grundstücksmauer, die einzustürzen droht, wird von T an einigen Wochenenden eigenhändig wieder aufgebaut. Am 2.5.2007 wird Paule tragisch von einem Traktor überrollt. E ist der Ansicht, sie habe nichts mehr zu verlieren. Sie erklärt T, den sie für eingeweiht hält, dass sie das ganze falsche Spiel rückgängig machen wolle.

T ist entsetzt von dem Vorfall, von dem er tatsächlich nichts wusste. Das Grundstück könne die E natürlich wieder haben, aber nur wenn sie gleichzeitig auch die beträchtlichen Kosten für den Hausbau erstatte. Schließlich könne sie daraus einigen Nutzen ziehen, sie solle sich nur einmal den Mietspiegel ansehen. Außerdem verlangt er Ersatz für seine Arbeitskraft, mit der er die Umgrenzung wieder hergestellt hat, sowie Kostenersatz für die Mauersteine.

E besteht auf der sofortigen Herausgabe des Grundstücks, weigert sich aber rigoros, den „entsetzlichen Kasten" zu bezahlen. Schließlich beabsichtige sie in ihrem Alter nicht mehr, den Stress als Vermieter auf sich zu nehmen; das Geld brauche sie nicht. Stattdessen wolle sie viel lieber ein paar Apfelbäume pflanzen. Dazu müsse das Haus weg, selbstverständlich nicht auf ihre Kosten. Die Apfelbäume werde sie sich dann von dem Geld kaufen, dass ihr T als Ersatz für die gefällten Obstbäume zahlen müsse.

Hat E gegen T einen Anspruch auf die Herausgabe des Grundstücks, den Abriss des Hauses und Schadensersatz für die Bäume? Was ist T zu raten?

Abwandlung: Ändert sich etwas, wenn A erst im April 2007 stirbt und auch die Mauer noch selbst ausgebessert hat?

Fall 8. Apfelbäume statt Appartements

Skizze

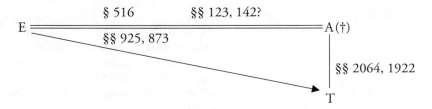

Zeittabelle

Dezember 2004:	Drohung der A
Januar 2005:	Auflassungserklärung
März 2005:	Eintragung der A als Eigentümerin
Juli 2005:	Tod der A
Herbst 2005:	Baubeginn
April 2007:	Fertigstellung des Hauses, Reparatur der Mauer durch T
Mai 2007:	Anfechtung („Rückgängigmachen") durch E

Gliederung

Rn.

Ausgangsfall

- I. Anspruch der E gegen T auf Herausgabe des Grundstücks aus § 985 BGB 1
  1. Eigentümerstellung der E 1
     - a) Anfechtungserklärung (§ 143 BGB) 2
     - b) Anfechtungsgrund (§ 123 Abs. 1 Alt. 2 BGB) 3
     - c) Anfechtungsfrist (§ 124 Abs. 1 BGB) 5
  2. Kein berechtigter Besitz des T 6
  3. Zwischenergebnis 7
  4. Zurückbehaltungsrecht nach § 1000 Satz 1 BGB 8
     - a) Vindikationslage 8
     - b) Verwendungsbegriff 9
       - **Problem:** Fallen auch Zustandsveränderungen unter die §§ 994 ff. BGB?
     - c) Notwendige oder nützliche Verwendungen 11
     - d) Unerwünschte Bebauung als nützliche Verwendung 12
       - **Problem:** Auf wessen Perspektive ist bei der Bestimmung der Nützlichkeit abzustellen?
     - e) Korrektur des Ergebnisses wegen originärer Beseitigungspflicht des T? 14
     - f) Korrektur des Ergebnisses wegen ererbter Verbindlichkeiten? ... 17
       - aa) Ansprüche der E gegen A 17
       - bb) Vererbbarkeit der Verpflichtung 19
     - g) Verwendungsersatzansprüche wegen der Ausbesserung der Mauer 21

Fall 8. Apfelbäume statt Appartements

Rn.

     Problem: Ist auch die eigene Arbeitskraft des Besitzers eine Verwendung?
  II. Ansprüche auf Schadensersatz für die gefällten Bäume 22
  III. Handlungsmöglichkeiten des T 24
     1. Ausschlagung der Erbschaft 24
     Problem: Anfechtung der Annahme auf Grund einer erheblichen Verbindlichkeit?
     2. Haftungsbeschränkung auf den Nachlass 27
  IV. Ergebnis 29

Abwandlung
  I. Anspruch der E gegen T auf Herausgabe des Grundstücks aus § 985 BGB 31
     1. Voraussetzungen des § 985 BGB 31
     2. Zurückbehaltungsrecht nach § 1000 Satz 1 BGB 32
       a) Hausbau 32
       b) Ausbesserung der Mauer 34
       c) Erlangung durch unerlaubte Handlung 36
  II. Ansprüche der E gegen T auf Abriss des Hauses 37
  III. Ansprüche auf Schadensersatz für die gefällten Bäume 38
  IV. Ergebnis 39

Lösung

Ausgangsfall

I. Anspruch der E gegen T auf Herausgabe des Grundstücks aus § 985 BGB

1. Eigentümerstellung der E

E müsste Eigentümerin des Grundstücks sein. Ursprünglich stand das Grundstück in ihrem Eigentum, sie könnte das Eigentum jedoch an A verloren haben. Laut Sachverhalt erfolgten sowohl Auflassung als auch Eintragung, sodass A Eigentümerin geworden ist (vgl. §§ 925, 873 BGB). Aufgrund des Erbfalls ging diese Rechtsposition gem. § 1922 BGB von A auf T über. **1**

a) Anfechtungserklärung (§ 143 BGB)

E könnte aber ihre Erklärungen wirksam angefochten haben. Mit ihrer Äußerung, alles rückgängig machen zu wollen, hat E konkludent die Anfechtung erklärt. Nach dem Tod der A ist die Anfechtungserklärung ihrem Erben gegenüber abzugeben; damit ist T der richtige Erklärungsgegner.[1] **2**

---

[1] Vgl. Palandt/*Ellenberger* § 143 BGB Rn. 5; *Lange/Kuchinke* § 47 II 1 e.

b) Anfechtungsgrund (§ 123 Abs. 1 Alt. 2 BGB)

3 Ein Anfechtungsrecht der E kann sich hier aus § 123 Abs. 1 Alt. 2 BGB ergeben. Eine Drohung liegt dann vor, wenn ein Nachteil in Aussicht gestellt wird, auf dessen Eintritt der Handelnde Einfluss zu haben vorgibt.[2] Dieser Nachteil liegt hier in dem angedrohten Tod des Katers. Wenn wie im vorliegenden Fall mit einem rechtswidrigen Verhalten gedroht wird, ist die für § 123 BGB erforderliche Widerrechtlichkeit immer gegeben.[3] Anfechtbar ist die Erklärung, deren Abgabe kausal auf der Drohung beruht. E ist zur Abgabe sowohl der schuldrechtlichen Erklärung als auch der Auflassungserklärung durch die Drohung bewegt worden. Damit ist auch das dingliche Geschäft anfechtbar und entfällt nach der Anfechtung rückwirkend (vgl. § 142 Abs. 1 BGB). Dadurch hätte A ihr Eigentum mit Rückwirkung verloren. T könnte deshalb auch nicht als Erbe in eine Eigentumsposition eintreten.

4 **Hinweis:** T kann auch bei gutem Glauben an die Eigentümerstellung der A nicht im Wege der Gesamtrechtsnachfolge Eigentum erworben haben; einen gutgläubigen Erwerb bei gesetzlichen Erwerbstatbeständen kennt das deutsche Recht nicht. Eine Ausnahme wird nur zugelassen, soweit ein Recht als Folge eines rechtsgeschäftlichen Erwerbs aufgrund gesetzlicher Anordnung mitgezogen wird. Ein Beispiel ist hier die Hypothek, die nach § 401 Abs. 1 BGB als Folge der rechtsgeschäftlichen Abtretung der gesicherten Forderung übergeht (vgl. § 1153 Abs. 1 BGB). Die Hypothek kann deshalb über § 892 BGB gutgläubig erworben werden.

c) Anfechtungsfrist (§ 124 Abs. 1 BGB)

5 Nach § 124 Abs. 1 BGB ist die Willenserklärung binnen Jahresfrist anzufechten. Diese beginnt nach § 124 Abs. 2 BGB aber erst zu laufen, wenn die Zwangslage beendet ist. E hielt auch den T für eingeweiht, sodass für sie erst mit Paules Tod die Zwangslage entfiel. Die Anfechtung erfolgte also fristgerecht; damit hat A niemals Eigentum erworben.

2. Kein berechtigter Besitz des T

6 T ist Besitzer des Grundstücks. Ihm könnte hier ein Recht zum Besitz zustehen, das sich aus einem Zurückbehaltungsrecht nach §§ 994 ff., 1000 BGB ergeben könnte. Einer Ansicht nach gewähren auch Zurückbehaltungsrechte ein Recht zum Besitz.[4] Die Gegenauffassung bestreitet das, da sich schon die Rechtsfolgen der §§ 273, 1000 BGB nicht in das Gefüge des § 986 BGB einpassen lassen; ein Zurückbehaltungsrecht modifiziert den Anspruch nur inhaltlich, schließt ihn aber nicht vollständig aus.[5] Für diese zweite Ansicht spricht, dass sich anderenfalls ein systematischer Widerspruch ergibt: Das Zurückbehaltungsrecht nach § 1000 BGB setzt nämlich eine Vindikationslage voraus, die jedoch gar nicht entstehen könnte, wenn eben dieses Zurückbehaltungsrecht als Recht zum Besitz i.S.d. § 986 BGB aufzufassen wäre. Damit steht dem T kein Recht zum Besitz zu.

3. Zwischenergebnis

7 E hat gegen T einen Anspruch auf Herausgabe des Grundstücks aus § 985 BGB.

---

[2] Vgl. Palandt/*Ellenberger* § 123 BGB Rn. 15 f.; *Wolf/Neuner* BGB AT § 41 Rn. 124.
[3] Vgl. Palandt/*Ellenberger* § 123 BGB Rn. 19; *Wolf/Neuner* BGB AT § 41 Rn. 131; *Büchler* JuS 2009, 976, 978.
[4] BGHZ 64, 122, 124 = NJW 1975, 1121.
[5] Dazu MünchKommBGB/*Baldus* § 986 BGB Rn. 45; *Prütting* Rn. 514.

4. Zurückbehaltungsrecht nach § 1000 Satz 1 BGB

a) Vindikationslage

Diesem Anspruch könnte aber ein Zurückbehaltungsrecht nach § 1000 Satz 1 BGB **8** entgegenstehen. Grundvoraussetzung des § 1000 Satz 1 BGB ist, dass dem Besitzer ein Verwendungsersatzanspruch aus den §§ 994 ff. BGB zusteht. Die Anwendbarkeit dieser Vorschriften setzt allerdings das Bestehen einer Vindikationslage voraus. Hier stand das Grundstück auf den ersten Blick bis zur Anfechtung durch A im Eigentum des T. Es ist aber wiederum die Rückwirkung der Anfechtung zu beachten: Wenn die Eigentümerstellung von Anfang an entfällt, müssen auch die Regeln des Eigentümer-Besitzer-Verhältnisses von Anfang an greifen.[6] Eine Vindikationslage in dem fraglichen Zeitraum bestand damit.

b) Verwendungsbegriff

T müsste Verwendungen auf das Grundstück gemacht haben. Verwendungen sind **9** willentliche Vermögensaufwendungen, die einer Sache zugute kommen.[7] Umstritten ist aber, wie weit der Begriff geht, insbesondere ob auch wesensverändernde Verwendungen unter §§ 994 ff. BGB zu fassen sind. Die Vertreter eines engen Verwendungsbegriffs lehnen das ab.[8] Die Bebauung eines Grundstücks sei keine Bestandsverbesserung, sondern eine Zustandsveränderung, die schon nach dem allgemeinen Sprachgebrauch nicht unter den Verwendungsbegriff falle.[9] Eine Bebauung mit einem großen Wohnkomplex wäre danach keine Verwendung, ein Anspruch aus §§ 994 ff. BGB käme nicht in Frage. Nach anderer Ansicht sind alle willentlichen und der Sache zugute kommenden Aufwendungen auch Verwendungen.[10] Legt man diese Sichtweise zugrunde, so fällt auch die vollständige Umgestaltung der Sache, etwa durch Bebauung, unter den Verwendungsbegriff. Es weicht nur die Quantität der Aufwendungen vom Normalfall ab, nicht jedoch die Qualität.

Die erste Auffassung hat das Ziel, den Eigentümer vor übermäßigen Kostenbelas- **10** tungen zu bewahren, wie sie sich namentlich bei der Errichtung von Gebäuden auf fremden Grundstücken ergeben können. Allerdings spricht schon die historische Auslegung gegen den dazu verwandten engen Verwendungsbegriff; die Verfasser des BGB verstanden unter dem Begriff der Verwendung ohne weiteres auch die Bebauung.[11] Ein mittlerweile abweichender allgemeiner Sprachgebrauch lässt sich auch heute nicht erkennen; vielmehr ist der Begriff der „Verwendung auf eine Sache" in der Alltagssprache generell nicht geläufig. Für die zweite Auffassung spricht überdies, dass sie in sachgerechter Weise den Anwendungsbereich der differenzierenden Regelung der §§ 994 ff. BGB eröffnet und damit einen angemessenen Ausgleich zwischen den Interessen schafft.[12] Nach der ersten Auffassung stünde der gutgläubi-

---

[6] MünchKommBGB/*Raff* Vor § 987 BGB Rn. 32.
[7] MünchKommBGB/*Raff* § 994 BGB Rn. 10.
[8] BGH seit BGHZ 10, 171, 177 f. = NJW 1953, 1466; offen gelassen in BGH NJW 2015, 229.
[9] BGHZ 10, 171, 178 = NJW 1953, 1466.
[10] Vertreten von MünchKommBGB/*Raff* § 994 BGB Rn. 20; Staudinger/*Gursky* (2013) Vor §§ 994–1003 Rn. 8; *Prütting* Rn. 555; *Meder/Flick* JuS 2011, 160, 164.
[11] Mot. II S. 394, Prot. *Mugdan* III S. 681 f.
[12] *Roth* JuS 2003, 937, 942 legt zwar den weiten Verwendungsbegriff zugrunde, wendet dann aber weitergehend die Grundsätze der aufgedrängten Bereicherung an. Nutzt der Eigentümer den Wert

ge Besitzer hingegen schutzlos, und zwar insbesondere dann, wenn man einer verbreiteten Meinungsgruppe folgt, die auch bei fehlender Verwendung trotzdem noch eine Sperrwirkung des EBV gegenüber den §§ 951, 812 Abs. 1 Satz 1 Alt. 2 BGB annimmt.[13] Es ist deshalb sachgerechter, den weiten Verwendungsbegriff zugrunde zu legen.

c) Notwendige oder nützliche Verwendungen

11 Inwieweit die Verwendungen zu ersetzen sind, klärt erst die Einordnung in notwendige und nützliche Verwendungen (§§ 994, 996 BGB). Notwendige Verwendungen sind nur solche, die erforderlich sind, um die Sache in ihrem Bestand bzw. ihrer Nutzbarkeit zu erhalten oder wieder herzustellen.[14] Das ist bei der Bebauung eines Grundstücks nicht gegeben. Es kann also allenfalls § 996 BGB einschlägig sein.

d) Unerwünschte Bebauung als nützliche Verwendung

12 E allerdings verlangt den Abriss des von ihr als unnütz empfundenen Hauses. Deshalb stellt sich die Frage, aus wessen Perspektive die Nützlichkeit zu bestimmen ist: nach dem subjektiven Empfinden des Eigentümers oder nach objektiven Maßstäben.

Diejenigen, die eine objektive Wertsteigerung als ausschlaggebend sehen, stützen sich darauf, dass der Gesetzgeber in § 996 BGB den objektiven „Wert" als Gegenstück zu dem subjektiven „Wert für ihn" in § 997 Abs. 2 BGB normiert hat.[15] Da im vorliegenden Fall eine Wertsteigerung vorliegt, wäre eine nützliche Verwendung anzunehmen. Nach der Gegenansicht soll es darauf ankommen, ob die Verwendung für den Eigentümer sinnvoll ist.[16] Damit soll vermieden werden, dass der Eigentümer etwas „kaufen" muss, was ihm unerwünscht ist.

13 Gegen diese Ansicht spricht aber der dabei auftretende Wertungswiderspruch zu § 994 Abs. 2 BGB. Dort kann Wertersatz unter den Voraussetzungen der GoA verlangt werden, was voraussetzt, dass die Verwendungen für den Eigentümer nützlich sein müssen. Diese Bedingung muss aber nur für Verwendungen des bösgläubigen Besitzers erfüllt sein.[17] Der Redliche soll dagegen besser stehen. Die Interessen des Eigentümers werden dabei zwar nicht optimal geschützt, doch entspricht dies durchaus dem Kompromisscharakter des EBV, das grundsätzlich das Ziel verfolgt, die Interessen des Eigentümers und des redlichen Besitzers einem angemessenen Ausgleich zuzuführen.[18] Die Errichtung des Wohnhauses ist damit als nützliche Verwendung zu qualifizieren.

---

nicht, indem er z.B. das Haus abreißt, soll er auch keinen Wertersatz zahlen müssen. Dagegen spricht, dass so doch wieder Wertungen des Bereicherungsrechts in das EBV sickern, vgl. MünchKommBGB/*Raff* § 996 BGB Rn. 8f.

[13] Für die Anwendbarkeit noch BGHZ 10, 171, 177f. = NJW 1953, 1466; anders jetzt BGHZ 41, 157, 162f. = NJW 1964, 1125; dazu MünchKommBGB/*Raff* § 994 BGB Rn. 9. *Hager* JuS 1987, 877, 880 sieht die §§ 951, 812 BGB als neben § 994 BGB anwendbar, um auch dem bösgläubigen Besitzer den Verwendungsersatz für nützliche Verwendungen nicht vollständig vorzuenthalten. Warum der Besitzer aber trotz bösen Glaubens schutzwürdig sein soll, ist fraglich.
[14] Vgl. *Prütting* Rn. 551.
[15] Staudinger/*Gursky* (2013) Vor §§ 987–993 BGB Rn. 6.
[16] *Lieder* JuS 2011, 821, 825.
[17] So für notwendige Verwendungen auch MünchKommBGB/*Raff* § 994 BGB Rn. 26ff.
[18] Staudinger/*Gursky* (2013) Vor §§ 987–993 BGB Rn. 4; dazu auch *Medicus/Petersen* Rn. 574.

e) Korrektur des Ergebnisses wegen originärer Beseitigungspflicht des T?

T könnte aber eine Pflicht zur Beseitigung des Hauses haben. Als Grundlage einer solchen Pflicht kommt hier § 1004 Abs. 1 Satz 1 BGB in Betracht. Bestünde eine solche Pflicht, dann wäre es unbillig, zuerst Zahlung von E zu verlangen, wenn T gleich darauf das Haus entfernen müsste. Eine solche Vorgehensweise verstieße gegen Treu und Glauben (§ 242 BGB). 14

Eine unter § 1004 BGB zu fassende Beeinträchtigung darf zunächst nicht dem spezielleren § 985 BGB unterfallen, sich also nicht im Besitzentzug erschöpfen.[19] Auch bei Rückgabe an E bleibt hier die Beeinträchtigung bestehen, sodass auch der Bau auf dem fremden Grundstück unter § 1004 BGB zu fassen ist. Fraglich ist aber, ob eine Beseitigungspflicht nicht den Wertungen des EBV widerspräche. T ist als redlicher Besitzer nicht verpflichtet, Schadensersatz zu leisten (vgl. § 993 Abs. 1 Hs. 2 BGB). Von dieser Vorschrift wird § 1004 BGB unmittelbar nicht erfasst, da er keinen auf Wiederherstellung gerichteten Schadensersatzanspruch regelt, sondern lediglich einen (davon zu unterscheidenden) Beseitigungsanspruch. 15

Hier führten aber beide Verpflichtungen für T zu beinahe identischen Ergebnissen, da er das Haus in jedem Fall beseitigen müsste. Der Rechtsgedanke der Privilegierung des redlichen Besitzers in § 993 BGB trifft deshalb auch auf § 1004 BGB zu.[20] Hieraus ergibt sich also keine Verbindlichkeit des T, die seinem Verwendungsersatzanspruch entgegenstehen könnte. 16

f) Korrektur des Ergebnisses wegen ererbter Verbindlichkeiten?

aa) Ansprüche der E gegen A

Dem Verwendungsersatzanspruch des T könnte jedoch entgegenstehen, dass er aufgrund etwaiger ererbter Verbindlichkeiten zur Beseitigung des Gebäudes verpflichtet sein könnte. Nach § 1967 Abs. 1, Abs. 2 BGB gehen die vom Erblasser herrührenden Schulden auf den Erben über. In Frage kommt eine Verpflichtung der A gegenüber der E zum Schadensersatz aus §§ 989, 990, § 823 Abs. 1, § 823 Abs. 2 BGB i.V.m. § 253 StGB. Zunächst ist aufgrund einer möglichen Sperrwirkung § 989 BGB zu prüfen. E war aufgrund der erfolgten Anfechtung zwar fortwährend Eigentümerin des Grundstücks. Die eigentliche Schadensursache, nämlich die Drohung mit dem Tod des Katers, war aber eine Handlung der A zu einem Zeitpunkt, als diese noch nicht im Besitz des Grundstücks war. Als dann T weitergehend den Schaden verwirklichte, war A nicht mehr Besitzerin. §§ 989, 990 BGB sind deshalb nicht einschlägig. 17

In Frage kommt aber § 823 Abs. 1 BGB in der Variante der Eigentumsverletzung. Die Verletzungshandlung der A war die erfolgte Drohung und das weitere Mitwirken an der Übertragung des Grundstücks an sich selbst zu Bauzwecken. Diese Handlung war auch kausal dafür, dass das Bauvorhaben verwirklicht wurde.[21] Fraglich ist noch, ob die Zurechnung zwischen Handlung und Rechtsgutsverletzung nicht durch das Dazwischentreten Dritter unterbrochen wurde. Zunächst hat E an dem Übertragungsakt mitgewirkt. Sie befand sich aber in einer die freie Willensbil- 18

---

[19] MünchKommBGB/*Baldus* § 1004 BGB Rn. 58.
[20] Ausführlich zum vorstehenden Gang der Argumentation *Baur* AcP 160 (1961), 465, 492 f.
[21] Zur haftungsbegründenden Kausalität *Brox/Walker* Besonderes SchuldR § 45 Rn. 28 ff.

dung beeinträchtigenden Zwangslage; der nötigende Täter würde privilegiert, wenn man ihm diese Mitwirkung des Opfers nicht zurechnen würde. Deshalb ist das Handeln des Opfers dem Täter dann zuzurechnen, wenn es wie hier auf einer billigenswerten Motivation beruht und sich das Opfer herausgefordert fühlen durfte.[22] Das Handeln des T wiederum verwirklicht gerade die durch A begründete Gefahr, indem er die Kausalkette ihrem Plan folgend weiterführte. Damit kann auch hier kein Zurechnungsausschluss erfolgen. Die übrigen Voraussetzungen des § 823 Abs. 1 BGB sind gegeben, insbesondere handelte A vorsätzlich bezüglich der Rechtsgutsverletzung, die weitergehend ursächlich für den Schaden war (haftungsausfüllende Kausalität).[23] Genauso liegen die Voraussetzungen des § 823 Abs. 2 BGB i. V. m. § 253 StGB vor; die Anfechtbarkeit des Geschäfts hindert vor allem nicht den Eintritt des für § 253 StGB erforderlichen Vermögensschadens.[24]

bb) Vererbbarkeit der Verpflichtung

19 Problematisch könnte hier noch sein, dass der Schaden sich erst nach dem Tod der A entwickelte; vor deren Tod hätte das Grundstück ohne weiteres zurückgegeben werden können. Der Anspruch bestand also nur dem Grunde nach schon im Zeitpunkt des Erbfalls. Das hindert jedoch den Übergang der Schadensersatzverpflichtung auf den Erben nicht. Eine Verpflichtung aus unerlaubter Handlung rührt auch dann i. S. d. § 1967 Abs. 2 BGB vom Erblasser her, wenn Rechtsgutsverletzung und Schaden erst nach dem Erbfall eintreten. Entscheidend ist, ob Rechtsgutsverletzung und Schaden durch ein die objektiven und subjektiven Tatbestandsmerkmale der Anspruchsnorm erfüllendes Verhalten des Erblassers verursacht worden sind.[25] T hat danach die Verbindlichkeit der A geerbt. Fraglich ist, ob dem nicht § 993 BGB entgegensteht. Die relevanten Ansprüche der E wurden aber schon vor der Besitzzeit des T begründet, sodass das EBV auch keine Sperrwirkung entfalten kann.

20 Diese Verbindlichkeiten sind also auf den T übergegangen (vgl. § 1967 BGB). Es besteht deshalb grundsätzlich eine Verpflichtung seinerseits, das Haus abreißen zu lassen. Er erhielte folglich auch keinen Verwendungsersatz.[26]

g) Verwendungsersatzansprüche wegen der Ausbesserung der Mauer

21 Schließlich könnte T dem Herausgabeanspruch der E ein Zurückbehaltungsrecht aus § 1000 Satz 1 BGB wegen seiner Verwendungsersatzansprüche für die Ausbesserung der Mauer entgegenhalten. Durch die von T vorgenommene Reparatur ist der Zustand der Mauer erhalten worden, insoweit liegt grundsätzlich eine notwendige Verwendung vor. Durch die Arbeit selbst sind dem T aber keine Kosten entstanden, er hat lediglich seine Arbeitskraft eingesetzt. Einer Ansicht nach sind auch die eigenen Arbeitsleistungen des Besitzers zu ersetzen, wenn sie eine bezahlte Ar-

---

[22] Vgl. *Brox/Walker* Allgemeines SchuldR § 30 Rn. 23.
[23] Dazu *Brox/Walker* Besonderes SchuldR § 45 Rn. 60; *Kötz/Wagner* Rn. 130, 210 ff.
[24] *Rengier* § 13 Rn. 156 für die parallele Frage beim Betrug.
[25] *Staudinger/Marotzke* (2016) § 1967 BGB Rn. 21.
[26] Wer hier (vertretbar) ein Mitverschulden der E nach § 254 Abs. 1, Abs. 2 S. 1 BGB annimmt, kommt zu keinem anderen Ergebnis. Das Mitverschulden kann nicht als so hoch eingestuft werden, dass die Schadensersatzverpflichtung vollständig entfällt. Die Argumentation bleibt also gleich: Dem Verwendungsersatzanspruch steht immer noch die Abrissverpflichtung entgegen.

beitskraft ersetzt haben.²⁷ Nach anderer Auffassung ist ein Entgelt für die Arbeitskraft nur zu leisten, wenn sie sonst anderweitig gegen Entgelt verwertet worden wäre oder die Arbeit im Rahmen des Gewerbes oder Berufs geleistet wurde.²⁸ Dieser Ansicht ist zu folgen, da dem Besitzer hier keine Vermögenseinbuße entsteht und der Blick auf die Vermögenssituation des Eigentümers nur auf das Bereicherungsrecht passt. Die reine Arbeitsleistung des T ist deshalb keine ersatzfähige Verwendung. Hingegen sind dem T für die Mauersteine tatsächlich Kosten entstanden. Diese kann er nach § 994 Abs. 1 Satz 1 BGB ersetzt verlangen und diesen Verwendungsersatzanspruch dem Herausgabeanspruch der E nach § 1000 Satz 1 BGB entgegenhalten.

II. Ansprüche auf Schadensersatz für die gefällten Bäume

Neben dem Herausgabeanspruch macht E auch einen Schadensersatzanspruch für die gefällten Bäume geltend. Als Anspruchsgrundlage kommen §§ 989, 990 BGB in Betracht. Ein solcher Anspruch scheitert aber daran, dass T weder verklagt (§ 989 BGB) noch bösgläubig (§ 990 BGB) war. Einen Anspruch kann E aber gegen A gehabt haben. Zwar kommt auch hier ein Anspruch aus §§ 989, 990 BGB mangels Besitzerstellung der A nicht in Betracht; es besteht jedoch ein deliktischer Anspruch aus § 823 Abs. 1 BGB, da auch das Fällen der Bäume der A zuzurechnen ist. Weiterhin fallen die Bäume noch unter den durch die Erpressung entstandenen Schaden, sodass auch § 823 Abs. 2 BGB i.V.m. § 253 StGB greift. Diese Verbindlichkeiten sind auf T übergegangen.

Hinweis: Die in § 989 BGB genannte Rechtshängigkeit begründet eine verschärfte Haftung auch dann, wenn der Besitzer sich noch immer im Recht wähnt und damit gutgläubig ist. Grund dafür ist die mit der Rechtshängigkeit einhergehende Warnfunktion. Nach § 261 ZPO tritt die Rechtshängigkeit mit der Erhebung der Klage ein. Die Klageerhebung erfolgt gem. §§ 253, 270 ZPO durch Zustellung der Klageschrift, sodass der Besitzer damit gewarnt ist, dass sein Recht bestritten wird. Nicht mit der Rechtshängigkeit zu verwechseln ist die Anhängigkeit, die bereits dann vorliegt, wenn bei Gericht eine Klage eingereicht wurde, ohne dass es einer Zustellung an den Beklagten bedarf.²⁹

III. Handlungsmöglichkeiten des T

1. Ausschlagung der Erbschaft

T könnte zunächst daran denken, die Erbschaft auszuschlagen. Da er ohnehin kein Eigentum an dem Grundstück erworben hat und auch sonst kein großes Vermögen vorhanden ist, wäre diese Möglichkeit finanziell für ihn die einträglichste. Er erhielte sonst aufgrund seiner Beseitigungspflicht keinen Verwendungsersatz, müsste aber das Haus kostspielig abreißen lassen. Könnte er die Erbschaft ausschlagen, fiele das Hindernis zwischen ihm und dem Verwendungsersatz weg; er wäre dann mangels einer ererbten Verbindlichkeit zu nichts verpflichtet und erhielte eine erhebliche Geldsumme.

Allerdings ist die Ausschlagung fristgebunden. Nach § 1944 Abs. 1, Abs. 2 BGB muss sie innerhalb von sechs Wochen erfolgen, nachdem der Erbe von dem Anfall

---
27 *Baur/Stürner* § 11 Rn. 55.
28 *Staudinger/Gursky* (2013) Vor §§ 994–1003 BGB Rn. 12 m.w.N.; zum Streitstand auch *Vieweg/Werner* § 8 Rn. 35 m.w.N.
29 Vgl. *Thomas/Putzo/Reichold* § 253 BGB Rn. 1 und § 261 BGB Rn. 1; *Musielak/Voit* Rn. 630.

der Erbschaft Kenntnis erlangt hat, sonst gilt die Erbschaft als angenommen. Diese Frist ist aber lange verstrichen. Es ist deshalb an eine Anfechtung der Annahme zu denken. Unabhängig davon, ob T hier ausdrücklich angenommen hat oder ob durch Fristverstreichung die Annahme nach § 1943 BGB fingiert wurde, kann grundsätzlich angefochten werden. Im ersten Fall liegt ohnehin eine nach allgemeinen Regeln anfechtbare Willenserklärung vor, im zweiten Fall ordnet § 1956 BGB die Anfechtbarkeit an. Eine wirksame Anfechtung hat die Wirkung einer Ausschlagung (§ 1957 BGB). Der Anfall der Erbschaft gälte dann in Bezug auf den T als nicht erfolgt (vgl. § 1953 Abs. 1 BGB).

26 In Betracht kommt hier eine Anfechtung wegen Eigenschaftsirrtums (§ 119 Abs. 2 BGB). Im Zeitpunkt der Annahme war T der Auffassung, dass er neben kleineren Vermögensgegenständen ein wertvolles Baugrundstück erbt. Stattdessen erbt er eine erhebliche Verbindlichkeit, die den Wert des Nachlasses mit Sicherheit übersteigt. Der Abriss eines Hauses dieser Größe verursacht höhere Kosten, als mit den 3.000 EUR Vermögen vorhanden ist. T könnte sich damit über das Bestehen der Abrissverpflichtung als verkehrswesentliche Eigenschaft des Nachlasses geirrt haben, der insoweit im Ganzen als „Sache" angesehen wird.[30] Der Sachbegriff geht hier also über den des § 90 BGB hinaus; umfasst ist jeder mögliche Gegenstand eines Rechtsgeschäfts.[31] Das Vorhandensein einer weiteren erheblichen Verbindlichkeit ist ein wertbildender Faktor und damit als verkehrswesentliche Eigenschaft anzusehen.[32] Damit steht T ein Anfechtungsrecht zu, das er innerhalb von 6 Wochen nach Kenntniserlangung von der Verbindlichkeit ausüben muss (vgl. § 1954 Abs. 1 BGB).

2. Haftungsbeschränkung auf den Nachlass

27 Daneben kommt noch die Beschränkung der Haftung auf den Nachlass in Betracht. Das ist für T dann vorzugswürdig, wenn er nicht auf das Eigentum an den persönlichen Erbstücken verzichten möchte, die nicht verwertbar sind. Hier kommt zunächst die Beantragung der Nachlassverwaltung in Betracht (vgl. § 1981 Abs. 1 BGB). Aufgrund der vorliegenden Vermögenssituation des Nachlasses erscheint es aber zwingend, das Nachlassinsolvenzverfahren zu beantragen. Dazu ist T unverzüglich verpflichtet, wenn er von der Überschuldung des Nachlasses Kenntnis erlangt (vgl. § 1980 Abs. 1 Satz 1 BGB). Hier übersteigen die Verbindlichkeiten den Wert der Nachlassgegenstände; es liegt damit Überschuldung vor.[33]

28 Auf diese Weise haftet T nicht mehr unbeschränkt mit seinem sonstigen Vermögen für die Nachlassverbindlichkeiten, wozu auch die Abrissverpflichtung gehört (vgl. § 1975 BGB). Die Verbindlichkeit als solche besteht allerdings fort und steht so als Hindernis zwischen T und dem Verwendungsersatz. Von dieser Vorgehensweise ist dem T also abzuraten, solange ihm die Erinnerungsgegenstände an seine Freundin nicht mehr wert sind als der Verwendungsersatzanspruch, der sich hier im sechsstelligen Eurobereich bewegen dürfte.

---

[30] Vgl. Palandt/*Weidlich* § 1954 BGB Rn. 6: Auch die Überschuldung selbst, nicht nur das Bestehen der Verbindlichkeit, ist eine verkehrswesentliche Eigenschaft.
[31] Vgl. *Frank/Helms* § 15 Rn. 9.
[32] *Frank/Helms* § 15 Rn. 9 m.w.N.; *Lange/Kuchinke* § 8 VII 2 d. Anders bei Verbindlichkeiten, die den Nachlass nur geringfügig schmälern; zwar sind auch diese wertbildende Faktoren, es fehlt aber an der Verkehrswesentlichkeit.
[33] Vgl. MünchKommBGB/*Küpper* § 1980 BGB Rn. 6.

IV. Ergebnis

E hat einen Anspruch auf Herausgabe des Grundstücks. Wenn T bezüglich der Erbschaft nichts unternimmt, kann E den Abriss des Hauses verlangen und muss keinen Verwendungsersatz leisten. T ist weiterhin zum Schadensersatz für die gefällten Bäume verpflichtet. Ficht T die Annahme der Erbschaft an, hat er einen Verwendungsersatzanspruch und ist zudem weder zum Abriss noch zum Schadensersatz verpflichtet. Wird die Haftung wirksam auf den Nachlass beschränkt, steht dem Verwendungsersatzanspruch die dem Grunde nach bestehende Pflicht des T zum Abriss des Hauses entgegen. T haftet dann jedoch nicht mit seinem sonstigen Vermögen für den Abriss. Entsprechendes gilt für den Schadensersatz. 29

Hinweis: Die genaue Höhe des Schadens berechnet sich nach dem Zeitpunkt der Geltendmachung, genauer: der letzten mündlichen Verhandlung.[34] Materiell-rechtlich sind sogar noch Veränderungen bis zum Erlöschen der Verbindlichkeit durch Erfüllung zu beachten, wie z. B. eine Kostenerhöhung. Diese muss der Geschädigte aber in einem weiteren Prozess geltend machen; die Schadenssumme erhöht sich nicht automatisch. Erst nach Erfüllung sind weitere Veränderungen unmaßgeblich.[35] 30

Abwandlung

I. Anspruch der E gegen T auf Herausgabe des Grundstücks aus § 985 BGB

1. Voraussetzungen des § 985 BGB

Der Herausgabeanspruch besteht wie oben dem Grunde nach. 31

2. Zurückbehaltungsrecht nach § 1000 Satz 1 BGB

a) Hausbau

Bei der Bebauung handelt es sich um nützliche Verwendungen (siehe Rn. 12 f.). § 996 BGB normiert, dass diese nur ersatzfähig sind, wenn sie vor dem Zeitpunkt der Rechtshängigkeit und vor Eintritt der Voraussetzungen des § 990 BGB vorgenommen wurden. Rechtshängigkeit liegt hier nicht vor. A wusste zum Zeitpunkt der Vornahme der Verwendungen aber von der Anfechtbarkeit. Nach § 142 Abs. 2 BGB ist dieses Wissen dem Wissen um die Nichtigkeit des Rechtsgeschäfts gleichgestellt. Damit war A auch ihr fehlendes Recht zum Besitz bekannt. Ihr standen keine Verwendungsersatzansprüche zu, die sie dem T vererben konnte. 32

Hinweis: Auf den ersten Blick scheint § 999 BGB genau das anzuordnen: T soll den an der Rechtsnachfolge nicht beteiligten Eigentümer nicht mehr, aber auch nicht weniger in Anspruch nehmen können als der Vorbesitzer. Hier ergibt sich jedoch schon aus den erbrechtlichen Vorschriften, dass nicht vorhandene Ansprüche natürlich auch nicht vererbt werden können. § 999 BGB ist deshalb für die Rechtsnachfolge aufgrund Rechtsgeschäfts, für die er einen gesetzlichen Anspruchsübergang normiert, von Belang.[36] 33

b) Ausbesserung der Mauer

Hier handelt es sich um eine notwendige Verwendung. Auch diese wurde im Zeitpunkt der Bösgläubigkeit gemacht. Damit Ersatz verlangt werden kann, müssen 34

---

[34] Staudinger/*Schiemann* (2017) Vor §§ 249–254 BGB Rn. 79.
[35] Vgl. Staudinger/*Schiemann* (2017) Vor §§ 249–254 BGB Rn. 81 f.
[36] Vgl. Palandt/*Herrler* § 999 BGB Rn. 1.

nach § 994 Abs. 2 BGB die Voraussetzungen der GoA vorliegen. Es kann sich hier nicht um eine umfassende Rechtsgrundverweisung auf die §§ 677 ff. BGB handeln; denn in dieser Lesart würde die Verweisung leer laufen, da in den Konstellationen des Eigenbesitzers nie ein Fremdgeschäftsführungswille vorliegt. Andererseits kann die Verweisung aber auch nicht als reine Rechtsfolgenverweisung verstanden werden, da die Rechtsfolgen davon abhängen, ob eine berechtigte oder eine unberechtigte GoA vorliegt (§§ 683 f. BGB). Daher geht die ganz h.M. heute zu Recht davon aus, dass es sich bei § 994 BGB lediglich um eine partielle Rechtsgrundverweisung handelt, bei der das Erfordernis des Fremdgeschäftsführungswillens ausgeklammert ist.[37]

35 Bei der Ausbesserung der im Eigentum der E stehenden Mauer handelt es sich um ein für A objektiv fremdes Geschäft. Im Einzelnen ist hier nur die Frage der Berechtigung problematisch, deren Voraussetzung § 683 BGB normiert. Abzustellen ist mangels einer tatsächlichen Äußerung der E auf den mutmaßlichen Willen. Wenn die Mauer reparaturbedürftig war, kann davon ausgegangen werden, dass eine Reparatur im Interesse der E lag, zumal sie das Grundstück weiter nutzen will. T kann deshalb nach §§ 683, 670 BGB für die Mauersteine Ersatz verlangen.

c) Erlangung durch unerlaubte Handlung

36 Allerdings hat A, die die Verwendungen vorgenommen hat, den Besitz am Grundstück durch eine unerlaubte Handlung erlangt (siehe Rn. 18). Nach § 1000 Satz 2 BGB kann der Besitzer ein Zurückbehaltungsrecht in diesem Fall nicht geltend machen. Fraglich ist, ob dies auf den T durchschlägt. Er macht hier ein eigenes Zurückbehaltungsrecht geltend, allerdings auf Grund geerbter Ansprüche. Für den Fall des § 999 BGB soll die Tat des Vorgängers nicht auf den Nachfolger durchschlagen, da Grund für den Ausschluss nur die fehlende Schutzwürdigkeit des Delinquenten ist.[38] Dieser Gedanke greift auch hier ein, sodass dem T ein Zurückbehaltungsrecht zusteht.

II. Ansprüche der E gegen T auf Abriss des Hauses

37 Hinsichtlich der Ansprüche der E gegen T auf Abriss des Hauses könnten im Gegensatz zum Ausgangsfall §§ 989, 990 BGB einschlägig sein. Eine Vindikationslage lag vor, denn A war im Zeitpunkt der Baumaßnahmen Besitzerin. Der Anspruch besteht damit.[39] Weitergehend könnte ein Anspruch nach § 823 Abs. 1 BGB gegeben sein. Der Tatbestand ist erfüllt. Fraglich ist aber, ob die Normen des EBV auch für den bösgläubigen Besitzer die Anwendung der allgemeinen Vorschriften sperren.[40] A hat allerdings den Besitz am Grundstück durch die Erpressung erlangt, so-

---

[37] Staudinger/*Gursky* (2013) § 994 BGB Rn. 23 m. w. N.
[38] MünchKommBGB/*Raff* § 1000 BGB Rn. 5 f.; wohl auch Palandt/*Herrler* § 1000 BGB Rn. 3.
[39] Auch wenn es auf den ersten Blick seltsam anmutet, ein wertvolles Haus als „Verschlechterung" eines Grundstücks und damit als Schaden zu sehen, ist doch die Wertung der §§ 249 ff. BGB zu beachten. Die dort angeordnete Naturalrestitution stellt nicht darauf ab, ob sich der Wert der „veränderten" Sache erhöht oder verringert hat.
[40] Keine Sperrwirkung mangels Schutzwürdigkeit nimmt z. B. *Prütting* Rn. 542 an. Die Gegenansicht zieht aus § 992 BGB den Umkehrschluss, dass nur die dort bezeichneten Besitzer nach Deliktsrecht verantwortlich sein sollen, z. B. Staudinger/*Gursky* (2013) Vor §§ 987–993 BGB Rn. 67 ff. sowie *Wolf/Wellenhofer* § 22 Rn. 43.

dass § 992 BGB einschlägig ist und die Frage demnach nicht entschieden werden muss. Die Ansprüche der E gegen A sind auch hier wieder gem. § 1967 BGB auf T übergegangen.

III. Ansprüche auf Schadensersatz für die gefällten Bäume

Ansprüche auf Schadensersatz der E gegen A für die gefällten Bäume ergeben sich hier zum einen aus §§ 989, 990 BGB, zum anderen aus § 823 Abs. 1 BGB. Auch diese Verbindlichkeiten sind auf T übergegangen.

38

IV. Ergebnis

Anders als im Ausgangsfall steht T nur ein Verwendungsersatzanspruch für die Mauersteine zu. Dagegen hat er die Verpflichtung, das Haus abreißen zu lassen und Schadensersatz für die Bäume zu leisten. Diese entfällt bei einer Anfechtung der Annahme der Erbschaft. Hier entgeht ihm dadurch also keinerlei Vermögen, denn auch bei der sonst erforderlichen Nachlassinsolvenz würde das Vermögen restlos aufgebraucht. Bei der Nachlassinsolvenz besteht aber für T immerhin die Möglichkeit, nicht vermögenswerte Gegenstände der E zu behalten.

39

Fall 9. Von Bienen, Blüten und Bäumen

Sachverhalt

Im Herbst 2008 eröffnet Gerhard Gösebrecht (G) einen Gartenbaubetrieb, in dem er großflächig Schnittblumen (Gypsophila, Septemberkraut, Solidaster) im Freiland anbaut. G hält dies für ein vielversprechendes Geschäftsmodell, da es im näheren Umkreis keinen vergleichbaren Handel gibt. Sein Optimismus verfliegt jedoch, als er im Sommer 2009 feststellen muss, dass seine Schnittblumenbestände immer wieder von Bienenschwärmen angeflogen und bestäubt werden. Das führt dazu, dass die Blumen rasch verblühen und infolgedessen nicht mehr verkäuflich sind. Als Verantwortlichen identifiziert G den passionierten Imker Immanuel Instetten (I), der auf einem Grundstück, das ca. einen Kilometer von seinem Gartenbaubetrieb entfernt liegt, seit nunmehr elf Jahren nebenberuflich mehrere Bienenvölker hält – eine Tätigkeit, die in der näheren Region beliebt und verbreitet ist.

Daneben sieht G seinen unternehmerischen Erfolg aber auch noch von anderer Seite bedroht. Er muss nämlich feststellen, dass der mit Kiespflastersteinen befestigte Weg zu seinem Geschäft zahlreiche Unebenheiten aufweist, wodurch schon ein Kunde, der zum Geschäft des G gelangen wollte, zu Fall gekommen ist. Eine nähere Untersuchung zeigt, dass die Wurzeln eines auf dem Grundstück seines Nachbarn Norbert Niemann (N) stehenden Kirschbaums in sein Grundstück hineingewachsen sind und die Unebenheiten des Weges verursacht haben.

G beschließt, sich diese Zumutungen nicht mehr länger bieten zu lassen. Zunächst setzt er einen Brief an I auf, in dem er diesen in scharfem Ton auffordert, die Bienenhaltung umgehend einzustellen und ihm seinen Verdienstausfall in Höhe von 10.000 EUR zu ersetzen. Überdies lässt er die störenden Wurzeln beseitigen und den Weg sodann neu verlegen. Für die Beseitigung zahlt er 1.200 EUR, für die Neuverlegung nochmals 1.000 EUR, die er jeweils von N ersetzt verlangt.

Sowohl I als auch N weigern sich, den Aufforderungen des G nachzukommen. I stellt sich auf den Standpunkt, dass seine Bienen lediglich dem Ruf der Natur folgen, wofür er schlechterdings nicht zur Verantwortung gezogen werden könne. Er habe das seinerseits Mögliche getan, indem er um sein Grundstück eine Trennhecke angepflanzt habe, die das Ausschwärmen der Bienen weitgehend einschränke. Daher seien die übrigen in dieser Gegend tätigen Gärtner bisher auch von einem vergleichbaren Bienenanflug verschont geblieben. Speziell die von G angebauten Blütenstauden böten aber einen unvergleichlichen Anziehungspunkt für die Bienen, sodass auch eine Trennhecke nichts auszurichten vermöge. Diese Behauptungen werden von einem Sachverständigen bestätigt, der attestiert, dass der hohe Grad der bei G aufgetretenen Schädigung auf der ausgezeichneten Lockwirkung der von G angebauten Schnittstauden auf Bienen beruhe.

N lehnt das Ansinnen des G unter dem Hinweis ab, dass ihn am Eindringen der Wurzeln kein Verschulden treffe, da der Kirschbaum schon auf dem Grundstück gestanden habe, als er es erworben habe. Schon aus diesem Grund könne er nicht ersatzpflichtig sein. Selbst wenn man dies anders sehen wolle, so sei er zumindest

Fall 9. Von Bienen, Blüten und Bäumen

mit einer Vornahme durch G nicht einverstanden. G hätte allenfalls verlangen können, dass er, N, den Schaden beseitige. G könne den Schaden aber nicht einfach selbst beheben und ihm sodann die Kosten für die Reparatur aufzwingen.

Dieser Widerstand lässt G endgültig verbittern. Im Dezember 2009 beschließt er, rechtliche Schritte einzuleiten, und bittet daher seinen Rechtsanwalt um eine Prüfung der folgenden Fragen:

1. Ist I zur Einstellung der Bienenhaltung verpflichtet?
2. Kann I auf Erstattung des Verdienstausfalls in Höhe von 10.000 EUR in Anspruch genommen werden?
3. Kann N auf Zahlung von 2.200 EUR in Anspruch genommen werden?

Bearbeitervermerk: Entwerfen Sie das Gutachten, in dem der Rechtsanwalt zu den aufgeworfenen Fragen in der vorgegebenen Reihenfolge Stellung nimmt.

Gliederung

Rn.

Frage 1: Ist I zur Einstellung der Bienenhaltung verpflichtet?
- I. Unterlassungsanspruch aus § 1004 Abs. 1 BGB 1
  - 1. Eigentumsstörung durch I 1
  - 2. Duldungspflicht des G 2
    - a) Duldungspflicht nach § 906 Abs. 1 Satz 1 BGB 2
      Problem: Fallen Bienen unter die „unwägbaren" Stoffe?
    - b) Duldungspflicht nach § 906 Abs. 2 Satz 1 BGB 3
      - aa) Ortsüblichkeit 3
      - bb) Keine Verhinderung durch wirtschaftlich zumutbare Maßnahmen? 4
- II. Ergebnis 5

Frage 2: Kann I auf Erstattung des Verdienstausfalls in Höhe von 10.000 EUR in Anspruch genommen werden?
- I. Anspruch aus § 906 Abs. 2 Satz 2 BGB 6
- II. Anspruch aus § 833 Satz 1 BGB 7
  - 1. Durch ein Tier verursachter Sachschaden 7
  - 2. Spezifische Tiergefahr 8
    Problem: Ist die Befruchtung von Blüten eine „spezifische Tiergefahr" der Biene?
  - 3. Widerrechtlicher Eingriff 9
- III. Anspruch aus § 823 Abs. 1 BGB 10
- IV. Ergebnis 11

Frage 3: Kann N auf Zahlung von 2.200 EUR in Anspruch genommen werden?
- I. Anspruch aus berechtigter GoA (§§ 670, 683 Satz 1, 677 BGB) 12
  - 1. Auch fremdes Geschäft wegen Beseitigungspflicht nach § 1004 Abs. 1 Satz 1 BGB 12
    - a) Anwendbarkeit des § 1004 BGB 12
      Problem: Ist § 1004 BGB neben § 910 BGB anwendbar?

	Rn.
b) Eigentumsbeeinträchtigung	14
c) Störereigenschaft des N	15
aa) N als Handlungsstörer?	15
bb) N als Zustandsstörer	17
d) Keine Duldungspflicht	20
e) Umfang der Beseitigungspflicht	21
aa) Streitstand	21

Problem: Muss der Störer auch die Benutzbarkeit wiederherstellen?

bb) Stellungnahme	23
f) Zwischenergebnis	24
2. Fremdgeschäftsführungswille	25
3. Geschäftsübernahme im Interesse des Geschäftsherrn	26
4. Zwischenergebnis	27
II. Anspruch aus unberechtigter GoA (§§ 684, 818 BGB)	28
1. Voraussetzungen eines Bereicherungsanspruchs nach dem Gesetzeswortlaut	28
2. Ausschluss des Bereicherungsrechts aus systematischen Gründen?	29

Problem: Führt die Anwendung der Bereicherungsvorschriften entgegen §§ 280, 283 BGB zu einer verschuldensunabhängigen Haftung wegen Unmöglichkeit der Leistung?

3. Zwischenergebnis	32
III. Ausgleichsanspruch nach § 906 Abs. 2 Satz 2 BGB	33
IV. Nachbarrechtlicher Ausgleichsanspruch nach § 906 Abs. 2 Satz 2 BGB analog	34
V. Ergebnis	36

Lösung

Frage 1: Ist I zur Einstellung der Bienenhaltung verpflichtet?

I. Unterlassungsanspruch aus § 1004 Abs. 1 BGB

1. Eigentumsstörung durch I

G könnte gegen I einen Unterlassungsanspruch aus § 1004 Abs. 1 BGB geltend machen. Das setzt voraus, dass G durch I in seinem Eigentum gestört worden ist. Die Bienen des I haben durch die Bestäubung auf die Blumen des G eingewirkt und sie auf diese Weise zum vorschnellen Verblühen gebracht. Diese Eigentumsbeeinträchtigung dauert im Dezember zwar nicht mehr an, sodass ein Fall der fortdauernden Störung i.S.d. § 1004 Abs. 1 Satz 1 BGB nicht vorliegt. Es sind aber im kommenden Sommer weitere Beeinträchtigungen i.S.d. § 1004 Abs. 1 Satz 2 BGB zu befürchten, sodass ein Unterlassungsanspruch auf diese Vorschrift gestützt werden könnte. I züchtet die Bienen und kann daher ungeachtet der schwierigen Abgrenzungsfragen, die den Störerbegriff umranken (siehe dazu noch Rn. 15 ff.), als Handlungsstörer in Anspruch genommen werden.

1

2. Duldungspflicht des G

a) Duldungspflicht nach § 906 Abs. 1 Satz 1 BGB

2 G könnte allerdings nach § 906 Abs. 1 Satz 1 BGB zur Duldung dieser Einwirkung verpflichtet sein. Das würde voraussetzen, dass auch Bienen unter diese Vorschrift fallen. Die von § 906 BGB erfassten Einwirkungen werden durch einen beispielhaften Katalog von sinnlich wahrnehmbaren, nicht wägbaren Stoffen (Imponderabilien) charakterisiert, die auf der Erde oder durch die Luft auf mechanischem oder physikalischem Wege zugeleitet werden.[1] Unter diese Definition können „wägbare" Bienen nicht subsumiert werden. Daneben werden von § 906 Abs. 1 Satz 1 BGB aber auch „ähnliche Einwirkungen" erfasst. Für die Ähnlichkeitsfeststellung ist nicht allein der Begriff der Imponderabilie maßgeblich, weil auch viele der vom Gesetz gewählten Beispiele selbst keine unwägbaren Einwirkungen sind.[2] Entscheidend muss nach dem Gesetzeszweck vielmehr sein, ob die Einwirkung in ihrer Ausbreitung weitgehend unkontrollierbar und unbeherrschbar ist, in ihrer Intensität schwankt und damit andere Grundstücke überhaupt nicht, unwesentlich oder wesentlich beeinträchtigen kann.[3] Dies ist auch beim Bienenflug und der damit verbundenen Blütenbestäubung der Fall.[4] Wollte man dem Bienenzüchter den Schutz des § 906 BGB versagen, so wäre eine sachgemäße Bienenzucht so gut wie ausgeschlossen.[5] Eine ähnliche Einwirkung liegt somit vor. Nach § 906 Abs. 1 Satz 1 BGB ist eine solche Einwirkung aber nur dann hinzunehmen, wenn sie unwesentlich ist.[6] Das kann angesichts des dem G entstandenen Schadens indes nicht angenommen werden. Aus § 906 Abs. 1 Satz 1 BGB kann eine Duldungspflicht daher nicht hergeleitet werden.

b) Duldungspflicht nach § 906 Abs. 2 Satz 1 BGB

aa) Ortsüblichkeit

3 Auch bei wesentlichen Beeinträchtigungen kann sich eine Duldungspflicht jedoch aus § 906 Abs. 2 Satz 1 BGB ergeben. Diese Vorschrift setzt voraus, dass eine wesentliche Beeinträchtigung i.S.d. § 906 Abs. 1 BGB durch die ortsübliche Benutzung eines anderen Grundstücks erfolgt. Eine wesentliche Beeinträchtigung wurde bereits festgestellt. Ob diese Beeinträchtigung ortsüblich ist, muss durch einen Vergleich der Benutzung des störenden Grundstücks mit anderen Grundstücken des Bezirks festgestellt werden. Maßgeblich ist das Gepräge, das sich aus der Betrachtung des aktuellen, tatsächlichen Zustands der Mehrheit der Vergleichsgrundstücke ergibt.[7] Grundsätzlich ist die Ortsüblichkeit für die Bienenhaltung in Dörfern und

---

[1] MünchKommBGB/*Brückner* § 906 BGB Rn. 39.
[2] Vgl. BGHZ 117, 110, 112 = NJW 1992, 1389.
[3] BGHZ 117, 110, 112 = NJW 1992, 1389; BGHZ 157, 33, 40 = NJW 2004, 1037; MünchKommBGB/*Brückner* § 906 BGB Rn. 41.
[4] Zur Fliegenbelästigung RGZ 160, 381; zum Bienenflug BGHZ 16, 366, 371 = NJW 1955, 747; BGHZ 117, 110, 112 = NJW 1992, 1389; allgemein zu Immissionen durch Tiere *Scheidler* MDR 2009, 242, 243f.
[5] RGZ 141, 406, 409.
[6] Generell zur Wesentlichkeit von Störungen durch Bienenhaltung *Schwendner* AgrarR 1990, 193, 194.
[7] BGHZ 30, 273, 279 = NJW 1959, 1867.

Stadtrandsiedlungen gegeben.[8] Speziell in der von I bewohnten Region ist das Bienenzüchten überdies eine beliebte und verbreitete Tätigkeit, sodass es als ortsüblich anzusehen ist.

bb) Keine Verhinderung durch wirtschaftlich zumutbare Maßnahmen?

Weiterhin setzt eine Duldungspflicht nach § 906 Abs. 2 Satz 1 BGB voraus, dass der Störer die Beeinträchtigung nicht durch Maßnahmen unterbinden kann, die Benutzern dieser Art wirtschaftlich zumutbar sind. I hat sich bereits bemüht, durch das Anpflanzen einer Trennhecke an der Grundstücksgrenze das Ausschwärmen der Bienen weitestgehend einzuschränken. Weitergehende erfolgversprechende Maßnahmen sind nicht denkbar, ohne die Bienenzucht vollständig zu unterbinden, da Bienen – anders als andere Tierarten – nicht eingesperrt werden können.[9]   4

II. Ergebnis

G hat die Einwirkung durch die Bienen folglich nach § 906 Abs. 2 Satz 1 BGB zu dulden. Ein Unterlassungsanspruch aus § 1004 Abs. 1 Satz 2 BGB besteht demnach nicht.   5

Frage 2: Kann I auf Erstattung des Verdienstausfalls in Höhe von 10.000 EUR in Anspruch genommen werden?

I. Anspruch aus § 906 Abs. 2 Satz 2 BGB

G könnte aber gegen I einen Ausgleichsanspruch aus § 906 Abs. 2 Satz 2 BGB geltend machen. Voraussetzung eines solchen Anspruchs ist, dass die Einwirkung der Bienen eine ortsübliche Benutzung des Grundstücks oder seines Ertrags in unzumutbarer Weise beeinträchtigt. Ortsüblich ist eine Nutzung dann, wenn in der Umgebung eine Mehrzahl von Grundstücken nach Art und Umfang einigermaßen gleich benutzt wird.[10] Entscheidend ist hier nicht, ob im Vergleichsgebiet allgemein eine landwirtschaftliche und gärtnerische Nutzung stattfindet. Vielmehr ist darauf abzustellen, dass G in ungeschützten Freilandkulturen einen besonderen Blütenstaudenanbau betreibt, den es so in der örtlichen Umgebung bisher nicht gab.[11] Die Nutzung des Grundstücks durch G ist somit nicht ortsüblich i.S.d. § 906 Abs. 2 Satz 2 BGB. Eine Beeinträchtigung der ortsüblichen Nutzbarkeit liegt nicht vor. Auf die Unzumutbarkeit der Beeinträchtigung kommt es insoweit nicht an. Ein Ausgleichsanspruch des G aus § 906 Abs. 2 Satz 2 BGB besteht nicht.   6

II. Anspruch aus § 833 Satz 1 BGB

1. Durch ein Tier verursachter Sachschaden

Daneben könnte G gegen I ein Anspruch aus Tierhalterhaftung aus § 833 Satz 1 BGB zustehen. Dafür müsste durch ein Tier ein Sachschaden verursacht worden sein. Die Bienen des I haben zur vorzeitigen Bestäubung und Unvermarktbarkeit   7

---

[8] *Gercke* NuR 1991, 59, 62; *Schwendner* AgrarR 1990, 193, 195.
[9] *Gercke* NuR 1991, 59, 62.
[10] Vgl. bereits den Nachweis in Fn. 7.
[11] Vgl. dazu auch BGHZ 117, 110, 114 = NJW 1992, 1389.

der Schnittblumen des G geführt, wodurch G einen Verdienstausfall in Höhe von 10.000 EUR erlitten hat.

2. Spezifische Tiergefahr

8 Der Schaden müsste jedoch auf einer spezifischen und typischen Tiergefahr beruhen. Ob in der Befruchtung einer Blüte durch eine Biene die Verwirklichung einer spezifischen Tiergefahr gesehen werden kann, ist indes fraglich. In der älteren Rechtsprechung wurde eine solche Gefahr verneint, wenn sich ein Schaden gerade durch ein artspezifisches Verhalten des Tieres verwirklicht hatte.[12] Danach wäre bei der Blütenbefruchtung durch Bienen ein Schadensersatzanspruch aus § 833 BGB auszuschließen.[13] Der BGH hat es indes zu Recht abgelehnt, sämtliche Erscheinungsformen natürlichen Tierverhaltens von vornherein aus der Halterhaftung auszugrenzen, da es zumindest einige Fälle gebe, in denen „Tiere sich lediglich ihrer natürlichen Veranlagung gemäß verhalten und dabei Schäden anrichten, die – bei rechtlich richtiger Wertung – im Bereich der haftungsrechtlich erheblichen Tiergefahr liegen".[14] Dem ist zuzustimmen, da die Tierhalterhaftung ihre Existenzberechtigung gerade in dem für den Halter unberechenbaren und nicht steuerbaren Tierverhalten findet; auf ein „unsorgfältiges Verhalten" des Tieres selbst kann es daher nicht ankommen.[15] Zu einem derart unkontrollierbaren Tierverhalten gehört aber auch das Flugverhalten von Bienen.

3. Widerrechtlicher Eingriff

9 Dennoch scheitert die Annahme einer Tierhalterhaftung an der fehlenden Widerrechtlichkeit des Eingriffs. Als Unterfall des Schadensersatzes für unerlaubte Handlungen bezweckt § 833 BGB den Schutz des Einzelnen gegen widerrechtliche Eingriffe in seinen Rechtskreis. Gemeinsam ist deshalb allen unerlaubten Handlungen die objektive Rechtswidrigkeit. Im Regelungsbereich der nachbarrechtlichen Sonderbestimmungen ist diese Widerrechtlichkeit am Maßstab dieser Vorschriften zu bemessen.[16] Kann G die Einwirkung durch die Bienen nicht als Eigentumsbeeinträchtigung abwehren (§ 1004 Abs. 2 i.V.m. § 906 BGB), so kann er auch nicht aus § 833 Satz 1 BGB zum Schadensersatz berechtigt sein. G hat daher keinen Anspruch gegen I aus § 833 Satz 1 BGB.

III. Anspruch aus § 823 Abs. 1 BGB

10 Ein Anspruch aus § 823 Abs. 1 BGB scheitert am fehlenden Verschulden des I.

IV. Ergebnis

11 G hat gegenüber I keine Ansprüche.

---

[12] Vgl. etwa RGZ 80, 237, 239; RGZ 141, 406, 407; OLG Düsseldorf VersR 1956, 226, 227.
[13] Offen gelassen in BGHZ 117, 110, 111 = NJW 1992, 1389.
[14] Vgl. dazu BGHZ 67, 129, 130 f. = NJW 1976, 2130; zust. MünchKommBGB/*Wagner* § 833 BGB Rn. 13, 22.
[15] Vgl. dazu auch MünchKommBGB/*Wagner* § 833 BGB Rn. 13, 22.
[16] BGHZ 117, 110, 111 = NJW 1992, 1389.

Frage 3: Kann N auf Zahlung von 2.200 EUR in Anspruch genommen werden?

I. Anspruch aus berechtigter GoA (§§ 670, 683 Satz 1, 677 BGB)

1. Auch fremdes Geschäft wegen Beseitigungspflicht nach § 1004 Abs. 1 Satz 1 BGB

a) Anwendbarkeit des § 1004 BGB

G könnte gegen N einen Anspruch auf Kostenerstattung aus §§ 670, 683 Satz 1, 677 BGB haben. Das setzt zunächst voraus, dass G hier ein fremdes Geschäft – also ein solches des N – vorgenommen hat. Die Entfernung der Wurzeln und die Wiederherstellung des Weges lagen zunächst im Interesse des G, da sein Eigentum dadurch beeinträchtigt wurde. Es könnte aber ein fremdes Geschäft nach den Grundsätzen des auch fremden Geschäfts angenommen werden, wenn zugleich auch den N eine Pflicht getroffen hätte, den Schaden zu beseitigen. Aus §§ 823 Abs. 1, 249 BGB kann eine entsprechende Pflicht nicht hergeleitet werden, da ein Verschulden des N nicht erkennbar ist. Da das Eigentum des G durch die störenden Wurzeln aber fortdauernd beeinträchtigt wurde, kommt ein Anspruch aus § 1004 Abs. 1 Satz 1 BGB in Betracht.

Das setzt zunächst voraus, dass § 1004 BGB hier überhaupt anwendbar ist. Teilweise wird das Selbsthilferecht nach § 910 Abs. 1 Satz 1 BGB nämlich bei grenzüberschreitendem Wachstum als Spezialregelung angesehen, neben der § 1004 BGB nicht zur Anwendung komme.[17] Nach der Gegenauffassung sind das Selbsthilferecht aus § 910 Abs. 1 Satz 1 BGB und der Beseitigungsanspruch nach § 1004 Abs. 1 Satz 1 BGB hingegen nebeneinander anwendbar.[18] Für diese zuletzt genannte Auffassung spricht, dass § 910 BGB die Rechtsstellung des beeinträchtigten Eigentümers verbessern soll, indem ihm die Möglichkeit einer schnellen und unkomplizierten Abhilfe verschafft wird. Sollte die Anwendung des § 910 BGB den Beseitigungsanspruch nach § 1004 BGB sperren, so würde die Rechtsstellung des Eigentümers aber nicht verbessert, sondern verschlechtert. Denn wenn der Eigentümer von seinem Selbsthilferecht Gebrauch macht und die eingedrungenen Baumwurzeln abschneidet, ist damit die Beseitigung der Eigentumsstörung noch nicht abgeschlossen. Vielmehr beeinträchtigen die Wurzeln weiterhin die Sachherrschaft des Grundstückseigentümers, zu der es gehört, fremde Gegenstände von seinem Grundstück fernzuhalten. Zur Beseitigung der Eigentumsstörung ist also mehr als nur das bloße Abschneiden der eingedrungenen Baumwurzeln erforderlich. Dieses „Mehr" kann der gestörte Eigentümer von dem Störer jedoch nicht nach § 910 Abs. 1 Satz 1 BGB, sondern nur nach § 1004 Abs. 1 Satz 1 BGB verlangen.[19] § 1004 Abs. 1 Satz 1 BGB ist daher anwendbar.

---

[17] *Armbrüster* NJW 2003, 3087, 3089; *Canaris,* FS Medicus, 1999, S. 25, 53 ff.; *Wilhelm* Rn. 1363, 1367, 1393.
[18] BGHZ 60, 235, 241 f. = NJW 1973, 703; BGH NJW 2004, 603; *Gursky* JZ 1992, 312, 313; *Picker* JuS 1974, 357, 359 ff.
[19] BGH NJW 2004, 603 f.

b) Eigentumsbeeinträchtigung

14 Voraussetzung eines Beseitigungsanspruchs aus § 1004 Abs. 1 Satz 1 BGB ist zunächst eine Eigentumsbeeinträchtigung. Die Vorschrift erfasst alle Beeinträchtigungen, die nicht in § 985 BGB geregelt sind. Demnach ist unter einer Beeinträchtigung jeder dem Inhalt des Eigentums widersprechende Eingriff in die rechtliche oder tatsächliche Herrschaftsmacht des Eigentümers zu verstehen, der unterhalb der vollständigen Besitzentziehung liegt.[20] Durch das Anheben der Pflastersteine wurde das Eigentum des G beeinträchtigt.

c) Störereigenschaft des N

aa) N als Handlungsstörer?

15 Weiterhin setzt § 1004 Abs. 1 Satz 1 BGB voraus, dass N Störer war. Wer als Störer im Sinne dieser Vorschrift gilt, ist ausgesprochen umstritten. Üblicherweise wird zwischen zwei Störergruppen unterschieden, nämlich den Handlungs- und den Zustandsstörern, deren trennscharfe Abgrenzung aber wiederum unklar ist.[21] Handlungsstörer soll sein, wer die Eigentumsbeeinträchtigung durch sein Verhalten adäquat kausal verursacht hat, wohingegen als Zustandsstörer derjenige gilt, auf dessen Willen die Beeinträchtigung wenigstens mittelbar zurückzuführen ist.[22] Da als Handlungsstörer aber auch derjenige angesehen wird, der durch ein in der Vergangenheit abgeschlossenes Handeln (z. B. die Errichtung eines Bauwerks) die Ursache für die Störung gegeben hat, ist die Abgrenzung zwischen diesen beiden Störertypen mit zahlreichen Unsicherheiten belastet. Deshalb wollen einige Autoren die Figur des Handlungsstörers gänzlich aufgeben, da sie wegen des fehlenden Verschuldenserfordernisses zu einer reinen Erfolgshaftung und damit zu einem „Deliktsrecht zweiten Grades" führe.[23]

16 Den näheren Konturen der Figur des Handlungsstörers muss hier nicht weiter nachgegangen werden, da N nicht durch sein unmittelbares Verhalten zur Beeinträchtigung des fremden Eigentums beigetragen hat. Der Kirschbaum stand bereits auf dem Grundstück, als es erworben hat, sodass er allenfalls für dessen Zustand haftbar gemacht werden kann. Eine solche Verantwortlichkeit wird aber – auch wenn sie aus der Verletzung einer Verkehrssicherungspflicht durch Unterlassen hergeleitet wird – herkömmlich unter die Fallgruppe der Zustandsstörung subsumiert.

bb) N als Zustandsstörer

17 N könnte daher allenfalls Zustandsstörer sein. Auch dieser Begriff ist inhaltlich aber noch weitgehend unkonturiert. Teilweise wird vorgeschlagen, schon die Eigentümerstellung als Grundlage der Zustandsstörerverantwortlichkeit genügen zu lassen.[24] Danach wäre N hier als Störer i. S. d. § 1004 BGB anzusehen. In der Recht-

---

[20] Palandt/*Herrler* § 1004 BGB Rn. 5 f.
[21] Zu weiteren Einteilungen vgl. die Übersicht bei MünchKommBGB/*Baldus* § 1004 BGB Rn. 149 ff.
[22] Vgl. statt vieler MünchKommBGB/*Baldus* § 1004 BGB Rn. 149 m. w. N.
[23] Vgl. insbesondere *Picker,* Der negatorische Beseitigungsanspruch, 1972, S. 25 ff., 31; *ders.* AcP 176 (1976), 28 ff., 49 f.; *ders.* AcP 178 (1978), 499 ff.; *ders.,* FS Bydlinski, 2002, S. 279, 304 ff.; Staudinger/*Gursky* (2013) § 1004 BGB Rn. 96 ff.
[24] *Prütting* Rn. 574 f.; *Pleyer* AcP 156 (1957), 291 ff., 310; *Stickelbrock* AcP 197 (1997), 456, 493 ff.; für eine gänzliche Aufgabe der Zustandsstörerhaftung *E. Wolf,* Lehrbuch des Sachenrechts, 2. Aufl. 1979, § 3 E V a 3ee (S. 150 ff.); zutr. dagegen Staudinger/*Gursky* (2013) § 1004 BGB Rn. 96 ff.

sprechung wird hingegen betont, dass die bloße Eigentümerstellung für eine Zustandshaftung noch nicht ausreichen soll, sondern es vielmehr erforderlich sei, dass der eigentumsbeeinträchtigende Sachzustand zumindest mittelbar auf den Willen des Anspruchsgegners zurückgeführt werden könne.[25] In der neueren Rechtsprechung ist diese Formel dahingehend präzisiert worden, dass anhand einer wertenden Betrachtung der jeweiligen Zurechnungskriterien im Einzelfall zu entscheiden sei, ob es Sachgründe dafür gebe, die Verantwortung dem Eigentümer des Grundstücks aufzuerlegen, von dem die Beeinträchtigungen ausgehen.[26]

Speziell beim Einwirken von Naturkräften werden namentlich zwei Gründe für die Pflichtenstellung des Eigentümers anerkannt:[27] Zum einen soll die Störerhaftung daraus erwachsen können, dass der Störer durch eigene Handlungen objektiv eine konkrete Gefahrenlage geschaffen hat, die sich später verwirklicht hat.[28] Zum anderen soll aus dem nachbarlichen Gemeinschaftsverhältnis eine Sicherungspflicht, also eine Pflicht zur Verhinderung möglicher Beeinträchtigungen des Nachbargrundstücks, entstehen können.[29] Dabei kommt es insbesondere darauf an, ob sich die Nutzung des eigenen Grundstücks noch im Rahmen ordnungsgemäßer Bewirtschaftung hält.[30] **18**

Misst man das Verhalten des N an diesem Maßstab, so ist auch nach dieser Auffassung eine Störerhaftung gem. § 1004 BGB zu bejahen. Nach dem in § 903 BGB enthaltenen Grundgedanken, der in der Spezialregelung des § 910 BGB eine besondere Ausprägung gefunden hat, muss der Eigentümer dafür Sorge tragen, dass die Baumwurzeln nicht über die Grenzen seines Grundstücks hinauswachsen.[31] Geschieht dies doch, so kann er als Zustandsstörer in Anspruch genommen werden. N ist daher Störer i.S.d. § 1004 Abs. 1 BGB.

Hinweis: Der Meinungsstreit um den Störerbegriff im Rahmen des § 1004 BGB ist mittlerweile zu komplex, als dass er im Rahmen einer herkömmlichen Aufsichtsarbeit in all seinen Facetten umfassend abgefragt und dargestellt werden könnte. Es ist daher hier (wie aber auch in anderen Streitigkeiten) dringend zu empfehlen, die Falllösung auf den konkreten Sachverhalt zu fokussieren und jeder abstrakten Erörterung des Problems auszuweichen. **19**

d) Keine Duldungspflicht

Nach § 1004 Abs. 2 BGB kann der betroffene Eigentümer die Beeinträchtigung nur dann abwehren, wenn er nicht zu ihrer Duldung verpflichtet ist. Speziell für den Fall des Überhangs beurteilt sich das Ausmaß dieser Duldungspflicht am Maßstab des § 910 Abs. 2 BGB.[32] Danach kann der Eigentümer die Beseitigung hinübergewachsener Baumwurzeln nicht verlangen, wenn sie die Benutzung seines **20**

---

25 BGHZ 90, 255, 266 = NJW 1984, 2207; BGHZ 155, 99, 105 = NJW 2003, 2377; BGH NJW 2005, 1366, 1368 f.
26 Vgl. dazu BGHZ 142, 66, 69 = NJW 1999, 2896; BGHZ 155, 99 = NJW 2003, 2377; Palandt/*Herrler* § 1004 BGB Rn. 21 sowie die Dokumentation der BGH-Rspr. bei *Wenzel* NJW 2005, 241 ff.
27 Vgl. zum Folgenden auch *Wenzel* NJW 2005, 241 ff.
28 BGHZ 90, 255, 266 = NJW 1984, 2207; BGHZ 160, 232, 236 = NJW 2004, 3701.
29 BGHZ 90, 255, 266 = NJW 1984, 2207; BGH NJW 2004, 603, 604; BGHZ 157, 33, 42 = NJW 2004, 1037.
30 BGH NJW 2004, 603, 604; BGHZ 157, 33, 42 = NJW 2004, 1037.
31 BGH NJW 2004, 603, 604.
32 BGH NJW 2004, 603, 604.

Grundstücks nicht beeinträchtigen. Die Baumwurzeln haben die auf dem Grundstück des G befindlichen Pflastersteine angehoben, sodass hier eine Eigentumsbeeinträchtigung vorliegt. G ist demnach nicht gem. § 1004 Abs. 2 BGB zur Duldung dieser Störung verpflichtet. Damit kann festgestellt werden, dass N eine Beseitigungspflicht nach § 1004 Abs. 1 Satz 1 BGB traf.

e) Umfang der Beseitigungspflicht

aa) Streitstand

21 Fraglich ist allerdings, wie weit diese Beseitigungspflicht ging. Auch in dieser Frage besteht in Rechtsprechung und Schrifttum keine Einigkeit.[33] Nach Auffassung der Rechtsprechung muss der Störer nicht nur die Störung selbst beseitigen, sondern darüber hinaus auch den Zustand der Benutzbarkeit wiederherstellen.[34] Nach dieser Auffassung konnte G nicht nur die Beseitigung der Wurzeln, sondern auch die Kosten für die Wiederherstellung des Weges verlangen. Nach der wohl herrschenden Schrifttumsauffassung ist der Anspruch aus § 1004 BGB hingegen ausschließlich darauf gerichtet, dass der Störer als „actus contrarius" zur Störung die primäre Störungsquelle zu beseitigen hat.[35] Danach war der N ausschließlich zur Beseitigung des störenden Wurzelwerks, nicht aber zur Wiederherstellung des Weges verpflichtet. Zu demselben Ergebnis gelangt die im neueren Schrifttum verbreitete Usurpationstheorie, wonach der Störer überhaupt nicht zur Störungsbeseitigung verpflichtet sein soll, sondern lediglich zum Rückzug aus dem fremden Rechtskreis.[36] Auch danach wäre G zur Beseitigung des Wurzelwerks verpflichtet gewesen.

22 **Hinweis:** Die beiden letztgenannten Auffassungen gelangen häufig zu demselben Ergebnis.[37] Ein entscheidender Unterschied ergibt sich, wenn der Eigentümer die störende Sache derelinquiert. Nach der Usurpationstheorie hat der Eigentümer sich auch auf diese Weise seiner Haftung entledigt, weil er sich aus dem fremden Rechtskreis zurückgezogen hat.[38] Nach der Gegenauffassung bleibt der frühere Eigentümer auch in diesem Fall zur Beseitigung verpflichtet,[39] was zumindest im Ergebnis eher überzeugt. Des Weiteren lässt sich auch der Widerrufsanspruch als anerkannte Ausprägung des allgemeinen Beseitigungsanspruchs nicht in das gedankliche Konzept der Usurpationstheorie einfügen, da die zu widerrufende Äußerung zwangsläufig in der Vergangenheit liegt, und eine in der Vergangenheit abgeschlossene Handlung keine Pflicht mehr begründen kann.[40]

bb) Stellungnahme

23 Da die beiden letztgenannten Auffassungen zu demselben Ergebnis gelangen, bedarf es allein der Auseinandersetzung mit der Position der Rechtsprechung. Ihr gegenüber sind die beiden Literaturauffassungen insofern vorzugswürdig, als sie die Grenze zwischen verschuldensabhängiger Schadensersatzhaftung und verschuldens-

---

[33] Zum Streitstand *Lohse* AcP 201 (2001), 902, 903 f.; *Weick* NJW 2011, 1702, 1705.
[34] BGHZ 97, 231, 236 f. = NJW 1986, 2640; BGH NJW 2004, 603, 604; 2005, 1366, 1368; zust. *Wenzel* NJW 2005, 241, 243.
[35] Grundlegend *Baur* AcP 160 (1961), 465, 487 ff.; dem folgend MünchKommBGB/*Baldus* § 1004 BGB Rn. 225; *Larenz/Canaris* § 86 V 3c; *Lettl* JuS 2005, 871, 872.
[36] Grundlegend *Picker* S. 157; ihm folgend Staudinger/*Gursky* (2013) § 1004 BGB Rn. 137 ff.; *Buchholz/Radke* Jura 1997, 454, 456 ff.; *Katzenstein* AcP 211 (2011), 58, 74 ff.
[37] So auch der Befund von MünchKommBGB/*Baldus* § 1004 BGB Rn. 225 mit Fn. 417.
[38] Vgl. dazu Staudinger/*Gursky* (2013) § 1004 BGB Rn. 113 m.w.N. auch zur Gegenauffassung; ferner *Picker* S. 113 ff.; *Buchholz/Radke* Jura 1997, 454, 461.
[39] Vgl. statt vieler nur *Larenz/Canaris* § 86 V 2.
[40] *Larenz/Canaris* § 86 V 2.

unabhängiger Beseitigungspflicht aufrechterhalten. Im Verständnis der Rechtsprechung rückt der Beseitigungsanspruch dagegen gefährlich in die Nähe des Deliktsrechts, woraus die Gefahr resultiert, dass das dort geltende Verschuldenserfordernis über den Hebel des § 1004 BGB unterlaufen wird.[41] Die Entscheidungspraxis der Gerichte belegt, dass eine sinnvolle Unterscheidung zwischen abgeschlossener Nachteilszufügung (= Schaden) und fortwirkender Störungsursache (= Beeinträchtigung) bis heute noch nicht überzeugend gelungen ist, weil sich letztlich jeder Nachteil in eine „weiterfressende" Beeinträchtigung umdeuten lässt.[42] Folgt man aus diesen Gründen den beiden Schrifttumsauffassungen, so war N zwar zur Entfernung der störenden Wurzeln, nicht aber zur Wiederherstellung des Weges verpflichtet. Eine solche Verpflichtung könnte sich allenfalls aus § 823 Abs. 1 BGB ergeben, dessen Anwendung aber am fehlenden Verschulden des N scheitert.

f) Zwischenergebnis

G hatte gegen N einen Anspruch auf Beseitigung des Wurzelwerks, nicht aber auf Wiederherstellung des Gehweges. Nur hinsichtlich der Beseitigung stellt sich das Tätigwerden des G daher als ein fremdes Geschäft i. S. d. § 677 BGB dar. **24**

2. Fremdgeschäftsführungswille

Weiterhin müsste G dieses Geschäft mit Fremdgeschäftsführungswillen durchgeführt haben. Das ist deshalb fraglich, weil G auch selbst ein Interesse an der Beseitigung der Wurzeln hatte. Ob bei einem derartigen „auch fremden Geschäft" ein Fremdgeschäftsführungswille vermutet werden darf, ist grundsätzlich umstritten.[43] Zumindest in den Fällen, in denen eine vorrangige Verpflichtung des Geschäftsherrn besteht und der Geschäftsführer in Kenntnis dieser Verpflichtung tätig wird, wird ein Fremdgeschäftsführungswille des Geschäftsführers aber überwiegend anerkannt.[44] N war als Zustandsstörer vorrangig dafür verantwortlich, die Beeinträchtigung zu beseitigen, sodass ein Fremdgeschäftsführungswille hier vermutet werden darf. **25**

3. Geschäftsübernahme im Interesse des Geschäftsherrn

Schließlich müsste die Übernahme der Geschäftsführung auch dem wirklichen oder mutmaßlichen Willen des Geschäftsherrn entsprochen haben. N hat im Nachhinein geäußert, die Beseitigung durch E habe nicht seinen Interessen entsprochen. E war dieser fehlende Wille aber nicht bekannt, sodass man auf den mutmaßlichen Willen abstellen könnte. Der mutmaßliche Wille steht dem wirklichen Willen aber nicht gleich. Es genügt nicht, dass die Geschäftsführung dem mutmaßlichen Willen entspricht, wenn ein entgegenstehender wirklicher Wille vorhanden und bekannt ist. Ist der wirkliche Wille festzustellen, so ist er maßgebend, gleichviel ob er dem **26**

---

[41] Vgl. bereits die Nachweise in Fn. 36 und 37.
[42] Vgl. dazu *Larenz/Canaris* § 86 VI 1b; *Baur* AcP 160 (1961), 465, 489; *Buchholz/Radke* Jura 1997, 454, 457.
[43] Ausführlich zum Streitstand *Martinek/Theobald* JuS 1997, 805, 807 ff.
[44] Für eine Vermutung des Fremdgeschäftsführungswillens beim auch fremden Geschäft der BGH in st. Rspr. – vgl. den Überblick bei BGH NJW-RR 2004, 81, 82 m. w. N.; zur vielstimmigen Kritik vgl. die Übersicht bei *Falk* JuS 2003, 833, 835 ff. und *Martinek/Theobald* JuS 1997, 805, 807 ff. – jeweils m. w. N.

Geschäftsführer bekannt war oder nicht.⁴⁵ Das muss zumindest dann gelten, wenn der Geschäftsführer die Möglichkeit hatte, den tatsächlichen Willen des Geschäftsherrn festzustellen und er dies bewusst unterlassen hat. Aus diesem Grund ist eine Geschäftsübernahme im Interesse des Geschäftsherrn hier abzulehnen. Die Beseitigung des Wurzelwerks entsprach auch nicht einer im öffentlichen Interesse liegenden Pflicht i. S. d. § 679 BGB, sodass der entgegenstehende Wille des N auch insofern nicht unbeachtlich ist.

4. Zwischenergebnis

27 E hat nicht im Interesse des N gehandelt, sodass ein Anspruch aus §§ 670, 683 Satz 1, 677 BGB ausgeschlossen ist.

II. Anspruch aus unberechtigter GoA (§§ 684, 818 BGB)

1. Voraussetzungen eines Bereicherungsanspruchs nach dem Gesetzeswortlaut

28 G könnte aber gegen N einen Erstattungsanspruch aus §§ 684, 818 BGB haben. Das setzt zunächst eine unberechtigte GoA voraus. Eine solche liegt hier nach dem oben Gesagten vor. G hat ein Geschäft des N mit Fremdgeschäftsführungswillen geführt. Die Geschäftsübernahme lag aber nicht im Interesse des N. G könnte aber hinsichtlich der Beseitigung des Wurzelwerkes einen Erstattungsanspruch nach § 684 i. V. m. § 818 Abs. 2 BGB geltend machen. N ist durch die Beseitigungshandlung des E insofern bereichert worden, als er von seiner eigenen Beseitigungspflicht aus § 1004 Abs. 1 Satz 1 BGB befreit worden ist. Diese Bereicherung kann er nicht herausgeben, er kann aber zum Wertersatz nach § 818 Abs. 2 BGB verpflichtet sein. Nach dem Gesetzeswortlaut ist ein Bereicherungsanspruch also gegeben und wird dementsprechend auch in der Rechtsprechung und weiten Teilen des Schrifttums anerkannt.⁴⁶

2. Ausschluss des Bereicherungsrechts aus systematischen Gründen?

29 Von anderen Vertretern des Schrifttums wird die Anwendung des Bereicherungsrechts hingegen mit der Begründung abgelehnt, dass ein solcher Anspruch systemwidrig sei.⁴⁷ Nach §§ 280, 283 BGB habe ein Schuldner, dem eine Leistung unmöglich wird, nur dann Schadensersatz zu leisten, wenn er die Unmöglichkeit zu vertreten habe. Daran fehle es, wenn der Gläubiger die Beseitigungshandlung eigenmächtig vornehme, ohne dem Schuldner vorher Gelegenheit zur Leistung zu geben. Daneben könne sich auch noch ein Wertungswiderspruch zu § 887 ZPO ergeben. Danach setze die Zwangsvollstreckung wegen eines Anspruchs auf Vornahme einer vertretbaren Handlung nicht nur einen vollstreckbaren Titel voraus, sondern der Gläubiger könne auch nur durch einen gerichtlichen Beschluss nach vorheriger Anhörung des Schuldners zur Selbstvornahme ermächtigt werden. Auch

---

45 Erman/*Dornis* § 683 BGB Rn. 4; Staudinger/*Bergmann* (2015) § 683 BGB Rn. 24.
46 BGHZ 97, 231, 234 = NJW 1986, 2640; BGH NJW 2004, 603, 604; 2005, 1366, 1367; MünchKommBGB/*Baldus* § 1004 BGB Rn. 276.
47 Vgl. zum Folgenden Staudinger/*Gursky* (2013) § 1004 BGB Rn. 159; *Gursky* NJW 1971, 782 ff.; *ders.* JZ 1992, 312, 313 ff.; *Picker* JuS 1974, 357, 361.

diese Vorschrift werde umgangen, wenn der Gläubiger die Beseitigung schlicht selbst vornehme und anschließend Kostenersatz verlangen könne. Nach dieser Auffassung könnte G gegen N keinen bereicherungsrechtlichen Anspruch geltend machen.

Zustimmung verdient die wortgetreue Lesart der Rechtsprechung. Aus § 267 BGB folgt der für alle Schuldverhältnisse geltende Grundsatz, dass ein Dritter grundsätzlich berechtigt ist, Leistungen für den Schuldner zu erbringen.[48] Da die Beseitigungspflicht aus § 1004 BGB keine persönliche Leistungspflicht des Schuldners ist, gilt dieser Grundsatz auch hier. Diese Wertung wird gerade auch durch § 910 BGB bestätigt, da das hier vorgesehene Selbsthilferecht zum Abschneiden der Wurzeln durch die Beseitigung der weiteren Beeinträchtigung nach § 1004 BGB lediglich fortgesetzt wird.[49] Einer Selbstvornahme steht schließlich auch § 887 ZPO nicht entgegen, da diese Vorschrift lediglich eine vollstreckungsrechtliche Privilegierung des Gläubigers bezweckt, seine materiell-rechtlichen Ansprüche aber nicht einschränken soll.[50]

Schließlich sprechen auch praktische Erwägungen für diese Auffassung.[51] Die Ursache einer durch eingedrungene Baumwurzeln hervorgerufenen Eigentumsbeeinträchtigung lässt sich oft nicht ohne weiteres erkennen. Sie muss erst durch das Aufgraben des Bodens oder andere Maßnahmen, wie z.B. die „Fernsehuntersuchung" eines Abwasserkanals, ermittelt werden. Deshalb kann von dem Eigentümer nicht verlangt werden, sogleich von seinem Nachbarn die Beseitigung einer Beeinträchtigung, deren Ursache nicht bekannt ist, zu verlangen; vielmehr muss er zunächst selbst tätig werden. Erkennt er sodann die Störungsursache, rechtfertigt sein Interesse an einer zügigen Störungsbeseitigung das Fortführen der begonnenen Arbeit. Das Bereicherungsrecht ist daher hier anwendbar und ein Anspruch des G dementsprechend zu bejahen.

3. Zwischenergebnis

G hat gegen N einen Ersatzanspruch aus §§ 684, 818 Abs. 2 BGB in Höhe der durch die Beseitigung der störenden Wurzeln entstandenen Aufwendungen, also in Höhe von 1.200 EUR.

III. Ausgleichsanspruch nach § 906 Abs. 2 Satz 2 BGB

Ein Ausgleichsanspruch nach § 906 Abs. 2 Satz 2 BGB scheitert daran, dass es sich bei den eindringenden Wurzeln nicht um Einwirkungen im Sinne dieser Vorschrift handelt (siehe dazu bereits Rn. 2).

IV. Nachbarrechtlicher Ausgleichsanspruch nach § 906 Abs. 2 Satz 2 BGB analog

Daneben wird speziell für das Nachbarschaftsverhältnis verbreitet auch noch ein nachbarrechtlicher Ausgleichsanspruch analog § 906 Abs. 2 Satz 2 BGB angenom-

---

[48] BGH NJW 2004, 603, 604; zust. *H. Roth* LMK 2004, 64, 65.
[49] Vgl. auch insofern BGH NJW 2004, 603, 604; *H. Roth* LMK 2004, 64, 65.
[50] BGH NJW 2004, 603, 604; *Larenz/Canaris* § 69 III 2d; *Herresthal/Riehm* NJW 2005, 1457, 1459; *H. Roth* LMK 2004, 64, 65.
[51] Vgl. zum Folgenden BGH NJW 2004, 603, 604.

men, der dann eingreifen soll, wenn eine grundsätzlich nicht zu duldende Einwirkung i. S. d. § 1004 BGB aus rechtlichen oder tatsächlichen Gründen nicht beseitigt werden kann oder wenn die Störung – wie hier – durch Einwirkungen entsteht, die von § 906 BGB nicht erfasst werden.[52] Da ein solcher Anspruch gesetzlich nicht geregelt ist, sondern nur auf richterrechtlichem Gewohnheitsrecht beruht,[53] kann er allerdings nur dort zur Anwendung kommen, wo es um Beeinträchtigungen geht, für die der betroffene Eigentümer keinen anderweitigen Ersatz verlangen kann.[54] An dieser Voraussetzung fehlt es hier zumindest im Hinblick auf die störenden Wurzeln (siehe Rn. 32).

35 Hinsichtlich der Wiederherstellung des Weges kann der G zwar keinen Ersatz verlangen, doch ist ihm dieser Ersatzanspruch gerade mit der Begründung versagt worden, dass eine Störung i. S. d. § 1004 Abs. 1 BGB nicht vorliegt (siehe dazu Rn. 23). Auf diese Weise sollte verhindert werden, dass über das Vehikel des § 1004 Abs. 1 BGB das deliktsrechtliche Verschuldenserfordernis umgangen wird. Diese Zielsetzung würde konterkariert, wollte man nunmehr dasselbe Ziel über einen allgemeinen nachbarrechtlichen Ausgleichsanspruch herbeiführen. Vielmehr ist auch insofern anzunehmen, dass der G zwar einen Schaden erlitten hat, sein Eigentum aber keine fortdauernde Beeinträchtigung mehr erfährt. Ungeachtet der Frage, ob ein allgemeiner nachbarrechtlicher Ausgleichsanspruch überhaupt anzuerkennen ist,[55] liegen seine Voraussetzungen demnach nicht vor. G kann auch auf diesem Wege keinen Ersatz für die Wiederherstellung des Weges verlangen.

V. Ergebnis

36 G hat gegen N einen Ersatzanspruch aus §§ 684, 818 Abs. 2 BGB in Höhe von 1.200 EUR für die Beseitigung des störenden Wurzelwerks. Ein weitergehender Anspruch auf Wiederherstellung des Weges steht ihm hingegen nicht zu.

---

[52] Vgl. zu diesem allgemeinen nachbarrechtlichen Ausgleichsanspruch BGHZ 58, 149, 158 f. = NJW 1972, 724; BGHZ 90, 255, 262 = NJW 1984, 2207; aus jüngerer Zeit: BGHZ 157, 188, 190 f. = NJW 2004, 3701; BGHZ 160, 232, 236 = NJW 2004, 3701, 3702 f.; MünchKommBGB/*Brückner* § 906 BGB Rn. 195 ff.; *Rachlitz/Ringshandl* JuS 2011, 970 ff.; krit. *J. F. Baur*, FG BGH, Bd. 1, 2000, S. 849, 866 ff.
[53] Vgl. dazu *Hagen* AcP 202 (2002), 996, 997.
[54] BGH NJW 2004, 603, 605.
[55] Vgl. bereits Fn. 53.

Fall 10. Witwer und Waisen ✓

Sachverhalt

Der verwitwete Volker Vischer (V) wollte seinem damals zehn Jahre alten Sohn Samuel (S) ein Hausgrundstück in der Konstanzer Innenstadt schenkweise übertragen. Das Haus war in zwei Wohnungen unterteilt, von denen die eine an den Mieter Melanchthon Markowski (M) vermietet war, die andere von V und S bewohnt wurde. Auf dem Haus lastete eine Grundschuld, wobei im Grundbuch eingetragen war, dass jeder künftige Eigentümer der sofortigen Zwangsvollstreckung unterworfen sein sollte. Zur Eigentumsübertragung begab sich V am 12.12.2002 zu dem Notar Nathan Neureich (N) und erklärte diesem gegenüber Schenkung und Auflassung. S selbst war nicht mitgekommen, wurde jedoch von seinem Vater vertreten. N beurkundete Schenkung und Auflassung. Dabei behielt sich V zu seinen eigenen Gunsten ein lebenslanges Nießbrauchsrecht an dem Grundstück vor, wobei er sich verpflichtete, die Kosten außergewöhnlicher Ausbesserungen und Erneuerungen sowie die außergewöhnlichen Grundstückslasten zu tragen. Kurz darauf wurde S als neuer Eigentümer in das Grundbuch eingetragen. Schenkungssteuer fiel nicht an, da der Wert des laufenden Grundstücks innerhalb des maßgeblichen Freibetrags blieb. Die für das laufende Jahr anfallende Grundsteuer wurde noch von V beglichen.

Einige Jahre später lernte V die junge Felizitas Frowein (F) kennen, die schon kurz darauf in die von V und S bewohnte Wohnung einzog. S, dessen Verhältnis zu F von Anfang an gespannt war, zog kurze Zeit später aus und nahm sich eine eigene Wohnung. Da die Beziehung zwischen V und F in der Folgezeit immer inniger wurde und zugleich zwischen V und S eine zunehmende Entfremdung eintrat, setzte V die F durch ein wirksames Testament vom 22.1.2009 als Alleinerbin ein. Kurz darauf verstarb er. S, der mittlerweile 17 Jahre alt ist, fordert nunmehr die F auf, das Hausgrundstück umgehend zu räumen, da er es für eigene Zwecke nutzen wolle. Aus diesem Zweck müsse auch der Mietvertrag mit M schnellstmöglich gekündigt werden. F verweigert den Auszug mit der Begründung, dass die damals vereinbarte Eigentumsübertragung aufgrund der Minderjährigkeit des S „null und nichtig" sei.

S wendet sich daraufhin an einen Rechtsanwalt mit der Frage, wem das Eigentum am Hausgrundstück zustehe und welches weitere Vorgehen ihm anzuraten sei.

Bearbeitervermerk: Entwerfen Sie die Antwort des R in einem Rechtsgutachten.

Fall 10. Witwer und Waisen

Skizze

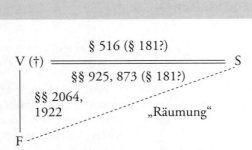

Zeittabelle

V lässt Grundstück an S auf
danach: F zieht bei V und S ein
danach: V setzt F als Erbin ein
danach: V stirbt
danach: S fordert F zum Auszug auf
danach: F weigert sich

Gliederung

Rn.

Derzeitige Rechtslage
   I. Eigentumsübergang an F durch Gesamtrechtsnachfolge 1
   II. Vorheriger Eigentumserwerb des S durch Übereignung 2
      1. Auflassung als Insichgeschäft i. S. d. § 181 BGB 2
      2. Ausnahmen vom Verbot des Insichgeschäfts 5
         a) Grundsatz 5
         b) Wirksamer Schenkungsvertrag 6
           aa) Notarielle Beurkundung 6
           bb) Unwirksamkeit der Schenkung nach § 181 BGB 8
              (1) Problemstellung 8
              (2) Gesamtbetrachtungslehre des BGH 10
                Problem: Können Verpflichtung und Verfügung
                trotz des geltenden Trennungs- und Abstraktionsprinzips
                ausnahmsweise als ein Gesamtbild betrachtet werden?
              (3) Teleologische Reduktion des § 181 BGB 12
         c) Nachteiligkeit des dinglichen Geschäfts 14
           aa) Allgemeine Grundsätze 14
           bb) Belastung mit öffentlichen Lasten 16
              (1) Ausnahme bei gesetzlich begründeten Nachteilen 16
              (2) Ausnahme bei typischerweise ungefährlichen Nachteilen 18
                Problem: Können gewisse Nachteile aus dem Anwen-
                dungsbereich des § 107 BGB ausgenommen werden?
           cc) Grundschuld 23
           dd) Belastung durch fremdes Nießbrauchsrecht 25
           ee) Vermietung des Grundstücks 26

	Rn.
(1) Gesetzeslage	26
(2) Teleologische Reduktion des § 566 BGB bei vorbehaltenem Nießbrauch des Veräußerers?	27
(3) Fehlender Nachteil wegen Ungewissheit der künftigen Belastung?	29
ff) Zwischenergebnis	30
III. Ergebnis	31

Weiteres Vorgehen

I. Möglichkeit der nachträglichen Genehmigung	32
II. Fortbestand des zu genehmigenden Geschäfts	33
1. Widerruf nach § 178 BGB	33
Problem: Wer ist in diesem Fall widerrufsberechtigt?	
2. Ausschluss des Widerrufsrechts wegen schuldhafter Verursachung der schwebenden Unwirksamkeit	34
3. Ausschluss des Widerrufsrechts wegen fortbestehender schuldrechtlicher Verpflichtung zur Übereignung	35
4. Ergebnis	39

Lösung

Derzeitige Rechtslage

I. Eigentumsübergang an F durch Gesamtrechtsnachfolge

F könnte gem. §§ 1922, 2064ff. BGB mit dem Tod des V durch Gesamtrechtsnachfolge Eigentümerin am Hausgrundstück geworden sein. F wurde durch ein wirksames Testament (§§ 2064ff. BGB) Alleinerbin des V. Damit ging sein Vermögen als Ganzes auf F über (§ 1922 BGB). Fraglich ist aber, ob das Hausgrundstück zum Zeitpunkt des Todes noch zum Vermögen des V gehörte. Das wäre nur dann der Fall, wenn zuvor keine wirksame Übereignung an S stattgefunden hat.

1

II. Vorheriger Eigentumserwerb des S durch Übereignung

1. Auflassung als Insichgeschäft i.S.d. § 181 BGB

S könnte das Eigentum am Hausgrundstück gem. §§ 873, 925 BGB erworben haben. Fraglich ist aber bereits, ob eine wirksame dingliche Einigung vorliegt. Dazu müssten V und S sich darüber geeinigt haben, dass das Eigentum am Hausgrundstück auf S übergehen soll. S selbst war jedoch bei der notariell beurkundeten Auflassung nicht persönlich anwesend. Er könnte daher allenfalls von V nach § 164 BGB vertreten worden sein. Das Formerfordernis des § 925 BGB steht dem nicht entgegen, weil diese Vorschrift keine persönliche Anwesenheit voraussetzt, sondern auch eine Stellvertretung zulässt.[1]

2

---

[1] MünchKommBGB/*Kanzleiter* § 925 BGB Rn. 18.

Fall 10. Witwer und Waisen

3 V ist als Vertreter des S aufgetreten, doch könnte seine Vertretungsmacht nach § 181 BGB ausgeschlossen gewesen sein. Grundsätzlich handelte V als gesetzlicher Vertreter des S gem. §§ 1629 Abs. 1 Satz 3, 1680 Abs. 1 BGB. Nach § 1629 Abs. 2 Satz 1 BGB kann ein Kind von seinen Eltern nicht wirksam vertreten werden, wenn der Vormund gem. § 1795 BGB von der Vertretung ausgeschlossen ist. Dabei verweist § 1795 Abs. 2 BGB auf § 181 BGB. Danach kann ein Vertreter im Namen des Vertretenen mit sich in eigenem Namen ein Rechtsgeschäft nicht vornehmen. Indem V auf der einen Seite als Vertreter des S und auf der anderen Seite zugleich selbst als Partei des Vertrages gehandelt hat, hat er ein Insichgeschäft i. S. d. § 181 BGB abgeschlossen. Somit liegt in der Auflassung grundsätzlich ein Verstoß gegen § 181 BGB.

4 **Hinweis:** Zu keinem anderen Ergebnis würde man gelangen, wenn S selbst den Vertrag mit Zustimmung seines Vaters geschlossen hätte. In diesem Fall tritt der gesetzliche Vertreter zwar nicht „im Namen" des Minderjährigen auf, doch muss § 181 BGB im Hinblick auf den Normzweck hier analog angewandt werden.[2]

2. Ausnahmen vom Verbot des Insichgeschäfts

a) Grundsatz

5 Die Auflassung könnte jedoch wirksam sein, wenn V aufgrund einer der in § 181 BGB genannten Ausnahmen nicht an der Vertretung des S gehindert war. Ein Insichgeschäft ist nach § 181 BGB ausnahmsweise wirksam, wenn dem Vertreter der Abschluss eines solchen Geschäfts durch das Gesetz oder vom Vertretenen selbst gestattet ist oder wenn das Insichgeschäft zur Erfüllung einer Verbindlichkeit erfolgt. Hier könnte V das Insichgeschäft zur Erfüllung einer Verbindlichkeit getätigt haben. Dann müsste eine wirksame Verbindlichkeit vorliegen, die sich aus einem Schenkungsvertrag gem. § 516 BGB ergeben könnte.

b) Wirksamer Schenkungsvertrag

aa) Notarielle Beurkundung

6 Das setzt zunächst voraus, dass der Schenkungsvertrag zwischen V und S überhaupt wirksam war. Eine notarielle Beurkundung des Schenkungsvertrags gem. § 311b Abs. 1 Satz 1 BGB fand statt.

7 **Hinweis:** Eine Beurkundung nach § 518 Abs. 1 BGB hätte nicht ausgereicht, da § 518 Abs. 1 BGB sich lediglich auf das Schenkungsversprechen bezieht und damit nicht den gesamten Vertrag erfasst.

bb) Unwirksamkeit der Schenkung nach § 181 BGB

(1) Problemstellung

8 Indem V bei dem Schenkungsvertrag auf der einen Seite als Vertreter des S und auf der anderen Seite selbst in eigenem Namen tätig war, liegt auch bei dessen Abschluss ein Selbstkontrahieren vor, was gem. § 181 BGB zur Unwirksamkeit des Schenkungsvertrags führen würde. Hier kommt allerdings eine Ausnahme von dem Verbot des Insichgeschäfts aufgrund einer teleologischen Reduktion des § 181 BGB in Betracht. Sinn und Zweck des § 181 BGB ist nämlich der Schutz des Vertrete-

---

[2] BeckOK BGB/*Bettin* § 1795 BGB Rn. 6.

nen. Würde der S durch den Schenkungsvertrag lediglich einen rechtlichen Vorteil erlangen, bestünde für ihn kein Schutzbedürfnis.[3] Somit ist zu prüfen, ob der Schenkungsvertrag für den S lediglich einen rechtlichen Vorteil darstellt oder ob er auch mit Nachteilen verbunden ist.

Durch den Schenkungsvertrag entstand für S ein Anspruch auf Auflassung und Eintragung, sodass S grundsätzlich lediglich einen rechtlichen Vorteil erlangte. Die möglicherweise an den Grundstückserwerb anknüpfenden belastenden Rechtsfolgen ergeben sich noch nicht aus dem Abschluss des Verpflichtungsgeschäftes, sondern erst mittelbar als Konsequenz des Erfüllungsgeschäftes.[4] Damit läge ein wirksamer Schenkungsvertrag vor, womit auch die Auflassung nicht gegen § 181 BGB verstoßen würde, da sie nur der Erfüllung der im Schenkungsvertrag begründeten Verpflichtungen diente.

(2) Gesamtbetrachtungslehre des BGH

Wendet man das Gesetz in dieser Weise wortlautgetreu an, könnte jedoch eine Gefährdung des Minderjährigen bei solchen Geschenken eintreten, bei denen erst der Vollzug zu einem rechtlichen Nachteil beim Minderjährigen führt. Wären solche Schenkungen durch die Eltern im Rahmen eines Insichgeschäfts als Vollziehung einer Verbindlichkeit möglich, bliebe vom Minderjährigenschutz in solchen Fällen nicht viel übrig. Dieses Problem wird unterschiedlich gelöst.[5]

Der BGH bestimmt durch eine Gesamtbetrachtung des schuldrechtlichen und des dinglichen Vertrags, ob die Schenkung tatsächlich lediglich rechtlich vorteilhaft ist. Demnach ist die Schenkung auch dann als nicht lediglich vorteilhaft zu beurteilen, wenn nur das dingliche Geschäft für den Minderjährigen nachteilig ist. Daraus folgt dann die Unwirksamkeit des Schenkungsvertrags, womit auch die Auflassung nicht mehr in Erfüllung einer wirksamen Verbindlichkeit erfolgt, sodass keine Ausnahme vom § 181 BGB eingreift und die Auflassung und damit auch die Übereignung unwirksam sind.[6]

(3) Teleologische Reduktion des § 181 BGB

Ein Teil der Literatur wirft der Rechtsprechung vor, sie vernachlässige mit der Gesamtbetrachtung von Verpflichtung und Verfügung das Abstraktionsprinzip. Vorzugswürdig sei es, § 181 BGB dahingehend teleologisch einzuschränken, dass ein Insichgeschäft in Erfüllung einer Verbindlichkeit nur dann zuzulassen sei, wenn und soweit das Erfüllungsgeschäft für den Minderjährigen im Ergebnis lediglich rechtlich vorteilhaft sei.[7]

Hinweis: In einer neueren Entscheidung hat der BGH klargestellt, dass die Gesamtbetrachtung nicht auch dazu führt, dass spiegelbildlich ein nachteiliges Kausalgeschäft auf ein ausschließlich vorteilhaftes

---

[3] Vgl. dazu *Wolf/Neuner* BGB AT § 49 Rn. 117.
[4] *Wolf/Neuner* BGB AT § 49 Rn. 119 ff.
[5] Vgl. dazu auch den Überblick bei MünchKommBGB/*J. Koch* § 516 BGB Rn. 17 ff.
[6] BGHZ 78, 28, 34 f. = NJW 1981, 111; zust. BayObLGZ 98, 139, 143; anders noch BGHZ 15, 168, 170 = NJW 1955, 1353.
[7] Vgl. etwa Staudinger/*Klumpp* (2017) § 107 BGB Rn. 22; *Jauernig* JuS 1982, 576 f.; *Köhler* JZ 1984, 18; *Staudinger/Steinrötter* JuS 2012, 97, 100.

dingliches Verfügungsgeschäft durchschlägt; im Übrigen hat er es offen gelassen, ob an der Gesamtbetrachtung festzuhalten ist, ohne aber explizit von seiner bisherigen Rspr. abzuweichen.[8]

c) Nachteiligkeit des dinglichen Geschäfts
aa) Allgemeine Grundsätze

14 Eine Streitentscheidung zwischen diesen zwei Ansichten kann an dieser Stelle noch dahinstehen, da beide letztlich zu demselben Ergebnis kommen (siehe aber noch unten Rn. 35 ff.). Entscheidend ist nach beiden Ansichten, ob das dingliche Rechtsgeschäft für S lediglich rechtlich vorteilhaft ist.

15 Grundsätzlich ist ein auf den Erwerb einer Sache gerichtetes Rechtsgeschäft für einen Minderjährigen nicht lediglich rechtlich vorteilhaft, wenn er dadurch mit Verpflichtungen belastet wird, für welche er nicht nur dinglich mit der erworbenen Sache, sondern auch mit seinem persönlichen Vermögen haften muss.[9]

bb) Belastung mit öffentlichen Lasten
(1) Ausnahme bei gesetzlich begründeten Nachteilen

16 Die Pflicht zur Entrichtung der Grundsteuer als eine mit dem Grundeigentum verbundene öffentliche Last könnte für S in den kommenden Jahren einen Rechtsnachteil i.S.d. § 107 BGB darstellen, da S als Grundstückseigentümer für die Erfüllung seiner auf öffentlichem Recht beruhenden Abgabeverpflichtungen nicht nur dinglich, sondern auch persönlich haften muss.[10]

17 Fraglich ist, ob sich etwas an dem möglichen Nachteil ändert, da dieser als öffentliche Grundstückslast auf Gesetz oder Satzung basiert und nicht Gegenstand der zwischen den Parteien getroffenen Abreden ist.[11] Gegen solch eine Differenzierung spricht der Zweck des § 107 BGB, der den Schutz des Minderjährigen vor einer Gefährdung seines Vermögens erfasst. Das Vermögen des Minderjährigen ist nicht weniger gefährdet, wenn der Eintritt des Nachteils zwar nicht von den Parteien des Rechtsgeschäfts beabsichtigt wurde, aber vom Gesetz als dessen Folge angeordnet ist.[12]

(2) Ausnahme bei typischerweise ungefährlichen Nachteilen

18 Erwägenswert ist aber, ob die Verpflichtung zur Entrichtung der Grundsteuer nicht aufgrund ihrer geringen wirtschaftlichen Bedeutung als unbeachtlich angesehen werden kann. § 107 BGB bezweckt in erster Linie den Schutz des Vermögens des

---

[8] BGHZ 161, 170, 174f. = NJW 2005, 415; bestätigt in BGHZ 187, 119 = NJW 2010, 3643 Rn. 6. Teilweise werden die Aussagen des BGH als Abschied von der Gesamtbetrachtungslehre aufgefasst; vgl. *Führ/Menzel* FamRZ 2005, 1729f.; zutr. dagegen *Lorenz* LMK 2005, 25, 26; *Staudinger* Jura 2005, 547ff.; *Wojcik* DNotZ 2005, 655, 659f.; Fallbeispiel bei *Eickelmann* JuS 2011, 997ff.

[9] BGHZ 78, 28, 33 = NJW 1981, 109; BGHZ 161, 170, 175 = NJW 2005, 415; BGHZ 162, 137, 140 = NJW 2005, 1430.

[10] BGH NJW 1981, 2127. Von der an die Eigentümerstellung anknüpfenden Grundsteuer ist die an den Erwerbsvorgang anknüpfende Grunderwerbsteuer zu unterscheiden. Sie fällt beim Grundstückserwerb zwischen Verwandten in gerader Linie gem. § 3 Nr. 6 GrEStG nicht an.

[11] So noch MünchKommBGB/*J. Schmitt*, 6. Aufl. 2012, § 107 BGB Rn. 39 (mittlerweile aufgegeben in MünchKommBGB/*J. Schmitt*, 7. Aufl. 2015, § 107 BGB Rn. 39); Soergel/*Hefermehl* § 107 BGB Rn. 4.

[12] BGHZ 161, 170, 178 = NJW 2005, 415; zust. MünchKommBGB/*J. Koch* § 516 BGB Rn. 19; *J. Schmitt* NJW 2005, 1090ff.

Minderjährigen vor Gefährdungen. Dabei knüpft § 107 BGB die Genehmigungsbedürftigkeit im Interesse der Rechtssicherheit an das formale Kriterium des rechtlichen Nachteils an, das grundsätzlich auch eine Vermögensgefährdung indiziert. Denn die Einschätzung der wirtschaftlichen Folgen eines Rechtsgeschäfts ist mit erheblichen praktischen Schwierigkeiten verbunden. Aus diesem Grund ist es ausgeschlossen, den von § 107 BGB vorausgesetzten rechtlichen Vorteil durch den wirtschaftlichen zu ersetzen.[13] Es ist jedoch möglich, bestimmte Rechtsnachteile wegen ihres typischerweise ganz unerheblichen Gefährdungspotenzials als vom Anwendungsbereich des § 107 BGB nicht erfasst anzusehen.[14]

Dabei muss es sich jedoch um solche persönlichen Verpflichtungen des Minderjährigen handeln, die ihm kraft Gesetz auferlegt werden und die ihrem Umfang nach begrenzt und wirtschaftlich derart unbedeutend sind, dass sie eine Verweigerung der Genehmigung durch den gesetzlichen Vertreter oder durch den Ergänzungspfleger nicht rechtfertigen könnten. Mit dieser einschränkenden Auslegung des § 107 BGB, die sich eng an dessen Schutzzweck orientiert, kommt es auch zu keiner Beeinträchtigung der Rechtssicherheit, wenn geschlossene, klar abgegrenzte Gruppen von Rechtsnachteilen, die nach ihrer abstrakten Natur typischerweise zu keiner Gefährdung des Minderjährigen führen, nicht von § 107 BGB erfasst werden.[15] **19**

Die Verpflichtung des S zur Entrichtung der Grundsteuer stellt solch eine Verpflichtung dar. Die Grundsteuer bemisst sich nach dem Wert und der Art des Grundstücks und ist somit ihrem Umfang nach begrenzt. Dadurch, dass sie im Regelfall aus den laufenden Erträgen des Grundstücks beglichen werden kann, führt sie typischerweise zu keiner Vermögensgefährdung. Ein auf das Wohl des Minderjährigen bedachter gesetzlicher Vertreter oder Ergänzungspfleger würde allein aufgrund der Grundsteuer seine Zustimmung zum Erwerb des Grundstücks nicht verweigern. **20**

Somit stellt die Grundsteuer keinen rechtlichen Nachteil für den S dar. **21**

Hinweis: Das ist eine sachgerechte Lösung, die daher auch im Schrifttum überwiegend begrüßt wird. Dennoch kann nicht übersehen werden, dass der BGH damit von der rein rechtlichen Betrachtung des rechtlichen Nachteils i. S. d. § 107 BGB abgerückt ist.[16] **22**

cc) Grundschuld

Fraglich ist, ob die Belastung des Hausgrundstücks mit einer Grundschuld für S einen rechtlichen Nachteil begründet. Gemäß § 1147 i. V. m. § 1192 Abs. 1 BGB wird der Grundstückseigentümer aber lediglich dazu verpflichtet, eine Zwangsvollstreckung des Gläubigers in das Grundstück zu dulden. Damit wird die Haftung **23**

---

[13] So bereits BGHZ 78, 28, 35 = NJW 1981, 109; bekräftigt in BGHZ 161, 170, 179 = NJW 2005, 415.
[14] BGHZ 161, 170, 179 = NJW 2005, 415 m. w. N.
[15] BGHZ 161, 170, 179 = NJW 2005, 415. Diesen Grundsatz hat der BGH in BGHZ 187, 119 = NJW 2010, 3643 Rn. 13 implizit bestätigt, zugleich aber entschieden, dass ein unbedeutender wirtschaftlicher Nachteil nicht vorliegt, wenn der Minderjährige eine Eigentumswohnung erwirbt.
[16] Vgl. bereits MünchKommBGB/*J. Koch* § 516 BGB Rn. 18; *J. Schmitt* NJW 2005, 1090, 1092 f.; *Staudinger* Jura 2005, 547, 551; *Wilhelm* NJW 2006, 2353, 2354 f.

des S auf das erworbene Hausgrundstück beschränkt, sodass das persönliche Vermögen unberührt bleibt. Diese Haftung mindert zwar den im Eigentumserwerb liegenden Vorteil, beseitigt ihn jedoch nicht.[17]

24 Eine persönliche Zahlungsverpflichtung des S könnte sich jedoch daraus ergeben, dass S die Kosten des zur Zwangsvollstreckung in das Grundstück erforderlichen Titels tragen muss.[18] Bei der Bestellung der Grundschuld wurde allerdings vereinbart, dass der jeweilige Eigentümer gem. §§ 800 Abs. 1, 794 Abs. 1 Nr. 5 ZPO der sofortigen Vollstreckung unterworfen ist. Dadurch liegt ein Vollstreckungstitel bereits vor, sodass der S nicht mit weiteren Kosten belastet werden kann. Somit stellt die Belastung mit einer Grundschuld keinen rechtlichen Nachteil für S dar.

dd) Belastung durch fremdes Nießbrauchsrecht

25 Ein rechtlicher Nachteil könnte jedoch darin liegen, dass sich V bei der notariellen Beurkundung der Schenkung zugleich ein lebenslanges Nießbrauchsrecht an dem Hausgrundstück vorbehalten hat. Auch ein Nießbrauchsrecht stellt als rein dingliche Belastung, die keine persönliche Verpflichtung des Grundstückseigentümers begründet, grundsätzlich keinen rechtlichen Nachteil dar. Eine abweichende rechtliche Beurteilung könnte sich allenfalls daraus ergeben, dass der Eigentümer grundsätzlich dazu verpflichtet ist, die Kosten außergewöhnlicher Ausbesserungen und Erneuerungen sowie die außergewöhnlichen Grundstückslasten zu tragen (vgl. § 1047 BGB). Dieser Frage muss hier allerdings nicht weiter nachgegangen werden, da V sich bei der Nießbrauchsbestellung dazu verpflichtet hat, diese Lasten zu tragen. Zumindest in diesem Fall begründet der Nießbrauch keinen rechtlichen Nachteil für den minderjährigen Grundstückseigentümer.[19]

ee) Vermietung des Grundstücks

(1) Gesetzeslage

26 Es könnte sich jedoch daraus ein rechtlicher Nachteil für S ergeben, dass das Hausgrundstück im Zeitpunkt der Auflassung an M vermietet war. Durch den Erwerb eines vermieteten Grundstücks tritt der Erwerber gem. § 566 Abs. 1 BGB in das bestehende Mietverhältnis ein. Dadurch entsteht eine persönliche Verpflichtung des Erwerbers. Der Minderjährige wird insbesondere dazu verpflichtet, das vermietete Grundstück gem. § 535 Abs. 1 Satz 2 BGB im vertragsgemäßen Zustand zu halten. Ihn können ferner Schadens- und Aufwendungsersatzpflichten nach § 536a BGB treffen. Aufgrund des unbegrenzten Umfangs der mit dem Mietverhältnis verbundenen Verpflichtungen handelt es sich bei diesen nicht um typischerweise für das persönliche Vermögen des Minderjährigen ungefährliche Rechtsnachteile, die bei der Anwendung des § 107 BGB von vornherein außer Betracht bleiben können. Somit stellt der Erwerb eines vermieteten Grundstücks grundsätzlich ein rechtlich nachteiliges Rechtsgeschäft dar.[20]

---

[17] BGHZ 161, 170, 176 = NJW 2005, 415 m. w. N.; BayObLGZ 1979, 49, 53; MünchKommBGB/ *J. Koch* § 516 BGB Rn. 19.
[18] Das wird erwogen von BGHZ 161, 170, 176 = NJW 2005, 415.
[19] Vgl. auch BGHZ 161, 170, 177 = NJW 2005, 415; MünchKommBGB/*J. Koch* § 516 BGB Rn. 19.
[20] BGHZ 162, 137, 140 = NJW 2005, 1430; BayObLG NJW 2003, 1129; MünchKommBGB/ *J. Koch* § 516 BGB Rn. 19.

(2) Teleologische Reduktion des § 566 BGB bei vorbehaltenem Nießbrauch des Veräußerers?

Fraglich ist, ob sich etwas anderes daraus ergibt, dass der V als Nießbraucher auch der Vermieter des Grundstücks ist. Das könnte man deshalb in Erwägung ziehen, weil der Nießbraucher aufgrund seines umfassenden Nutzungsrechts weiterhin dazu in der Lage ist, den Gebrauch der Mietsache zu überlassen, sodass für diesen Fall eine teleologische Reduktion des § 566 BGB in Betracht kommt.[21] Das hätte zur Folge, dass V weiterhin Vermieter geblieben wäre und den S mit dem Eigentumsübergang keine unmittelbaren Pflichten aus der Vermieterposition getroffen hätten.

Selbst wenn man eine solche Reduktion bejahen wollte, so würde für den minderjährigen Erwerber doch zumindest die Gefahr bestehen, spätestens mit der Beendigung des Nießbrauchs, hier also mit dem Tod des V, entsprechend § 1056 Abs. 1 BGB in die Pflichten aus dem dann noch bestehenden Miet- oder Pachtvertrag einzutreten.[22] Die damit begründete persönliche Haftung des Minderjährigen ist nicht etwa deshalb unbeachtlich, weil es sich um einen mittelbaren Rechtsnachteil handelt, der aus der Eigentümerstellung als solcher resultiert. Tatsächlich ist die Belastung mit miet- oder pachtvertraglichen Pflichten eine Folge des dinglichen Erwerbsgeschäfts. Dass sie von dem rechtsgeschäftlichen Willen der Parteien nicht umfasst sein muss, sondern kraft gesetzlicher Anordnung eintritt, ist im Hinblick auf den von § 107 BGB verfolgten Schutzzweck ohne Belang (siehe die Nachweise in Rn. 17).

(3) Fehlender Nachteil wegen Ungewissheit der künftigen Belastung?

Allenfalls könnte in Erwägung gezogen werden, ob ein Nachteil deshalb zu verneinen ist, weil im Zeitpunkt der Auflassung noch nicht feststeht, ob und wann der minderjährige Erwerber in den von dem Übergeber geschlossenen Miet- oder Pachtvertrag eintreten wird. Anerkanntermaßen genügt nämlich die bloß theoretische Möglichkeit einer zukünftigen Belastung nicht, um einen Rechtsnachteil i. S. d. § 107 BGB anzunehmen.[23] Deshalb ist etwa die Schenkung eines Grundstücks unter Nießbrauchsvorbehalt nicht bereits deshalb rechtlich nachteilig, weil eine in Zukunft erfolgende Vermietung oder Verpachtung durch den Nießbraucher nicht ausgeschlossen werden kann. Ist das Grundstück dagegen bereits im Zeitpunkt der Auflassung vermietet oder verpachtet, besteht die hinreichend konkrete Möglichkeit, dass der Minderjährige bei Beendigung des Nießbrauchs mit Pflichten aus dem Miet- oder Pachtvertrag belastet werden kann. Dies genügt, um einen Rechtsnachteil anzunehmen.[24]

ff) Zwischenergebnis

Das dingliche Geschäft ist folglich nicht lediglich rechtlich vorteilhaft. Damit kommen sowohl die Gesamtbetrachtungslehre des BGH als auch die Auffassung der Literatur zu dem Ergebnis, dass die Auflassung unwirksam ist. Die in § 181 BGB enthaltene Ausnahmeregelung greift nicht ein, da schon kein vorteilhaftes

---

[21] Dafür BGH NJW 1989, 3176, 3176; Staudinger/*Emmerich* (2014) § 567 BGB Rn. 13; a. A. BayObLG Rpfleger 2003, 579.
[22] BGHZ 162, 137, 141 f. = NJW 2005, 1430; MünchKommBGB/*J. Koch* § 516 BGB Rn. 19.
[23] BGHZ 161, 170, 180 = NJW 2005, 415; BGHZ 162, 137, 142 = NJW 2005, 1430; MünchKommBGB/*J. Koch* § 516 BGB Rn. 19.
[24] BGHZ 162, 137, 142 = NJW 2005, 1430; a. A. *Everts* ZEV 2005, 209, 211.

Verpflichtungsgeschäft vorlag (BGH) oder die Ausnahme im Wege einer teleologischen Reduktion hier keine Anwendung findet (Literatur).

III. Ergebnis

31 Das Eigentum an dem Hausgrundstück ist mangels einer wirksamen Auflassung nicht auf S übergegangen und stand demnach im Zeitpunkt des Todes noch dem V zu. Somit ist F gem. § 1922 BGB Eigentümerin des Hausgrundstücks geworden.

Weiteres Vorgehen

I. Möglichkeit der nachträglichen Genehmigung

32 Möglicherweise könnte S die Auflassung aber nach § 177 Abs. 1 BGB noch nachträglich genehmigen. Ein Insichgeschäft i. S. d. § 181 BGB führt entgegen dem zu engen Wortlaut der Vorschrift („kann nicht") nicht zur Nichtigkeit des Geschäfts, sondern nur zur schwebenden Unwirksamkeit nach § 177 BGB.[25] Für diese Genehmigung besteht in der Regel keine Frist; sie kann daher – soweit nicht ein Fall der Verwirkung vorliegt – auch noch nach Jahr und Tag erklärt werden.[26] Da S nicht volljährig ist und die Eigentümerstellung auch weiterhin mit dem rechtlichen Nachteil des nach § 566 BGB übergehenden Mietverhältnisses belastet ist, müsste diese Genehmigung grundsätzlich von dem für ihn nach § 1773 Abs. 1 BGB zu bestellenden Vormund abgegeben werden.

II. Fortbestand des zu genehmigenden Geschäfts

1. Widerruf nach § 178 BGB

33 Auch eine solche Genehmigung würde aber voraussetzen, dass das Geschäft nicht mittlerweile endgültig unwirksam geworden ist. Das ist deshalb erwägenswert, weil die F zwischenzeitlich erklärt hat, von dem Geschäft Abstand nehmen zu wollen. Darin könnte ein Widerruf nach § 178 BGB zu sehen sein. Danach kann ein schwebend unwirksamer Vertrag, der von einem Vertreter ohne Vertretungsmacht geschlossen wurde, vom anderen Teil widerrufen werden, wenn er den Mangel der Vertretungsmacht bei Abschluss des Vertrages nicht kannte. F ist als Alleinerbin des V vollständig in dessen Rechtsposition eingetreten, sodass ihr auch ein entsprechendes Widerrufsrecht zustehen würde. Da es keine Hinweise darauf gibt, dass V das Nichtbestehen seiner Vertretungsmacht kannte, greift auch der in § 178 BGB vorgesehene Ausschlussgrund nicht ein.

2. Ausschluss des Widerrufsrechts wegen schuldhafter Verursachung der schwebenden Unwirksamkeit

34 Man könnte allerdings erwägen, ob nicht dem V selbst nach § 242 BGB die Ausübung seines Widerrufsrechts versagt gewesen wäre, da er nicht nur Vertragspartner, sondern zugleich auch der vollmachtlos handelnde Vertreter war, der die schwebende Unwirksamkeit verursacht hat. Als Erbin des V müsste F auch diese Einschrän-

---

[25] Vgl. MünchKommBGB/*Schubert* § 181 BGB Rn. 56; Palandt/*Ellenberger* § 181 BGB Rn. 15.
[26] MünchKommBGB/*Bayreuther* § 184 BGB Rn. 5; Palandt/*Ellenberger* § 184 BGB Rn. 1.

kung des Widerrufsrechts gegen sich gelten lassen. Im geltenden Recht findet eine solche Einschränkung des Widerrufsrechts indes keine Stütze. Insbesondere § 178 BGB versagt dem Vertragspartner nur im Fall positiver Kenntnis das Widerrufsrecht; selbst grobe Fahrlässigkeit genügt noch nicht, um das Widerrufsrecht auszuschließen.[27] Dann erscheint es aber auch nicht angemessen, dem leicht fahrlässig handelnden Vertreter ohne Vertretungsmacht beim Insichgeschäft das Widerrufsrecht zu versagen und ihm damit auf unabsehbare Zeit eine dauerhafte schwebende Unwirksamkeit zuzumuten.

3. Ausschluss des Widerrufsrechts wegen fortbestehender schuldrechtlicher Verpflichtung zur Übereignung

Daneben könnte der F der Widerruf des dinglichen Geschäfts aber auch dann nach § 242 BGB versagt sein, wenn sie aufgrund einer fortbestehenden schuldrechtlichen Verpflichtung aus dem Schenkungsvertrag auch weiterhin zur Übereignung des Grundstücks verpflichtet wäre. Das würde voraussetzen, dass der Schenkungsvertrag weiterhin bindend wäre. An dieser Stelle wirkt sich der oben noch offen gelassene Streit aus, ob Nachteile des Erfüllungsgeschäfts auch zur Unwirksamkeit des schuldrechtlichen Vertrages führen oder lediglich eine teleologische Reduktion des § 181 BGB begründen (siehe Rn. 14). 35

Geht man mit dem BGH davon aus, dass die Nachteile des dinglichen Vollzugs auch auf das Verpflichtungsgeschäft durchschlagen, war auch dieses schwebend unwirksam und konnte von F widerrufen werden. Geht man dagegen mit dem herrschenden Schrifttum davon aus, dass die Schenkung von Anfang an wirksam war und nur nicht nach § 181 letzter Hs. BGB im Wege eines Insichgeschäfts vollzogen werden konnte, so bliebe die F selbst bei einem Widerruf der schwebend unwirksamen Auflassung aufgrund des fortbestehenden Schenkungsvertrages zur erneuten Auflassung verpflichtet. Nach dem Grundgedanken des Verbots eines widersprüchlichen Verhaltens könnte der F in dieser Lesart die Ausübung ihres Widerrufsrechts versagt werden. 36

Hinweis: Der Anspruch aus der Schenkung ist auch trotz des Zeitablaufs nicht verjährt, weil insofern § 207 Abs. 1 Satz 2 Nr. 2 BGB eingreift, wonach bei Ansprüchen zwischen Eltern und Kindern die Verjährung während der Minderjährigkeit der Kinder gehemmt ist. 37

Gerade dieser Fall zeigt, dass die Lösung über eine teleologische Reduktion des § 181 BGB der Lösung des BGH nicht nur aus dogmatischen Gründen überlegen ist, sondern auch zu sachgerechteren Ergebnissen führt. Auf der einen Seite bleibt das elementare Trennungs- und Abstraktionsprinzip unberührt; auf der anderen Seite wird der Rechtserwerb nur insofern vereitelt, als er für den Minderjährigen tatsächlich belastende Auswirkungen zeitigt, nämlich auf dinglicher Ebene. Der Anspruch aus dem Schenkungsvertrag bringt dagegen ausschließlich rechtliche Vorteile und sollte dem Minderjährigen daher auch weiterhin zustehen. 38

4. Ergebnis

Schließt man sich aufgrund dieser Überlegungen der Literaturauffassung an, stünde S gegen F ein Anspruch auf erneute Auflassung zu. Angesichts dieser Verpflichtung 39

---

[27] Vgl. dazu MünchKommBGB/*Schubert* § 178 BGB Rn. 5.

Fall 10. Witwer und Waisen

der F wäre ihr der Widerruf der schwebend unwirksamen Auflassung nach § 242 BGB versagt. Da diese Lösung aber nicht der höchstrichterlichen Rechtsprechung entspricht, ist zweifelhaft, ob sich ein Gericht dieser Auffassung anschließen wird. Auf der Grundlage der Gesamtbetrachtungslehre hätte S keine Möglichkeit, endgültig das Eigentum an dem Hausgrundstück zu erlangen.

Fall 11. Begehrtes Grundstück

Sachverhalt

Volker Vollmer (V) ist Eigentümer eines Hausgrundstücks. Die Kraus-GmbH (K-GmbH) würde dieses Grundstück gerne zur Erweiterung ihres in der Nachbarschaft gelegenen Betriebsgeländes erwerben. Deshalb verabreden V und der GmbH-Geschäftsführer Karl Kraus (K) am 5.1.2016 durch Notarvertrag ein dingliches Vorkaufsrecht der GmbH für das Grundstück, wobei sie einen Kaufpreis von 600.000 EUR und eine Sechsmonatsfrist für die Ausübung des Vorkaufsrechts, deren Lauf durch den Empfang der Mitteilung über den Abschluss des Drittkaufvertrags ausgelöst wird, vereinbaren. Bei den Verhandlungen erzählt K dem V, die GmbH wolle auf dem Grundstück anstelle des Hauses eine Werkhalle errichten. Das Vorkaufsrecht wird am 23.2.2016 ordnungsgemäß in das Grundbuch eingetragen.

Am 25.3.2016 schließen V und der Rechtsanwalt Dr. Werner Würdinger (W) einen formwirksamen Kaufvertrag über das Grundstück zum Kaufpreis von 500.000 EUR und einigen sich notariell über den Eigentumsübergang. Zuvor hatte der Notar die Parteien auf das im Grundbuch eingetragene Vorkaufsrecht hingewiesen und dessen Bedeutung erläutert. W wird am 22.5.2016 als Eigentümer im Grundbuch eingetragen.

Weil er das Haus mit seiner Familie bewohnen möchte, lässt W sogleich für 60.000 EUR das völlig marode und an vielen Stellen undichte Dach sanieren, auf dessen Schäden V vor dem Vertragsschluss hingewiesen hat. Außerdem lässt er für 15.000 EUR neue Fenster einbauen, weil ihm die zwar alten, aber noch funktionstüchtigen Fenster nicht zusagen.

Am 2.5.2016 teilt V dem GmbH-Geschäftsführer K den Abschluss des Kaufvertrags mit W mit. K übermittelt V am 22.10.2016 brieflich, dass er namens der K-GmbH das Vorkaufsrecht ausübe.

Bearbeitervermerk:
1. Kann die K-GmbH von V Auflassung des Grundstücks verlangen?
2. Kann die K-GmbH bei Bejahung der Frage 1 von W die Zustimmung zu ihrer Eintragung als Eigentümerin in das Grundbuch verlangen?

Fall 11. Begehrtes Grundstück

Skizze

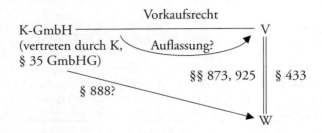

Zeittabelle
5.1.2016: Notarvertrag V–K-GmbH
23.2.2016: Eintragung des Vorkaufsrechts der K-GmbH
25.3.2016: Kaufvertrag V–W
2.5.2016: Mitteilung V–K-GmbH
22.5.2016: Eintragung des W als Eigentümer
anschließend: Reparaturarbeiten
22.10.2016: Mitteilung K-GmbH–V

Gliederung

Rn.

Frage 1: Auflassungsanspruch der K-GmbH

I. Anspruch aus §§ 1098 Abs. 1, 433 Abs. 1 Satz 1, 464 Abs. 2 BGB 1
II. Anspruch aus §§ 433 Abs. 1 Satz 1, 464 Abs. 2 BGB 3
  1. Anspruchsvoraussetzungen 4
    a) Bestehen des Vorkaufsrechts 4
      aa) Einigung 4
      bb) Form 8
    b) Eintritt der ersten Bedingung: Vorkaufsfall (§ 463 BGB) 9
    c) Eintritt der zweiten Bedingung: Ausübung des Vorkaufsrechts
      (§ 464 BGB) 10
      aa) Formwirksame Erklärung gegenüber V 10
      bb) Frist 12
    d) Zwischenergebnis 15
  2. Erlöschen des Anspruchs 17
    a) Auflassung 18
    b) Aber: Auswirkung der Vormerkung der K-GmbH 22
      aa) Bestehen der Vormerkung 22
        (1) Unwirksames dingliches Vorkaufsrecht 22
        (2) Umdeutung 23
      bb) Wirkung der Vormerkung 27
  3. Durchsetzbarkeit des Anspruchs 28

Frage 2: Zustimmungsanspruch der K-GmbH

I. Anspruch aus § 894 BGB 29

	Rn.
II. Anspruch aus § 888 Abs. 1 BGB	30
1. Anspruchsvoraussetzungen	30
2. Gegenrechte	32
a) Gegenrechte aus § 1100 BGB	33
b) Gegenrechte aus § 1100 BGB analog	34
c) Gegenrechte aus § 1000 BGB	35
d) Gegenrechte aus § 1000 BGB analog	36
aa) Analoge Anwendung der EBV-Regelungen	36
bb) Vindikationsähnliche Lage	39
cc) Verwendungsersatz nach § 994 BGB	40
(1) Verwendung	41
(2) Art der Verwendung	42
Problem: Notwendigkeit trotz Abrissplan?	
(3) Guter Glaube des W	44
(4) Ersatzanspruch nach § 994 Abs. 2 BGB	47
(a) Verweisung in die Geschäftsführung ohne Auftrag	47
Problem: Welchen Charakter hat die Verweisung?	
(b) Wille der K-GmbH (§ 683 BGB)	49
Problem: Muss der Geschäftsführer den Willen des Geschäftsherrn kennen?	
(c) Anwendbarkeit des § 684 BGB	51
Problem: Verweist § 994 Abs. 2 BGB auf § 684 BGB?	
(d) Anspruch aus §§ 684, 818 BGB	53
dd) Verwendungsersatz nach § 996 BGB	55
e) Gegenrechte aus § 273 Abs. 2 BGB	56
aa) Anspruch aus §§ 951, 812 Abs. 1 Satz 1 Alt. 2 BGB	56
Problem: Anwendbarkeit des § 951 BGB neben dem EBV analog?	
bb) Ansprüche aus §§ 812 ff. BGB	59
III. Ergebnis	60

Lösung

Frage 1: Auflassungsanspruch der K-GmbH

I. Anspruch aus §§ 1098 Abs. 1, 433 Abs. 1 Satz 1, 464 Abs. 2 BGB

Ein Anspruch der K-GmbH gegen V auf Auflassung des Grundstücks könnte durch die Ausübung eines dinglichen Vorkaufsrechts zustande gekommen sein (§ 1098 Abs. 1 Satz 1 BGB). Dazu müsste V der K-GmbH ein solches Vorkaufsrecht bestellt haben. 1

V und die K-GmbH müssten sich (ohne dass es hierfür übrigens einer notariellen Beurkundung bedürfte![1]) nach §§ 873 Abs. 1, 1094 BGB über die Bestellung eines 2

---

[1] BGH bei *K. Schmidt* JuS 2017, 71.

dinglichen Vorkaufsrechts zugunsten der K-GmbH am Grundstück des V geeinigt haben. Die Einigung müsste also auf die Bestellung eines beschränkt dinglichen Rechts an dem Grundstück mit dem in §§ 1094 ff. BGB beschriebenen Inhalt gerichtet gewesen sein. Das ist jedoch nicht der Fall, vielmehr wurde abweichend von §§ 1098 Abs. 1 Satz 1, 464 Abs. 2 BGB ein Festkaufpreis vereinbart (limitiertes Vorkaufsrecht). Damit liegt eine Abweichung vom sachenrechtlichen Typenzwang vor und das dingliche Vorkaufsrecht ist unwirksam.[2] Die K-GmbH hat also keinen Anspruch aus §§ 1098 Abs. 1, 433 Abs. 1 Satz 1, 464 Abs. 2 BGB.

II. Anspruch aus §§ 433 Abs. 1 Satz 1, 464 Abs. 2 BGB

3 Möglicherweise hat die K-GmbH gegen V jedoch einen Anspruch auf Auflassung, der durch Ausübung eines schuldrechtlichen Vorkaufsrechts zustande gekommen ist.

1. Anspruchsvoraussetzungen

a) Bestehen des Vorkaufsrechts

aa) Einigung

4 K als gesetzlicher Vertreter der K-GmbH (§ 35 Abs. 1 GmbHG) und V müssten sich über ein Vorkaufsrecht mit dem Inhalt der §§ 463 ff. BGB geeinigt haben. Eine derartige Einigung ist jedoch gerade nicht erfolgt (siehe Rn. 2).

5 Allerdings kann die unwirksame Einigung über ein dingliches Vorkaufsrecht in eine Einigung über ein schuldrechtliches Vorkaufsrecht umgedeutet werden, wenn die Voraussetzungen des § 140 BGB gegeben sind. Die nichtige Einigung über das dingliche Vorkaufsrecht entspricht den Erfordernissen einer Einigung über ein schuldrechtliches Vorkaufsrecht, weil wegen der Dispositivität der schuldrechtlichen Vorschriften beim schuldrechtlichen Vorkaufsrecht ein Festpreis vereinbart werden kann. Außerdem muss anzunehmen sein, dass die Parteien bei Kenntnis der Nichtigkeit des dinglichen Vorkaufsrechts die Geltung eines schuldrechtlichen Vorkaufsrechts gewollt hätten. Das ist dann der Fall, wenn sie auf diese Weise ihre Ziele, die sie mit dem dinglichen Vorkaufsrecht verfolgt haben, ganz oder teilweise auch mit dem schuldrechtlichen Vorkaufsrecht erreichen könnten.

6 Hier können, wenn man zutreffend das unwirksame Vorkaufsrecht in ein (durch eine Vormerkung gesichertes, siehe Rn. 22 ff.) schuldrechtliches Vorkaufsrecht umdeutet (vgl. § 1098 BGB), die Parteien ihre Ziele vollständig verwirklichen und ein limitiertes Vorkaufsrecht vereinbaren. Gleichzeitig entstehen hierdurch keine weiterreichenden Rechtsfolgen als durch das umzudeutende Rechtsgeschäft entstehen hätten können. Somit sind die Voraussetzungen des § 140 BGB erfüllt, und es kann von einer Einigung über ein schuldrechtliches Vorkaufsrecht ausgegangen werden. Das bedeutet: V und die K-GmbH haben einen Kaufvertrag geschlossen, der unter zwei aufschiebenden Bedingungen steht, nämlich dem Eintritt des Vorkaufsfalles und der anschließenden wirksamen Ausübung des Vorkaufsrechts.[3]

7 **Hinweis:** Aufgrund seiner Unflexibilität spielt das dingliche Vorkaufsrecht in der Praxis keine Rolle und wird durch die Vereinbarung eines vormerkungsgesicherten schuldrechtlichen Vorkaufsrechts ver-

---

[2] Soergel/*Stürner* § 1098 BGB Rn. 1 i. V. m. § 1094 BGB Rn. 2.
[3] Soergel/*Huber* Vor § 504 BGB Rn. 7.

drängt. Auch in Klausuren wird Ihnen das dingliche Vorkaufsrecht zumeist als nichtiges, umzudeutendes Vorkaufsrecht begegnen. Ist das ausnahmsweise nicht der Fall, so verweisen § 1098 Abs. 1 und 2 BGB in die Regelungen zum schuldrechtlichen Vorkaufsrecht und zur Vormerkung, sodass Sie auch dann Ihre Kenntnisse dazu verwerten können.

bb) Form

Ein Vorkaufsrecht über ein Grundstück als doppelt bedingter Kaufvertrag über ein Grundstück bedarf der Form des § 311b Abs. 1 Satz 1 BGB,[4] die vorliegend jedoch eingehalten wurde. **8**

b) Eintritt der ersten Bedingung: Vorkaufsfall (§ 463 BGB)

Der Vorkaufsfall ist eingetreten, wenn V einen wirksamen Kaufvertrag über das Grundstück mit einem Dritten geschlossen hat. V und W haben einen formwirksamen Kaufvertrag (§§ 433, 311b Abs. 1 Satz 1 BGB) abgeschlossen, die erste Bedingung ist somit eingetreten. **9**

c) Eintritt der zweiten Bedingung: Ausübung des Vorkaufsrechts (§ 464 BGB)

aa) Formwirksame Erklärung gegenüber V

Die Ausübung des Vorkaufsrechts muss durch empfangsbedürftige Erklärung des Berechtigten gegenüber dem Verpflichteten erfolgen (§ 464 Abs. 1 Satz 1 BGB). Die K-GmbH hat eine derartige Erklärung in ihrem Brief vom 22.10.2016 abgegeben. **10**

Die Ausübung des Vorkaufsrechts ist formfrei möglich (§ 464 Abs. 1 Satz 2 BGB), da die Formvorschrift des § 311b Abs. 1 BGB bereits bei Begründung des Vorkaufsrechts zur Anwendung kommt. **11**

bb) Frist

Fraglich ist, ob die Erklärung fristgerecht erfolgt ist. Die Frist für die Ausübung nach der Mitteilung beträgt zwei Monate (§ 469 Abs. 2 Satz 1 BGB). Diese Frist ist allerdings gem. § 469 Abs. 2 Satz 2 BGB dispositiv. Die K-GmbH und V haben eine Ausübungsfrist von sechs Monaten vereinbart. **12**

Die Ausübungsfrist ist eine Ereignisfrist, die durch die Mitteilung des Vorkaufsverpflichteten ausgelöst wird. Die Frist begann demnach am 3.5.2016 um 0.00 Uhr (§ 187 Abs. 1 BGB) und endete am 2.11.2016 um 24.00 Uhr (§ 188 Abs. 2 Alt. 1 BGB). Die K-GmbH konnte also am 22.10. wirksam die Ausübung erklären. **13**

Hinweis: Auch wenn es – wie vorliegend – einigermaßen offensichtlich ist, dass die Frist gewahrt wurde: Berechnen Sie Fristen stets exakt nach §§ 187 ff. BGB, denn nur dann können Sie sauber subsumieren; außerdem erwarten korrigierende Praktiker, die einen exakten Umgang mit Fristen pflegen müssen, derartig exaktes Arbeiten mit Fristen von Ihnen. **14**

d) Zwischenergebnis

Mit Ausübung des Vorkaufsrechts ist zwischen der K-GmbH und V ein Kaufvertrag mit dem Inhalt des Vertrags zwischen V und W vom 25.3.2016, allerdings abweichend von diesem Vertrag zum Festpreis von 600.000 EUR, zustande gekommen. Die K-GmbH hat somit einen Anspruch auf Auflassung. **15**

---

[4] BGHZ 82, 398 = NJW 1982, 759; *Larenz* SchuldR BT II/1 § 44 III.

Fall 11. Begehrtes Grundstück

16 **Hinweis:** Beachten Sie, dass der Vorkaufsberechtigte nicht etwa, wie in Klausurbearbeitungen immer wieder zu lesen ist, in den Vertrag des Vorkaufsverpflichteten mit dem Dritten eintritt, sondern dass ein Vertrag zwischen Vorkaufsverpflichtetem und Vorkaufsberechtigtem mit identischem Inhalt zustande kommt. Der Vorkaufsverpflichtete ist infolgedessen also Erfüllungsansprüchen zweier Käufer ausgesetzt!

2. Erlöschen des Anspruchs

17 Der Anspruch auf Auflassung könnte aber gem. § 275 Abs. 1 BGB ausgeschlossen sein. Hier kommt subjektive, rechtliche Unmöglichkeit in Betracht, weil V möglicherweise nicht mehr Eigentümer des Grundstücks und deshalb zur Auflassung außerstande ist. Das könnte sich aus einer wirksamen Übereignung des Grundstücks an W ergeben (§§ 873, 925 BGB).

a) Auflassung

18 Eine Einigung (§ 873 Abs. 1 BGB) in der Form des § 925 Abs. 1 BGB zwischen V und W liegt vor.

19 **Hinweis:** Eine „Auflassung" im engeren Sinne ist nichts anderes als eine dingliche Einigung nach § 873 BGB, die der Formvorschrift des § 925 BGB genügt.

20 Die Eintragung des W im Grundbuch als Eigentümer erfolgte am 22.5.2016.

21 V müsste schließlich zur Verfügung berechtigt gewesen sein. Er war zum Zeitpunkt der Auflassung an W Eigentümer. Auch wenn man das unwirksame dingliche Vorkaufsrecht in ein vormerkungsgesichertes schuldrechtliches Vorkaufsrecht umdeutet (siehe Rn. 23), beseitigt diese Vormerkung nicht die Verfügungsberechtigung des V. Diese bleibt vom Bestehen einer Vormerkung unberührt, wie sich aus § 883 Abs. 2 BGB ergibt, dessen Unwirksamkeitsanordnung ansonsten sinnlos wäre. V war auch nach der Eintragung des Vorkaufsrechts verfügungsberechtigt und konnte W wirksam das Eigentum am Grundstück verschaffen. V hat das Eigentum am Grundstück also wirksam an W übertragen.

b) Aber: Auswirkung der Vormerkung der K-GmbH

aa) Bestehen der Vormerkung

(1) Unwirksames dingliches Vorkaufsrecht

22 Zu berücksichtigen ist jedoch, dass aufgrund des dinglichen Vorkaufsrechts und seiner Vormerkungswirkung die Verfügung gegenüber der K-GmbH insoweit unwirksam sein könnte, als sie den Anspruch der K-GmbH vereiteln oder beeinträchtigen würde (§§ 1098 Abs. 2, 883 Abs. 2 BGB). In dem Fall wäre V gegenüber der K-GmbH im Hinblick auf das Grundstück nach wie vor verfügungsbefugt. Das dingliche Vorkaufsrecht ist aber nicht wirksam bestellt worden.

(2) Umdeutung

23 Es könnte jedoch in ein vormerkungsgesichertes schuldrechtliches Vorkaufsrecht umgedeutet werden, wenn die Voraussetzungen des § 140 BGB erfüllt sind. Die Bestellung eines dinglichen Vorkaufsrechts ist ein Rechtsgeschäft; dieses Rechtsgeschäft ist nichtig. Das Vorkaufsrecht müsste alle Merkmale einer Vormerkung enthalten. Da § 1098 Abs. 2 BGB uneingeschränkt auf die Vorschriften der Vormerkung verweist, ist dies der Fall. Fraglich ist, ob die Voraussetzungen für die wirksame Bestellung einer Vormerkung vorliegen.

Aufgrund ihres akzessorischen Charakters setzt sie zunächst das Bestehen eines 24
wirksamen schuldrechtlichen Anspruchs voraus. Ein solcher könnte sich aus dem
schuldrechtlichen Vorkaufsrecht gem. §§ 433, 463 ff. BGB ergeben. Das Entstehen
des Anspruchs hängt im maßgeblichen Zeitpunkt noch vom Eintritt des Vorkaufsfalls und der Ausübung des Vorkaufsrechts ab, steht also noch unter dem Vorbehalt
des doppelten Bedingungseintritts. Nach § 883 Abs. 1 Satz 2 BGB sind aber auch
bedingte Ansprüche vormerkungsfähig. Folglich handelt es sich bei dem Vorkaufsrecht um einen vormerkungsfähigen Anspruch.

Die Bewilligung der Vormerkung als dingliches Sicherungsmittel eigener Art ist in 25
der Einigung über das dingliche Vorkaufsrecht als vollwertigem dinglichem Recht
enthalten. Außerdem müsste die Vormerkung im Grundbuch eingetragen sein. Im
Grundbuch ist jedoch das dingliche Vorkaufsrecht eingetragen. Einer Umdeutung
könnte die Publizitätsfunktion des Grundbuchs entgegenstehen. Zu berücksichtigen ist jedoch, dass die Wirkungen einer Vormerkung in vollem Umfang in einem
dinglichen Vorkaufsrecht enthalten sind, weshalb die Publizität des Grundbuchs
nicht leidet.[5] V war als nicht verfügungsbeschränkter Eigentümer schließlich Berechtigter, sodass die Voraussetzungen für die Bestellung einer Vormerkung vorliegen.

Der hypothetische Parteiwille von V und K als Vertreter der K-GmbH müsste auf 26
die Bestellung einer Vormerkung gerichtet gewesen sein. Die K-GmbH und V wollten ein dingliches statt nur ein schuldrechtliches Vorkaufsrecht bestellen. Dies umfasst die dingliche Sicherung des Erwerbs durch seine vormerkungsgleiche Außenwirkung. Somit war die dingliche Sicherung durch eine Vormerkung beabsichtigt.
Die K-GmbH ist damit Inhaberin einer Vormerkung, die ihren Anspruch auf Auflassung des Grundstücks sichert.

bb) Wirkung der Vormerkung

Die Vormerkung zugunsten der K-GmbH hat zur Folge, dass V weiterhin dazu in 27
der Lage ist, ihr das Grundstück aufzulassen, weil die Auflassung des Grundstücks
an W als Verfügung über das Grundstückseigentum dem Auflassungsanspruch der
K-GmbH widersprach und § 883 Abs. 2 BGB den Vormerkungsverpflichteten zu
einem Nichteigentümer macht, der zugunsten des Vormerkungsberechtigten verfügungsbefugt ist.[6] Der Anspruch ist deshalb nicht nach § 275 Abs. 1 BGB ausgeschlossen.

3. Durchsetzbarkeit des Anspruchs

Die K-GmbH kann die Auflassung nur Zug um Zug gegen Zahlung des Kauf- 28
preises von 600.000 EUR verlangen (§ 320 Abs. 1 Satz 1 BGB).

Frage 2: Zustimmungsanspruch der K-GmbH

I. Anspruch aus § 894 BGB

Die K-GmbH könnte einen Anspruch auf Zustimmung zur Berichtigung des 29
Grundbuchs gegen W haben (§ 894 BGB). Ein Anspruch aus § 894 BGB setzt vor-

---

[5] *Schreiber* Rn. 527.
[6] Dazu eingehend *Löhnig/Gietl* JuS 2008, 102 ff.

aus, dass das Grundbuch unrichtig ist. Das ist dann der Fall, wenn die formelle, also im Grundbuch eingetragene, und die materielle Rechtslage nicht übereinstimmen. Eingetragen ist W als Eigentümer. Tatsächlich hat er (wie in Rn. 21 bereits erörtert) durch die Verfügung des V auch wirksam Eigentum erworben. Zwar ist die Verfügung vormerkungswidrig, trotz allem ist sie aber wirksam.[7] Der Grundbuchinhalt stimmt mit der materiellen Rechtslage überein, ein Berichtigungsanspruch scheitert schon an der Unrichtigkeit.

II. Anspruch aus § 888 Abs. 1 BGB

1. Anspruchsvoraussetzungen

30 Die K-GmbH könnte jedoch einen Anspruch auf Zustimmung zur Eintragung ins Grundbuch haben (§ 888 Abs. 1 BGB). Der Eigentumserwerb des W ist eine beeinträchtigende Verfügung und die K-GmbH hat deshalb einen Anspruch gegen W auf Zustimmung zur Eintragung.

31 **Hinweis:** Die Zustimmung zur Eintragung ist auf grundbuchrechtlicher Ebene zur Verwirklichung des Eigentumserwerbs erforderlich (§ 19 GBO).

2. Gegenrechte

32 Es könnten aber Gegenrechte des W bestehen, die er dem Anspruch der K-GmbH einredeweise entgegenhalten kann.

a) Gegenrechte aus § 1100 BGB

33 Möglicherweise kann W gem. § 1100 Satz 1 BGB die Zustimmung verweigern. Dies setzt voraus, dass er aufgrund der Ausübung des dinglichen Vorkaufsrechts durch die K-GmbH einen Anspruch auf Erstattung des Kaufpreises gegen die GmbH hat. Eine Anwendung des § 1100 BGB scheidet aber schon deshalb aus, weil das dingliche Vorkaufsrecht unwirksam ist.

b) Gegenrechte aus § 1100 BGB analog

34 In Betracht kommt jedoch eine analoge Anwendung des § 1100 BGB. Gegen eine analoge Anwendung spricht aber, dass der Kaufpreis in den beiden Kaufverträgen, anders als beim dinglichen Vorkaufsrecht, wo dies zwingend der Fall ist, nicht identisch ist. Eine direkte Erstattung vom Berechtigten an den Dritten wäre hier unzweckmäßig, daher fehlt es bereits an einer vergleichbaren Interessenlage.

c) Gegenrechte aus § 1000 BGB

35 Nachdem W Renovierungsarbeiten an dem Haus hat vornehmen lassen, kommt möglicherweise das Gegenrecht des § 1000 BGB in Verbindung mit §§ 994 ff. BGB in Betracht. Dazu müsste im Zeitpunkt der Vornahme der Dachreparatur und Ausstattung mit neuen Fenstern eine Vindikationslage bestanden haben (§§ 985, 986 BGB). Nicht die K-GmbH, sondern W war jedoch Eigentümer, es bestand somit keine Vindikationslage.

---

[7] Dazu eingehend *Löhnig/Gietl* JuS 2008, 102 ff.

d) Gegenrechte aus § 1000 BGB analog
aa) Analoge Anwendung der EBV-Regelungen

Möglicherweise kommt jedoch eine analoge Anwendung der §§ 1000, 994 ff. BGB **36** auf das Verhältnis zwischen Drittem und Vorkaufsberechtigtem in Frage. Das setzt das Bestehen einer planwidrigen Regelungslücke voraus, die hier mangels Regelungen für Folgeansprüche im Anschluss an § 888 BGB gegeben ist.

Des Weiteren müsste eine Vergleichbarkeit der Interessenlagen gegeben sein. W ist **37** nur zeitweise Eigentümer bzw. muss zumindest damit rechnen, dass die K-GmbH ihren dinglich gesicherten Auflassungsanspruch ausübt. Insofern ist er mit einem unrechtmäßigen Besitzer vergleichbar. Zudem ist die Vormerkung im Hinblick auf die Schutzwirkung gegen Zwischenverfügungen dem Vollrecht angenähert, sodass die K-GmbH als Vormerkungsinhaberin eine dem Eigentümer vergleichbare Stellung hat. Das EBV enthält ausgleichende Wertungen, die eine übermäßige Belastung des gutgläubigen Besitzers bzw. des vormerkungswidrigen Eigentümers vermeiden, andererseits aber auch den Eigentümer bzw. Vormerkungsinhaber durch die Unterscheidung von notwendigen und nützlichen Verwendungen schützen. Demnach sind die §§ 1000, 994 ff. BGB analog anzuwenden.[8]

Hinweis: Auch in anderen Bereichen können die Folgeansprüche aus §§ 987 f., 989 ff. und 994 ff. BGB **38** analog angewendet werden, so zum Beispiel im Verhältnis zwischen tatsächlichem Eigentümer und Bucheigentümer, weil hier § 894 BGB keine Folgeansprüche regelt. In Examensklausuren wird das EBV vielfach nur noch auf diesem Weg abgefragt.

bb) Vindikationsähnliche Lage

Zunächst müsste also eine vindikationsähnliche Lage zum Zeitpunkt der Arbeiten **39** am Haus bestanden haben. Zu dieser Zeit war die K-GmbH vormerkungsgesicherte Vorkaufsberechtigte, W Drittkäufer, der gegenüber der K-GmbH keine bestandskräftige Eigentümerposition innehatte und einer Ausübung des Vorkaufsrechts auch nichts entgegenhalten konnte.

cc) Verwendungsersatz nach § 994 BGB

W könnte sich dann auf § 1000 BGB analog berufen, wenn er gegen die K-GmbH **40** einen Verwendungsersatzanspruch aus § 994 BGB analog hätte.

(1) Verwendung

Fraglich ist zunächst, ob die von W durchgeführten Maßnahmen Verwendungen **41** darstellen. Verwendungen sind freiwillige Vermögensopfer, die einer Sache zugutekommen.[9] Die Reparatur des Daches dient der Erhaltung des Hauses, die Fenster dienen zumindest seiner Verbesserung. Es handelt sich folglich in beiden Fällen um Verwendungen.

(2) Art der Verwendung

Nach § 994 BGB sind nur notwendige Verwendungen zu ersetzen. Notwendig sind **42** solche Verwendungen, die objektiv erforderlich sind, um die Sachsubstanz oder

---

8 MünchKommBGB/*Westermann* § 1100 BGB Rn. 5.
9 BGHZ 10, 171, 177 = NJW 1953, 1466; MünchKommBGB/*Baldus* § 994 BGB Rn. 6; *Baur/Stürner* § 11 Rn. 55; *Wolf/Wellenhofer* § 23 Rn. 2.

Nutzbarkeit der Sache zu erhalten.[10] Die Reparatur des Daches hätte jeder Eigentümer (Vorkaufsberechtigte) vornehmen müssen, um größere Schäden am Haus zu vermeiden. Dabei ist unbeachtlich, dass die K-GmbH trotz objektiver Nützlichkeit kein Interesse an der Ausbesserung hatte, weil sie das Haus abreißen lassen wollte. Der Maßstab des § 994 Abs. 1 BGB ist streng objektiv, wie sich aus einem Gegenschluss zu § 994 Abs. 2 BGB i.V.m. GoA ergibt, wo es auf den Willen und das Interesse des Eigentümers (Vorkaufsberechtigten) ankommt. Es handelt sich somit um notwendige Verwendungen (§ 994 Abs. 1 Satz 1 BGB). Sie stellen auch keine gewöhnlichen, also regelmäßig anfallenden Erhaltungskosten nach § 994 Abs. 1 Satz 2 BGB dar und sind somit grundsätzlich ersetzbar.

43 Das Austauschen der voll funktionstauglichen alten gegen neue Fenster war hingegen nicht erforderlich, es handelt sich nicht um notwendige Verwendungen. Ihre Erstattung nach § 994 BGB scheidet aus (zum Anspruch aus § 996 BGB siehe Rn. 55).[11]

(3) Guter Glaube des W

44 Beim Ersatz notwendiger Verwendungen ist weiter danach zu unterscheiden, ob der Besitzer (Drittkäufer) als gutgläubig anzusehen ist oder nicht (§ 994 Abs. 2 BGB). Hier kommt es normalerweise auf den guten Glauben hinsichtlich des eigenen (tatsächlich nicht gegebenen) Rechts zum Besitz an.[12]

45 Fraglich ist jedoch, wie es sich auswirkt, dass das EBV hier analog angewendet wird. Setzt man den Besitzer und den Drittkäufer gleich, so muss es statt des eigenen Besitzrechts als Bezugspunkt auf die Dauerhaftigkeit der erworbenen Eigentümerposition ankommen. Umstritten ist allerdings, wann Bösgläubigkeit (§ 990 Abs. 1 BGB analog) angenommen werden kann. Man könnte davon ausgehen, dies sei dann der Fall, wenn der Vorkäufer sein Recht ausgeübt hat und der Dritte darum weiß oder wissen muss. Danach wäre W hier im Zeitpunkt der Dachreparatur gutgläubig gewesen.

46 Überzeugender ist es allerdings, bereits auf die Kenntnis vom Bestehen eines Vorkaufsrechts abzustellen, da der Käufer in diesem Fall jederzeit mit der Ausübung des Vorkaufsrechts und somit mit dem Eigentumsverlust rechnen muss (vgl. den Rechtsgedanken des § 142 Abs. 2 BGB). W wurde vom Notar vor der Übertragung auf das eingetragene Vorkaufsrecht hingewiesen, er war diesbezüglich also bösgläubig. Ein Anspruch nach § 994 Abs. 1 BGB scheidet also aus.

(4) Ersatzanspruch nach § 994 Abs. 2 BGB

(a) Verweisung in die Geschäftsführung ohne Auftrag

47 Folglich bestimmt sich der Verwendungsersatzanspruch für die Dachsanierung nach § 994 Abs. 2 BGB, der eine Verweisung auf die Vorschriften der GoA enthält. Dabei handelt es sich um eine partielle Rechtsgrundverweisung:[13] Zwar umfasst sie die Unterscheidung nach berechtigter und unberechtigter GoA (Rechtsgrund), sodass

---

[10] BGHZ 64, 333, 339 = NJW 1975, 1553; MünchKommBGB/*Baldus* § 994 BGB Rn. 17; *Prütting* Rn. 551; *Wolf/Wellenhofer* § 23 Rn. 5.
[11] Eingehend *Hähnchen* JuS 2017, 877ff.
[12] *Baur/Stürner* § 11 Rn. 5; *Wolf/Wellenhofer* § 22 Rn. 6.
[13] *Schreiber* Rn. 237; *Wolf/Wellenhofer* § 23 Rn. 9.

danach zu differenzieren ist, ob die Verwendungen dem Willen des Vormerkungsinhabers entsprachen. Andererseits muss der Fremdgeschäftsführungswille nicht geprüft werden (Rechtsfolgenverweisung). Dieser wird in der Regel auch nicht vorliegen, da der vorläufige Eigentümer an den Bestand seines Eigentums glaubt und nur aufgrund dessen „eigene" Verwendungen macht.

Hinweis: Markieren Sie sich bei sämtlichen Verweisungen, auf die Sie während Ihres Studiums treffen, auf zulässige Weise, ob es sich um eine Rechtsgrund- oder Rechtsfolgenverweisung (oder aufgrund eines gesetzgeberischen Missgriffs um eine partielle Rechtsgrundverweisung) handelt, denn es gibt regelmäßig keine sicheren Anhaltspunkte im Normtext.

(b) Wille der K-GmbH (§ 683 BGB)

Eine berechtigte GoA liegt nach § 683 Satz 1 BGB vor, wenn die Geschäftsführung dem Willen des Geschäftsherrn entspricht. Hier entsprach die Reparatur des Daches nicht dem Willen der K-GmbH, die das Haus abreißen will, um eine Werkhalle zu errichten.

Diese Pläne der K-GmbH kannte W jedoch nicht. Nach zutreffender Auffassung kommt es auf diese Kenntnis jedoch nicht an, sondern allein darauf, dass der Geschäftsherr seinen Willen in irgendeiner Weise – hier beim Notartermin – geäußert hat.[14] Die GoA muss stets zwischen erwünschten Hilfeleistungen und unerwünschten Einmischungen in fremde Angelegenheiten trennen und weist es deshalb der Risikosphäre des Geschäftsführers zu, dass seine Geschäftsführung möglicherweise unerwünscht ist. Danach scheidet ein Aufwendungsersatzanspruch aus berechtigter GoA (§§ 683 Satz 1, 670 BGB) aus.

(c) Anwendbarkeit des § 684 BGB

Folglich liegt eine unberechtigte GoA vor. § 684 Abs. 1 BGB verweist ins Bereicherungsrecht. Fraglich ist jedoch, ob § 684 BGB im Rahmen der Verweisung aus § 994 Abs. 2 BGB überhaupt angewendet werden kann.

Eine Auffassung verneint das, weil ansonsten der bösgläubige Besitzer/Drittkäufer dem Eigentümer/Vorkaufsberechtigten eine unerwünschte Leistung aufdrängen könne.[15] Die Gegenauffassung geht zu Recht vom Wortlaut des § 994 Abs. 2 BGB aus, der auf das gesamte Recht der GoA verweist. Der Eigentümer/Vorkaufsberechtigte könne durch die Grundsätze der aufgedrängten Bereicherung, die in § 818 Abs. 3 berücksichtigt werden müssten, geschützt werden.[16]

(d) Anspruch aus §§ 684, 818 BGB

Bei § 684 BGB handelt es sich um eine Rechtsfolgenverweisung;[17] es sind also nur die §§ 818 ff. BGB zu prüfen, weil der unberechtigte Eingriff in den Rechtskreis des Geschäftsherrn bereits im Rahmen der GoA geprüft wurde.

Die Herausgabe der Reparaturen (§ 818 Abs. 1 BGB) ist nicht möglich; die K-GmbH hätte deshalb deren objektiven Verkehrswert zu ersetzen (§ 818 Abs. 2 BGB). Da die Verwendungen für die K-GmbH jedoch wertlos sind, stellt sich hier das Problem der aufgedrängten Bereicherung, zu dem im Wesentlichen zwei Ansätze

---

[14] *Brox/Walker* Besonderes SchuldR § 35 Rn. 24.
[15] Staudinger/*Gursky* (2012) § 994 BGB Rn. 27.
[16] MünchKommBGB/*Baldus* § 994 BGB Rn. 20.
[17] BGH WM 1976, 1060; *Brox/Walker* Besonderes SchuldR § 35 Rn. 55; *Medicus/Petersen* Rn. 434.

vertreten werden. Es ist denkbar, den Wertbegriff in § 818 Abs. 2 BGB zu subjektivieren mit der Folge, dass die K-GmbH nur insoweit zum Ersatz verpflichtet wäre, wie sie tatsächlichen Nutzen aus der Reparatur zieht. Da sie aber nicht vorhat, das Haus zu bewohnen oder zu verkaufen, zieht sie gar keinen Nutzen, müsste also keinen Wertersatz leisten. Eine andere Möglichkeit ist, die Anwendung des § 818 Abs. 3 BGB, der zunächst den Eintritt einer Bereicherung voraussetzt, über seinen Wortlaut hinaus zuzulassen. Der Schutz für denjenigen, der nachträglich wieder entreichert wird, muss nämlich erst recht auch dem zugute kommen, der von Anfang an nicht bereichert war. Hierfür spricht die Systematik des § 818 BGB, zunächst in Abs. 2 den objektiven Wert zu ermitteln, bevor dann in Abs. 3 subjektive Korrekturen erfolgen.[18] Auch hiernach ist die K-GmbH von der Wertersatzpflicht befreit. W kann für die Dachreparatur somit keinen Verwendungsersatz von der K-GmbH verlangen und sich deshalb insoweit nicht auf § 1000 BGB analog berufen.

dd) Verwendungsersatz nach § 996 BGB

55 Beim Einbau der Fenster handelt es sich um Verwendungen, sodass ein Verwendungsersatzanspruch aus § 996 BGB in Betracht kommt, der dem Anspruch aus § 888 BGB ebenfalls über § 1000 BGB analog entgegengesetzt werden könnte. Für die Nützlichkeit einer Verwendung ist allein auf die objektive Werterhöhung der Sache durch die Verwendung abzustellen, nicht auf die Nützlichkeit für den Eigentümer (Vorkaufsberechtigten),[19] sodass trotz der Abrisspläne des Vorkaufsberechtigten Nützlichkeit vorliegt, weil das Haus mit neuen Fenstern wertvoller ist als mit alten Fenstern. Nützliche Verwendungen sind aber nur bei gutem Glauben ersatzfähig (§§ 996, 990 Abs. 1 BGB), an dem es hier fehlt (siehe Rn. 46). Auch insoweit greift § 1000 BGB analog also nicht.

e) Gegenrechte aus § 273 Abs. 2 BGB

aa) Anspruch aus §§ 951, 812 Abs. 1 Satz 1 Alt. 2 BGB

56 In Betracht kommt schließlich eine Einrede aus § 273 Abs. 2 BGB, wenn W einen fälligen Anspruch wegen Rechtsverlustes durch Einbau an den Fenstern gem. §§ 946, 93, 94 Abs. 2 BGB hätte. Ein solcher Anspruch könnte sich aus §§ 951, 812 Abs. 1 Satz 1 Alt. 2 BGB ergeben. Fraglich ist jedoch die Anwendbarkeit des § 951 BGB neben dem EBV. Diese ist zunächst durch § 993 Abs. 1 a. E. BGB nicht grundsätzlich ausgeschlossen, da dort nur Nutzungen und Schadensersatz genannt sind. Einer Ansicht nach enthält das EBV in §§ 994 ff. BGB eine abschließende Regelung auch im Hinblick auf Verwendungen,[20] zumal § 996 BGB eine Formulierung enthält, die entsprechend interpretiert werden könnte („Ersatz nur insoweit"). Das muss folgerichtig auch dann gelten, wenn man das EBV – wie vorliegend – analog anwendet, denn auch dann sollen die besonderen Wertungen des EBV nicht durch allgemeinere Ansprüche ausgehebelt werden. § 951 BGB wäre demnach hier nicht anwendbar, W hätte keinen Anspruch.

57 Die Gegenansicht befürwortet eine Anwendung mit der Begründung, dass der besitzende Verwender nicht schlechter gestellt werden dürfe als der nicht besitzen-

---

[18] Palandt/*Sprau* § 818 BGB Rn. 18.
[19] So Soergel/*Mühl* § 996 BGB Rn. 1; *Prütting* Rn. 554; *Wolf/Wellenhofer* § 23 Rn. 11; a. A. Staudinger/*Gursky* (2012) § 996 BGB Rn. 5 ff.
[20] BGHZ 41, 157, 159 = NJW 1964, 1125; BGHZ 87, 296, 301 = NJW 1983, 2024.

de.²¹ Zudem sei in § 951 Abs. 2 Satz 1 BGB ausdrücklich klargestellt, dass Vorschriften über Verwendungsersatz unberührt bleiben. Ob sich diese Argumentation auf die analoge Anwendung des EBV im Rahmen des § 888 BGB übertragen lässt, erscheint fraglich. Geht man davon aus, dass dies der Fall ist, so ist § 951 BGB anwendbar. Die Frage muss jedoch nicht entschieden werden, denn auch in diesem Fall scheidet ein Anspruch aus, da W zum Zeitpunkt des Einbaus der Fenster selbst Eigentümer des Hauses war und insofern keinen Rechtsverlust gem. §§ 946, 93, 94 Abs. 2 BGB erlitten hat.

Hinweis: Wenn Sie das EBV analog anwenden, dürfen Sie nicht nur „anders einfädeln" und dann einfach wie im EBV weiterprüfen; vielmehr ist immer zu überlegen, ob sich Unterschiede ergeben können. Das war oben (Rn. 45 f.) bei der Prüfung der Gutgläubigkeit genauso der Fall wie zuletzt bei der Frage, ob auch das EBV analog eine abschließende Regelung bildet oder nicht. **58**

bb) Ansprüche aus §§ 812 ff. BGB

Ein Gegenrecht des W könnte sich auch dann aus § 273 Abs. 2 BGB ergeben, wenn W einen Anspruch aus § 812 Abs. 1 Satz 1 Alt. 2 BGB hätte. Nach gängiger Auffassung ist jedoch das EBV gegenüber dem Bereicherungsrecht insoweit grundsätzlich eine abschließende Regelung, damit die besonderen Wertungen des EBV nicht ausgehebelt werden.²² Es besteht kein Anlass, dies bei einer analogen Anwendung des EBV anders zu sehen. **59**

III. Ergebnis

W hat somit keine Gegenrechte, der Anspruch der K-GmbH aus § 888 BGB ist voll durchsetzbar. **60**

---

²¹ *Larenz/Canaris* § 74 I 3; *Medicus/Petersen* Rn. 895 ff.
²² Staudinger/*Gursky* (2012) Vor §§ 987–993 BGB Rn. 39 ff., 43.

Fall 12. Auf die Reihenfolge kommt es an

Sachverhalt

Variante 1

Der Profifußballspieler Oliver Ohnesorg (O) ist Eigentümer eines Grundstücks, das mit einer schon seit einiger Zeit leer stehenden Villa bebaut ist. O hat seit langem einen Berater, Bodo Bolz (B), der ihm in geschäftlichen Angelegenheiten mit Rat zur Seite steht. Da es O nach einer schweren Verletzung weder sportlich noch finanziell besonders gut ging, riet ihm B zum Verkauf des Villengrundstücks. Nach langem Überlegen und unter dem Druck des drohenden Bankrotts war O schließlich damit einverstanden. B solle sich um alles kümmern, aber den Namen des O aus dem Spiel lassen, denn er wolle der Boulevardpresse keinen neuen Stoff liefern.

B fand schnell den Kaufinteressenten Konrad Krieger (K), mit dem er sich nach zähen Verhandlungen einig wurde. Am 7.3.2017 schlossen B und K einen notariellen Kaufvertrag über das Grundstück. Da alles zügig abgewickelt werden sollte, beurkundete der Notar auch gleich die Auflassungserklärungen von B und K. Am Folgetag stellte B beim Grundbuchamt den Antrag auf Grundbuchänderung und übergab K vereinbarungsgemäß die Hausschlüssel. K machte sich sogleich an den Einzug in sein neues Heim.

Am 9.3.2017 kam es jedoch wie befürchtet: Über das Vermögen des O wurde das Insolvenzverfahren eröffnet und am selben Tag ein Vermerk nach § 32 InsO im Grundbuch eingetragen. K, der am 12.4.2017 als Eigentümer im Grundbuch eingetragen wurde, erfuhr davon freilich erst, als einige Wochen später Insolvenzverwalterin Inge Iller (I) mit ihm in Kontakt trat und mitteilte, wegen des Insolvenzverfahrens sei das Grundstücksgeschäft hinfällig. Die Grundbuchänderung, die ohnehin nicht O selbst beantragt habe, sei gegenstandslos. Sie als Insolvenzverwalterin entscheide nun, was mit dem Grundstück passiere. K solle aus der Villa ausziehen, damit diese als unbewohnt besser veräußert werden könne.
Zu Recht?

Variante 2

Nach dem Notartermin entschloss sich K, seinen erfolgreichen Geschäftsabschluss im neuen Haus zu feiern. Folge des rauschenden Festes waren tiefe Kratzer im wertvollen Eichenparkett des Salons. Nachdem K am 10.3.2017 schließlich seinen Antrag auf Grundbuchänderung zu seinen Gunsten gestellt hatte, erfuhr er von der Eröffnung des Insolvenzverfahrens am Vortag und von dem Umstand, dass auch sein Haus Teil der Insolvenzmasse sei; aus dem Grundbuch konnte er ersehen, dass bereits am 9.3.2017 ein Vermerk nach § 32 InsO eingetragen worden war.

K interessierte sich dafür nicht weiter, zumal er am 12.4.2017 trotzdem als Eigentümer im Grundbuch eingetragen wurde, und bewohnte weiterhin die Villa. Den in seinen Augen etwas altmodischen Whirlpool im Badezimmer ließ er austauschen und leistete sich den „Bubble Master", das beste Modell auf dem Markt.

Welche Ansprüche kann I gegen K geltend machen?

Fall 12. Auf die Reihenfolge kommt es an

Skizze

Zeittabelle

Variante 1
7.3.2017: notarieller Kaufvertrag; Auflassung vor dem Notar
8.3.2017: B stellt den Antrag auf Änderung des Grundbuchs
8.3.2017: B übergibt K den Schlüssel für die Villa
9.3.2017: Eröffnung des Insolvenzverfahrens
12.4.2017: Eintragung des K im Grundbuch

Variante 2
7.3.2017: notarieller Kaufvertrag; Auflassung vor dem Notar
8.3.2017: B übergibt K den Schlüssel für die Villa
9.3.2017: Eröffnung des Insolvenzverfahrens
10.3.2017: K stellt den Antrag auf Änderung des Grundbuchs
12.4.2017: Eintragung des K im Grundbuch

Gliederung

Rn.

Variante 1: Geltendmachung eines Anspruchs des O gegen K auf Herausgabe des Grundstücks (§ 985 BGB) durch I

I. Geltendmachung der Ansprüche des O durch I 1
II. Eigentümerstellung des O 2
   1. Einigung und Eintragung (§§ 873 Abs. 1, 925 BGB) 3
   2. Berechtigung (§ 873 Abs. 1 BGB) 5
      a) Ermächtigung des B (§ 185 Abs. 1 BGB) 5
      b) Eröffnung des Insolvenzverfahrens (§ 80 InsO) 6
      c) Korrektur des maßgeblichen Zeitpunkts (§ 91 Abs. 2 InsO, § 878 BGB) 8

Variante 2

I. Anspruch des O gegen K auf Herausgabe des Grundstücks aus § 985 BGB 12
   1. Eigentümerstellung des O 13
   2. K als Besitzer ohne Recht zum Besitz 15
      a) Kaufvertrag 15
      b) § 1000 BGB 18
   3. Zurückbehaltungsrecht (§ 1000 BGB) 19
      a) Wasserleitung 21
      b) Whirlpool 24
II. Anspruch des O gegen K auf Schadensersatz (§§ 989, 990 Abs. 1 Satz 1 BGB) 25
III. Anspruch des O gegen K auf Nutzungsersatz (§§ 987, 990 Abs. 1 Satz 2 BGB) 28

Lösung

Variante 1: Geltendmachung eines Anspruchs des O gegen K auf Herausgabe des Grundstücks (§ 985 BGB) durch I

I. Geltendmachung der Ansprüche des O durch I

O könnte gegen K ein Anspruch auf Herausgabe des Grundstücks zustehen (§ 985 BGB). Dafür müsste er Eigentümer des Grundstücks und K Besitzer ohne Recht zum Besitz sein. Sollte ein solcher Anspruch bestehen, wäre die Insolvenzverwalterin I im Rahmen der Ausübung ihres Verwaltungsrechts (§ 80 Abs. 1 InsO) zur Geltendmachung des Anspruchs gegen K berechtigt.

II. Eigentümerstellung des O

Ursprünglich war O Eigentümer des Grundstücks. Er könnte das Eigentum jedoch durch die Übereignung des Grundstücks von B an K verloren haben.

1. Einigung und Eintragung (§§ 873 Abs. 1, 925 BGB)

K und B haben sich bei gleichzeitiger Anwesenheit vor dem Notar über den Übergang des Grundstückseigentums auf K geeinigt (§§ 873 Abs. 1 Alt. 1, 925 BGB). K wurde auch als Eigentümer im Grundbuch eingetragen.

Hinweis: Durch § 925 BGB wird nicht die Einschaltung eines Stellvertreters bei der Auflassung untersagt, denn gleichzeitige Anwesenheit bedeutet nicht gleichzeitige persönliche Anwesenheit der Parteien, was sich aus einem Gegenschluss zu § 1311 BGB ergibt. Vorliegend hat B freilich nicht als Stellvertreter gehandelt, sondern im eigenen Namen über das Grundstück des O verfügt.

2. Berechtigung (§ 873 Abs. 1 BGB)

a) Ermächtigung des B (§ 185 Abs. 1 BGB)

Fraglich ist jedoch, ob B zur Verfügung über das Grundstück berechtigt war. B war nicht Eigentümer. Mangels Offenkundigkeit seines Handelns für einen Anderen kommt eine Stellvertretung nach § 164 Abs. 1 BGB nicht in Betracht. B könnte aber als Verfügungsbefugter gehandelt haben (§ 185 Abs. 1 BGB). Bei der Übertragung des Grundstücks handelt es sich um ein Rechtsgeschäft, das unmittelbar darauf gerichtet ist, auf ein bestehendes Recht einzuwirken (hier: es zu übertragen), und folglich um eine Verfügung.[1] Zu dieser Verfügung müsste B vom Eigentümer ermächtigt gewesen sein. Da sich B seit Jahren um geschäftliche Angelegenheiten des O kümmerte, ist vom Vorliegen einer Ermächtigung auszugehen, zumal O mit dem Verkauf der Villa auch einverstanden war und B mit der Abwicklung betraute. Damit konnte B als Berechtigter über das Grundstück verfügen.

b) Eröffnung des Insolvenzverfahrens (§ 80 InsO)

Zu prüfen ist außerdem, wie sich die Eröffnung des Insolvenzverfahrens über das Vermögen des O auf die Verfügungsbefugnis des B auswirkt. Das Insolvenzverfahren, von dessen ordnungsgemäßem Verlauf auszugehen ist, wurde am 9.3.2017 eröffnet. Somit verlor O zu diesem Zeitpunkt seine Verfügungsbefugnis über das zur

---

[1] Palandt/*Ellenberger* § 185 BGB Rn. 2.

Fall 12. Auf die Reihenfolge kommt es an

Insolvenzmasse gehörende Grundstück (§ 80 InsO). Ab diesem Zeitpunkt konnte er B deshalb auch nicht mehr wirksam zur Verfügung über das Grundstück ermächtigen. B hätte somit als Nichtberechtigter verfügt.

7 Allerdings hatten sich B und K bereits am 7.3.2017 notariell über den Eigentumsübergang an dem Villengrundstück geeinigt; lediglich die Eintragung des K im Grundbuch erfolgte erst später. Die Verfügungsberechtigung muss jedoch bis zum letzten Erwerbsakt – hier der Eintragung des K am 12.4.2017 – bestehen. Deshalb hätte B in der Tat als Nichtberechtigter verfügt.

c) Korrektur des maßgeblichen Zeitpunkts (§ 91 Abs. 2 InsO, § 878 BGB)

8 Jedoch könnte B trotz der Eröffnung des Insolvenzverfahrens zwischen Einigung und Eintragung verfügungsbefugt gewesen sein, wenn die Voraussetzungen des § 878 BGB vorliegen, der über die Verweisung in § 91 Abs. 2 InsO anwendbar ist. Dazu müsste die von B abgegebene dingliche Einigungserklärung vor Eintritt des verfügungsbeschränkenden Ereignisses bindend geworden sein. Das ist der Fall, weil die Beurkundung am 7.3.2017 und damit vor Eröffnung des Insolvenzverfahrens am 9.3.2017 erfolgt ist (§ 873 Abs. 2 Alt. 2 BGB).

9 Problematisch könnte sein, dass vorliegend B den Grundbuchänderungsantrag stellte; dazu ist er zwar grundbuchrechtlich befugt (§ 13 Abs. 1 Satz 2 GBO). Teilweise wird jedoch behauptet, dass die Wirkung des § 878 BGB nur eintrete, wenn der Antrag vom Erwerber gestellt werde. Nur dann könne dieser auf den Bestand des Antrags vertrauen, während ein anderer Antragsteller jederzeit von seinem Recht zur Rücknahme des Antrags nach § 31 GBO Gebrauch machen könne.[2] Dieses Einschränkungskriterium findet aber keinerlei Niederschlag im Wortlaut des § 878 BGB. Außerdem kann auch ein Antrag des Veräußerers nur unter Wahrung des Formerfordernisses der §§ 31, 29 GBO und somit nicht ohne weiteres zurückgenommen werden. Überzeugender erscheint es daher, die Folgen des Antrages unabhängig von der Person des Antragstellers zu behandeln.[3]

10 Weiter dürfte die Tatsache, dass nicht der dinglich Berechtigte selbst, sondern sein Ermächtigter gehandelt hat, nicht zur Unanwendbarkeit der Norm führen. Nach der Rechtsprechung kann zwar ein Ermächtigter über das fremde Recht (Grundstück) verfügen, jedoch werde er dadurch nicht zum Rechtsinhaber.[4] Dies setze § 878 BGB aber voraus, da es sich um eine Ausnahme vom Eintragungszwang handle. Bei der Beurteilung dieser Frage ist der Normzweck des § 878 BGB zu bedenken. Diese Norm soll die Unwägbarkeiten beseitigen, die sich aus dem Eintragungsgrundsatz ergeben, weil die Parteien den Zeitpunkt der Rechtsänderung durch Eintragung nicht bestimmen können.[5] Die vorliegende Konstellation unterscheidet sich vom Normalfall des § 878 BGB nur dadurch, dass nicht O, sondern B gehandelt hat. Da aber die Verfügung des B einer des O gleichsteht, erscheint eine unterschiedliche Fallbehandlung nicht gerechtfertigt. § 878 BGB will den Erwerber umfassend schützen, sofern alles zum Rechtserwerb Erforderliche getan ist und nur noch die Grundbuchänderung fehlt. Diesen Schutz davon abhängig zu machen, ob

---

2 MünchKommBGB/*Kohler* § 878 BGB Rn. 17.
3 Palandt/*Bassenge* § 878 BGB Rn. 14; *Medicus/Petersen* Rn. 468; *Wolf/Wellenhofer* § 17 Rn. 45.
4 Vgl. BGHZ 49, 197, 207 = NJW 1968, 493.
5 Soergel/*Stürner* § 878 BGB Rn. 1.

der Käufer mit dem tatsächlichen Eigentümer oder einem Ermächtigten kontrahiert, überzeugt nicht. Mit der Literatur ist deshalb davon auszugehen, dass § 878 BGB auch dann Anwendung findet, wenn der ursprünglich Berechtigte einer Verfügungsbeschränkung unterliegt, nachdem sein Ermächtigter die Voraussetzungen des § 878 BGB herbeigeführt hat.[6]

Somit liegen die Voraussetzungen des § 878 BGB vor und K konnte trotz des Insolvenzverfahrens Eigentum am Grundstück erwerben, weil B verfügungsbefugt war. Da O nicht mehr Eigentümer ist, steht ihm gegen K kein Herausgabeanspruch zu, den I geltend machen könnte. 11

Variante 2

I. Anspruch des O gegen K auf Herausgabe des Grundstücks aus § 985 BGB

O könnte gegen K ein Anspruch auf Herausgabe des Grundstücks zustehen (§ 985 BGB). Dafür müsste er Eigentümer des Grundstücks und K Besitzer ohne Recht zum Besitz sein. Sollte ein solcher Anspruch bestehen, wäre die Insolvenzverwalterin I im Rahmen der Ausübung ihres Verwaltungsrechts (§ 80 Abs. 1 InsO) zur Geltendmachung des Anspruchs gegen K berechtigt. 12

1. Eigentümerstellung des O

Ursprünglich war O Eigentümer des Grundstücks. Er könnte das Eigentum jedoch durch die Übereignung des Grundstücks von B an K verloren haben. K und der verfügungsbefugte B einigten sich über den Übergang des Eigentums (siehe Rn. 3 ff.). Der ursprünglich berechtigte O wurde mit Wirkung zum 9.3.2017 durch Eröffnung des Insolvenzverfahrens in seiner Verfügungsmacht beschränkt (§ 80 Abs. 1 InsO). Somit handelte der von ihm ermächtigte B als Nichtberechtigter. Sollten die Voraussetzungen des § 878 BGB erfüllt sein, könnte diese Norm über die fehlende Verfügungsbefugnis hinweghelfen. Im Unterschied zu Variante 1 wurde der Antrag beim Grundbuchamt nach § 13 GBO jedoch erst am 10.3.2017 und somit nach Eröffnung des Insolvenzverfahrens gestellt. Damit waren zum Zeitpunkt des Verlusts der Verfügungsmacht noch nicht alle Voraussetzungen des § 878 BGB erfüllt. K konnte das Grundstück deshalb nicht erwerben. 13

K könnte das Grundstückseigentum jedoch nach § 81 Abs. 1 Satz 2 InsO, § 892 Abs. 1 Satz 2 BGB gutgläubig erworben haben. Danach gilt eine dem Erwerber nicht positiv bekannte und nicht im Grundbuch eingetragene Verfügungsbeschränkung als nicht bestehend. Es wurde jedoch die Verfügungsbeschränkung gem. § 32 InsO im Grundbuch eingetragen. Mangels Gutgläubigkeit konnte K deshalb auch nicht nach § 81 Abs. 1 Satz 2 InsO, § 892 Abs. 1 Satz 2 BGB Eigentum an dem Grundstück erwerben. Damit ist O weiterhin Eigentümer des Grundstücks. 14

2. K als Besitzer ohne Recht zum Besitz

a) Kaufvertrag

K besitzt gegenwärtig das Grundstück. Fraglich ist, ob ihm auch ein Recht zum Besitz zusteht. Als Käufer einer übergebenen, aber noch nicht nach §§ 873, 925 15

---

[6] MünchKommBGB/*Kohler* § 878 BGB Rn. 9 ff.; *Prütting* Rn. 153; *Wolf/Wellenhofer* § 17 Rn. 45.

BGB übereigneten Sache, steht dem K ein relatives Besitzrecht zu. Da der Kaufvertrag (§ 433 BGB) jedoch vor Eröffnung des Insolvenzverfahrens noch nicht vollständig erfüllt wurde (es fehlt die Übereignung, die nach § 433 Abs. 1 Satz 1 BGB zu den Verkäuferpflichten gehört), steht I als Insolvenzverwalterin ein Wahlrecht zu, ob der Vertrag noch erfüllt werden soll oder nicht (§ 103 Abs. 1 InsO). Dass I von K Herausgabe des Grundstücks mit der Begründung verlangt, das Grundstücksgeschäft sei hinfällig, kann als konkludente Ausübung ihres Wahlrechts dahingehend verstanden werden, den Kaufvertrag nicht erfüllen zu wollen.[7]

16 Entscheidet sich der Insolvenzverwalter gegen die Erfüllung des Vertrags, so bleibt dieser Vertrag zwar bestehen, ist aber nach den Regeln der InsO zu behandeln.[8] Zwar sprechen Teile der Literatur und der Rechtsprechung von einem „Erlöschen" der Ansprüche. Das ist nach zutreffender Auffassung der neueren Rechtsprechung aber so zu verstehen, dass die Entscheidung des Insolvenzverwalters gegen die Erfüllung des Kaufvertrags dazu führt, dass der Vertragspartner keinen durchsetzbaren Anspruch auf weitere Erfüllung des Vertrags mehr hat.[9] Infolgedessen fällt auch das Besitzrecht des Käufers an der vertragsgemäß übergebenen, aber noch nicht übereigneten Sache weg.[10]

17 **Hinweis:** Freilich steht ihm aber ein Anspruch wegen Nichterfüllung gegen die Insolvenzmasse zu (§ 103 Abs. 2 Satz 1 InsO).

b) § 1000 BGB

18 Ein Besitzrecht könnte K aber wegen Verwendungen und einem damit verbundenen Zurückbehaltungsrecht nach § 1000 BGB zustehen. Fraglich ist, ob ein solches Zurückbehaltungsrecht ein Recht zum Besitz gibt. Teils wird das Zurückbehaltungsrecht aus § 1000 BGB als Recht zum Besitz angesehen.[11] Wenn man aber bedenkt, dass ein Recht zum Besitz die Klageabweisung, ein Zurückbehaltungsrecht jedoch nur die Verurteilung zur Leistung Zug-um-Zug zur Folge haben kann, erscheint es wenig folgerichtig, Zurückbehaltungsrechte als Besitzrechte einzustufen. Mit der wohl herrschenden Meinung wird vorliegend daher davon ausgegangen, dass das Zurückbehaltungsrecht aus § 1000 BGB nicht als Recht zum Besitz anzusehen ist[12] und ein Anspruch aus § 985 BGB deshalb vorliegend besteht.

3. Zurückbehaltungsrecht (§ 1000 BGB)

19 Dem Herausgabeanspruch des O könnte jedoch ein Zurückbehaltungsrecht des K nach § 1000 Satz 1 BGB entgegenstehen, wenn K Verwendungsersatzansprüche gegen O zustehen sollten, weil er den Whirlpool einbauen und die Wasserleitungsschäden beseitigen ließ. Als diese Arbeiten vorgenommen wurden, bestand eine Vindikationslage,[13] weil O Eigentümer und K nichtberechtigter Besitzer war (siehe Rn. 13ff.).

---

[7] MünchKommInsO/*Kreft* § 103 InsO Rn. 156.
[8] BGH WM 1984, 265.
[9] MünchKommInsO/*Kreft* § 103 InsO Rn. 13.
[10] BGH NJW 1982, 768, 769; MünchKommInsO/*Kreft* § 103 InsO Rn. 117.
[11] BGH NJW 1995, 2627.
[12] MünchKommBGB/*Baldus* § 986 BGB Rn. 19.
[13] Palandt/*Bassenge* Vor § 994 BGB Rn. 2.

Außerdem müsste K Verwendungen auf das Grundstück getätigt haben. Unter Verwendungen werden Vermögensaufwendungen, die einer Sache zugute kommen sollen, verstanden.[14] K ließ zum einen den Whirlpool modernisieren, zum anderen ließ er die Wasserleitung reparieren. Beides kam dem Haus zugute.

a) Wasserleitung

Bei den Reparaturen an der Wasserleitung könnte es sich um notwendige Verwendungen i.S.d. § 994 BGB handeln. Hierunter sind solche Maßnahmen zu verstehen, die darauf abzielen, den Bestand der Sache zu erhalten oder wiederherzustellen, sowie Maßnahmen, die zur Erhaltung oder ordnungsgemäßen Bewirtschaftung der Sache in der bisherigen Art und Weise erforderlich sind.[15] Bei der notwendigen Reparatur eines Lecks in der Wasserleitung handelt es sich in der Regel immer um eine notwendige Verwendung nach § 994 BGB, weil ansonsten weitere Wasserschäden eintreten. Um einen Ersatzanspruch aus § 994 Abs. 1 Satz 1 BGB zu haben, den K nach § 1000 BGB dem Herausgabeanspruch des O entgegensetzen kann, muss K jedoch redlicher Besitzer gewesen sein. Zum Zeitpunkt der Reparaturen wusste K aber schon um die Insolvenz und die mangelnde Verfügungsberechtigung des O und war somit unredlich im Hinblick auf sein eigenes Recht zum Besitz.

Gemäß § 994 Abs. 2 BGB kann K seine Verwendungen somit nur nach den Vorschriften über die Geschäftsführung ohne Auftrag ersetzt verlangen. Hierbei handelt es sich nach gängiger Auffassung um eine teilweise Rechtsgrundverweisung auf die GoA: Eine bloße Rechtsfolgenverweisung würde nämlich dazu führen, dass stets die Rechtsfolge der §§ 683, 670 BGB – Aufwendungsersatz – ausgelöst würde und sich kein Unterschied zu § 994 Abs. 1 BGB ergäbe. Eine vollständige Rechtsgrundverweisung hingegen brächte das Ergebnis, dass regelmäßig kein Aufwendungsersatz geschuldet würde, weil der Besitzer nicht mit Fremdgeschäftsführungswillen handelt. Die Verweisung auf die GoA soll vielmehr allein eine Unterscheidung nach Verwendungen des bösgläubigen Besitzers, die dem Willen und dem Interesse des Eigentümers entsprechen, und solchen, die dem Willen und dem Interesse des Eigentümers widersprechen, ermöglichen.

Es ist also zu fragen, ob die Reparatur zumindest dem mutmaßlichen Willen des Eigentümers entsprach. Da eine Ausbreitung des Wasserschadens und somit die Gefahr der Beschädigung der Villa drohte, kann dies angenommen werden. Auch durfte K die schnelle Reparatur für erforderlich i.S.d. § 670 BGB halten. Folglich kann K gegenüber O einen Aufwendungsersatzanspruch nach §§ 994 Abs. 2, 683, 670 BGB wegen der Verwendungen auf die Wasserleitung geltend machen. Daraus ergibt sich ein Zurückbehaltungsrecht nach § 1000 Satz 1 BGB, das K dem Herausgabeverlangen des O entgegenhalten kann.

b) Whirlpool

Beim Neueinbau des Whirlpools könnte es sich um nützliche Verwendungen nach § 996 BGB handeln. Ersatzfähig und damit im Rahmen des § 1000 BGB berücksichtigungsfähig wären diese jedoch nur, wenn K bei Vornahme der Verwendungen

---

[14] MünchKommBGB/*Baldus* § 994 BGB Rn. 6.
[15] *Prütting* Rn. 551.

Fall 12. Auf die Reihenfolge kommt es an

redlicher Besitzer gewesen wäre. Dies war aber gerade nicht der Fall (siehe Rn. 21). Aus §§ 996, 1000 BGB steht K deshalb kein Zurückbehaltungsrecht zu.

II. Anspruch des O gegen K auf Schadensersatz (§§ 989, 990 Abs. 1 Satz 1 BGB)

25 Wegen der tiefen Kratzer im Parkett könnte O gegen K ein Schadensersatzanspruch aus §§ 989, 990 Abs. 1 Satz 1 BGB zustehen, den wiederum I geltend machen könnte (§ 80 Abs. 1 InsO). Eine Vindikationslage zum Zeitpunkt der Schädigungshandlung lag vor (siehe Rn. 13 ff.).

26 K müsste außerdem nach §§ 989, 990 BGB bösgläubig in Bezug auf sein Besitzrecht gewesen sein. Bösgläubig ist, wer den Mangel seines Besitzrechts zum Zeitpunkt des Erwerbs des Besitzes positiv kennt oder infolge grober Fahrlässigkeit nicht kennt oder nach Besitzerwerb vom Fehlen seines Besitzrechts erfährt (§ 990 Abs. 1 BGB). Zum Zeitpunkt des Einzugs in die Villa wusste K noch nichts vom Insolvenzverfahren. Auch kann es nicht als grob fahrlässig angesehen werden, dass er sich diesbezüglich nicht rückversicherte, weil ihm keine Einzelheiten über die Vermögenslage des O bekannt waren. Jedoch ist fraglich, ob seine Inbesitznahme des Grundstückes vor Antragstellung beim Grundbuchamt als grob fahrlässig einzustufen ist. Grobe Fahrlässigkeit ist für ein Handeln zu bejahen, bei dem die erforderliche Sorgfalt nach den gesamten Umständen in ungewöhnlich hohem Maße verletzt worden ist und bei dem dasjenige unbeachtet geblieben ist, was im gegebenen Fall jedem hätte einleuchten müssen.[16] Vorliegend durfte K aber mit der zeitnahen Vollendung seines Rechtserwerbs rechnen, auch wenn er selbst es in der Hand gehabt hätte, diesen schon früher herbeizuführen. Sein Nichtwissen wird daher nicht als grob fahrlässig einzustufen sein.

27 Eine Haftung nach §§ 989, 990 Abs. 1 Satz 1 BGB scheidet somit aus, da der Schaden am Parkett vor Kenntniserlangung von den tatsächlichen Eigentumsverhältnissen eingetreten ist. O steht gegen K kein Schadensersatzanspruch zu.

III. Anspruch des O gegen K auf Nutzungsersatz (§§ 987, 990 Abs. 1 Satz 2 BGB)

28 O könnte gegen K für die Zeit, in der K die Villa bewohnte, ein Nutzungsersatzanspruch zustehen. Wie bereits geprüft, bestand während der Wohndauer des K in der Villa eine Vindikationslage (siehe Rn. 13 ff.). Unter Nutzungen sind neben Früchten auch Gebrauchsvorteile zu verstehen (§ 100 BGB). Das Wohnen des K in der Villa stellt einen Gebrauchsvorteil dar. Dieser Vorteil ist nach §§ 987, 990 BGB an den Eigentümer herauszugeben. Da eine Herausgabe nach der Natur der Sache nicht möglich ist, muss K in Höhe des objektiven Nutzungswertes Ersatz leisten. K hat dem O somit den Wert des Vorteils zu ersetzen, den er aus dem Gebrauch der Villa zu Wohnzwecken gezogen hat, seitdem er am 10.3.2017 von der Verfügungsbeschränkung erfuhr und bösgläubig in Bezug auf sein Besitzrecht wurde (§§ 987, 990 Abs. 1 Satz 2 BGB; siehe Rn. 21).

29 **Hinweis:** Ein inhaltsgleicher Anspruch ergibt sich aus § 988 BGB, wenn man davon ausgeht, dass K den Besitz an dem Hausgrundstück unentgeltlich erlangt hat, weil sich die Insolvenzverwalterin für die Nichterfüllung des Kaufvertrags entschieden hat (§ 103 Abs. 1 InsO).

---

[16] BGHZ 10, 14, 16 = NJW 1953, 1139.

Fall 13. Erlers Erben

Sachverhalt

Emil Erler (E) ist im März 2016 verstorben. Kurz darauf beantragte sein Sohn Albrecht (A) als gesetzlicher Alleinerbe einen Erbschein. Weitere Maßnahmen ergriff er nicht, insbesondere veranlasste er nicht die Umschreibung eines im Nachlass enthaltenen Hausgrundstücks. Zwei Monate später wurde in einem Bankschließfach ein wirksam errichtetes Testament des E gefunden, in dem dieser seine Lebensgefährtin Steffi Stoiber (S) als Alleinerbin einsetzt. A ließ sich davon jedoch nicht beeindrucken und veräußerte im Mai 2016 das erwähnte Grundstück an Karl Knoblauch (K), der davon ausging, dass A Erbe sei, ohne freilich den Erbschein zu kennen. Bei der Gelegenheit der Auflassung bewilligte A dem K auch eine entsprechende Auflassungsvormerkung.

Bevor jedoch der Antrag auf Eintragung der Vormerkung gestellt wurde, erfuhr K durch eine briefliche Mitteilung der S, dass das Nachlassgericht Rückgabe des Erbscheins von A verlangt habe; gleichwohl wurde die Eintragung wirksam beantragt und die Vormerkung kurze Zeit später eingetragen. K war aber über den Verlauf der Dinge, der ihm verdächtig vorkam, nicht unglücklich, fand er doch kurze Zeit später ein attraktives Reihenhausgrundstück in Allaching. Deshalb schloss er mit Zacharias Zech (Z) einen Vertrag ab, nachdem dieser gegen eine Zahlung von 10.000 EUR in alle Rechte und Pflichten des K aus dem Kaufvertrag mit A eintrat. Daraufhin wurde schließlich eine Vormerkung für Z im Grundbuch eingetragen, deren Löschung S nun verlangt.

S hat darüber hinaus im Januar 2017 noch einige weitere den Nachlass betreffende Maßnahmen ergriffen: Sie hat den Maserati ihres verstorbenen Lebensgefährten an ihren neuen, jugendlichen Liebhaber, den Rechtsreferendar Leopold Laut (L), verschenkt. Dabei hat sie nicht darauf Rücksicht genommen, dass A im Dezember 2016 ein weiteres handschriftliches Testament mit folgendem Wortlaut entdeckt hatte: „Berg, den 3. Januar 2016, ich ergänze mein Testament wie folgt: Mein Sohn A soll mein Vermögen bekommen, wenn meine Lebensgefährtin S verstorben sein wird. E". S hatte sich zwar von L zu dem neu gefundenen Testament, dessen Inhalt ihr A im Dezember 2016 mitgeteilt hatte, juristisch beraten lassen, L sah aber „zu Lebzeiten der S keine Probleme". A ist empört, denn der Maserati würde gut zu seinem Lebensstil passen.

Bearbeitervermerk: Welche Ansprüche haben S gegen Z und A gegen L?

Fall 13. Erlers Erben

Skizze

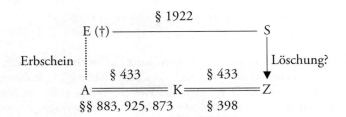

Zeittabelle

März 2016:	Tod des E
kurz danach:	Erbschein für A
Mai 2016:	Auffinden des Testaments zugunsten der S
danach:	Grundstücksveräußerung A–K
danach:	K erfährt, dass der Erbschein zurückzugeben ist
danach:	Antrag beim Grundbuchamt und Eintragung der Vormerkung
danach:	Vertrag K–Z; Eintragung einer Vormerkung für Z

Gliederung

Rn.

Anspruch der S gegen Z aus § 894 BGB
- I. Anwendbarkeit 2
  Problem: Gilt § 894 BGB für die Vormerkung?
- II. Unrichtigkeit des Grundbuchs 4
  1. Im Grundbuch ausgewiesene Rechtslage 5
  2. Wirkliche Rechtslage 6
     a) Abtretung von K an Z 8
        aa) Einigung 9
        bb) Berechtigung 10
        cc) Mitlaufen der Vormerkung 11
            (1) Bestellung durch A 12
            (2) Gutgläubiger Erwerb 14
                (a) §§ 893, 892 BGB 14
                (b) §§ 2366, 2367 BGB 17
                Problem: Muss derjenige, der sich auf den öffentlichen Glauben des Erbscheins beruft, den Erbschein eingesehen haben?
     b) Gutgläubiger Zweiterwerb des Z von K 22
        Problem: Ist ein gutgläubiger Zweiterwerb einer Vormerkung möglich?
        aa) Anwendbarkeit des § 892 BGB 22
        bb) Voraussetzungen des § 892 BGB 24
- III. Ergebnis 25

Anspruch des A gegen L auf Herausgabe des Maserati (§ 985 BGB)
- I. Eigentümerstellung des A 27

	Rn.
1. Erbfall	27
2. Veräußerung an L	28
II. Weitere Überlegungen	33

Lösung

Anspruch der S gegen Z aus § 894 BGB

In Betracht kommt ein Anspruch der S gegen Z aus § 894 BGB. Dieser Anspruch ist auf Zustimmung des Z zur Berichtigung des Grundbuchs gerichtet, die nach § 19 GBO erforderlich ist, weil ein Recht des Z, das im Grundbuch eingetragen ist, von der gewünschten Berichtigung, der Löschung der Vormerkung, betroffen wäre. Ein solcher Anspruch setzt voraus, dass das Grundbuch unrichtig ist, also die wirkliche Rechtslage mit der im Grundbuch ausgewiesenen Rechtslage nicht übereinstimmt. Diese Unrichtigkeit des Grundbuchs kann sich nicht auf einen beliebigen Grundbuchinhalt beziehen, sondern muss in Ansehung eines Grundstücksrechts bestehen. **1**

I. Anwendbarkeit

Zunächst ist zu prüfen, ob der Grundbuchberichtigungsanspruch überhaupt auf die Vormerkung anwendbar ist. Nach gängiger Auffassung ist die Vormerkung nämlich kein dingliches Recht am Grundstück, sondern ein dingliches Sicherungsmittel eigener Art, das einen schuldrechtlichen Anspruch auf dingliche Rechtsänderung an einem Grundstück sichert.[1] Weil jedoch dieses Sicherungsmittel dingliche Wirkungen entfaltet, die sich etwa aus § 883 Abs. 2 BGB ergeben, und weil es überdies im Grundbuch ausgewiesen ist, wendet die gängige Auffassung § 894 BGB auf die Vormerkung analog an.[2] **2**

Hinweis: Weil die Vormerkung kein Recht an einem Grundstück ist, trotzdem aber im Grundbuch eingetragen wird, sind im Ergebnis viele Regelungen über Grundstücksrechte analog anwendbar, was Sie im Einzelfall stets begründen müssen. **3**

II. Unrichtigkeit des Grundbuchs

Das Grundbuch wäre unrichtig, wenn die im Grundbuch ausgewiesene Rechtslage von der materiellen Rechtslage abweichen würde. **4**

1. Im Grundbuch ausgewiesene Rechtslage

Im Grundbuch eingetragen ist eine Vormerkung zur Sicherung eines Auflassungsanspruchs des Z gegen A. **5**

2. Wirkliche Rechtslage

Eine Vormerkung kann Z allein im Zuge der Vertragsübernahme erworben haben, die zu einer Abtretung aller Ansprüche aus dem Vertrag, also auch des Auflassungs- **6**

---

[1] *Prütting* Rn. 203; *Wolf/Wellenhofer* § 18 Rn. 2.
[2] BGH WM 1966, 1224; *Wolf/Wellenhofer* § 18 Rn. 29.

anspruchs (§ 398 BGB) K/A durch K an Z führte. Denn die Vormerkung als akzessorisches dingliches Sicherungsrecht geht bei Abtretung des gesicherten schuldrechtlichen Anspruchs kraft Gesetzes auf den Abtretungsempfänger über (§ 401 Abs. 1 BGB analog).

7   **Hinweis:** Eine Vertragsübernahme ist ein schuldrechtliches Geschäft zwischen altem und neuem Vertragspartner, das die Vereinbarung des Austauschs einer Vertragspartei zum Gegenstand hat, gegebenenfalls – wie hier – gegen Gegenleistung. Dieser Vertrag wird durch die Abtretung aller Ansprüche (§ 398 BGB) und Übernahme aller Verpflichtungen (§ 415 BGB) erfüllt; letztere bedarf der Zustimmung des anderen Vertragspartners (§ 415 Abs. 1 BGB). Liegt eine solche – wie hier – nicht vor, so wird in Erfüllung der Vertragsübernahme in der Regel die Abtretung aller Ansprüche (§ 398 BGB) bei gleichzeitiger Vereinbarung einer Freistellung von allen Verpflichtungen im Innenverhältnis (§ 415 Abs. 3 BGB) erfolgt sein.

a) Abtretung von K an Z

8   Erforderlich ist also zunächst eine wirksame Abtretung des Auflassungsanspruchs von K an Z (§ 398 BGB).

aa) Einigung

9   K und Z haben sich darüber geeinigt, dass der Auflassungsanspruch gegen A auf Z übergehen soll (§ 398 BGB). Die Abtretung eines Anspruchs auf Auflassung eines Grundstücks bedarf nicht der notariellen Form nach § 311b Abs. 1 Satz 1 BGB, weil diese Norm nur für Verpflichtungsgeschäfte gilt, die Abtretung jedoch ein Verfügungsgeschäft darstellt. Für derartige Verfügungen existiert aber grundsätzlich keine Formvorschrift, sodass die Übertragung formfrei möglich war.

bb) Berechtigung

10 Außerdem müsste K dazu berechtigt gewesen sein, über die Forderung zu verfügen. Das wäre grundsätzlich dann der Fall, wenn K Inhaber dieses Anspruchs auf Auflassung des Grundstücks wäre. K ist Inhaber eines derartigen Anspruchs, denn er hat mit A einen entsprechenden Kaufvertrag über das Grundstück geschlossen. Der Umstand, dass A möglicherweise überhaupt nicht Eigentümer des Grundstücks (und auch nicht verfügungsberechtigter Nichteigentümer, § 185 Abs. 1 BGB) ist, verhindert eine Entstehung und Abtretung dieses Anspruches nicht.

cc) Mitlaufen der Vormerkung

11 Es liegt also eine wirksame Abtretung des Auflassungsanspruchs durch K an Z vor, sodass eine Vormerkung, die diesen Auflassungsanspruch sichert, ebenfalls auf Z übergehen konnte (§ 401 BGB analog). Voraussetzung dafür wäre jedoch, dass eine solche Vormerkung überhaupt bestand.

(1) Bestellung durch A

12 Das wäre dann der Fall, wenn K eine derartige Vormerkung von A erworben hätte (§§ 883, 885 BGB). Ein wirksamer schuldrechtlicher Anspruch auf Rechtsänderung an einem Grundstück, der Auflassungsanspruch, besteht, was aufgrund der Akzessorietät der Vormerkung erforderlich ist. Daran ändert auch der Umstand nichts, dass der Anspruch auf Übereignung des Grundstücks aus § 433 Abs. 1 BGB wegen Unmöglichkeit (§ 275 Abs. 1 BGB) ausgeschlossen sein könnte. Zum einen greift § 275 Abs. 1 BGB erst mit Bösgläubigwerden des durch die Vormerkung gesicherten Käufers, denn bis zu diesem Zeitpunkt ist ein gutgläubiger Erwerb vom Nichtberechtigten möglich, sodass der Ausschlussgrund des § 275 Abs. 1 BGB

nicht besteht. Aber auch ansonsten kann es auf den Ausschluss nach § 275 Abs. 1 BGB nicht ankommen; andernfalls würde eine gutgläubig erworbene Vormerkung nämlich stets mit Eintritt der Bösgläubigkeit des durch die Vormerkung Gesicherten erlöschen, sodass eine gutgläubig erworbene Vormerkung ihre umfassende Sicherungswirkung nicht entfalten könnte.

Die Vormerkung wurde von A bewilligt (§ 885 BGB). Sie wurde auch im Grundbuch eingetragen. Fraglich ist jedoch, ob A zur Bewilligung einer Vormerkung auch berechtigt war. Berechtigt ist grundsätzlich derjenige, dessen Grundstück oder Recht durch den von der Vormerkung zu sichernden Anspruch betroffen wird. Das ist im vorliegenden Fall der Grundstückseigentümer. Deshalb ist zu prüfen, auf wen das Grundstückseigentum mit dem Erbfall übergegangen ist (§ 1922 Abs. 1 BGB). Es liegen zwei Testamente des Erblassers vor: Im ersten Testament hat er seine Lebensgefährtin S als Alleinerbin eingesetzt, was zur Folge hätte, dass sie Eigentümerin geworden ist. In einem zweiten, späteren Testament, welches das erste Testament widerrufen würde, soweit ein Widerspruch entstünde (§ 2258 BGB), hat E außerdem verfügt, dass nach dem Tod der S sein Sohn A ihn beerben solle. Darin ist eine Einsetzung des A zum Nacherben zu sehen (§ 2100 BGB), sodass durch das zweite Testament das erste Testament teilweise widerrufen wurde, was sich auch aus der Bezeichnung der zweiten Verfügung als „Ergänzung" ergibt. S ist hiernach nicht mehr Alleinerbin ihres Lebensgefährten, sondern nur noch alleinige Vorerbin. Als Vorerbin ist sie gleichwohl bis zum Eintritt des Nacherbfalls Rechtsträgerin des Nachlasses, während dem Nacherben nur ein Nacherbenanwartschaftsrecht zusteht; der Nacherbfall ist bislang nicht eingetreten. Eine Verfügungsberechtigung des A scheidet daher aus. Es sind auch keinerlei Anhaltspunkte dafür ersichtlich, dass A verfügungsberechtigter Nichteigentümer wäre (§ 185 Abs. 1 BGB). **13**

(2) Gutgläubiger Erwerb

(a) §§ 893, 892 BGB

Zu prüfen bleibt jedoch, ob K die Vormerkung möglicherweise gutgläubig erworben hat. In Betracht kommt ein gutgläubiger Erwerb nach §§ 893, 892 BGB analog.[3] Diese Normen sind, wie auch der gerade geprüfte Grundbuchberichtigungsanspruch aus § 894 BGB, analog auf die Vormerkung anwendbar, weil diese an der Publizitätswirkung des Grundbuchs teilnimmt und deshalb der gute Glaube an die im Grundbuch ausgewiesene Rechtslage auch hier geschützt werden muss.[4] **14**

Erste Voraussetzung eines gutgläubigen Erwerbs nach diesen Vorschriften wäre, dass der Bewilligende, hier A, als Eigentümer im Grundbuch eingetragen ist. An die im Grundbuch ausgewiesene Rechtslage als Rechtsscheinstatbestand knüpft sich nämlich der gute Glaube des Erwerbers. Im Grundbuch war jedoch noch immer der Erblasser E als Eigentümer ausgewiesen, sodass bereits ein entsprechender Rechtsscheinstatbestand nicht gegeben ist. **15**

Hinweis: Der gutgläubige Erwerb ist nur bei bewilligten Vormerkungen (§ 885 Abs. 1 Satz 1 Alt. 2 BGB) möglich, nicht hingegen bei Vormerkungen, die aufgrund einstweiliger Verfügung (§ 935 ZPO) in das Grundbuch eingetragen wurden (§ 885 Abs. 1 Satz 1 Alt. 1 BGB). **16**

---

[3] BGHZ 28, 182, 187 = NJW 1958, 2016; Staudinger/*Gursky* (2016) § 883 BGB Rn. 215; *Baur/Stürner* § 20 Rn. 29; *Medicus/Petersen* Rn. 553; *Wolf/Wellenhofer* § 18 Rn. 13.
[4] Soergel/*Stürner* § 893 BGB Rn. 5 ff.

(b) §§ 2366, 2367 BGB

17 Möglicherweise kommt jedoch ein gutgläubiger Erwerb nach §§ 2366, 2367 BGB in Betracht. Diese Normen schützen den guten Glauben des Rechtsverkehrs an die in einem Erbschein als amtlichem Dokument ausgewiesene Rechtslage. Im Erbschein ist A als Alleinerbe seines Vaters ausgewiesen. Soweit die Voraussetzungen der oben (Rn. 12 ff.) genannten Normen erfüllt sein sollten, kann für einen Dritten, der auf die im Erbschein ausgewiesene Rechtslage vertrauen darf, eine Verfügung des A einer Verfügung des wirklichen Erben gleichgestellt werden. Denn der wirkliche Erbe des E könnte eine derartige Vormerkung bewilligen.

18 Auch diese Normen können auf die Vormerkung angewandt werden,[5] denn die Bewilligung einer Vormerkung führt zu einer dinglichen Sicherheit des betroffenen schuldrechtlichen Anspruchs, die einer Verfügung über ein Grundstück gleichwertig erscheint, sodass eine Anwendung jedenfalls des § 2367 Alt. 2 BGB (analog) in Betracht kommt.

19 Es liegt ein Rechtsgeschäft vor, das eine nicht bereits unter § 2366 BGB fallende Verfügung über einen Erbschaftsgegenstand enthält. Außerdem ist der verfügende A durch einen Erbschein legitimiert (§ 2365 BGB); der Erbschein wurde auch noch nicht wieder eingezogen oder für kraftlos erklärt (§ 2361 BGB). Zuletzt darf der Erwerber auch nicht bösgläubig sein; das wäre der Fall, wenn er positive Kenntnis von der Unrichtigkeit des Erbscheins hätte. Daraus ergibt sich zunächst, dass §§ 2366, 2367 BGB keine Kausalität des Rechtsscheinstatbestands für den guten Glauben des Dritten verlangen und es also nicht erforderlich ist, dass der Erbschein vom Erwerber eingesehen wird oder dem Erwerber überhaupt nur bekannt ist.

20 Jedoch stellt sich die Frage, ob nicht Anhaltspunkte für einen bösen Glauben des Erwerbers K vorhanden sind, denn K hat von S erfahren, dass das Nachlassgericht Rückgabe des Erbscheins von A verlangt. Der gute Glaube des Erwerbers muss grundsätzlich bis zur Vollendung des Rechtserwerbs fortbestehen;[6] K müsste also bis zur Eintragung der Vormerkung in Unkenntnis über das Rückgabeverlangen gewesen sein. Das ist nicht der Fall.

21 Möglicherweise kommt jedoch eine Vorverlegung des Zeitpunktes nach Maßgabe des § 892 Abs. 2 BGB analog in Betracht. Eine derartige Analogie könnte darauf gestützt werden, dass die Interessenlage vergleichbar sei und es an einer entsprechenden Regelung im Erbrecht fehle. Die umstrittene Frage[7] muss jedoch nicht entschieden werden, da K bereits vor dem in § 892 Abs. 2 BGB bezeichneten Zeitpunkt, der Stellung des Eintragungsantrages beim Grundbuchamt, Kenntnis vom Rückgabeverlangen des Nachlassgerichts erhalten hat. Ein gutgläubiger Erwerb ist deshalb nicht erfolgt.

b) Gutgläubiger Zweiterwerb des Z von K

aa) Anwendbarkeit des § 892 BGB

22 K war also nicht Inhaber einer Vormerkung, sodass bei Abtretung seines Auflassungsanspruchs keine Vormerkung nach § 401 Abs. 1 BGB analog auf Z überge-

---

[5] Palandt/*Edenhofer* § 2367 BGB Rn. 1.
[6] Palandt/*Edenhofer* § 2366 BGB Rn. 2.
[7] Dazu *Löhnig* Rn. 440.

gangen ist. Zu prüfen ist jedoch, ob Z die Vormerkung gutgläubig von K erworben haben könnte. Die Möglichkeit eines sog. gutgläubigen Zweiterwerbs der Vormerkung lässt sich nicht ohne weiteres bejahen. Sie wird jedenfalls dann abgelehnt, wenn der gesicherte Anspruch überhaupt nicht besteht.[8]

Vorliegend besteht dieser Anspruch jedoch; er steht auch dem vorgeblichen Inhaber der Vormerkung zu. Die ganz überwiegende Auffassung bejaht zu Recht für solche Fälle die Möglichkeit eines gutgläubigen Zweiterwerbs.[9] Dagegen lässt sich nicht einwenden, dass § 892 BGB nur einen rechtsgeschäftlichen Erwerb schütze, während die Vormerkung kraft Gesetzes der Forderung folge (§ 401 Abs. 1 BGB analog). Unterstellt man, § 401 Abs. 1 BGB existiere nicht, so würden die Parteien ein Rechtsgeschäft zur Übertragung der Vormerkung abschließen, auf das § 892 BGB anwendbar wäre; zudem ist der Erwerb der Vormerkung immerhin mittelbar auf ein Rechtsgeschäft, nämlich die Abtretung der gesicherten Forderung (§ 398 BGB) zurückzuführen. Ähnlich verfährt das Gesetz bei Hypotheken in §§ 398, 1154, 892 BGB. Schließlich spricht für die Möglichkeit des gutgläubigen Zweiterwerbs der Grundbucheintrag des angeblichen Inhabers der Vormerkung, der einen Schutz der Publizität, des guten Glaubens an die ausgewiesene Rechtslage, erforderlich macht. 23

bb) Voraussetzungen des § 892 BGB

Voraussetzung ist die im Grundbuch ausgewiesene Rechtslage als Rechtsscheinsträger für eine Rechtsinhaberschaft des K, die vorliegt. Außerdem dürfte der Erwerber zur Zeit der Abtretung des Anspruchs, also bei dessen Rechtserwerb, nicht bösgläubig gewesen sein. Mangels entgegenstehender Anzeichen ist von Gutgläubigkeit des Z auszugehen. 24

III. Ergebnis

Infolgedessen hat mit Abtretung der Forderung des K gegen A an Z (§ 398 BGB) Letzterer gutgläubig eine Vormerkung erworben (§§ 401 Abs. 1, 892 BGB analog). Die im Grundbuch ausgewiesene und die wirkliche Rechtslage stimmen also überein, sodass S von Z nicht Zustimmung zur Löschung der Vormerkung im Zuge der Grundbuchberichtigung verlangen kann. 25

Anspruch des A gegen L auf Herausgabe des Maserati (§ 985 BGB)

In Betracht kommt ein Anspruch des A gegen L aus § 985 BGB auf Herausgabe des Maserati. Voraussetzung dafür wäre, dass A Eigentümer des Maserati ist und L den Maserati besitzt, ohne ein Besitzrecht gegenüber A zu haben. 26

I. Eigentümerstellung des A

1. Erbfall

Ursprünglich war der Erblasser E Eigentümer des Maserati. Fraglich ist, auf wen das Eigentum an dem Maserati im Zeitpunkt des Erbfalls übergegangen ist (§ 1922 Abs. 1 BGB). Es liegen zwei Testamente des Erblassers vor: Im ersten Testament hat 27

---

[8] Staudinger/*Gursky* (2016) § 892 BGB Rn. 56; *Schreiber* Rn. 412.
[9] RGRK/*Augustin* § 883 BGB Rn. 19; MünchKommBGB/*Kohler* § 883 BGB Rn. 66; *Prütting* Rn. 198; a. A. Staudinger/*Gursky* (2016) § 883 BGB Rn. 58.

Fall 13. Erlers Erben

er seine Lebensgefährtin S als Alleinerbin eingesetzt, was zur Folge hätte, dass sie Eigentümerin des Maserati geworden ist. In einem zweiten, späteren Testament, welches das erste Testament widerrufen würde, soweit ein Widerspruch entstünde (§ 2258 BGB), hat E außerdem verfügt, dass nach dem Tod der S sein Sohn A ihn beerben solle. Darin ist eine Einsetzung des A zum Nacherben zu sehen (§ 2100 BGB), sodass durch das zweite Testament das erste Testament teilweise widerrufen wurde, was sich auch aus der Bezeichnung der zweiten Verfügung als „Ergänzung" ergibt. S ist hiernach nicht mehr Alleinerbin ihres Lebensgefährten, sondern nur noch alleinige Vorerbin. Als Vorerbin ist sie gleichwohl bis zum Eintritt des Nacherbfalls Rechtsträgerin des Nachlasses, sodass sie mit dem Erbfall auch Eigentümerin des Maserati geworden ist.

2. Veräußerung an L

28 S könnte das Eigentum am Maserati jedoch dadurch wieder verloren haben, dass sie das Fahrzeug an ihren neuen Lebensgefährten schenkweise übereignet hat (§ 929 Satz 1 BGB). Die beiden Parteien waren sich einig darüber, dass der Maserati in Zukunft im Eigentum des L stehen soll. S hat den Maserati auch an L übergeben. Fraglich ist jedoch, ob S zu einer Verfügung über den Maserati berechtigt war. Grundsätzlich ist der Eigentümer einer Sache auch zu beliebigen Verfügungen über die Sache berechtigt (§ 2112 BGB).

29 Etwas anderes ergibt sich vorliegend jedoch möglicherweise aus § 2113 Abs. 2 BGB: S als Vorerbin ist zu unentgeltlichen Verfügungen über Nachlassgegenstände nicht berechtigt. Bei der schenkweisen Übereignung des Maserati an L handelte es sich jedoch gerade um eine solche unentgeltliche Verfügung über einen Nachlassgegenstand. Möglicherweise kann jedoch das Verfügungsverbot des § 2113 Abs. 2 BGB durch Anwendung der Regeln über den gutgläubigen Erwerb überwunden werden, denn § 2113 Abs. 3 BGB verweist auf diese Regeln, bewegliche Sachen betreffend, also auf § 932 BGB. Weil die Gutglaubensregeln nur „entsprechend" anwendbar sind, kommt es nicht auf den guten Glauben des Erwerbers an das Eigentum des Veräußerers an (der Vorerbe ist ohnehin Eigentümer!), sondern auf den guten Glauben bezüglich der Beschwerung des Vorerben mit einer Nacherbenanordnung.[10]

30 **Hinweis:** Stellen Sie in der Klausur stets klar, worauf sich der gute oder böse Glaube richten muss. Sind die gängigen §§ 892 f., 932 ff. BGB nach dem Gesetzeswortlaut nur „entsprechend" anwendbar, so deutet dies auf einen Wechsel des Bezugspunkts hin.

31 Der gute Glaube wird grundsätzlich vermutet, es sei denn, es wären abweichende Anhaltspunkte ersichtlich. Vorliegend ist der Beschenkte Rechtsreferendar und hatte Kenntnis von beiden Testamenten des Erblassers. Er befand sich damit zumindest aufgrund grober Fahrlässigkeit in Unkenntnis über die Beschwerung seiner Lebensgefährtin mit der Anordnung einer Nacherbschaft des A, sodass die Übereignung des Maserati durch S an ihn am Verfügungsverbot des § 2113 Abs. 2 BGB scheitert.

32 Fraglich ist, was die Anwendung des Verfügungsverbots zur Folge hat. Nach gängiger Auffassung ist die Verfügung trotzdem wirksam und wird erst mit Eintritt des Nacherbfalls unwirksam.[11] Erst mit Eintritt des Nacherbfalls beim Tod der S wird E

---

[10] *Löhnig* Rn. 83.
[11] Staudinger/*Avenarius* (2016) § 2113 BGB Rn. 24; *Löhnig* Rn. 81.

ein zweites Mal, diesmal von A, beerbt, der infolgedessen Eigentümer des Maserati werden wird, weil mit Eintritt des Nacherbfalls die Unwirksamkeit der Übereignung des Maserati an L eintritt. Gegenwärtig jedenfalls ist L Eigentümer des Maserati und A kann ihn deshalb nicht nach § 985 BGB herausverlangen.

II. Weitere Überlegungen

Vor Eintritt des Nacherbfalls kann der Nacherbe lediglich Feststellungsklage (§ 256 ZPO) gegen die Vorerbin S oder ihren Lebensgefährten L erheben mit dem Antrag, es möge festgestellt werden, dass die Verfügung mit Eintritt des Nacherbfalls unwirksam werde.[12] A kann außerdem Sicherheitsleistung von der Vorerbin S verlangen (§ 2128 BGB) oder ihr die Stellung als Verwalterin des Nachlasses entziehen lassen (§ 2129 BGB). An den Maserati kann er jedoch nicht gelangen. Das ist auch billig, denn auch wenn S sich völlig korrekt verhalten hätte, hätte A den Maserati erst mit Eintritt des Nacherbfalls erhalten können. **33**

Hinweis: Wenn ein Beteiligter gegenwärtig ein bestimmtes Anspruchsziel nicht erreichen kann, dann müssen Sie stets die Frage aufwerfen, ob er sich nicht mit Hilfe der Feststellungsklage (§ 256 ZPO) absichern kann, die im Übrigen auch den Eintritt der Verjährung hindert (§ 204 Abs. 1 Nr. 1 BGB). Das ist nicht nur in entlegenen Fällen wie dem vorliegenden Sachverhalt wichtig, sondern etwa auch dann, wenn sich ein Schaden noch nicht beziffern lässt oder weitere Folgeschäden zu befürchten sind, Schadensersatzansprüche aber nach §§ 195, 199 Abs. 1 BGB in der kurzen Regelfrist verjähren. **34**

---

[12] Staudinger/*Avenarius* (2016) § 2113 BGB Rn. 42.

Fall 14. Guter Junge

Sachverhalt

Sven Stöber (S) ist seit 1980 Eigentümer eines am Bodenseeufer gelegenen Hausgrundstücks, das seit 2014 an Markus Meyer (M) vermietet ist. Nach einigen schwachen Jahren als Unternehmer sah sich S im Januar 2015 gezwungen, bei der KreditBank (K) ein Darlehen in Höhe von 500.000 EUR zu beantragen. Der für die K verhandelnde Angestellte Arber (A) gewährte das Darlehen gegen Bestellung einer Briefhypothek an dem Ufergrundstück. Am 23.2.2015 händigte S schließlich den Hypothekenbrief an die K aus. Das Geschäftsjahr 2015 begann aufgrund des allgemeinen wirtschaftlichen Aufschwungs wesentlich besser als erwartet, sodass sich S von der K nur einen Teilbetrag von 200.000 EUR auszahlen ließ.

Ende Februar 2016 trat Emil Eser (E), der schon immer ein Grundstück mit Seeblick haben wollte, an S heran und bot 600.000 EUR für das Grundstück. S und E begaben sich zum Notar und E wurde schließlich Anfang April 2016 als neuer Eigentümer im Grundbuch eingetragen. Im Vertrag vereinbarten S und E, dass E nur 400.000 EUR an S zahlen muss und dafür die Hypothek mit dem Kaufpreis „verrechnet" werden soll, sodass sich S nicht mehr um die Darlehensrückzahlung kümmern muss. Ende April teilte S der K lapidar schriftlich mit, dass er das Grundstück verkauft habe und die Darlehensrückzahlung nun Sache des neuen Eigentümers sei, ohne diesen ausdrücklich zu benennen.

Variante 1

Nachdem sich K nach Fälligkeit des Darlehens im Juni 2016 immer wieder hartnäckig bei S gemeldet hatte, forderte dieser den E erfolglos zur Zahlung an K bis Ende Juni 2016 auf. Weil E dieser Aufforderung nicht nachkam, zahlte S schließlich die 200.000 EUR selbst an K, um die Geschäftsbeziehungen nicht zu gefährden.

1. Welche Ansprüche stehen S gegen E zu?
2. Was würde sich an der Lösung ändern, wenn S der K anstatt einer Hypothek eine Grundschuld bestellt hätte?

Variante 2

Nach Eintritt der Fälligkeit des Darlehens drohte die K dem E die Zwangsvollstreckung in das Seegrundstück an. Durch Zufall erhielt M hiervon Kenntnis und berichtete bei einem Kaffeetrinken Anfang Juli 2016 seiner Erbtante Trude Tatter (T), dass er fürchte, wegen dieser blöden Geschichte mit der Bank sein geliebtes Zuhause zu verlieren. Vielleicht könne T etwas tun?

Da M immer ein „guter Junge" war und sowieso einmal alles erben würde, überwies T der K unter dem Verwendungszweck „Abzahlung der Hypothek durch M" 500.000 EUR. Freudestrahlend berichtete sie ihrem Neffen von ihrer guten Tat. Im Oktober 2016 kündigte M den Mietvertrag und zog nach Berlin um. Da er annahm, die Hypothek stehe jetzt ihm zu, drohte er dem E, den er sowieso nicht lei-

Fall 14. Guter Junge

den konnte, an, das „Seegrundstück zwangsvollstrecken" zu lassen, wenn E nicht umgehend 500.000 EUR bezahle. E, der das Grundstück nun selbst bewohnen wollte, überwies daraufhin 200.000 EUR an M.

1. Welche Ansprüche stehen E gegen S und M gegen die K zu?
2. Was würde sich in der Anspruchsbeziehung E – S ändern, wenn S der K anstatt einer Hypothek eine Grundschuld bestellt hätte?

Skizze

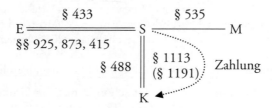

Zeittabelle

seit 1980:	Grundstück steht im Eigentum des S
seit 2014:	Mietvertrag S – M
Januar 2015:	Darlehensvertrag S – K; Eintragung der Hypothek/Grundschuld
Ende Februar 2016:	Kaufvertrag S – E
Anfang April 2016:	Grundbuchänderung zugunsten des E
Ende April 2016:	Mitteilung des S an die K
Juni 2016:	Fälligkeit des Darlehens
Mitte Juni 2016:	Fristsetzung S – E
Anfang Juli 2016:	Überweisung T
Oktober 2016:	Beendigung des Mietverhältnisses M – E

Gliederung

Rn.

Variante 1

Frage 1: Ansprüche des S gegen E

I. Anspruch des S gegen E aus §§ 488 Abs. 1 Satz 2, 415, 329 BGB 1
  1. Anspruch der K gegen S (§ 488 Abs. 1 Satz 2 BGB) 2
  2. Schuldübernahme des S von E (§ 415 Abs. 1 BGB) 3
    a) Schuldübernahme 3
    b) Folgen der gescheiterten Schuldübernahme 5
II. Schadensersatzanspruch aus §§ 280 Abs. 1, Abs. 3, 281 BGB
  (Schadensersatz statt der Leistung) 7
  1. Voraussetzungen des § 280 Abs. 1 BGB 7
  2. Weitere Voraussetzungen (§§ 280 Abs. 3, 281 BGB) 8
III. Anspruch auf Duldung der Zwangsvollstreckung (§ 1147 BGB) 10
  1. Wirksame Hypothekenbestellung 11
  2. Grundstücksveräußerung von S an E 13
  3. Übergang der Hypothek von K auf S 14
  4. Ergebnis 16

Frage 2: Veränderungen durch Grundschuld

Rn.

Anspruch des S gegen E auf Duldung der Zwangsvollstreckung (§§ 1192 Abs. 1, 1147 BGB) 18
1. Wirksame Grundschuldbestellung 19
2. Grundstücksveräußerung von S an E 21
3. Übergang der Grundschuld von K auf S 22

Variante 2

Frage 1: Ansprüche des E gegen S und M gegen K

I. Ansprüche des E gegen S (§ 488 Abs. 1 Satz 2 BGB) 25
  1. Darlehensvertrag zwischen K und S 25
  2. Übergang der Forderung auf M (§§ 1150, 268 Abs. 3 BGB) 26
    a) Befriedigungsverlangen des Hypothekengläubigers 27
    b) Leistungsberechtigung 28
    c) Höhe der Forderung 31
  3. Übergang der Forderung auf E (§ 1143 BGB) 33
    a) Zahlung auf die Hypothek 34
    b) Zahlung auf die Forderung 35
II. Anspruch des M gegen K (§ 812 Abs. 1 Satz 1 Alt. 1 BGB) 36
  1. Etwas erlangt 36
  2. Leistung des M 37
  3. Ohne rechtlichen Grund 38

Frage 2: Veränderungen durch Grundschuld

Anspruch des E gegen S (§ 488 Abs. 1 Satz 2 BGB) 39
  1. Darlehensvertrag zwischen K und S 39
  2. Übergang der Forderung auf M (§§ 1192 Abs. 1, 1150, 268 Abs. 3 BGB) 40

Lösung

Variante 1

Frage 1: Ansprüche des S gegen E

I. Anspruch des S gegen E aus §§ 488 Abs. 1 Satz 2, 415, 329 BGB

Aus der Schuldübernahmevereinbarung könnte S gegen E ein Zahlungsanspruch in Höhe von 200.000 EUR zustehen (§§ 488 Abs. 1 Satz 2, 415, 329 BGB). Hierfür müsste ein Anspruch der K gegen S auf Darlehensrückzahlung bestehen. Außerdem müsste E mit S eine Schuldübernahme vereinbart und S trotzdem die K befriedigt haben. **1**

1. Anspruch der K gegen S (§ 488 Abs. 1 Satz 2 BGB)

K, vertreten durch A (§ 164 Abs. 1 BGB), und S haben einen wirksamen Darlehensvertrag über ein Darlehen in Höhe von 500.000 EUR geschlossen. Fraglich ist **2** jedoch, in welcher Höhe S die Rückzahlungspflicht trifft. § 488 BGB spricht von dem „zur Verfügung gestellten Darlehen". Darunter ist das Verschaffen und Belassen des Geldes für die Laufzeit des Darlehensvertrages zu verstehen. Verschafft, also ausgezahlt, wurden vorliegend nicht 500.000 EUR, sondern nur 200.000 EUR. Folglich trifft S eine Rückzahlungspflicht nur in dieser Höhe. Dieser Rückzahlungsanspruch ist auch fällig (§ 488 Abs. 1 Satz 2 BGB).

2. Schuldübernahme des S von E (§ 415 Abs. 1 BGB)

a) Schuldübernahme

3   Damit S gegen E ein Anspruch auf Zahlung von 200.000 EUR zustünde, müssten beide eine Schuldübernahme (§ 415 Abs. 1 BGB) vereinbart haben. S und E sind dahingehend übereingekommen, dass E in den Darlehensvertrag zwischen S und der K eintreten und sich um die Rückzahlung der von S in Anspruch genommenen Darlehensvaluta kümmern solle. Hierin ist eine Schuldübernahme durch Vereinbarung zwischen dem Altschuldner S und dem Neuschuldner E nach § 415 Abs. 1 BGB zu sehen.

4   Damit der Gläubiger nicht das Bonitätsrisiko eines ungewollten Schuldners tragen muss, fordert § 415 Abs. 1 Satz 1 BGB für einen derartigen Schuldnerwechsel die Zustimmung des Gläubigers. Eine solche Zustimmung hat K jedoch nicht erteilt, zumal er sich weiterhin an S gehalten hat. Eine Zustimmung kann auch nicht nach § 416 Abs. 1 Satz 2 BGB fingiert werden. Zwar soll der Grundstückserwerber E eine Schuld des Veräußerers übernehmen, die möglicherweise durch eine Hypothek gesichert ist, aber die Mitteilung des Veräußerers S an den Gläubiger K-Bank genügt schon nicht den Anforderungen des § 416 Abs. 2 Satz 2 BGB, da der übernehmende Erwerber nicht namentlich genannt wird. Deshalb war S noch immer Darlehensschuldner der K und hat als solcher zu Recht seine Schuld getilgt.

b) Folgen der gescheiterten Schuldübernahme

5   Allerdings ist gem. § 415 Abs. 3 BGB bei einer mangels Gläubigereinwilligung unwirksamen Schuldübernahme zu vermuten, dass der Übernehmer (E) dem Schuldner (S) gegenüber verpflichtet ist, den Gläubiger (K) rechtzeitig zu befriedigen.[1] Diese Annahme des Gesetzgebers entspricht vorliegend auch dem Parteiwillen, da es nach der vertraglichen Abrede zwischen E und S Aufgabe des E sein sollte, das Darlehen zurückzuzahlen. S stand somit ein Anspruch gegen E auf Freistellung gem. § 329 BGB zu.

6   Vorliegend hat S die K jedoch bereits selbst befriedigt. Eine Freistellung kommt also nicht mehr in Betracht. Ist eine Schuldübernahme, bei der eine Anrechnung auf den Kaufpreis vorgesehen war, gescheitert, so kann im Wege ergänzender Vertragsauslegung die Erfüllungsübernahme i.S.d. § 329 BGB als Verpflichtung zur Barzahlung verstanden werden (§§ 133, 157 BGB).[2] S steht gegen E somit ein Zahlungsanspruch in Höhe von 200.000 EUR aus der Schuldübernahme zu.

---

[1] *Prütting* Rn. 666.
[2] BGH NJW 1991, 1822.

II. Schadensersatzanspruch aus §§ 280 Abs. 1, Abs. 3, 281 BGB (Schadensersatz statt der Leistung)

1. Voraussetzungen des § 280 Abs. 1 BGB

S könnte gegen E außerdem ein Schadensersatzanspruch in Höhe von 200.000 EUR wegen einer Pflichtverletzung aus §§ 280 Abs. 1, Abs. 3, 281 BGB zustehen. Zwischen S und E besteht ein Schuldverhältnis, nämlich der Kaufvertrag. In diesem Vertrag hat sich E zur Begleichung der Darlehensschuld des S bei K verpflichtet. Diese Pflicht hat E, der eine Zahlung an die K nicht in der vereinbarten Weise vorgenommen hat, verletzt. Nach § 280 Abs. 1 Satz 2 BGB ist das Vertretenmüssen des E zu vermuten.

2. Weitere Voraussetzungen (§§ 280 Abs. 3, 281 BGB)

S verlangt von E Schadensersatz statt der Leistung. Voraussetzung hierfür ist, dass er E eine angemessene Nachfrist zur Erbringung seiner Leistung, der Befriedigung der K, gesetzt hat (§ 281 Abs. 1 BGB). S hat E zur Bezahlung bis Ende Juni 2016 aufgefordert.

Diese Frist ist verstrichen, sodass S nun anstelle des Primäranspruchs Schadensersatz statt der Leistung fordern kann (§ 281 Abs. 4 BGB).

III. Anspruch auf Duldung der Zwangsvollstreckung (§ 1147 BGB)

Außerdem könnte S gegen E auch ein Anspruch auf Duldung der Zwangsvollstreckung aus § 1147 BGB zustehen. Dann müsste S der K wirksam eine Hypothek an dem Seegrundstück bestellt haben und diese Hypothek müsste im Zuge der Darlehensrückzahlung auf S übergegangen sein.

1. Wirksame Hypothekenbestellung

S hat der K eine Briefhypothek bestellt (§§ 873 Abs. 1 Alt. 2, 1113 Abs. 1, 1115 Abs. 1, 1117 Abs. 1 BGB). S und die K-Bank, vertreten durch A (§ 164 Abs. 1 BGB), haben sich über die Bestellung einer Briefhypothek geeinigt (§§ 873 Abs. 1 Alt. 2, 1113 Abs. 1 BGB). Die Hypothek wurde auch im Grundbuch eingetragen (§§ 873 Abs. 1 Alt. 2, 1115 Abs. 1 BGB). Der Hypothekenbrief wurde ausgefertigt (§ 1116 Abs. 1 BGB) und an die K-Bank übergeben (§ 1117 Abs. 1 Satz 1 BGB). Als Eigentümer war S auch zur Hypothekenbestellung berechtigt. Da die Hypothek ein akzessorisches Sicherungsmittel ist, setzt ihre wirksame Entstehung zuletzt die Existenz einer zu sichernden Forderung voraus (§§ 1113 Abs. 1, 1115 Abs. 1 BGB). Gesichert werden sollte der Rückzahlungsanspruch der K aus dem Darlehensvertrag. Dieser Anspruch ist jedoch nur in Höhe von 200.000 EUR entstanden (siehe Rn. 2). Also besteht eine Hypothek an dem Grundstück auch nur in dieser Höhe (Teil-Fremdhypothek).

Hinweis: Hinsichtlich des überschießenden Betrages von 300.000 EUR steht die Hypothek hingegen S zu (§ 1163 Abs. 1 Satz 1 BGB) und wird zur Teil-Eigentümergrundschuld (§ 1177 Abs. 1 BGB), welche der Teil-Fremdhypothek im Rang nachgeht (§ 1176 BGB).

2. Grundstücksveräußerung von S an E

Die Hypothek als beschränkt dingliches Grundstücksrecht belastet mit der Veräußerung des Grundstücks von S an E nunmehr dessen Grundstück. Der Anspruch

Fall 14. Guter Junge

auf Duldung der Zwangsvollstreckung (§ 1147 BGB) ist gegen den jeweiligen Eigentümer gerichtet. S hat das Grundstück wirksam an E veräußert (§§ 873 Abs. 1, 925 BGB), sodass nunmehr E diesem Anspruch ausgesetzt ist.

3. Übergang der Hypothek von K auf S

14 Die Hypothek könnte jedoch durch die Zahlung des S in Höhe von 200.000 EUR an die K auf ihn übergegangen sein (§ 1164 Abs. 1 Satz 1 BGB). Das hängt davon ab, welchen Tilgungszweck S mit seiner Zahlung an K verfolgt hat. S war aufgrund der gescheiterten Schuldübernahme noch immer persönlicher Schuldner der K. Deshalb wollte er auf die Darlehensforderung zahlen und hat die Forderung dadurch zum Erlöschen gebracht (§ 362 Abs. 1 BGB).

15 Die Hypothek wird in einem solchen Fall der Personenverschiedenheit von Forderungsschuldner und Eigentümer nicht zwingend vom Eigentümer erworben (§ 1163 Abs. 1 Satz 2 BGB). Vielmehr kommt es darauf an, ob und inwieweit der persönliche Schuldner vom Eigentümer Ersatz verlangen kann.[3] Nur soweit ein derartiger Ersatzanspruch besteht, geht nach § 1164 Abs. 1 Satz 1 BGB die Hypothek auf den persönlichen Schuldner über. E war verpflichtet, die 200.000 EUR an K zurückzuzahlen, und S steht nach Befriedigung der K nun ein Zahlungsanspruch in Höhe von 200.000 EUR gegen E zu (siehe Rn. 5 ff.). Die Hypothek ist deshalb in Höhe von 200.000 EUR auf S übergegangen und sichert dessen Zahlungsanspruch gegen E.

4. Ergebnis

16 S steht gegen E ein Anspruch auf Duldung der Zwangsvollstreckung in das Seegrundstück aus § 1147 BGB zu.

17 **Hinweis:** Die Zwangsvollstreckung in sein Grundstück kann E jedoch durch Zahlung von 200.000 EUR an S abwenden (§ 1142 BGB).

Frage 2: Veränderungen durch Grundschuld

Anspruch des S gegen E auf Duldung der Zwangsvollstreckung (§§ 1192 Abs. 1, 1147 BGB)

18 Veränderungen im Vergleich zu Frage 1 kommen nur im Rahmen des soeben erörterten Anspruchs aus § 1147 BGB in Betracht. S könnte gegen E einen Anspruch auf Duldung der Zwangsvollstreckung aus §§ 1192 Abs. 1, 1147 BGB haben. Dann müsste S der K wirksam eine Grundschuld an dem Seegrundstück bestellt haben, und diese müsste auf K übergegangen sein.

1. Wirksame Grundschuldbestellung

19 S hat der K eine Grundschuld bestellt (§§ 873 Abs. 1 Alt. 2, 1191 BGB). Insbesondere der Grundschuldbrief wurde der K übergeben (§§ 1192 Abs. 1, 1117 Abs. 1 BGB).

---

[3] *Prütting* Rn. 713.

Hinweis: Da die Grundschuld kein akzessorisches Sicherungsmittel ist, setzt ihre wirksame Entstehung nicht die Existenz einer zu sichernden Forderung voraus. Auch hinsichtlich des überschießenden Betrages von 300.000 EUR steht die Grundschuld also der K zu.

2. Grundstücksveräußerung von S an E

Auch die Grundschuld als beschränkt dingliches Grundstücksrecht belastet nach der Veräußerung des Grundstücks von S an E nunmehr dessen Grundstück. Der Anspruch auf Duldung der Zwangsvollstreckung (§§ 1192 Abs. 1, 1147 BGB) ist gegen den jeweiligen Eigentümer gerichtet. S hat das Grundstück an E wirksam veräußert (§§ 873 Abs. 1, 925 BGB), sodass nun E diesem Anspruch ausgesetzt ist.

3. Übergang der Grundschuld von K auf S

Fraglich ist, welche Folgen die Zahlung des S an die K hat. S war aufgrund der gescheiterten Schuldübernahme weiterhin persönlicher Schuldner der Darlehensrückzahlungsforderung und wollte deshalb auf die Forderung zahlen, welche dadurch erloschen ist (§ 362 Abs. 1 BGB). Im Gegensatz zur Hypothekenvariante (siehe Rn. 14ff.) sind die §§ 1163, 1164 BGB jedoch nicht anwendbar, da sie auf der Akzessorietät der Hypothek zur Forderung beruhen (§ 1192 Abs. 1 BGB).

Es könnte sich aber aus der Sicherungsabrede, die der Grundschuldbestellung zugrunde liegt, ein Anspruch des S gegen die K auf Übertragung der Grundschuld ergeben, denn die Grundschuld soll laut Vereinbarung zwischen S und der K zur Sicherung des Darlehens dienen; es handelt sich also um eine Sicherungsgrundschuld (§ 1192 Abs. 1a BGB). Aus dem Sicherungsvertrag ergibt sich mangels ausdrücklicher Regelung im Wege der Auslegung (§§ 133, 157 BGB), dass für den Fall der Erfüllung der zu sichernden Forderung ein Anspruch auf Rückübertragung der Grundschuld besteht.[4] S kann also von K die Übertragung der Grundschuld in Höhe von 200.000 EUR an sich verlangen und anschließend gegen E nach §§ 1192 Abs. 1, 1147 BGB vorgehen.

Hinweis: Bezüglich der restlichen 300.000 EUR kann E von K möglicherweise Übertragung der Grundschuld verlangen, soweit ausgeschlossen ist, dass der Sicherungsfall eintritt, also das Darlehen über 200.000 EUR hinaus valutiert wird. Dieser Übertragungsanspruch kann sich aus dem Sicherungsvertrag zwischen S und K ergeben, wenn S dem E seinen Anspruch auf Rückgewähr der Grundschuld im Zuge der Übereignung des Grundstücks abgetreten hat, soweit die Grundschuld nicht valutiert ist oder E die K befriedigt.[5]

Variante 2

Frage 1: Ansprüche E gegen S und M gegen K

I. Ansprüche des E gegen S (§ 488 Abs. 1 Satz 2 BGB)

1. Darlehensvertrag zwischen K und S

E könnte gegen S einen Zahlungsanspruch aus Darlehensvertrag (§ 488 Abs. 1 Satz 2 BGB) in Höhe von 200.000 EUR haben. Zwischen K und S ist ein Darle-

---

[4] *Prütting* Rn. 773.
[5] NK/*Th. Krause* § 1191 BGB Rn. 72, 108.

hensvertrag zustande gekommen, aus dem sich ein derartiger Rückzahlungsanspruch ergibt (siehe Rn. 2). Außerdem wäre erforderlich, dass diese Darlehensforderung gegen S zunächst von K auf M und anschließend von M auf E übergegangen ist.

2. Übergang der Forderung auf M (§§ 1150, 268 Abs. 3 BGB)

26 Diese Darlehensforderung könnte gem. §§ 1150, 268 Abs. 3 BGB auf M übergegangen sein, wenn sich die Zahlung der 500.000 EUR von T an K als Zahlung eines ablösungsberechtigten Dritten zur Abwendung der Zwangsvollstreckung darstellt.

a) Befriedigungsverlangen des Hypothekengläubigers

27 Voraussetzung für ein Ablösungsrecht eines Dritten nach §§ 1150, 268 BGB ist zunächst ein Befriedigungsverlangen des Hypothekengläubigers aus dem Grundstück; nicht erforderlich ist, dass bereits die Zwangsvollstreckung betrieben wird.[6] Vorliegend drohte die K dem Eigentümer E die Zwangsvollstreckung an und verlangte damit Befriedigung aus dem Grundstück.

b) Leistungsberechtigung

28 Die Berechtigung eines Dritten zur Leistung auf die Schuld, wegen der Befriedigung aus dem Grundstück verlangt wird, besteht insbesondere dann, wenn diesem Dritten durch die Zwangsvollstreckung ein Besitz- oder Rechtsverlust droht (§ 268 Abs. 1 BGB). M als Mieter ist somit ablösungsberechtigter Dritter, weil er infolge der Zwangsversteigerung des Grundstücks möglicherweise den Besitz an dem Grundstück verlieren könnte. Auch wenn die Veräußerung das Mietverhältnis in seinem Bestand unberührt lässt (§ 566 Abs. 1 BGB), droht doch eine Kündigung durch den neuen Eigentümer etwa wegen Eigenbedarfs (§ 573 Abs. 2 Nr. 2 BGB); hinzu kommt das Kündigungsrecht nach §§ 57, 57a ZVG.

29 T hingegen droht kein Rechts- oder Besitzverlust. Möglicherweise hat T jedoch für M als Dritte nach § 267 BGB geleistet, sodass M auf diese Weise die Darlehensforderung gegen S erworben hat (§ 268 Abs. 3 BGB). Die Regelung des § 267 BGB muss jedoch nur herangezogen werden, wenn die Zahlung der T an die K nicht als Leistung des M angesehen werden kann. Wer die 500.000 EUR geleistet hat, ist aus der Sicht des Leistungsempfängers zu beurteilen. Die Überweisung der T hatte den Verwendungszweck „Abzahlung der Hypothek durch M". Für die K wurde also deutlich, dass T nicht selbst die Hypothek ablösen wollte, um Rückgriffsansprüche gegen einen der Beteiligten zu erwerben, sondern dass sie M das Geld zur Ablösung zur Verfügung stellt, es aber zur Abkürzung des Zahlungsweges gleich direkt an die K überweist.

30 **Hinweis:** Hier liegt also eine klassische Dreiecksbeziehung vor: Leistungsverhältnisse bestehen zwischen T und M (schenkungsweise Zahlung) sowie M und der K (Zahlung mit dem Zweck der Ablösung der Hypothek), während zwischen T und der K lediglich rein tatsächlich Geld geflossen ist.

c) Höhe der Forderung

31 Damit ist die Darlehensforderung gem. §§ 1150, 268 Abs. 3 BGB auf M übergegangen. Fraglich ist jedoch, in welcher Höhe M eine Forderung gegen S erworben

---

[6] MünchKommBGB/*Eickmann* § 1150 BGB Rn. 1.

hat. M hat 500.000 EUR an die K geleistet, die Forderung aus dem Darlehensvertrag betrug jedoch nur 200.000 EUR; deshalb ist eine Forderung gegen S auch nur in dieser Höhe auf ihn übergegangen. M glaubte aufgrund lückenhafter Informationen zwar an das Bestehen einer höheren Forderung und zahlte daher auch 300.000 EUR zu viel an die K. Da aber ein gutgläubiger Forderungserwerb nicht möglich ist, konnte M nur die tatsächlich bestehende Forderung in Höhe von 200.000 EUR erwerben.

Hinweis. Es kommt nicht darauf an, ob M nur auf die Hypothek oder auch auf die Forderung leistet. **32** Auch wenn er als Mieter nur auf die Hypothek leistet, um die Zwangsvollstreckung in das Grundstück des Vermieters zu verhindern, erwirbt er die Forderung (§§ 1150, 268 Abs. 3 BGB) und zugleich die Hypothek (§§ 412, 401 Abs. 1, 1153 Abs. 1 BGB).[7]

3. Übergang der Forderung auf E (§ 1143 BGB)

Indem E dem M 200.000 EUR überwies, könnte er die Forderung gem. § 1143 **33** Abs. 1 BGB erworben haben. Dazu müsste E den Gläubiger befriedigt haben (§ 1143 Abs. 1 BGB). Fraglich ist, worauf E mit seiner Zahlung geleistet hat: auf die Hypothek, auf die Forderung oder auf beides. Dies macht beim Eigentümer (im Gegensatz zum Mieter, vgl. Rn. 32) einen erheblichen Unterschied (siehe sogleich) und ist durch Auslegung (§§ 133, 157 BGB) unter Berücksichtigung der Interessenlage zu ermitteln. Dabei ist zu beachten, dass E inzwischen Eigentümer des Grundstücks geworden ist, nicht aber persönlicher Schuldner (siehe Rn. 13).

a) Zahlung auf die Hypothek

Als Eigentümer möchte E jedenfalls auf die sein Grundstück belastende Hypothek **34** leisten. Folge wäre, dass die Darlehensforderung des M gegen S auf ihn überginge (§ 1143 Abs. 1 BGB). Die Hypothek ginge dann wiederum mit der Forderung auf E über (§§ 412, 401 Abs. 1, 1153 Abs. 1 BGB) und würde zur Eigentümerhypothek werden (§ 1177 Abs. 2 BGB). Einer Geltendmachung der Forderung stünde aber der Freistellungsanspruch des S in Bezug auf genau diese Forderung entgegen.

b) Zahlung auf die Forderung

E ist S gegenüber zur Freistellung von der Forderung der K verpflichtet. Daran ändert **35** sich durch den Übergang der Forderung von der K auf M nichts, da es sich um dieselbe Forderung handelt und E gegebenenfalls durch § 407 BGB vor den Folgen einer Zahlung an den falschen Gläubiger geschützt würde. E trifft also eine Zahlungspflicht anstelle des persönlichen Schuldners S. Die Zahlung des E stellt sich daher als eine Zahlung auch auf die Forderung dar. Folge ist das Erlöschen der Forderung gem. § 362 Abs. 1 BGB. E steht damit gegen S kein Zahlungsanspruch aus dem Darlehensvertrag zu. Vielmehr ist er Inhaber einer Teil-Eigentümergrundschuld in Höhe von 200.000 EUR (§§ 1163 Abs. 1 Satz 2, 1177 Abs. 1 Satz 1 BGB).

II. Anspruch des M gegen K (§ 812 Abs. 1 Satz 1 Alt. 1 BGB)

1. Etwas erlangt

M könnte gegen die K ein Rückzahlungsanspruch in Höhe von 300.000 EUR aus **36** Leistungskondiktion zustehen (§ 812 Abs. 1 Satz 1 Alt. 1 BGB). Dann müsste die

---

[7] PWW/*Waldner* § 1150 BGB Rn. 2.

K etwas erlangt haben. Dies kann jeder vermögenswerte Vorteil sein. Vorliegend wurden der K 500.000 EUR überwiesen. Diese Gutschrift stellt eine Verbesserung der Vermögenslage der K, die nunmehr über den bei ihr eingegangenen Überweisungsbetrag verfügen kann, und somit einen vermögenswerten Vorteil dar.

2. Leistung des M

37 Diesen Vorteil müsste die K durch eine Leistung des M erhalten haben. Eine Leistung ist jede bewusste und zweckgerichtete Mehrung fremden Vermögens.[8] Da die Überweisung den Zweck hatte, die Zwangsvollstreckung in das Grundstück durch Befriedigung der K abzuwehren, sollte das Vermögen der K zweckgerichtet vermehrt werden. Fraglich ist jedoch, wer als Leistender anzusehen ist; dies ist anhand des objektiven Empfängerhorizontes zu bestimmen.[9] Wie oben bereits erörtert (Rn. 29), musste der K die Zahlung der T als Leistung des M erscheinen.

3. Ohne rechtlichen Grund

38 Schließlich müsste die Leistung des M ohne rechtlichen Grund erfolgt sein. Als Rechtsgrund kommt die der Hypothek zugrunde liegende Darlehensforderung in Betracht. Diese bestand aber nur in Höhe des tatsächlich valutierten Betrages von 200.000 EUR. In Bezug auf die restlichen 300.000 EUR bestand also kein Rechtsgrund und M hat gegen die K einen Wertersatzanspruch aus Leistungskondiktion in dieser Höhe (§ 818 Abs. 1 und 2 BGB).

Frage 2: Veränderungen durch Grundschuld

Anspruch des E gegen S (§ 488 Abs. 1 Satz 2 BGB)

1. Darlehensvertrag zwischen K und S

39 E könnte, wie bei Frage 1, gegen S aus dem Darlehensvertrag ein Zahlungsanspruch zustehen (§ 488 Abs. 1 Satz 2 BGB). Zwischen der K und S ist ein Rückzahlungsanspruch aus einem wirksamen Darlehensvertrag entstanden (siehe Rn. 2).

2. Übergang der Forderung auf M (§§ 1192 Abs. 1, 1150, 268 Abs. 3 BGB)

40 Durch die von T getätigte Zahlung zur Abwendung der Zwangsvollstreckung (siehe Rn. 26 ff.), könnte die Forderung auf M übergegangen sein. Die K drohte dem Eigentümer E in ihrer Eigenschaft als Grundschuldgläubiger die Zwangsvollstreckung an. Hierin ist ein Befriedigungsverlangen zu sehen (siehe Rn. 27). M ist in Bezug auf die Grundschuld ablösungsberechtigter Dritter i.S.d. §§ 1192 Abs. 1, 1150, 268 Abs. 1 Satz 2 BGB (siehe Rn. 28).

41 Fraglich ist, worauf M mit der Zahlung der 500.000 EUR leisten wollte. M kam es darauf an, die Zwangsvollstreckung in das von ihm bewohnte Grundstück zu vermeiden. Deshalb ist von einer Leistung auf die Grundschuld auszugehen. Diese ist gem. §§ 1192 Abs. 1, 1150, 268 Abs. 3 BGB auf ihn übergegangen.

---

[8] BGHZ 40, 272, 277 = NJW 1964, 399.
[9] BGHZ 72, 246, 249 = NJW 1979, 157; *Medicus/Petersen* Rn. 687.

Zu untersuchen bleibt, ob M gem. § 268 Abs. 3 BGB auch die Forderung erworben haben könnte. Dann müsste er als ablösungsberechtigter Dritter auch auf diese geleistet haben. Grundsätzlich entspricht es nicht der Interessenlage eines Mieters, auch auf die persönliche Forderung des Gläubigers gegen den Vermieter zu leisten;[10] er möchte in der Regel lediglich im Wege der Zahlung auf das Grundpfandrecht die Verwertung des Grundstücks verhindern, nicht aber durch Leistung auf die persönliche Forderung den Vermieter von seiner Schuld freistellen. Vorliegend gilt nichts anderes: Ein Wille zur Zahlung auf die Forderung ist sogar ausdrücklich durch die Angabe des Verwendungszwecks „Abzahlung der Grundschuld" ausgeschlossen worden. M ist deshalb nicht Inhaber der Forderung geworden (a.A. vertretbar im Hinblick auf eine laiengünstige Auslegung). Anders als die Hypothek (siehe Rn. 34) kann der ablösungsberechtigte M die nichtakzessorische Grundschuld nach §§ 1192 Abs. 1, 1150, 268 Abs. 3 BGB isoliert erwerben.[11] M ist damit infolge seiner Zahlung Inhaber der Grundschuld, nicht aber der Forderung geworden. **42**

Er ist darauf verwiesen, sich diese von der K abtreten zu lassen; der Anspruch hieraus ergibt sich aus der Sicherungsabrede (a.A. vertretbar unter Berufung auf eine laiengünstige Auslegung des Verwendungszwecks im Sinne einer Zahlung auch auf die Forderung). **43**

Hinweis: Es kommt also nicht darauf an, ob E wie in Variante 2, Frage 1 durch die Zahlung der 200.000 EUR an M die Forderung gem. § 1143 Abs. 1 BGB erworben haben kann. Dies würde voraussetzen, dass § 1143 Abs. 1 BGB gem. § 1192 Abs. 1 BGB auf die Grundschuld anwendbar ist. § 1143 Abs. 1 BGB beruht jedoch auf dem akzessorischen Charakter der Hypothek, somit ist die Vorschrift nicht entsprechend auf die Grundschuld anzuwenden.[12] Da M die Forderung nicht zusteht, konnte E sie auch nicht von ihm erwerben. Ein gutgläubiger Forderungserwerb verbietet sich. **44**

---

[10] Palandt/*Bassenge* § 1191 BGB Rn. 38f.
[11] PWW/*Waldner* § 1150 BGB Rn. 5.
[12] Palandt/*Bassenge* § 1143 BGB Rn. 7.

Fall 15. Briefwechsel

Sachverhalt

Die Morton-GmbH (M-GmbH) hat im Juli 2007 an den Kaufmann Kent Kowalski (K) in großem Umfang Waren geliefert. Wie zwischen den Parteien üblich, ist auch in diesem Fall die Abtretung der Kaufpreisforderung vertraglich ausgeschlossen. Die Forderung wird bis zum Ablauf des nächsten Jahres gestundet. Zur Sicherung des Kaufpreisanspruchs einigt sich K mit der M-GmbH, vertreten durch die Geschäftsführerin Gertrude Gosch (G), telefonisch über die Bestellung einer Buchhypothek an dem in der Bochumer Innenstadt gelegenen Hausgrundstück des K. Die Beteiligten vereinbaren, dass die M-GmbH die Hypothek erst sechs Monate nach Fälligkeit der Forderung verwerten können soll. Die Hypothek zugunsten der M-GmbH wird eingetragen, allerdings ohne den Ausschluss der Brieferteilung. Als die Angelegenheit auffällt, hat K keine Lust, sich noch um den Hypothekenbrief zu kümmern, und erklärt deshalb, die G solle sich den Brief einfach direkt vom Grundbuchamt aushändigen lassen.

Tatsächlich ist K jedoch nur Bucheigentümer des Grundstücks. Zwar geht er selbst davon aus, dieses Grundstück von seinem Großonkel geerbt zu haben, doch ist der wahre Erbe sein Bruder Berthold (B). Im Grundbuch ist gegen das Eigentum des K auch tatsächlich ein Widerspruch eingetragen, der allerdings nicht auf die Initiative des B, sondern auf den dritten Bruder Norbert (N) zurückgeht, der sich ebenfalls für den Erben hält und deshalb im Rahmen einer einstweiligen Verfügung den Widerspruch erwirkt hat. G unterlässt es, Einsicht in das Grundbuch zu nehmen, da sie keinen Anlass sieht, an der Eigentümerstellung des K zu zweifeln.

Als die M-GmbH in einen finanziellen Engpass gerät, überträgt G im Namen der Gesellschaft „die Hypothek am Grundstück des K" an Camillo Ceberus (C). Die jeweiligen Erklärungen werden notariell beurkundet, der Brief wird übergeben. C schenkt die Forderung in Erwartung steuerlicher Vorteile seinem Bruder Demetrius (D). Die schriftliche Abtretungserklärung des C wird öffentlich beglaubigt, D nimmt durch ein Kopfnicken an. Den Brief erhält er jedoch nicht, vielmehr bietet ihm C an, diesen weiterhin für ihn sicher zu verwahren, was seinem unordentlichen Bruder sehr recht ist.

Tatsächlich erweist sich aber auch diese Sicherheit als trügerisch. Der Handwerker Hector Hannemann (H) entdeckt anlässlich einer Reparatur im Hause des C den Hypothekenbrief auf dessen Schreibtisch und entwendet ihn, um seinen penetranten Gläubiger Samson Schigulski (S) befriedigen zu können. H fälscht zunächst eine Abtretungserklärung des D an sich selbst und „beglaubigt" diese anschließend unter Zuhilfenahme der Büroeinrichtung seines Vaters, der Notar ist. Sodann überträgt er die Forderung unter Vorlage des Briefes in schriftlicher Form an den S.

Nun meldet sich die M-GmbH, die die Abtretung an C mittlerweile wirksam angefochten hat, bei K und verlangt Duldung der Zwangsvollstreckung. Da zwischenzeitlich aber auch D und S an K herangetreten sind, um ihm ihre Berechtigung zu signalisieren, wendet sich K im April 2008 an den Rechtsanwalt Robert Rosendahl

Fall 15. Briefwechsel

(R) mit der Bitte um ein Rechtsgutachten. Darin soll geklärt werden, wem die Hypothek zusteht und welche Ansprüche der Berechtigte gegen den K geltend machen kann.

Bearbeitervermerk: Entwerfen Sie die Antwort des R in einem umfassenden Gutachten.

Skizze

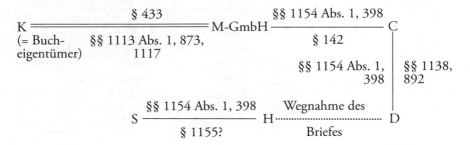

Zeittabelle
Juli 2007: Warenlieferung der M-GmbH an K
danach: Einigung über die Bestellung einer Hypothek
danach: Übertragung „der Hypothek" durch die M-GmbH an C
danach: C schenkt die Hypothek seinem Bruder D
danach: H entwendet den Hypothekenbrief bei C
danach: H fälscht eine Abtretungserklärung des D
danach: H überträgt die gesicherte Forderung an S
danach: Anfechtung der Abtretung an C durch die M-GmbH

Gliederung

                                                                                                  Rn.
Frage 1: Wem steht die Hypothek an dem Grundstück zu?
I. Entstehung der Hypothek bei der M-GmbH 1
   1. Einigung und Eintragung 1
   2. Übergabe des Hypothekenbriefes 3
   3. Erwerb vom Nichtberechtigten 4
      a) Guter Glaube bei fehlender Einsichtnahme 4
          Problem: Schadet die mangelnde Kenntnis der Grundbucheintragung dem guten Glauben?
      b) Gutglaubenserwerb trotz eingetragenen Widerspruchs 5
          Problem: Wann entfaltet ein Widerspruch seine Wirkung?
      c) Keine positive Kenntnis 8
II. Übertragung der Hypothek an C 9
   1. Wirksame Einigung über Forderungsabtretung 9
   2. Rechtsgeschäftlicher Ausschluss der Forderungsabtretung 10
      a) Rechtslage nach dem BGB 10
      b) Handelsrechtliche Besonderheiten 11

	Rn.
3. Formwirksame Abtretung	15
4. Wirksame Anfechtung	16
5. Zwischenergebnis	18
III. Übertragung der Hypothek an D	19
1. Formwirksame Einigung über die Forderungsabtretung	19
2. Übergabe des Hypothekenbriefes	20
3. Fingierter Forderungserwerb	21
a) Funktionsweise des § 1138 BGB	21

Problem: Ermöglicht § 1138 BGB einen gutgläubigen Forderungserwerb?

b) Voraussetzungen des § 1138 BGB	22
4. Gutgläubiger Hypothekenerwerb	24
a) Ergänzende Anwendung des § 892 BGB auf die Hypothek	24
b) Voraussetzungen des gutgläubigen Hypothekenerwerbs nach § 892 BGB	26
5. Zwischenergebnis	28
IV. Übergang der Hypothek auf S	29
1. Gutgläubiger Erwerb bei gefälschter Abtretungserklärung	29

Problem: Ist § 1155 BGB auch auf gefälschte Abtretungserklärungen anwendbar?

2. Streitstand	30
3. Stellungnahme	33
V. Ergebnis	34

Frage 2: Welche Ansprüche kann D aus der Hypothek gegen K geltend machen?

I. Anspruch auf Duldung der Zwangsvollstreckung (§ 1147 BGB)	35
II. Einrede der fehlenden Fälligkeit	36
1. Fälligkeit	36
2. Gutgläubiger einredefreier Erwerb	37
III. Einrede gegen die Forderung	38
IV. Anspruchsgegner	39

Problem: Kann der Bucheigentümer zur Duldung der Zwangsvollstreckung verpflichtet sein?

V. Ergebnis	41

Lösung

Frage 1: Wem steht die Hypothek an dem Grundstück zu?

I. Entstehung der Hypothek bei der M-GmbH

1. Einigung und Eintragung

Die Hypothek könnte zunächst von K zugunsten der M-GmbH bestellt worden sein. Dazu bedarf es gem. § 1113 Abs. 1 BGB zunächst einer zu sichernden Forde- **1** rung, die hier in Gestalt der Kaufpreisforderung besteht. Des Weiteren haben sich die Parteien über die Bestellung einer Hypothek geeinigt (§§ 873 Abs. 1, 1113 BGB) und diese in das Grundbuch eintragen lassen (§§ 873 Abs. 1, 1115 Abs. 1 BGB).[1] Für die Einigung ist keine besondere Form vorgeschrieben;[2] das Telefonat ist deshalb ausreichend.

2 Als problematisch könnte sich allerdings erweisen, dass die Hypothek hier als Briefrecht und nicht entsprechend der Einigung als Buchrecht eingetragen wurde. Es könnte also an der notwendigen Kongruenz zwischen Einigung und Eintragung fehlen.[3] Die Buchhypothek teilt aber sämtliche Elemente mit der Briefhypothek, nur verlangt sie noch eine Zusatzvereinbarung: Die Brieferteilung muss ausgeschlossen werden (§ 1116 Abs. 2 Satz 3 BGB). Damit stellt das Briefrecht kein aliud zum Buchrecht dar, sondern ein „Weniger".[4] Die eingetragene Briefhypothek ist also als „Minus" von der Einigung umfasst.

2. Übergabe des Hypothekenbriefes

3 § 1117 Abs. 1 Satz 1 BGB verlangt für den Erwerb der Hypothek die Übergabe des Hypothekenbriefes. Dieser wurde der GmbH aber gerade nicht von K übergeben. Allerdings ist eine Übergabe dann nicht erforderlich, wenn eine Aushändigungsabrede nach § 1117 Abs. 2 BGB getroffen wurde. Eine solche Abrede ist zwischen K und der M-GmbH erfolgt.

3. Erwerb vom Nichtberechtigten
a) Guter Glaube bei fehlender Einsichtnahme

4 Berechtigt zur Belastung von Grundstücken ist grundsätzlich nur der Rechtsträger,[5] hier also B als Eigentümer. Die M-GmbH könnte die Hypothek aber gem. § 892 BGB vom Nichtberechtigten erworben haben. K ist als Eigentümer eingetragen. G nahm hier keine Einsicht in das Grundbuch.[6] Deshalb könnte fraglich sein, ob der Inhalt des Grundbuchs überhaupt als Vertrauensgrundlage in Betracht kommt. Im Rahmen des § 892 BGB ist aber weder Kenntnis des Inhalts noch Ursächlichkeit der Kenntnis für das Verhalten notwendig, sondern es wird – ausgehend von der allgemeinen Lebenserfahrung – unwiderlegbar unterstellt, dass sich der Erwerber mit dem konkreten Buchstand vertraut gemacht hat.[7]

b) Gutglaubenserwerb trotz eingetragenen Widerspruchs

5 Der gutgläubige Erwerb könnte hier aber wegen des Widerspruchs des N ausgeschlossen sein. Grundsätzlich zerstört ein Widerspruch die Möglichkeit des gut-

---

[1] Fallbearbeitung zur Hypothek mit ausführlichen Bearbeitungshinweisen von *Martinek* JuS 1999, L 20.
[2] Siehe *Martinek* JuS 1999, L 20, 22; *Reischl* JuS 1998, 124, 127.
[3] Dazu nur Palandt/*Herrler* § 873 BGB Rn. 12.
[4] Vgl. nur Jauernig/*Berger* § 1116 BGB Rn. 4; Palandt/*Herrler* § 1116 BGB Rn. 3; *Prütting* Rn. 644.
[5] Soergel/*Stürner* § 873 BGB Rn. 28.
[6] Auf Fragen der Wissenszurechnung bei juristischen Personen braucht hier nicht eingegangen zu werden. Ein Problem stellte sich insofern nur, wenn es vorhandenes Wissen der G gäbe, das sich zurechnen ließe. Vgl. dazu *Faßbender/Neuhaus* WM 2002, 1253 ff.; *Kieser/Kloster* GmbHR 2001, 176 ff.
[7] Vgl. dazu MünchKommBGB/*Kohler* § 892 BGB Rn. 44; *Prütting* Rn. 215; ausführlich zum öffentlichen Glauben des Grundbuchs *Wiegand* JuS 1975, 205, 209.

gläubigen Erwerbs (§ 892 Abs. 1 Satz 1 BGB). G ist der Widerspruch aufgrund ihrer Nachlässigkeit zwar nicht bekannt, doch verlangt § 892 BGB schon seinem Wortlaut nach keine Kenntnis. Der Gutglaubenserwerb wird umfassend ausgeschlossen, unabhängig davon, ob der Erwerber das Grundbuch eingesehen und so den Widerspruch bemerkt hat.[8] Allerdings könnte nach Sinn und Zweck des Widerspruchs hier etwas anderes gelten.

Der Widerspruch hat die Funktion, den Rechtsscheinstatbestand zu begrenzen[9] und dem Rechtsinhaber ein Mittel in die Hand zu geben, durch das er sich davor schützen kann, auf Grund des öffentlichen Glaubens des Grundbuchs (§ 891 BGB) in seinen Rechten beeinträchtigt zu werden.[10] Anders als im Mobiliarrecht, wo § 935 BGB die Wirkung des Rechtsscheins dann entfallen lässt, wenn dieser dem Berechtigten nicht zuzurechnen ist,[11] wird im Immobiliarrecht keine Zurechenbarkeit des Rechtsscheins zum wahren Rechtsinhaber verlangt. Der Berechtigte muss vielmehr selbst tätig werden, indem er durch Eintragung eines Widerspruchs den Rechtsschein der Grundbucheintragung zerstört und auf diese Weise den gutgläubigen Erwerb verhindert. Hier muss also nicht der Rechtsschein, wohl aber dessen Zerstörung dem wahren Rechteinhaber zuzurechnen sein. Der Widerspruch übernimmt dann die Funktion, die das Abhandenkommen in § 935 BGB innehat, wenn demjenigen, der sich seiner bedient, das zu sichernde Recht wirklich zusteht,[12] er also Inhaber des Berichtigungsanspruchs aus § 894 BGB ist.[13]

Nur der sachlich begründete Widerspruch ist danach von Bedeutung;[14] der zwar berechtigte Protest gegen die Rechtsinhaberschaft des Eingetragenen durch einen weiteren Nichtberechtigten ist unerheblich.[15] N steht ein Anspruch, den es zu sichern gälte, aber gerade nicht zu. Danach hindert der eingetragene Widerspruch den gutgläubigen Erwerb durch die M-GmbH also nicht.

c) Keine positive Kenntnis

Die Unrichtigkeit des Grundbuchs war auch nicht positiv bekannt (§ 892 Abs. 1 Satz 1 BGB). Die GmbH konnte damit die Hypothek gutgläubig von K erwerben, K hat der M-GmbH also wirksam eine Briefhypothek bestellt.

II. Übertragung der Hypothek an C

1. Wirksame Einigung über Forderungsabtretung

Die M-GmbH könnte die Hypothek sodann jedoch wieder an den C verloren haben. Die GmbH und C haben sich hier über den Übergang „der Hypothek" verständigt. Ein Rechtsgeschäft dieses Inhalts ist von der Rechtsordnung aber nicht vorgesehen. Entgegen dem allgemeinen Sprachgebrauch kann gerade nicht „die

---

[8] *Wolf/Wellenhofer* § 19 Rn. 27.
[9] *Wiegand* JuS 1975, 205, 208.
[10] Vgl. BGH NJW 1985, 3070, 3071 für einen Fall des Amtswiderspruchs nach § 53 GBO.
[11] *Wiegand* JuS 1975, 205, 208.
[12] Staudinger/*Gursky* (2013) § 899 BGB Rn. 4.
[13] Vgl. *Baur/Stürner* § 18 Rn. 23; *Medicus/Petersen* Rn. 550.
[14] BGH NJW 1985, 3070 zum Amtswiderspruch nach § 53 GBO.
[15] Vgl. Soergel/*Stürner* § 892 BGB Rn. 27 und § 899 BGB Rn. 9; Staudinger/*Gursky* (2013) § 892 BGB Rn. 132; MünchKommBGB/*Kohler* § 892 BGB Rn. 41.

Hypothek" übertragen werden (§ 1153 Abs. 2 BGB). Vielmehr erfolgt die Übertragung gem. § 1153 Abs. 1 BGB derart, dass die gesicherte Forderung abgetreten wird. Nur so können die M-GmbH und C ihr Ziel, die Hypothek auf C übergehen zu lassen, erreichen. Um dem Willen der Parteien zum Erfolg zu verhelfen, müssen ihre Erklärungen entsprechend ausgelegt werden. Das geschieht mit Hilfe der §§ 133, 157 BGB. Es ist also der rechtlich maßgebende Sinn der Erklärungen zu ermitteln und nicht zwingend am Wortlaut der Erklärungen festzuhalten.[16] Eine Einigung bezüglich der Forderungsabtretung liegt also vor.

2. Rechtsgeschäftlicher Ausschluss der Forderungsabtretung

a) Rechtslage nach dem BGB

10   Fraglich ist, wie es sich auswirkt, dass die Abtretbarkeit der Forderung ausgeschlossen wurde. Grundsätzlich haben nach der Konzeption des BGB solche schuldrechtlichen Vereinbarungen keine dingliche Wirkung (§ 137 Satz 2 BGB). In Bezug auf Forderungen gilt aber nach § 399 BGB gerade das Gegenteil. Die Abtretbarkeit kann wirksam ausgeschlossen werden, sodass mangels Übertragbarkeit der Forderung grundsätzlich auch die Hypothek nicht übergehen kann.

b) Handelsrechtliche Besonderheiten

11   Ein anderes Ergebnis könnte sich hier aber aus § 354a HGB ergeben, wonach ein Abtretungsausschluss für eine im Rahmen eines Handelsgeschäfts begründete Forderung der Wirksamkeit einer gleichwohl erfolgten Abtretung nicht entgegensteht.

12   **Hinweis:** Die oft übersehene Vorschrift des § 354a HGB soll es gerade kleineren und mittleren Unternehmen ermöglichen, sich durch Zession an ein Factoringinstitut rasch Liquidität zu verschaffen. Darüber hinaus eröffnet die Norm ihnen auch die Möglichkeit, einen Warenkredit durch Einkauf auf der Basis eines verlängerten Eigentumsvorbehalts zu erlangen, in dessen Rahmen der Vorbehaltsverkäufer regelmäßig die Vorauszession von Forderungen des Käufers gegen dessen Kunden verlangt. Bei uneingeschränkter Geltung eines Abtretungsverbots wären solche Gestaltungen den Unternehmen versperrt.[17]

13   § 354a HGB setzt zunächst voraus, dass der Kaufvertrag, aus dem sich die Forderung ergibt, für beide Teile ein Handelsgeschäft war. Ein Handelsgeschäft ist nach § 343 HGB jedes Geschäft eines Kaufmanns, das zum Betriebe seines Handelsgewerbes gehört. Danach müssten also beide Vertragsschließende die Kaufmannseigenschaft besitzen. Die Kaufmannseigenschaft des K ist ausdrücklich festgestellt. Auch auf der Seite der M-GmbH ergeben sich keine Schwierigkeiten; sie ist nach § 6 HGB i.V.m. § 13 Abs. 3 GmbHG Kaufmann kraft Rechtsform.[18]

14   Weiter müsste das Geschäft zum Betrieb des jeweiligen Handelsgewerbes gehören. Eine GmbH hat aus der Natur der Sache heraus keinen privaten Handlungsbereich, die von ihr abgeschlossenen Geschäfte gehören immer zum Betrieb ihres Handelsgewerbes.[19] Auch K handelt hier im Bereich seines Gewerbes. Auf die Vermutung

---

[16] Vgl. dazu Palandt/*Ellenberger* § 133 BGB Rn. 1. Nach MünchKommBGB/*Lieder* § 1153 BGB Rn. 7 handelt es sich bei Sachverhalten wie diesem um einen schlichten Fall der falsa demonstratio.

[17] Baumbach/Hopt/*Hopt* § 354a HGB Rn. 1; *Canaris* § 26 Rn. 16. Umfassend zu § 354a HGB *Lettl* JA 2010, 109ff.

[18] Die GmbH ist sowohl Handelsgesellschaft (§ 13 Abs. 3 GmbHG) als auch ein Unterfall des Vereins. Deshalb lässt sie sich sowohl unter § 6 Abs. 1 HGB als auch unter § 6 Abs. 2 HGB fassen, vgl. Baumbach/Hopt/*Hopt* § 6 HGB Rn. 1, 6; MünchKommHGB/*K. Schmidt* § 6 HGB Rn. 3, 9.

[19] *Canaris* § 20 Rn. 10.

des § 344 Abs. 1 HGB muss also nicht zurückgegriffen werden. Es liegt also ein beiderseitiges Handelsgeschäft vor, sodass die M-GmbH die Forderung nach § 354a HGB an C abtreten konnte.

3. Formwirksame Abtretung

Die Abtretung der Forderung erfolgt nach § 398 BGB. Es ist dabei die Form des § 1154 Abs. 1 BGB einzuhalten. Hier wurde die Form der notariellen Beurkundung gewählt, die nach § 126 Abs. 4 BGB die Schriftform ersetzen kann. Damit wurde die Forderung dem C übertragen, die Hypothek konnte deshalb nach § 401 Abs. 1 BGB auf ihn übergehen. Bei der Briefhypothek ist zusätzlich noch die Übergabe des Hypothekenbriefes erforderlich (§ 1117 Abs. 1 Satz 1 BGB), die hier ebenfalls erfolgt ist.

4. Wirksame Anfechtung

Jedoch wurde das gesamte Rechtsgeschäft angefochten, mit der Folge, dass die Forderung und damit auch die Hypothek als niemals auf C übergegangen gelten (§ 142 Abs. 1 BGB).

Hinweis: Arbeiten Sie klausurtaktisch. Auch wenn die Berechtigung des C offensichtlich an der wirksamen Anfechtung scheitert, sollte diese nicht voreilig geprüft werden, um nicht die Erörterung anderer im Sachverhalt ersichtlich angelegter Probleme abzuschneiden.

5. Zwischenergebnis

Die M-GmbH hat die Hypothek daher zwar zunächst an den C verloren, doch ist dieses Geschäft aufgrund der Ex-tunc-Wirkung des § 142 Abs. 1 BGB als von vornherein nichtig anzusehen. Die Hypothek steht also weiterhin der M-GmbH zu.

III. Übertragung der Hypothek an D

1. Formwirksame Einigung über die Forderungsabtretung

Die M-GmbH könnte die Hypothek jedoch an den D verloren haben. D hat sich mit C über den Übergang der Hypothek geeinigt. Diese Einigung müsste den Anforderungen des § 1154 Abs. 1 Satz 1 BGB genügen, wonach zur Abtretung der Forderung die Erteilung der Abtretungserklärung in schriftlicher Form erforderlich ist. Bezüglich der Abtretungserklärung des C liegt sogar eine notarielle Beglaubigung vor, sie muss also zwangsläufig schriftlich abgegeben worden sein. D äußerte sich demgegenüber nur konkludent, doch ist es nach dem klaren Wortlaut des § 1154 Abs. 1 BGB lediglich erforderlich, dass die Abtretungserklärung einer bestimmten Form entspricht, wohingegen die Annahme auch formlos möglich ist. Die Abtretung erfolgte also formgemäß.

2. Übergabe des Hypothekenbriefes

Nach §§ 1154 Abs. 1, 1117 Abs. 1 Satz 1 BGB ist zur Abtretung der Forderung weiterhin erforderlich, dass der Hypothekenbrief übergeben wird. An einer solchen Übergabe fehlte es hier; C hat den Brief behalten. Allerdings lässt § 1117 Abs. 1 Satz 2 BGB zu, dass die Übergabe durch Vereinbarung eines Besitzkonstituts nach § 930 BGB ersetzt wird. C und D haben sich darauf geeinigt, dass C den Brief für

Fall 15. Briefwechsel

D aufbewahrt. Sie schließen also einen Verwahrungsvertrag nach § 688 BGB. Dieser begründet nach der Aufzählung in § 868 BGB ein Besitzmittlungsverhältnis und genügt damit als Besitzkonstitut i. S. d. § 930 BGB.

3. Fingierter Forderungserwerb

a) Funktionsweise des § 1138 BGB

21 Problematisch ist allerdings, dass die Berechtigung zur Forderungsabtretung in dem Moment erloschen sein könnte, als die M-GmbH das Geschäft mit C angefochten hat. Durch die Anfechtung ist die Forderungsübertragung von der M-GmbH an C ex tunc unwirksam geworden, sodass ihm die Forderung nicht mehr zustand. C konnte daher keine ihm zustehende Forderung an D abtreten und ein gutgläubiger Forderungserwerb ist grundsätzlich ausgeschlossen. Da die Übertragung der Hypothek gerade an die Übertragung der Forderung gekoppelt ist, fehlt es demnach an einem „Transportmittel" für den Übergang der Hypothek (vgl. §§ 401 Abs. 1, 1153 Abs. 1 BGB). Möglicherweise liegen hier aber die Voraussetzungen der §§ 1138, 892 BGB vor,[20] wonach die Vorschriften der §§ 891 bis 899 BGB für die Hypothek auch in Ansehung der Forderung und der dem Eigentümer nach § 1137 BGB zustehenden Einreden gelten. Für die Übertragung der Hypothek würde demnach der Bestand der Forderung bei C fingiert.

b) Voraussetzungen des § 1138 BGB

22 Nach § 1138 BGB müssen zunächst die Voraussetzungen des § 892 BGB im Hinblick auf die Forderung vorliegen. § 892 BGB verlangt jedoch eine Eintragung des angeblich Berechtigten. Hier war C gerade nicht in das Grundbuch eingetragen. Eine Ausnahme von diesem Grundsatz ermöglicht aber § 1155 BGB. § 892 BGB findet danach auch dann Anwendung, wenn sich das Recht des angeblichen Forderungsinhabers zwar nicht aus dem Grundbuch, jedoch aus einer zusammenhängenden, auf einen eingetragenen Gläubiger zurückgehenden Kette öffentlich beglaubigter Abtretungserklärungen zurückführen lässt. C ist bei Vorliegen dieser Voraussetzungen genauso legitimiert als stünde er als Inhaber der Hypothek im Grundbuch.

23 Hier existiert nur eine relevante Abtretungserklärung, nämlich die der M-GmbH, die als Berechtigte im Grundbuch eingetragen ist. Auch die erforderliche öffentliche Beglaubigung liegt vor. Die Voraussetzungen des § 1155 BGB sind damit erfüllt. Das Bestehen der Forderung wird also zum Zweck des Hypothekenerwerbs gem. §§ 1138, 892, 1155 BGB fingiert.

4. Gutgläubiger Hypothekenerwerb

a) Ergänzende Anwendung des § 892 BGB auf die Hypothek

24 § 1138 BGB fingiert allerdings allein das Bestehen der Forderung, hilft aber nicht über Mängel der Hypothek selbst hinweg. Auch die Hypothek stand dem C aber nicht zu, weil mit der Anfechtung auch die Hypothekenübertragung ex tunc unwirksam geworden ist. Es ist daher nicht nur erforderlich, das Bestehen der Forde-

---

[20] Zum gutgläubigen Zweiterwerb speziell für das Briefrecht *Wolf/Wellenhofer* § 27 Rn. 43 f.; allgemein *Reischl* JuS 1998, 220, 221 f.

rung als Transportmittel der Hypothek zu fingieren, sondern darüber hinaus muss auch die fehlende Hypothekeninhaberschaft des C überwunden werden. Da es sich bei der Hypothek um ein beschränkt dingliches Recht i. S. d. §§ 873 ff. BGB handelt, wird diese Möglichkeit über § 892 BGB eröffnet, der auf die Hypothek ohne den ergänzenden Rückgriff auf § 1138 BGB unmittelbar anwendbar ist.

Hinweis: Diese „doppelte" Prüfung des § 892 BGB ist dann nicht erforderlich, wenn die Hypothek bei dem Veräußerer tatsächlich besteht, diesem also nur die Forderung nicht zusteht. Dann ist es ausreichend, dass § 892 i. V. m. § 1138 BGB bezüglich der Forderung angewendet wird, da für die Hypothek bereits die tatsächliche Rechtslage einen Erwerb gestattet.[21]

b) Voraussetzungen des gutgläubigen Hypothekenerwerbs nach § 892 BGB

§ 892 BGB setzt zunächst voraus, dass das dingliche Recht im Wege eines Rechtsgeschäfts übertragen wird. Beim Zweiterwerb einer Hypothek ist diese Voraussetzung insofern problematisch, als die Hypothek streng genommen gerade nicht durch ein Rechtsgeschäft übertragen wird, sondern anlässlich des Forderungserwerbs kraft Gesetzes mit auf den Erwerber übergeht (§§ 1153 Abs. 1, 401 Abs. 1 BGB). Wollte man aus diesem Grund einen gutgläubigen Hypothekenerwerb nach § 892 BGB ausschließen, würde sich allerdings ein Widerspruch zu der Vorschrift des § 1138 BGB ergeben, der die Forderung gerade deshalb fingiert, um einen gutgläubigen Hypothekenerwerb zu ermöglichen. Aus diesem Grund soll es beim Hypothekenerwerb nach allgemeiner Auffassung genügen, dass die Hypothek als mittelbare Folge einer rechtsgeschäftlichen Forderungsabtretung übergeht.[22] Das weitere Hindernis, dass C nicht als Inhaber im Grundbuch eingetragen ist, wird hier – wie schon bei der Forderung – über § 1155 BGB überwunden. Da schließlich auch die subjektiven Gutglaubensvoraussetzungen vorliegen, hat D die Hypothek erworben.

Hinweis: Verfehlt wäre es, an dieser Stelle auf das Schicksal der Forderung einzugehen. Beachten Sie immer die Fallfrage, auch wenn Sie vorhandenes Wissen – hier etwa zur Standarddiskussion um das Mitziehen der Forderung[23] – nicht anbringen können (siehe dazu noch unter Rn. 42).

5. Zwischenergebnis

Die M-GmbH hat die Hypothek durch den gutgläubigen Erwerb des D verloren.

IV. Übergang der Hypothek auf S

1. Gutgläubiger Erwerb bei gefälschter Abtretungserklärung

Auch D könnte die Hypothek aber wieder verloren haben, wenn sie mittlerweile wirksam von S erworben worden wäre. H hat sich mit S über den Übergang der Forderung geeinigt, die Abtretungserklärung des H war formgerecht, der Brief wurde übergeben (§§ 398, 1154 Abs. 1, 1117 Abs. 1 BGB). Problematisch ist allerdings, dass H den Hypothekenbrief lediglich gestohlen hatte und daher Forderung und Hypothek als Nichtberechtigter übertrug. Auch S könnte die Hypothek also lediglich gutgläubig vom Nichtberechtigten erworben haben. Die fehlende Berech-

---

21 Dazu *Vieweg/Werner* § 15 Rn. 42.
22 Allgemein dazu MünchKommBGB/*Kohler* § 892 BGB Rn. 32. Zum gutgläubigen Zweiterwerb einer Hypothek *Latta/Rademacher* JuS 2008, 1052, 1054 ff.
23 Zu dieser Diskussion vgl. nur MünchKommBGB/*Lieder* § 1153 BGB Rn. 16 ff.; *Büdenbender* JuS 1996, 665, 671 f.; *Karper* JuS 1989, 33 ff.

tigung des H bezüglich der Forderung müsste also auch hier über §§ 1138, 892, 1155 BGB überwunden werden. Die Sachlage ist insoweit identisch mit der Abtretung der Forderung von C an D, mit einer Ausnahme: Hier ist die beglaubigte Erklärung, an die § 1155 BGB den gutgläubigen Erwerb knüpft, eine Fälschung. Der gutgläubige Erwerb steht und fällt demnach mit der Frage, ob § 1155 BGB auch bei einer Fälschung der beglaubigten Abtretungserklärung eingreift.[24]

2. Streitstand

30 Diese Frage ist umstritten. Eine Ansicht wendet § 1155 BGB auch bei einer Fälschung der beglaubigten Abtretungserklärung an, solange die Fälschung nicht als solche erkennbar ist.[25] In diesem Fall soll der „perfekte Schein" genügen. Als Begründung wird angeführt, dass die Verkehrsfähigkeit der Briefhypothek beeinträchtigt würde, wollte man von dem Erwerber verlangen, die Echtheit der Beglaubigung zu überprüfen. Folgt man dieser Ansicht, so wäre die gefälschte Abtretungserklärung ein geeigneter Rechtsscheinträger, um einen gutgläubigen Erwerb des S zu ermöglichen.

31 Nach einer anderen Ansicht scheitert der gutgläubige Erwerb bereits schon dann, wenn eine gefälschte Abtretungserklärung vorliegt.[26] Diese Auffassung beruft sich darauf, dass der Wortlaut des § 1155 BGB eine tatsächliche Abtretungserklärung und nicht nur deren Schein verlangt.[27] Außerdem könne aus der Tatsache, dass der Gesetzgeber mit § 1155 BGB keinen Schutz des guten Glaubens ohne öffentliche Beglaubigung vorgesehen habe, nicht geschlossen werden, dass der Schein einer Abtretungserklärung eine echte Abtretungserklärung ersetzen könne.[28] Folgt man dem, ist ein redlicher Erwerb des S nicht möglich.

32 Eine weitere Ansicht differenziert danach, ob die Abtretungserklärung oder die notarielle Beglaubigung gefälscht ist.[29] Sei nur die Abtretungserklärung gefälscht und könne der Rechtsverkehr die Fälschung nicht erkennen, sei gutgläubiger Erwerb möglich. Handele es sich hingegen um eine Fälschung der notariellen Beglaubigung, scheitere der Gutglaubenserwerb, weil der bloße Anschein einer objektiv nicht vorliegenden notariellen Beglaubigung keine taugliche Rechtsscheingrundlage darstelle, die für einen redlichen Erwerb gefordert werde. H fälschte eine beglaubigte Abtretungserklärung des D an sich selbst, sodass auch nach dieser differenzierenden Ansicht ein redlicher Erwerb des S ausgeschlossen ist.

3. Stellungnahme

33 Gegen die erste Auffassung spricht neben dem Wortlaut des § 1155 BGB namentlich auch der Normzweck. Das Erfordernis einer öffentlichen Beglaubigung soll

---

[24] Fallbearbeitung dazu auch von *Richter/Dietrich* JuS 2007, 45 ff.
[25] Vgl. zum Folgenden RGZ 93, 41, 44; Soergel/*Konzen* § 1155 BGB Rn. 9; so auch noch MünchKommBGB/*Eickmann*, 6. Aufl. 2013, § 1155 BGB Rn. 12.
[26] Vgl. zum Folgenden OLG Braunschweig OLGZ 1983, 219; Palandt/*Herrler* § 1155 BGB Rn. 4; *Baur/Stürner* § 38 V 2 Rn. 34; *Reinicke/Tiedtke* Rn. 1088; *Prütting* Rn. 688. Die vermittelnde Auffassung, wonach die Möglichkeit des gutgläubigen Erwerbs – analog § 935 BGB – von der Mitverantwortlichkeit des Berechtigten abhängen soll (so bis zur 5. Aufl. *H. Westermann*, Sachenrecht, § 106 IV 2b), wird heute zu Recht nicht mehr vertreten, da im Immobiliarsachenrecht auf eine dem § 935 BGB entsprechende Vorschrift bewusst verzichtet worden ist.
[27] OLG Braunschweig OLGZ 1983, 219, 222f.
[28] OLG Braunschweig OLGZ 1983, 219, 223.
[29] MünchKommBGB/*Lieder* § 1155 BGB Rn. 12 ff.; zust. BeckOK BGB/*Rohe* § 1155 BGB Rn. 9.

dazu dienen, dem wahren Berechtigten einen besonderen Schutz zu gewähren. Dieser Schutz würde aufgehoben, ließe man gefälschte Beglaubigungserklärungen genügen.[30] Vielmehr muss hier – wie auch in anderen Sachverhalten – der allgemeine Grundsatz gelten, dass derjenige, der auf eine Unterschrift vertraut, das Risiko ihrer Fälschung trägt.[31] Eine andere Betrachtung führte auch zu einem Wertungswiderspruch zu den Fällen einer gefälschten Grundbucheintragung, der nach allgemeiner Auffassung ebenfalls kein Gutglaubensschutz zukommt.[32] Dann ist es aber nur konsequent, wenn man sich mit dem Schein öffentlicher Beglaubigungen ebenso wenig begnügen darf wie mit dem Schein einer amtlichen Grundbucherklärung im Rahmen des § 892 BGB.[33] Wenn eine Behörde an einem Übertragungsakt mitzuwirken hat, dann ist dieser Akt auch nicht durch den guten Glauben zu ersetzen.[34] Aus diesen Gründen ist § 1155 BGB bei einer Fälschung der beglaubigten Abtretungserklärung nicht anwendbar, ein gutgläubiger Erwerb des S damit ausgeschlossen. Ob man mit der einen Ansicht auf die Echtheit der Abtretungserklärung oder mit der anderen Ansicht auf die Echtheit der notariellen Beglaubigung abstellt kann hier dahinstehen, da beide Ansichten zu dem gleichen Ergebnis kommen, dass ein redlicher Erwerb des S ausgeschlossen ist. Dieser hat die Hypothek also nicht erworben.

V. Ergebnis

Inhaber der Hypothek ist D. **34**

Frage 2: Welche Ansprüche kann D aus der Hypothek gegen K geltend machen?

I. Anspruch auf Duldung der Zwangsvollstreckung (§ 1147 BGB)

Aus einer Hypothek steht dem Berechtigten grundsätzlich ein Anspruch auf Duldung der Zwangsvollstreckung nach § 1147 BGB zu. Fraglich ist allerdings, ab welchem Zeitpunkt dieser Anspruch geltend gemacht werden kann. **35**

II. Einrede der fehlenden Fälligkeit

1. Fälligkeit

Die Hypothek könnte hier noch nicht fällig sein. Die Fälligkeit des Grundpfandrechts richtet sich nach den allgemeinen Vorschriften, sodass die Vereinbarung eines von der Forderung unabhängigen Fälligkeitstermins möglich ist. Nach der hier getroffenen Stundungsvereinbarung sollte die Hypothek erst sechs Monate nach der Forderung fällig werden, die ihrerseits erst mit Ablauf des auf die Lieferung folgenden Jahres, also am 31.12.2008, fällig sein sollte. Die Hypothek wurde daher erst am 30.6.2009 fällig. Diese Einrede kann der Eigentümer auch dem neuen Gläubiger entgegenhalten (§ 1157 Satz 1 BGB), und zwar unabhängig davon, ob er **36**

---

[30] *Wieacker*, Bodenrecht, 1958, S. 217 (Fn. 1).
[31] *Reinicke/Tiedtke* Rn. 1088; das räumt auch die Gegenansicht ein, vgl. Soergel/*Konzen*, § 1155 BGB Rn. 9.
[32] Ganz herrschende Auffassung, vgl. nur Staudinger/*Gursky* (2013) § 892 BGB Rn. 21 m.w.N.
[33] *v. Moltke* AcP 142 (1936), 257, 282 ff.
[34] *v. Moltke* AcP 142 (1936), 257, 296.

Fall 15. Briefwechsel

zugleich persönlicher Schuldner ist.[35] Die Einrede der Stundung kann K deshalb grundsätzlich erheben.[36]

2. Gutgläubiger einredefreier Erwerb

37 D könnte die Hypothek aber gutgläubig einredefrei erworben haben. Nach § 1157 Satz 2 i. V. m. §§ 892, 1155 BGB kann einem Erwerber eine Einrede, die er nicht kennt, auch nicht entgegensetzt werden, soweit sie nicht aus dem Brief oder dem Grundbuch hervorgeht. Die Stundungsvereinbarung war im Fall weder auf dem Brief noch im Grundbuch vermerkt, sodass die Voraussetzungen des § 892 BGB vorliegen. Diese Einrede kann also dem D nicht entgegengehalten werden.

III. Einrede gegen die Forderung

38 Nach § 1137 Abs. 1 Satz 1 BGB kann der Eigentümer auch eine gegen die Forderung bestehende Einrede geltend machen. Daraus könnte man schließen, dass die vereinbarte Stundung der Forderung auch noch die Geltendmachung der Hypothek verhindern könnte. Allerdings ordnet § 1138 BGB auch bezüglich der forderungsbezogenen Einreden die Geltung des § 892 BGB an. Dessen Voraussetzungen liegen auch für die hier interessierende Stundungsvereinbarung vor. Die Stundung der Forderung hindert den D also nicht an der Geltendmachung des Anspruchs aus § 1147 BGB.[37] Immerhin kann K aber nach § 1161 BGB verlangen, dass D den Hypothekenbrief vorlegt. Diesen muss D sich also zunächst von S herausgeben lassen. Ein entsprechender Anspruch ergibt sich aus § 985 BGB, denn D ist gem. § 952 Abs. 2 BGB als Hypothekeninhaber auch Eigentümer des Briefes.[38]

IV. Anspruchsgegner

39 Fraglich ist aber, ob D von K als bloßem Bucheigentümer Duldung der Zwangsvollstreckung verlangen kann oder ob er den Anspruch nicht gegenüber dem wahren Eigentümer geltend zu machen hat, da nur dieser in der Lage ist, die Zwangsvollstreckung in sein Grundstück tatsächlich zu dulden. Es könnte aber für den Hypothekengläubiger je nach Sachlage schwierig bis unmöglich sein, den wirklichen Eigentümer zu ermitteln. Deshalb ordnet § 1148 Satz 1 BGB an, dass der Bucheigentümer bei der Verfolgung des Rechts aus der Hypothek als Eigentümer gilt. Allerdings kann K der Geltendmachung der Hypothek widersprechen, solange D nicht den Hypothekenbrief vorlegt (§ 1160 BGB).

40 **Hinweis:** Erst hier kann also die Problematik der fehlenden Eigentümerstellung des K sinnvoll im Gutachten bearbeitet werden. Um Brüche und Lücken zu vermeiden, ist es deshalb wichtig, sich bereits vor Beginn der Reinschrift mit Hilfe einer Grobgliederung darüber im Klaren zu sein, welchen Weg die Bearbeitung gehen wird.

V. Ergebnis

41 D kann von K die Duldung der Zwangsvollstreckung verlangen, soweit er in der Lage ist, den Hypothekenbrief vorzulegen.

---

[35] Staudinger/*Wolfsteiner* (2015) § 1157 BGB Rn. 19.
[36] Vgl. zur Stundungseinrede in diesem Zusammenhang MünchKommBGB/*Lieder* § 1157 BGB Rn. 7.
[37] Zu den Einreden vgl. *Schwerdtner* Jura 1986, 259, 376 f.
[38] Das Recht am Papier folgt dem Recht aus dem Papier; vgl. hierzu ausführlich Fall 16 Rn. 9 f.

Hinweis: Was den Verbleib der Forderung betrifft, existieren zwei Auffassungen. Folgt man der sog. **42** Trennungstheorie steht die Forderung weiterhin ihrem ursprünglichen Inhaber zu, hier der M-GmbH. Nach der Gegenauffassung zieht die Hypothek die Forderung mit. Danach würde hier also (wenn auch nur im Ergebnis) ein gutgläubiger Forderungserwerb durch D erfolgen.[39]

---

[39] Zu dieser Problematik vgl. bereits die Nachweise in Fn. 23.

Fall 16. Mit Sicherheit verunsichert

Sachverhalt

Samuel Scholter (S) hat sein Zweites Staatsexamen bestanden und möchte sich als Rechtsanwalt selbständig machen. Da ihm zur Eröffnung einer eigenen Kanzlei die finanziellen Mittel fehlen, geht er zu seiner Hausbank, der Bodensee-Bank AG (B), um ein Darlehen aufzunehmen. Dort berät ihn Prokurist Pirmin Pudimat (P), der deutlich macht, dass ausreichende Sicherheiten Grundvoraussetzung für die Gewährung von Darlehen der gewünschten Größenordnung sind.

S bittet daraufhin seinen Vater Valerian (V), für ihn „zu bürgen". Er gibt ihm zu verstehen, dass es sich um eine „reine Formsache" handele, weil seine finanziellen Sorgen aufgrund zahlreicher Nebenjobs während des Referendariats längst der Vergangenheit angehörten und er jetzt „richtig gut bei Kasse" sei. V ist zwar der Meinung, mit der Finanzierung des Studiums genug für seinen Sohn getan zu haben, möchte diese Ausgaben aber auch nicht vergebens wissen und ist schließlich einverstanden, da es sich ja ohnehin nur um eine „Formalie" handele. Deshalb schickt er kurz darauf einen unterschriebenen Brief an die Bodensee-Bank, in dem er erklärt, für das Darlehen seines Sohnes „bis zu einer Höhe von 40.000 EUR einzustehen". Am folgenden Tag erhält V einen Anruf des P, der sich über den Brief erfreut zeigt und den V wissen lässt, dass dieser für das Darlehen des S einen wichtigen Grundstein gelegt habe.

Allerdings verlangt P von S eine weitere Sicherheit, woraufhin dieser seinen wohlhabenden Onkel Ortensio Ostermeier (O) um Hilfe bittet. O erklärt sich nach anstrengender Überzeugungsarbeit schließlich dem P gegenüber dazu bereit, der B zur Darlehenssicherung eine Buchgrundschuld in Höhe von 120.000 EUR an seinem Grundstück zu bestellen. Der zuständige Beamte des Grundbuchamts hat jedoch bei der Eintragung nach einer Geburtstagsfeier am Vorabend nicht seinen besten Tag erwischt: Er trägt die Grundschuld über 150.000 EUR in das Grundbuch ein und vergisst die Eintragung des Briefausschlusses, erstellt aber stattdessen einen Grundschuldbrief, der noch am selben Tag vom O der Bodensee-Bank ausgehändigt wird. Daraufhin wird zwischen dieser und dem S ein Darlehensvertrag geschlossen und die vereinbarte Darlehenssumme in Höhe von 120.000 EUR ausbezahlt. Dieses Geld steckt S in die luxuriöse Einrichtung eines angemieteten Büroraums, in dem er die von ihm erwarteten Mandantenmassen empfangen möchte.

In der Folgezeit zeigt sich jedoch, dass die Vorstellung des S, in kurzer Zeit zum beachteten Staranwalt zu avancieren, mit der Realität nicht viel gemeinsam hat. Kaum ein Mandant verirrt sich in die Kanzlei. Von V auf den geringen Publikumsverkehr angesprochen, gesteht S beschämt, seine Beratungskompetenz wohl überschätzt zu haben. Um völlig reinen Tisch zu machen, gibt er zudem kleinlaut zu, in Wahrheit schon bei den Aussagen im Hinblick auf seine Finanzlage vor dem Abschluss der Bürgschaft „völlig blank" gewesen zu sein. Schockiert von dieser Beichte und dem drohenden Verlust von 40.000 EUR ruft V sofort den P an, erzählt diesem das Gehörte und bringt zum Ausdruck, sich aufgrund der „Lügerei" an die „Bürgschaft" nicht länger gebunden zu fühlen.

Fall 16. Mit Sicherheit verunsichert

Bei Fälligkeit des Darlehens ist an eine Rückzahlung seitens des S nicht zu denken. Als O erfährt, dass über das Vermögen des S bereits das Insolvenzverfahren eröffnet wurde, macht er sich große Sorgen um sein Grundstück und teilt dem P telefonisch mit, dass er eine Zwangsvollstreckung unbedingt vermeiden wolle und daher bereit sei, die 120.000 EUR auf die Grundschuld zu leisten. Wenige Tage später geht eine entsprechende Überweisungsgutschrift auf einem Konto der Bodensee-Bank AG ein.

O ist sich hinsichtlich der weiteren Vorgehensweise vollkommen im Unklaren. Er geht deshalb zu seinem Rechtsanwalt Rigbert Richlich (R) und möchte von diesem wissen, welche Ansprüche ihm gegen die Bodensee-Bank AG zustehen und ob er sich möglicherweise bei V schadlos halten kann.

Bearbeitervermerk: Entwerfen Sie die Antwort des R in einem umfassenden Gutachten.

Skizze

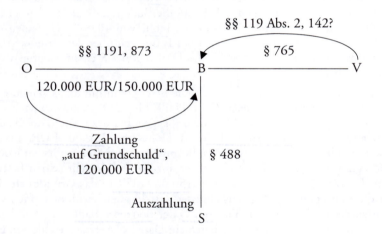

Zeittabelle

S bittet V um Stellung einer Kreditsicherheit.
danach: V erklärt der B, für das Darlehen des S bis zu einer Höhe von 40.000 EUR einzustehen
danach: P äußert sich telefonisch erfreut über Eingang des Briefes
danach: P verlangt von S eine weitere Sicherheit, der daraufhin den O um Hilfe bittet
danach: O erklärt sich bereit, B eine Buchgrundschuld in Höhe von 120.000 EUR zu bestellen
danach: Grundschuld wird über 150.000 EUR eingetragen, die Eintragung eines Briefausschlusses erfolgt nicht
danach: Grundschuldbrief wird erstellt und der B ausgehändigt
danach: B zahlt dem S die Darlehenssumme (120.000 EUR) aus
danach: S gesteht dem V seine schwierige finanzielle Situation
danach: V teilt P telefonisch mit, sich an seine Zusage nicht länger gebunden zu fühlen
danach: O erfährt, dass über das Vermögen des S das Insolvenzverfahren eröffnet wurde
danach: O erklärt dem P am Telefon, auf die Grundschuld leisten zu wollen
danach: O überweist 120.000 EUR auf ein Konto der B-Bank

Fall 16. Mit Sicherheit verunsichert

Gliederung

	Rn.
Ansprüche des O gegen die Bodensee-Bank AG	
I. Zustimmung zur Grundbuchberichtigung (§ 894 BGB)	1
1. Entstehung der Grundschuld	1
a) Dingliche Einigung	1
b) Eintragung	2
c) Briefübergabe	5
2. Folgen der Zahlung des O	6
Problem: Welche Normen des Hypothekenrechts sind hier entsprechend anwendbar?	
II. Ansprüche auf Herausgabe des Grundschuldbriefes	9
1. Anspruch aus § 985 BGB	9
2. Anspruch aus §§ 1192 Abs. 1, 1144 BGB	11
III. Anspruch auf Abtretung der Darlehensforderung aus dem Sicherungsvertrag	12
Problem: Hat der Sicherungsgeber bei Zahlung auf die Grundschuld einen solchen Anspruch gegen den Gläubiger?	
IV. Ergebnis	15
Anspruch des O gegen V	
I. Anspruch auf Zahlung von 40.000 EUR aus §§ 765 Abs. 1, 401, 488 Abs. 1 Satz 2 BGB	16
1. Entstehung der Bürgschaft	16
a) Vertragsinhalt	16
Problem: Richtet sich der Wille des V auf die Begründung einer eigenen oder das Einstehen für eine fremde Verbindlichkeit?	
b) Schriftform	19
c) Nichtigkeit gem. § 142 Abs. 1 BGB	20
aa) Irrtum über eine verkehrswesentliche Eigenschaft	20
Problem: Kann der Bürgschaftsvertrag bei Irrtum über die Kreditwürdigkeit des Schuldners angefochten werden?	
bb) Arglistige Täuschung	22
2. Übergang der Bürgschaft auf O	23
a) Ausschluss des Regresses	23
b) Umfang des Übergangs	25
aa) Prioritätslösung	25
bb) Privilegierung des Bürgen	27
cc) Anwendung der Gesamtschuldregeln	29
Problem: Rechtfertigt die unbeschränkte persönliche Haftung des Bürgen seine Privilegierung?	
c) Höhe des Ausgleichsanspruchs	34
Problem: Wann ist i. S. d. § 426 Abs. 1 BGB „etwas anderes" bestimmt?	
3. Einrede der Vorausklage	37
II. Ergebnis	38

Lösung

Ansprüche des O gegen die Bodensee-Bank AG

I. Zustimmung zur Grundbuchberichtigung (§ 894 BGB)

1. Entstehung der Grundschuld
a) Dingliche Einigung

1   O könnte gegen die B-Bank einen Anspruch auf Zustimmung zur Berichtigung des Grundbuchs haben (§ 894 BGB). Die B-Bank ist als Aktiengesellschaft eine juristische Person und damit taugliche Anspruchsgegnerin (§ 1 Abs. 1 Satz 1 AktG). Das Grundbuch müsste unrichtig sein. Es weist eine Grundschuld für die B in Höhe von 150.000 EUR aus. Ob dies der tatsächlichen Rechtslage entspricht, hängt davon ab, ob eine solche Grundschuld wirksam bestellt worden ist. Dies setzt zunächst eine dingliche Einigung zwischen dem Sicherungsgeber und dem Gläubiger voraus (§§ 873 Abs. 1, 1191 Abs. 1 BGB). Die B-Bank wurde von P wirksam vertreten (§ 164 Abs. 1 Satz 1 BGB, § 49 Abs. 1 HGB), sodass eine solche Einigung hinsichtlich einer Grundschuld in Höhe von 120.000 EUR vorliegt.

b) Eintragung

2   Die Entstehung einer Grundschuld erfordert ferner deren Eintragung in das Grundbuch (§§ 873 Abs. 1, 1192 Abs. 1, 1115 Abs. 1 BGB). Fraglich ist, ob einer wirksamen Grundschuldbestellung entgegensteht, dass die Eintragung in Höhe von 150.000 EUR von der dinglichen Einigung über 120.000 EUR abweicht. Grundsätzlich muss die Eintragung mit der dinglichen Einigung übereinstimmen. Ist mehr als das Gewollte eingetragen, stimmen Einigung und Eintragung zumindest im Umfang des Gewollten überein, woraus folgt, dass das Recht zumindest in dieser Höhe entstehen kann.[1]

3   Einer wirksamen Grundschuldbestellung über 120.000 EUR könnte aber entgegenstehen, dass trotz Vereinbarung einer Buchgrundschuld kein Briefausschluss in das Grundbuch eingetragen wurde. Die Buchgrundschuld verlangt zusätzlich zur Briefgrundschuld die Einigung der Parteien über den Briefausschluss und dessen Eintragung in das Grundbuch (§§ 1192 Abs. 1, 1116 Abs. 2 Satz 3 BGB) und damit ein Mehr an Einigung und Eintragung. Daher entsteht dann, wenn sich die Parteien über eine Buchgrundschuld und damit einen Briefausschluss geeinigt haben, aber ohne dessen Eintragung ein Grundschuldbrief erteilt wird, eine Briefgrundschuld, sofern sich aus § 139 BGB nichts anderes ergibt.[2] Da für einen Fall des § 139 BGB keine Anhaltspunkte ersichtlich sind, kommt die Bestellung einer Briefgrundschuld in Höhe von 120.000 EUR für die B-Bank in Betracht.

4   **Hinweis:** Nimmt man an dieser Stelle an, dass die Divergenz von Einigung und Eintragung der Entstehung einer Grundschuld entgegensteht, schreibt man sich bereits hier „aus der Klausur". Bei klausurtaktischer Herangehensweise sollte erkannt werden, dass im Sachverhalt deutlich Probleme angelegt sind, die eine wirksam entstandene Grundschuld voraussetzen.

---

[1]   BGH NJW 1990, 112, 114; Palandt/*Herrler* § 873 BGB Rn. 12.
[2]   Vgl. Jauernig/*Berger* § 1116 BGB Rn. 4.

c) Briefübergabe

Für die Bestellung einer Briefgrundschuld bedurfte es noch einer Briefübergabe (§§ 1192 Abs. 1, 1117 BGB). Dazu müsste gem. § 1117 Abs. 1 Satz 1 BGB der verfügungsbefugte Eigentümer dem Gläubiger den Brief übergeben haben. Die B-Bank ist als Aktiengesellschaft Besitzerin aller Sachen, die sich in der nach § 854 Abs. 1 BGB maßgeblichen tatsächlichen Gewalt ihrer Organe und Besitzdiener befinden, wobei der Besitzwille von den Organen ausgeübt wird.[3] Daher hat die B-Bank den Besitz am Grundschuldbrief erlangt. Dies geschah auch mit Zustimmung des verfügungsberechtigten O, sodass eine Briefgrundschuld in Höhe von 120.000 EUR für die B-Bank bestellt wurde.

2. Folgen der Zahlung des O

Fraglich ist, ob die B-Bank die Inhaberschaft an der Grundschuld infolge der Zahlung des O wieder verloren hat. Die berechtigte Zahlung des Eigentümers auf die Grundschuld könnte das Entstehen einer Eigentümergrundschuld zur Folge haben. Im Ergebnis herrscht über diese Rechtsfolge Einigkeit,[4] allein der Weg dorthin ist umstritten: Nach einer Auffassung sind die §§ 1142, 1143 Abs. 1 BGB analog anzuwenden,[5] nach einer anderen Meinung ist eine analoge Anwendung des § 1163 Abs. 1 Satz 2 BGB geboten,[6] eine dritte Ansicht präferiert eine Analogie zu den §§ 1168, 1170 BGB.[7] Alle drei Lösungswege führen zum gleichen Ergebnis, sodass der Streit nicht erörtert werden muss. Aus der Zahlung des berechtigten Eigentümers auf die Grundschuld folgt jedenfalls, dass dieser sie zurückerwirbt.

O müsste dafür jedoch auch auf die Grundschuld geleistet haben. Er erklärte dem P am Telefon ausdrücklich, auf diese leisten zu wollen, was eine Leistungsbestimmung i.S.d. § 366 Abs. 1 BGB darstellt. Diese müsste der B-Bank zugegangen sein.[8] P ist als Prokurist Empfangsvertreter i.S.d. § 164 Abs. 3 BGB, seine Vertretungsmacht ergibt sich auch für die Passivvertretung aus § 49 Abs. 1 HGB. Daraus folgt, dass die Leistungsbestimmung der B-Bank mit dem Zugang bei ihrem Vertreter P zugegangen ist.[9] Nach der auch auf fernmündliche Erklärungen anzuwendenden Vernehmungstheorie[10] ist ein Zugang bei der B-Bank also zu dem Zeitpunkt erfolgt, als P die Erklärung am Telefon akustisch einwandfrei verstanden hat. Daher hat O seine Zahlung wirksam als Leistung auf die Grundschuld bestimmt. Er war auch zur Zahlung berechtigt (§§ 1192 Abs. 1, 1142 Abs. 1 BGB), sodass eine Eigentümergrundschuld in Höhe von 120.000 EUR für O entstanden ist.

---

3   MünchKommBGB/*Joost* § 854 BGB Rn. 17; *K. Schmidt* 10 III b, S. 266 f.
4   MünchKommBGB/*Eickmann* § 1191 BGB Rn. 107; vgl. auch *Bülow* Rn. 218.
5   BGH NJW-RR 2003, 11, 12; MünchKommBGB/*Eickmann* § 1191 BGB Rn. 107; *Baur/Stürner* § 44 Rn. 24.
6   *Lopau* JuS 1976, 315 (Fn. 1).
7   *Prütting* Rn. 765.
8   Dabei kann offen bleiben, ob man die Leistungsbestimmung als Willenserklärung (so z. B. Palandt/*Grüneberg* § 366 BGB Rn. 7) oder als geschäftsähnliche Handlung (so z. B. *Bülow* Rn. 215) ansieht, da die allgemeinen Vorschriften über Willenserklärungen auf geschäftsähnliche Handlungen entsprechende Anwendung finden, vgl. dazu auch BGHZ 106, 163, 166 = NJW 1989, 1792.
9   Vgl. *Rüthers/Stadler* § 17 Rn. 53.
10 Vgl. dazu *Wolf/Neuner* § 33 Rn. 34, 37 ff.

8 Die B-Bank ist somit zu Unrecht als Inhaberin einer Grundschuld über 150.000 EUR eingetragen, das Grundbuch ist unrichtig. O hat gegen die B-Bank einen Anspruch auf Zustimmung zur Berichtigung des Grundbuchs aus § 894 BGB, kann also eine Berichtigungsbewilligung i.S.d. § 19 GBO in der Form des § 29 GBO verlangen.

II. Ansprüche auf Herausgabe des Grundschuldbriefes

1. Anspruch aus § 985 BGB

9 O könnte einen Anspruch auf Herausgabe des Grundschuldbriefes gegen die B-Bank haben. Als Anspruchsgrundlage kommt zunächst § 985 BGB in Betracht. Die B-Bank ist Besitzerin des Grundschuldbriefes i.S.d. § 854 Abs. 1 BGB (siehe Rn. 5). O müsste dessen Eigentümer sein. Die Eigentumslage bestimmt sich gem. § 952 Abs. 2, Abs. 1 BGB danach, wer Inhaber der Grundschuld ist. O hat die Grundschuld durch seine Zahlung zurückerworben, sodass eine Eigentümergrundschuld entstanden ist (siehe dazu Rn. 6f.). Damit ist O nach § 952 Abs. 2, Abs. 1 BGB auch Eigentümer des Grundschuldbriefes geworden. Da ein Recht zum Besitz für die B-Bank i.S.d. § 986 BGB nicht ersichtlich ist, kann O von ihr die Herausgabe des Grundschuldbriefes nach § 985 BGB verlangen.

10 **Hinweis:** Es handelt sich bei einem Grundschuldbrief grundsätzlich um ein Rektapapier, also ein Wertpapier, das auf den Namen einer bestimmten Person ausgestellt ist. Das Recht am Papier folgt damit nach § 952 BGB dem Recht aus dem Papier, sodass der Inhaber einer Forderung stets auch der Eigentümer der Schuldurkunde ist. Etwas anderes gilt allerdings, wenn die Grundschuld nach § 1195 i.V.m. § 793 BGB als Inhaberpapier ausgestaltet ist, bei dem die verbriefte Forderung vom Eigentum am Papier abhängig ist („Das Recht aus dem Papier folgt dem Recht an dem Papier").

2. Anspruch aus §§ 1192 Abs. 1, 1144 BGB

11 Ein Herausgabeanspruch könnte sich auch aus §§ 1192 Abs. 1, 1144 BGB ergeben. O hat als Eigentümer des belasteten Grundstücks die B-Bank vollständig befriedigt. Da § 1144 BGB auf die Grundschuld entsprechend anwendbar ist,[11] kann O die Herausgabe des Grundschuldbriefes auch nach dieser Vorschrift verlangen. Neben dem Grundschuldbrief kann O aus §§ 1192 Abs. 1, 1144 BGB auch die zur Berichtigung des Grundbuchs notwendigen Unterlagen von der B-Bank verlangen, und zwar nach seiner Wahl jeweils in der Form des § 29 GBO, eine Berichtigungsbzw. Löschungsbewilligung i.S.d. § 19 GBO oder eine löschungsfähige Quittung, die als Unrichtigkeitsnachweis i.S.d. § 22 GBO gilt.[12]

3. Anspruch auf Abtretung der Darlehensforderung aus dem Sicherungsvertrag

12 O könnte aus dem im Zuge der Grundschuldbestellung abgeschlossenen Sicherungsvertrag gegen die B-Bank einen Anspruch auf Abtretung ihres Darlehensrückzahlungsanspruchs gegen S haben. Dies kommt nur dann in Betracht, wenn der

---

[11] Palandt/*Herrler* § 1144 BGB Rn. 9.
[12] Vgl. dazu Soergel/*Konzen* § 1144 BGB Rn. 6ff.

Rückzahlungsanspruch aus § 488 Abs. 1 Satz 2 BGB durch die Zahlung des O nicht bereits erloschen ist (§ 362 Abs. 1 BGB). Zahlt der mit dem persönlichen Schuldner nicht identische Grundstückseigentümer auf die Grundschuld, wird die Forderung nicht erfüllt und erlischt nicht.[13]

Die Forderung könnte aber mit der Zahlung auf die Grundschuld schon kraft Gesetzes auf O übergegangen sein. Die Legalzession nach § 1143 Abs. 1 BGB geht jedoch gerade von der Akzessorietät zwischen Forderung und Sicherungsmittel aus, weshalb die Norm auf die Sicherungsgrundschuld nicht entsprechend anwendbar ist.[14] Auch eine analoge Anwendung des § 426 Abs. 2 BGB kommt nicht in Betracht, weil der Sicherungsgeber und der Schuldner nicht gleichstufig haften, womit die Voraussetzungen einer Gesamtschuld gerade nicht vorliegen.[15] Daher geht bei Zahlungen des Eigentümers auf die Grundschuld die Forderung nicht kraft Gesetzes auf ihn über. Dennoch darf die nicht erloschene Forderung dem Gläubiger, der bereits befriedigt ist, nicht weiterhin zustehen.[16] Um der mit dem Fall einer Hypothekenbestellung vergleichbaren Interessenlage gerecht zu werden, ist davon auszugehen, dass der Sicherungsgeber mit der Leistung auf die Grundschuld einen Anspruch gegen den Gläubiger auf Abtretung der Forderung erwirbt, wenn er im Innenverhältnis mit dem Schuldner nicht zur Zahlung verpflichtet ist.[17] Dieser Anspruch ist im Sicherungsvertrag begründet.[18] Daher hat O gegen die B aus dem Sicherungsvertrag einen Anspruch auf Abtretung des Darlehensrückzahlungsanspruchs gegen den S.

Hinweis: Die fehlende Akzessorietät der Grundschuld hat dazu geführt, dass sie in der Praxis die Hypothek weitgehend verdrängt hat. Die Grundschuld ist damit nämlich nicht an eine bestimmte Forderung gebunden und kann für verschiedene Forderungen als Sicherheit verwendet werden, z.B. im Rahmen eines Kontokorrentverhältnisses. Dennoch wollen die Parteien grundsätzlich eine Abhängigkeit der Sicherheit von der zu sichernden Forderung, sodass durch den Sicherungsvertrag in der Regel auf rechtsgeschäftlichem Weg das Ergebnis erreicht wird, das kraft Gesetzes auch bei der Hypothek gelten würde.

IV. Ergebnis

O hat gegen die B-Bank Ansprüche auf Aushändigung einer Berichtigungsbewilligung i.S.d. § 19 GBO aus § 894 BGB und §§ 1192 Abs. 1, 1144 BGB, auf Herausgabe des Grundschuldbriefes aus § 985 und §§ 1192 Abs. 1, 1144 BGB und auf Abtretung der Darlehensrückzahlungsforderung, die die B-Bank gegen den S hat, aus dem Sicherungsvertrag. Statt einer Berichtigungsbewilligung kann O nach seiner Wahl aus §§ 1192 Abs. 1, 1144 BGB auch eine Löschungsbewilligung oder eine löschungsfähige Quittung verlangen.

---

[13] BGHZ 80, 228, 230 = JZ 1981, 591; BGH NJW 1991, 1821; MünchKommBGB/*Eickmann* § 1191 BGB Rn. 127; a.A. *Weber/Weber* S. 228.

[14] BGHZ 105, 154, 157 = NJW 1988, 2730; Palandt/*Herrler* § 1143 BGB Rn. 7 und § 1191 Rn. 36; a.A. MünchKommBGB/*Eickmann* § 1191 BGB Rn. 127, der § 1143 BGB nicht als Akzessorietätsnorm ansieht und damit eine Legalzession auch bei der Grundschuld annimmt.

[15] *Baur/Stürner* § 45 BGB Rn. 82.

[16] Vgl. *Reinicke/Tiedtke* Rn. 1249.

[17] *Baur/Stürner* § 45 Rn. 82.

[18] Palandt/*Herrler* § 1191 BGB Rn. 36; *Bülow* Rn. 241.

Anspruch des O gegen V

I. Anspruch auf Zahlung von 40.000 EUR aus §§ 765 Abs. 1, 401, 488 Abs. 1 Satz 2 BGB

1. Entstehung der Bürgschaft

a) Vertragsinhalt

16 Ein Anspruch des O auf Zahlung von 40.000 EUR gegen den V könnte sich aus §§ 765 Abs. 1, 401, 488 Abs. 1 Satz 2 BGB ergeben. Nach Abtretung der Forderung der B-Bank aus § 488 Abs. 1 Satz 2 BGB gegen S an O (siehe dazu Rn. 12 f.) könnte die Bürgschaft gem. § 401 BGB im Wege der cessio legis auf O übergegangen sein. Dazu müsste eine Bürgschaft zunächst im Verhältnis zwischen V und der B-Bank wirksam entstanden sein. Voraussetzung hierfür ist ein entsprechender Vertrag zwischen dem Gläubiger der zu sichernden Forderung und dem Bürgen.

17 Eine Einigung zwischen V und P, der die B-Bank wirksam vertritt (§ 164 Abs. 1 Satz 1 BGB, § 49 Abs. 1 HGB), liegt vor. Fraglich ist der Inhalt dieser Vereinbarung. Der Vertragstyp bestimmt sich nach dem durch Auslegung zu ermittelnden Willen der Parteien (§§ 133, 157 BGB). Gegenstand der Einigung könnte zunächst ein Garantievertrag sein (§§ 241 Abs. 1, 311 Abs. 1 BGB). Bei einem solchen übernimmt der Versprechende die von der Schuld des Hauptschuldners unabhängige Verpflichtung, den Gläubiger für einen bestimmten Fall schadlos zu halten.[19] Im Unterschied zur Bürgschaft wird dem Gläubiger gewährleistet, dass er die Leistung selbst dann erhält, wenn die Verbindlichkeit des Hauptschuldners nicht zur Entstehung gelangt oder später weggefallen ist.[20] Wegen dieser erheblichen Folge ist zu verlangen, dass der Wille zum Abschluss eines Garantievertrags eindeutig erkennbar ist. Aus dem Brief des V ergibt sich dessen Wille, für die Schuld des S aus dem Darlehensvertrag einstehen zu wollen. Daraus lässt sich entnehmen, dass V nur zu zahlen bereit war, wenn die Schuld des S auch tatsächlich bestand. Ein Wille des V zum Abschluss eines Garantievertrags kann daher nicht angenommen werden.

18 In Betracht kommt des Weiteren ein Schuldbeitritt (= kumulative Schuldmitübernahme), der ebenfalls gem. §§ 241 Abs. 1, 311 Abs. 1 BGB vereinbart werden kann. Schuldbeitritt und Bürgschaft unterscheiden sich darin, dass der Schuldbeitritt eine eigene Verbindlichkeit des Beitretenden begründet, während bei der Bürgschaft akzessorisch für eine fremde Schuld gehaftet wird.[21] Die Akzessorietät der Bürgschaft lässt den Bürgen grundsätzlich besser als den Schuldbeitretenden stehen, da dessen Verbindlichkeit auch eigene Wege gehen kann. Ferner gilt das Schriftformerfordernis des § 766 BGB nur für die Bürgschaft, bei der somit der Schutz des Sicherungsgebers besser gewährleistet ist. Deshalb ist im Zweifel, insbesondere wenn ein wirtschaftliches Eigeninteresse des Sicherungsgebers nicht erkennbar ist, vom Willen zum Abschluss einer Bürgschaft auszugehen.[22] Da auch die Erklärung des V, für das Darlehen seines Sohnes „einzustehen", dafür spricht, dass V keine eigene Verbindlichkeit begründen wollte, ist von einer Einigung über einen Bürg-

---

[19] BGH NJW 1967, 1020.
[20] BGH NJW 1996, 2569, 2570.
[21] Vgl. Palandt/*Grüneberg* Vor § 414 BGB Rn. 4.
[22] Vgl. BGH NJW 1986, 580; *Weber/Weber* S. 103.

schaftsvertrag auszugehen. Dem Abschluss eines Bürgschaftsvertrags steht auch nicht entgegen, dass zum Abschlusszeitpunkt der Darlehensvertrag noch nicht geschlossen war, da nach § 765 Abs. 2 BGB eine Bürgschaft auch zur Sicherung einer künftigen Forderung abgeschlossen werden kann und eine solche zumindest bestimmbar war.

b) Schriftform

Gemäß §§ 766 Satz 1, 125 Satz 1 BGB bedarf die Bürgschaftserklärung der Schriftform des § 126 Abs. 1 BGB, der eine eigenhändige Unterschrift des Ausstellers verlangt. Die Annahmeerklärung ist dagegen formlos möglich.[23] Mit der unterschriebenen Erklärung des V wurde die notwendige Form eingehalten. Etwas anderes könnte sich aus § 492 Abs. 1 BGB ergeben, der schriftliche Erklärungen beider Parteien sowie bestimmte Inhalte der Vertragserklärung verlangt und bei Nichtbeachtung zur Nichtigkeit führt (§ 494 Abs. 1 BGB). Da der Sicherungsvertrag zwischen dem Bürgen und der Kreditgeberin kein Kreditvertrag ist und auch das Gemeinschaftsrecht keine Erstreckung des § 492 BGB auf Bürgschaften verlangt,[24] kommt allein eine analoge Anwendung des § 492 Abs. 1 BGB in Betracht. Voraussetzungen einer Analogie sind eine planwidrige Regelungslücke sowie eine vergleichbare Interessenlage. Der Gesetzgeber hat Bürgschaften bewusst vom Regelungsbereich des Verbraucherkreditrechts ausgenommen. Auch wurde dem Bürgenschutz durch die §§ 765 ff. BGB, insbesondere dem § 766 BGB sowie den nachfolgenden Einreden, hinreichend Rechnung getragen, womit es schon an einer planwidrigen Regelungslücke fehlt.[25] § 492 Abs. 1 BGB ist daher nicht analog anzuwenden. Der Bürgschaftsvertrag wurde formgültig abgeschlossen.

19

c) Nichtigkeit gem. § 142 Abs. 1 BGB

aa) Irrtum über eine verkehrswesentliche Eigenschaft

Der Bürgschaftsvertrag könnte allerdings gem. § 142 Abs. 1 BGB ex tunc nichtig sein, wenn er von V wirksam angefochten wurde. Die Äußerung des V gegenüber dem P, sich an die Bürgschaft nicht länger gebunden zu fühlen, ist gem. §§ 133, 157 BGB laiengünstig als Anfechtungserklärung i.S.d. § 143 Abs. 1 BGB auszulegen. V hat die Anfechtung auch gegenüber der B-Bank als richtigem Anfechtungsgegner gem. § 143 Abs. 2 BGB erklärt, da mit der Kenntnisnahme der Erklärung durch den Empfangsvertreter P (§ 164 Abs. 3 BGB) auch der Zugang bei der B-Bank erfolgt ist (siehe dazu Rn. 7). Es müsste jedoch auch ein Anfechtungsgrund bestanden haben. Als solcher kommt ein Eigenschaftsirrtum nach § 119 Abs. 2 BGB in Betracht. V hat sich bei seiner Willenserklärung zum Abschluss des Bürgschaftsvertrags über die Vermögensverhältnisse des S geirrt. Diese müssten eine verkehrswesentliche Eigenschaft i.S.d. § 119 Abs. 2 BGB darstellen. Dabei ist unschädlich, dass S nicht Partei des Bürgschaftsvertrags ist, da auch Eigenschaften dritter Personen unter § 119 Abs. 2 BGB fallen können.[26] Die Zahlungsfähigkeit einer Person gehört grundsätzlich zu den verkehrswesentlichen Eigenschaften im

20

---

[23] MünchKommBGB/*Habersack* § 766 BGB Rn. 5; *Bülow* Rn. 893.
[24] EuGH NJW 2000, 1323, 1324.
[25] BGHZ 138, 321, 326f. = NJW 1998, 1939f.
[26] Palandt/*Ellenberger* § 119 BGB Rn. 26.

Sinne der Norm.[27] Allerdings handelt es sich bei der Kreditwürdigkeit des Hauptschuldners um das typische Risiko des Bürgen, das dem Sicherungsnehmer abgenommen werden soll. Um den Sicherungszweck der Bürgschaft nicht zu vereiteln, ist eine Anfechtbarkeit aus diesem Grund nicht anzuerkennen.[28]

21 **Hinweis:** Auch ein Fall des § 313 BGB liegt nicht vor, da die finanzielle Leistungsfähigkeit des Schuldners keine Geschäftsgrundlage der Bürgschaft ist.

bb) Arglistige Täuschung

22 In Betracht kommt aber eine Anfechtung wegen arglistiger Täuschung (§ 123 BGB). S hat den V durch eine vorsätzliche Täuschung über seine Vermögensverhältnisse zur Abgabe der Bürgschaftserklärung veranlasst. Diese Täuschung gibt dem V allerdings nur dann ein Anfechtungsrecht gegen die B-Bank, wenn S nicht als „Dritter" gem. § 123 Abs. 2 BGB anzusehen ist, da die Bank die Täuschung weder kannte noch kennen musste. „Dritter" ist nicht, wer auf der Seite des Erklärungsgegners steht und maßgeblich am Vertragsschluss mitgewirkt hat.[29] Der Hauptschuldner ist im Verhältnis zwischen dem Bürgen und dem Gläubiger in der Regel Dritter, weil er nicht in erster Linie die Interessen des Gläubigers an einer ausreichenden Sicherung, sondern sein eigenes Interesse, den Kredit zu erhalten, verfolgt. Anders ist dies zu beurteilen, wenn der Hauptschuldner beim Zustandekommen des Bürgschaftsvertrags Beauftragter des Gläubigers war oder als dessen Vertrauensperson aufgetreten ist.[30] Allerdings ist der Schuldner, der auf Veranlassung des Gläubigers mit jemandem wegen Übernahme einer Bürgschaft verhandelt, nicht schon deshalb Verhandlungsbeauftragter des Gläubigers, weil dieser ihn zu den Verhandlungen veranlasst hat und ein dem Interesse des Schuldners gleichgerichtetes Interesse daran verfolgt, dass jener die Bürgschaft übernimmt.[31] S hätte das Darlehen ohne die Bürgschaft des V nicht bekommen und verfolgte daher zumindest auch eigene Interessen, sodass er nicht als Vertrauensperson der B-Bank angesehen werden kann. Er ist also Dritter i.S.d. § 123 Abs. 2 BGB, sodass eine Anfechtung wegen arglistiger Täuschung ausscheidet. Daher wurde zwischen V und der B-Bank wirksam eine Bürgschaft vereinbart, die grundsätzlich gem. § 401 BGB auf den O übergehen konnte.

2. Übergang der Bürgschaft auf O

a) Ausschluss des Regresses

23 Nach einer vereinzelten Ansicht führt die Abtretung der Darlehensrückzahlungsforderung aber nicht dazu, dass die Bürgschaft mit der Forderung übergeht. Den §§ 774 Abs. 2, 769, 426 BGB für Mitbürgen, den §§ 1143, 1173 BGB für die Gesamthypothek und § 1225 Abs. 2 BGB für mehrere Drittverpfänder liege das allgemeine Prinzip zugrunde, dass die §§ 401, 412 BGB nur im Falle einer entsprechenden gesetzlichen Regelung anwendbar seien.[32] Da es zwischen einem Bürgen

---

27 Vgl. Palandt/*Ellenberger* § 119 BGB Rn. 26.
28 Vgl. *Flume* S. 490.
29 Palandt/*Ellenberger* § 123 BGB Rn. 13.
30 Palandt/*Ellenberger* § 123 BGB Rn. 14.
31 BGH NJW-RR 1992, 1005, 1006.
32 *Becker* NJW 1971, 2151, 2153 f.

und einem Verpfänder an einer entsprechenden Regelung fehle, habe der zuerst in Anspruch Genommene auch die Last der Zahlung zu tragen.[33]

Für einen solchen Ausschluss ergeben sich aber im Gesetz keinerlei Anhaltspunkte.[34] § 1173 Abs. 1 BGB ist eine Ausnahmeregelung, die nicht als Modell für andere Fälle mehrerer Sicherungsgeber dienen kann.[35] Als streng akzessorisches Recht geht die Bürgschaft mit Abtretung der gesicherten Darlehensforderung gem. § 401 BGB auf den O über, sodass Forderungsinhaber und Bürgschaftsgläubiger stets identisch sind. 24

b) Umfang des Übergangs

aa) Prioritätslösung

Fraglich ist allerdings, ob die Bürgschaft in voller Höhe übergeht. Die Darlehensforderung wurde in Höhe von 40.000 EUR durch die Bürgschaft gesichert. Folgt man dem Wortlaut des Gesetzes, könnte O Regress beim Bürgen V in Höhe der gesamten 40.000 EUR nehmen. Diesem bliebe nur der ungesicherte und zudem häufig aussichtslose Regress beim Hauptschuldner, über dessen Vermögen hier bereits das Insolvenzverfahren eröffnet wurde. Eine Regelung wie §§ 774 Abs. 2, 426 BGB bei Mitbürgen, die nach § 1225 Satz 2 BGB auch für mehrere Pfandrechtsbesteller gilt,[36] besteht im Fall der Sicherung durch mehrere ungleichartige Sicherungsgeber nicht. Hätte dagegen V als Bürge die B-Bank zuerst befriedigt, hätte er nach § 774 Abs. 1 Satz 1 BGB den von ihm befriedigten Teil der Darlehensforderung gegen den S im Wege der cessio legis erworben und aus dem Bürgschaftsvertrag[37] bzw. gem. §§ 412, 401 BGB analog[38] einen Anspruch auf Abtretung der Grundschuld in Höhe von 40.000 EUR gegen die B-Bank gehabt. Nach Abtretung der Grundschuld hätte sich also dem Bürgen die Möglichkeit eröffnet, beim Grundstückseigentümer umfassend Regress zu nehmen. 25

Nach einer Ansicht in der Literatur ist diese Lösung nicht zu korrigieren.[39] Sie ergebe sich aus der Anwendung des Gesetzes. Das Prioritätsprinzip sei an vielen Stellen in der Rechtsordnung verwirklicht und führe dazu, dass ein zusätzlicher Anreiz für eine schnelle Befriedigung des Gläubigers geschaffen werde.[40] Danach könnte O von V nach §§ 765 Abs. 1, 401, 488 Abs. 1 Satz 2 BGB Ausgleich in voller Höhe der Bürgschaft, also Zahlung von 40.000 EUR, verlangen. 26

bb) Privilegierung des Bürgen

Eine andere Auffassung privilegiert den Bürgen beim Aufeinandertreffen mit einer Realsicherheit in der Weise, dass dieser stets nur nachrangig haftet.[41] Zahle der Bürge zuerst, erwerbe er die anderen Sicherungsrechte in voller Höhe, zahle ein anderer 27

---

[33] *Becker* NJW 1971, 2151, 2154.
[34] Vgl. auch *Bülow* Rn. 238.
[35] *Mertens/Schröder* Jura 1992, 305, 306.
[36] Die Verweisung des § 1225 Satz 2 BGB umfasst nach ihrem Wortlaut mangels Einschränkung auch § 774 Abs. 2 BGB, vgl. BGHZ 108, 179, 184 = NJW 1989, 2530; *K. Schmidt* JuS 1990, 61, 62.
[37] *Mertens/Schröder* Jura 1992, 305, 309.
[38] BGHZ 110, 41, 43 = NJW 1990, 903; *Larenz/Canaris* § 60 IV 2 a.
[39] *Mertens/Schröder* Jura 1992, 305, 308 ff.
[40] *Mertens/Schröder* Jura 1992, 305, 310.
[41] *Baur/Stürner* § 38 Rn. 103; *Reinicke/Tiedtke* Rn. 1328.

Sicherungsgeber vor dem Bürgen, erlösche die Bürgschaft in diesem Umfang, sodass der zahlende Sicherungsgeber gegen den Bürgen keinen Ausgleichsanspruch habe.[42]

28 Diese Auffassung wird zunächst mit § 776 BGB begründet, nach dem der Bürge bei Aufgabe anderer Sicherheiten durch den Gläubiger insoweit frei wird. Diese Vorschrift fehle für andere Sicherungsgeber und zeige, dass der Gesetzgeber den Bürgen in besonderem Maße schützen wollte.[43] Ferner wird angeführt, dass der Bürge, anders als der dingliche Sicherungsgeber, mit seinem gesamten Vermögen hafte und daher schutzbedürftiger sei. Zudem handle der Bürge oftmals aus altruistischen Motiven, ohne sich der Tragweite seines Handelns richtig bewusst zu sein.[44] Die Hemmschwelle, eine solche Verpflichtung einzugehen, liege niedriger als etwa bei Besicherung durch ein Grundpfandrecht.[45] Deshalb sei der Bürge im Ergebnis zu privilegieren. Folgt man dieser Auffassung, hätte O gegen V keine Regressansprüche.

cc) Anwendung der Gesamtschuldregeln

29 Die ganz h.M. nimmt dagegen an, dass Bürgschaft und Grundschuld gleichstufige Sicherungsmittel seien und zwischen den Sicherungsgebern eine Ausgleichspflicht wie zwischen Gesamtschuldnern bestehe (§ 426 BGB analog).[46] Zur Begründung wird teilweise auf ein allgemeines Rechtsprinzip abgestellt, das in §§ 774 Abs. 2, 1225 Satz 2, 426 BGB zum Ausdruck komme,[47] teilweise wird die Ausgleichsverpflichtung aus dem Grundsatz ausgleichender Gerechtigkeit und der Billigkeit i.S.d. § 242 BGB hergeleitet.[48]

30 Die strikte Anwendung des Gesetzes i.S.d. Prioritätslösung hätte zur Folge, dass der zuerst Zahlende durch den Übergang der Nebenrechte und der daraus resultierenden Regressmöglichkeit besser gestellt wäre als die anderen Sicherungsgeber und diese das Risiko der Zahlungsunfähigkeit des Hauptschuldners alleine tragen müssten. Es wäre in der Regel vom bloßen Zufall abhängig, wer das Risiko mangelnder Zahlungsfähigkeit oder Zahlungsbereitschaft des Schuldners zu tragen hätte.[49] Darüber hinaus hätte es der Gläubiger als „Herr des Innenverhältnisses" in der Hand, zu bestimmen, welcher Sicherungsgeber endgültig haftet.[50] Dem letzten Sicherungsgeber bliebe allein der ungesicherte Regress beim Hauptschuldner. Entgegen der eigentlich normalen Verhaltensweise, seine Zahlung möglichst lange hinauszuzögern bzw. ganz zu vermeiden, würde jeder Sicherungsgeber praktisch dazu gezwungen, sich dem Gläubiger anzubiedern und möglichst vor den anderen Sicherungsgebern zu zahlen. Es käme zum sog. Wettlauf der Sicherungsgeber. Dieses Problem des Ausgleichs zwischen ungleichartigen Sicherungsgebern wurde vom

---

[42] *Reinicke/Tiedtke* Rn. 1321.
[43] *Reinicke/Tiedtke* Rn. 1326.
[44] *Tiedtke* BB 1984, 19, 20.
[45] *Reinicke/Tiedtke* Rn. 1325.
[46] Vgl. BGH NJW 1992, 3228, 3229; BGHZ 108, 179, 183 ff. = NJW 1989, 2530; BGH NJW 2009, 437 Tz. 13; Palandt/*Sprau* § 774 BGB Rn. 13; *Larenz/Canaris* § 60 IV 3a; *Bredemeyer* Jura 2012, 612, 616.
[47] *Larenz/Canaris* § 60 IV 3a; *Medicus/Petersen* Rn. 941; *Neuner* Rn. 633.
[48] BGHZ 108, 179, 183 = NJW 1989, 2530; vgl. zu den unterschiedlichen Begründungen *Schanbacher* AcP 191 (1991), 87, 91 ff.
[49] Vgl. *Hüffer* AcP 171 (1971), 470, 472.
[50] Vgl. *Kerbein* JA 1999, 377, 378.

Gesetzgeber offenbar nicht gesehen,⁵¹ sodass eine ausfüllungsbedürftige Regelungslücke vorliegt.⁵² Der Prioritätslösung ist daher nicht zu folgen.

Einer Privilegierung des Bürgen ist entgegenzuhalten, dass § 776 BGB allein das **31** Innenverhältnis zwischen dem Bürgen und dem Gläubiger regelt und dessen treuwidriges Verhalten sanktionieren soll. Der Vorschrift ist für das Verhältnis zwischen verschiedenen Sicherungsgebern keine Aussage zu entnehmen.⁵³ Auch das Haftungsrisiko des Bürgen rechtfertigt seine Privilegierung nicht: Folgt man der Auffassung, dass der Bürge, da er den Zugriff des Gläubigers nicht auf ein bestimmtes Vermögensstück beschränken kann, im Vergleich mit dem Realsicherer schutzbedürftiger sei,⁵⁴ wird nicht klar, weshalb der Verpfänder das vom Bürgen selbst übernommene höhere Risiko tragen soll.⁵⁵ Auch wenn der Realsicherer im Gegensatz zum Bürgen in seinem zukünftigen Erwerb frei ist, kann der verpfändete Gegenstand dennoch das gesamte Vermögen des Pfandschuldners darstellen, der darüber hinaus wie der Bürge häufig ebenfalls altruistische Motive für sein Handeln anführen kann.⁵⁶ Daher ergibt eine Gesamtabwägung, dass der Bürge im Verhältnis zu anderen Sicherungsgebern nicht zu privilegieren ist.

Daraus folgt im Ergebnis, dass das Gesetz grundsätzlich alle Sicherungsmittel als **32** gleichstufig betrachtet. Bei wirtschaftlicher Betrachtungsweise wäre es unbillig, bei Zahlung eines Bürgen einen Ausgleichsanspruch zu gewähren, diesen aber bei Zahlung eines Drittverpfänders zu verweigern. Deshalb sind die Regeln über die Gesamtschuld analog anzuwenden. Gemäß § 426 Abs. 2, Abs. 1 Satz 1 Hs. 2 BGB analog geht die Bürgschaft also nach § 401 BGB nur in dem Maß über, das der internen Haftungsquote der beiden Sicherungsgeber entspricht, und erlischt im Übrigen.

Hinweis: Natürlich wird von Ihnen keine Diskussion in dieser Ausführlichkeit erwartet. Allerdings **33** handelt es sich beim „Wettlauf der Sicherungsgeber" um ein klassisches Examensproblem, bei dem einige Argumente der verschiedenen Auffassungen bekannt sein sollten. Wenn Sie diese ordentlich diskutieren, ist es selbstverständlich auch gut vertretbar, der Lehre zu folgen, die zu einer Privilegierung des Bürgen kommt.

c) Höhe des Ausgleichsanspruchs

Fraglich ist, wie die Haftungsanteile zu berechnen sind. § 426 Abs. 1 Satz 1 Hs. 1 **34** BGB geht im Zweifelsfall von einer gleichmäßigen Verteilung, also einer Anteilsberechnung nach Köpfen aus. Danach müssten O und V grundsätzlich jeweils die Hälfte, also 60.000 EUR, übernehmen. Diese grundsätzlich hälftige Teilung wäre aber durch die Höhe der einzelnen Sicherheiten begrenzt, sodass V, der seine Sicherheit auf 40.000 EUR beschränkt hat, nur in diesem Umfang ausgleichspflichtig wäre. Nach dieser Berechnungsmethode könnte sich O daher bei V in Höhe von 40.000 EUR schadlos halten und müsste letztlich 80.000 EUR selbst tragen.

---

⁵¹ Vgl. dazu m.w.N. *Mertens/Schröder* Jura 1992, 305 f.; *Scherpe* JuS 2014, 51, 54.
⁵² Vgl. *Larenz/Canaris* § 60 IV 3a: „teleologische Kollisionslücke".
⁵³ Vgl. BGH NJW 1992, 3228, 3229; MünchKommBGB/*Damrau* § 1225 BGB Rn. 10; *Weber/Weber* S. 72.
⁵⁴ Zu Zweifeln an dieser These vgl. *Hüffer* AcP 171 (1971), 470, 482.
⁵⁵ Vgl. hierzu *Hüffer* AcP 171 (1971), 470, 482 f.
⁵⁶ BGH NJW 1992, 3228, 3229; *Neuner* Rn. 632.

Fall 16. Mit Sicherheit verunsichert

35 Etwas anderes könnte sich aber daraus ergeben, dass O eine Sicherheit in Höhe von 120.000 EUR, V eine Bürgschaft jedoch nur in Höhe von 40.000 EUR übernommen hat. Die beiden Sicherungsgeber verfolgen zwar den gemeinsamen Zweck, die Hauptschuld des Gläubigers zu sichern, tragen zur Erreichung dieses Zwecks aber in unterschiedlichem Maße bei, sodass eine Anteilsberechnung nach Köpfen den unterschiedlichen Risiken nicht Rechnung trägt, die V und O übernommen haben.[57] Daher muss ein Sicherungsgeber, der im Außenverhältnis ein höheres Risiko übernommen hat, auch im Innenverhältnis einen entsprechenden höheren Anteil tragen.[58] Nach einem ungeschriebenen Satz des dispositiven Rechts, der seine Legitimation im Prinzip der ausgleichenden Gerechtigkeit findet, ist daher „etwas anderes" i. S. d. § 426 Abs. 1 BGB bestimmt, sodass die unterschiedlichen Haftungshöhen der einzelnen Sicherungsgeber bei der Berechnung des Regressanspruches in Ansatz zu bringen sind.[59] Vorliegend verhalten sich die Risikoanteile wie 3:1, sodass der Anteil von V ¼ von 120.000 EUR, also 30.000 EUR beträgt. Daher geht die Bürgschaft nur in Höhe von 30.000 EUR auf den O über und erlischt hinsichtlich der restlichen 10.000 EUR. O muss die verbleibenden ¾ von 120.000 EUR, also 90.000 EUR, letztlich selbst tragen.

36 **Hinweis:** Dieses Problem ist mit der begrenzten Höhe der Bürgschaftsverpflichtung im Sachverhalt deutlich angelegt. Hier ist nicht auswendig gelerntes Wissen, sondern Problembewusstsein und eine nachvollziehbare Argumentation gefragt. Das Erkennen des Problems und eine schlüssige Lösung werden vom Korrektor auch dann gebührend honoriert, wenn Ihre Ausführungen von der Musterlösung abweichen.

3. Einrede der Vorausklage

37 Fraglich ist die Durchsetzbarkeit des Ausgleichanspruchs. Diesem könnte nämlich die Einrede der Vorausklage entgegenstehen (§ 771 Satz 1 BGB), die V gem. § 404 BGB auch dem O entgegensetzen kann, der auch für die vom Schuldner zu erhebenden Einreden gilt.[60] Allerdings ist die Einrede der Vorausklage ausgeschlossen, wenn über das Vermögen des Hauptschuldners das Insolvenzverfahren eröffnet worden ist (§ 773 Abs. 1 Nr. 3 BGB). Daher kann V dem O die Einrede der Vorausklage nicht entgegenhalten.

II. Ergebnis

38 O kann sich bei V gem. §§ 765 Abs. 1, 401, 488 Abs. 1 Satz 2 BGB in Höhe von 30.000 EUR schadlos halten.

---

[57] Vgl. dazu *Larenz/Canaris* § 60 IV 3 b.
[58] Vgl. auch BGH NJW 2009, 437 Tz. 15; *Schlechtriem*, FS v. Caemmerer, 1978, S. 1013, 1040; a. A. zumindest für Mitbürgen *Reinicke/Tiedtke* Rn. 420 f.
[59] Vgl. *Larenz/Canaris* § 60 IV 3 b; zum gleichen Ergebnis kommt *Neuner* Rn. 635.
[60] Palandt/*Grüneberg* § 404 BGB Rn. 2.

Fall 17. Forscher Financier

Sachverhalt

Teil 1

Kaufmann Karl Klein (K) ist trotz der drückenden Finanzkrise zuversichtlich und will in seinen Geschäftsbetrieb investieren, um für die Zukunft gerüstet zu sein. Zu diesem Zweck nimmt er im September 2008 ein Darlehen über 120.000 EUR bei der B-Bank (B) auf und bestellt ihr zur Sicherung der Darlehensforderung formgerecht eine Briefgrundschuld. Dabei unterwirft er sich hinsichtlich Darlehensforderung und Grundschuld formwirksam der sofortigen Zwangsvollstreckung. Darüber hinaus wird vereinbart, dass eine vorherige Kündigung der Grundschuld nicht notwendig ist. Der Brief wird der B ausgehändigt. Im Sicherungsvertrag wird festgelegt, dass das Darlehen in vier Raten zu je 30.000 EUR zurückzuzahlen ist. Die Raten sind ab 2009 am Anfang eines jeden Quartals, d.h. am 1.1., 1.4., 1.7. und 1.10. fällig. Das Darlehen wird daraufhin ausgezahlt. K überweist die ersten zwei Raten vereinbarungsgemäß.

Da B finanzielle Sorgen plagen, tritt sie die Darlehensforderung im Mai 2009 samt Grundschuld schriftlich an den Finanzinvestor Frank Forsch (F) ab und übergibt diesem den Grundschuldbrief. Bald darauf gerät auch K infolge der Finanzkrise in wirtschaftliche Schwierigkeiten. Da abzusehen ist, dass er die Julirate nicht wird zahlen können, verhandelt K neu mit der Bank. Dabei ist ihm nicht bekannt, dass Forderung und Grundschuld abgetreten wurden. Aufgrund der langjährigen Geschäftsbeziehung wird ihm die Zahlung der beiden ausstehenden Raten durch Vereinbarung mit B bis Dezember 2009 gestundet und ein entsprechender Anhang dem Sicherungsvertrag beigefügt. Im Juli 2009, K wurde mittlerweile über den Gläubigerwechsel informiert, kündigt F mit Hinweis auf die nicht gezahlte Julirate das Darlehen sowie die Grundschuld. Gleichzeitig droht er mit der sofortigen Einleitung der Zwangsvollstreckung zur Realisierung der seiner Ansicht nach ausstehenden 60.000 EUR. K lehnt jede Leistung an F ab. Er ist der Auffassung, es könne nicht angehen, dass er aufgrund eines langjährigen Vertrauensverhältnisses einen Vertrag mit seiner Bank abschließe und sich nun mit einem anderen Vertragspartner auseinandersetzen müsse.

Bearbeitervermerk: Entwerfen Sie ein Gutachten zu der Frage, wie sich K gegen die angedrohte Zwangsvollstreckung wehren kann. Unterstellen Sie dabei, dass die Vollstreckungsklausel nicht formularmäßig vereinbart wurde. Die im Klauselerinnerungsverfahren geltend zu machenden Rechte sind nicht zu prüfen.

Teil 2

Nachdem F die Zwangsvollstreckung zunächst unterlassen hat, kauft K unter Eigentumsvorbehalt vom Händler Hans Harnos (H) eine für seine Produktion auf dem Betriebsgrundstück benötigte Maschine zum Preis von 20.000 EUR. Diese soll er in vier Raten zu je 5.000 EUR bezahlen. Nachdem er drei Raten beglichen hat, betreibt F rechtmäßigerweise die Zwangsvollstreckung in das Grundstück. Es ergeht

Fall 17. Forscher Financier

ein Beschluss nach § 20 ZVG und die entsprechende Anordnung wird dem K zugestellt. Um sich Bargeld zu verschaffen, beschließt K, die Maschine zu verkaufen. Er einigt sich mit dem Dritten Daniel Diederichsen (D) in seinen Betriebsräumen darauf, dass das Eigentum übergehen soll und übergibt ihm die Maschine. D weiß nicht, dass am Grundstück des K eine Grundschuld bestellt ist; über die Vereinbarung mit H ist er informiert. Bei Inbetriebnahme der Maschine stellt D kleinere Mängel fest. K erklärt sich bereit, diese in seinen Betriebsräumen auszubessern. Als sich die Maschine wieder auf dem Grundstück des K befindet, will F die Zwangsvollstreckung nach § 866 Abs. 1 Alt. 2 ZPO i.V.m. § 20 ZVG in die Maschine betreiben.

Bearbeitervermerk: D erfährt von der anstehenden Zwangsversteigerung und fragt Sie, ob und wie er sich dagegen zur Wehr setzen kann. Entwerfen Sie das Gutachten.

Hinweis: Außerhalb der im Schönfelder abgedruckten Gesetze sind nur folgende Vorschriften aus dem Bundesdatenschutzgesetz (BDSG) zugrunde zu legen:

§ 1 Zweck und Anwendungsbereich des Gesetzes. (1), (2) [...]
(3) ¹[...] ²Die Verpflichtung zur Wahrung gesetzlicher Geheimhaltungspflichten oder von Berufs- oder besonderen Amtsgeheimnissen, die nicht auf gesetzlichen Vorschriften beruhen, bleibt unberührt.
(4), (5) [...]

§ 3 Weitere Begriffsbestimmungen. (1) Personenbezogene Daten sind Einzelangaben über persönliche oder sachliche Verhältnisse einer bestimmten oder bestimmbaren natürlichen Person (Betroffener).
(2)–(11) [...]

§ 4 Zulässigkeit der Datenerhebung, -verarbeitung und -nutzung. (1) Die Erhebung, Verarbeitung und Nutzung personenbezogener Daten sind nur zulässig, soweit dieses Gesetz [...] dies erlaubt [...].
(2), (3) [...]

§ 28 Datenerhebung und -speicherung für eigene Geschäftszwecke. (1) ¹Das Erheben, Speichern, Verändern oder Übermitteln personenbezogener Daten oder ihre Nutzung als Mittel für die Erfüllung eigener Geschäftszwecke ist zulässig,
1. [...]
2. soweit es zur Wahrung berechtigter Interessen der verantwortlichen Stelle erforderlich ist und kein Grund zu der Annahme besteht, dass das schutzwürdige Interesse des Betroffenen an dem Ausschluss der Verarbeitung oder Nutzung überwiegt, oder
3. [...]
(2)–(9) [...]

Skizze

Zeittabelle

Teil 1

September 2008:	Aufnahme des Darlehens durch K und Bestellung der Grundschuld für B
Mai 2009:	Abtretung der Forderung und Grundschuld an F
bald darauf:	Stundungsvereinbarung zwischen K und B
Juli 2009:	Kündigung des Darlehens und der Grundschuld durch F

Teil 2

zunächst:	Erwerb der Maschine unter Eigentumsvorbehalt durch K von H
danach:	Einleitung der Zwangsvollstreckung durch F
danach:	Einigung zwischen K und D sowie Übergabe
danach:	Ausbesserung der Maschine bei K

Gliederung

Rn.

Teil 1: Vollstreckungsgegenklage gem. §§ 767, 795 Satz 1, 797 Abs. 4 ZPO gegen das Vorgehen aus der Darlehensforderung und der Grundschuld

I. Zulässigkeit	1
II. Objektive Klagehäufung (§ 260 ZPO)	3
III. Begründetheit	4
1. Prüfungsmaßstab	4
Problem: Gilt die Präklusion nach § 767 Abs. 2 ZPO bei vollstreckbaren Urkunden?	
2. Darlehensforderung	6
a) Abschluss des Darlehensvertrages	6
b) Abtretung des Anspruchs an F	7

	Rn.
aa) Ausschluss der Abtretbarkeit nach § 399 Alt. 2 BGB	7
Problem: Konkludentes Abtretungsverbot als Ausfluss des Bankgeheimnisses?	
bb) Verstoß gegen ein gesetzliches Verbot	9
Problem: Verhindern Datenschutzbestimmungen die Abtretung?	
(1) § 134 BGB i. V. m. dem Bankgeheimnis	9
(2) § 134 BGB i. V. m. § 203 Abs. 1 StGB	10
(3) § 134 BGB i. V. m. § 28 BDSG	11
cc) Zwischenergebnis	13
c) Teilweiser Forderungsuntergang durch Erfüllung	15
d) Auswirkungen der Stundung	16
e) Möglichkeit der Kündigung	17
aa) § 488 Abs. 3 Satz 1 BGB	17
bb) § 490 Abs. 1 BGB	18
cc) §§ 490 Abs. 3, 314 BGB	19
f) Zwischenergebnis	20
3. Grundschuld	21
a) Grundschuldbestellung und Abtretung	21
b) Auswirkung der Stundung	22
Problem: Kann eine Sicherungsgrundschuld gutgläubig einredefrei erworben werden?	
c) Fälligkeit der Grundschuld (§ 1193 BGB)	24
Problem: Kann die Kündigung einer Sicherungsgrundschuld ausgeschlossen werden?	
d) Zwischenergebnis	25
IV. Ergebnis	26

Teil 2: Drittwiderspruchsklage nach § 771 ZPO

I. Zulässigkeit	27
Problem: Wie ist das Verhältnis von Drittwiderspruchsklage zur Klage auf vorzugsweise Befriedigung?	
II. Begründetheit	28
1. Prüfungsmaßstab	28
2. Veräußerungshinderndes Recht des D	29
a) Anwartschaft als veräußerungshinderndes Recht	29
Problem: Kann ein Anwartschaftsrecht der Vollstreckung entgegenstehen?	
b) Entstehen des Anwartschaftsrechts bei K	30
c) Einigung zur Übertragung des Anwartschaftsrechts auf D	31
d) Verfügungsbefugnis	32
Problem: Wie wirkt sich die Beschlagnahme auf die Verfügungsbefugnis aus?	
e) Enthaftung (§ 23 Abs. 1 ZVG, §§ 136, 135 Abs. 2, 1121 Abs. 2 Satz 2 BGB)	34
Problem: Wie erfolgt die Enthaftung nach Beschlagnahme?	
III. Ergebnis	36

Lösung

Teil 1: Vollstreckungsgegenklage gem. §§ 767, 795 Satz 1, 797 Abs. 4 ZPO gegen das Vorgehen aus der Darlehensforderung und der Grundschuld

I. Zulässigkeit

Der zur Zwangsvollstreckung geeignete und wirksame Titel ergibt sich aus der Urkunde i. S. d. § 794 Abs. 1 Nr. 5 ZPO, in der sich K hinsichtlich Darlehensforderung und Grundschuld der sofortigen Zwangsvollstreckung unterworfen hat. F hat bereits mit Einleitung dieser Maßnahmen gedroht, sodass eine Vollstreckung in das Vermögen des K unmittelbar bevorsteht und dieser rechtsschutzbedürftig ist. Damit ist die Vollstreckungsgegenklage gegen das Vorgehen sowohl aus der Darlehensforderung als auch aus der Grundschuld zulässig. 1

Hinweis: In der Instanzrechtsprechung und Literatur gibt es Tendenzen, die formularmäßige Erklärung, sich der sofortigen Zwangsvollstreckung zu unterwerfen, der AGB-Kontrolle zu unterziehen. In Betracht kommt, sie als unangemessene Benachteiligung des Kreditnehmers gem. § 307 Abs. 1 Satz 1 BGB zu werten, wenn die Bank die Forderung frei an beliebige Dritte abtreten kann. Hinsichtlich der verfahrensrechtlichen Ausgestaltung wurde vorgeschlagen, die Einwendung im Klauselerinnerungsverfahren geltend zu machen, da sie die Frage betreffe, ob ein ordnungsgemäßer Titel geschaffen worden sei.[1] Dem ist der BGH inzwischen entgegengetreten.[2] Nach dem Bearbeitungshinweis sollte diese Frage hier jedoch ausgeklammert sein. 2

II. Objektive Klagehäufung (§ 260 ZPO)

Da es sich um die gleiche Prozessart handelt, dieselben Parteien beteiligt sind und dasselbe Gericht zuständig ist, können die beiden Streitgegenstände gem. § 260 ZPO zu einer Klage verbunden werden. 3

III. Begründetheit

1. Prüfungsmaßstab

Die Klage ist begründet, wenn K Einwendungen gegen den titulierten Anspruch geltend machen kann. Die Präklusionswirkung des § 767 Abs. 2 ZPO wird durch § 797 Abs. 4 ZPO ausgeschlossen. 4

Hinweis: § 767 Abs. 2 ZPO soll verhindern, dass Einwendungen, die bereits im Zeitpunkt der letzten Tatsachenverhandlung entstanden sind und dort nicht vorgetragen wurden, im Vollstreckungsverfahren „nachgeschoben" werden. Bei einem Vorgehen aus einer sofort vollstreckbaren Urkunde gibt es zuvor noch keine Möglichkeit, die Einwendungen vor Gericht geltend zu machen. Die Vollstreckungsgegenklage führt daher dazu, dass der Anspruch vollumfänglich im Prozess geprüft wird.[3] Deshalb schließt § 797 Abs. 4 ZPO die Präklusionswirkung des § 767 Abs. 2 ZPO aus. 5

---

1 Vgl. dazu *Schimansky* WM 2008, 1049 ff.; krit. *Dümig* NJW 2008, 2786; *Habersack* NJW 2008, 3173 ff.
2 BGH NJW 2009, 1887 Rn. 12 f. Zu den materiell-rechtlichen Fragen vgl. ausführlich BGHZ 185, 133 Rn. 27 ff. = NJW 2010, 2041.
3 MünchKommZPO/*Wolfsteiner* § 797 ZPO Rn. 36.

2. Darlehensforderung

a) Abschluss des Darlehensvertrages

6 Der Darlehensvertrag wurde zwischen K und B geschlossen und das Darlehen ausgezahlt, sodass K unter den Voraussetzungen des § 488 Abs. 1 Satz 2 BGB zur Rückzahlung der 120.000 EUR verpflichtet ist.

b) Abtretung des Anspruchs an F

aa) Ausschluss der Abtretbarkeit nach § 399 Alt. 2 BGB

7 B könnte den Anspruch an F abgetreten haben. B und F haben sich im Mai 2009 über die Abtretung gem. § 398 BGB geeinigt. Fraglich ist, ob § 399 Alt. 2 BGB der Wirksamkeit der Abtretung entgegensteht.[4]

8 Dann müssten die Parteien ein Abtretungsverbot vereinbart haben. Das ist zwar nicht ausdrücklich, möglicherweise aber in konkludenter Form geschehen. Nach § 398 BGB ist die Abtretbarkeit die Regel und § 399 BGB die Ausnahme, sodass ein Abtretungsausschluss nicht ohne weiteres unterstellt werden darf.[5] Dies gilt umso mehr, als die Abtretbarkeit den berechtigten Interessen der Bank widerspricht (Refinanzierung, Risiko- und Eigenkapitalentlastung) und dies für den Kunden erkennbar ist.[6] Dennoch leitet eine Ansicht speziell für den Bankenbereich aus dem Bankgeheimnis eine umfassende Verschwiegenheitspflicht her, die ein Abtretungsverbot beinhalte.[7] Eine solche Sichtweise verkennt indes die Rechtsnatur des Bankgeheimnisses. Die Pflicht zur Geheimhaltung ist eine besondere Ausprägung der allgemeinen Pflicht, die Vermögensinteressen des Vertragspartners zu schützen und nicht zu beeinträchtigen. Aus dieser Verschwiegenheitspflicht, die rein schuldrechtlichen Charakter hat, kann kein dingliches Abtretungsverbot folgen, sondern sie kann im Falle eines Verstoßes allenfalls eine Schadensersatzpflicht nach § 280 Abs. 1 i.V.m. § 241 Abs. 2 BGB auslösen.[8] Damit kann ein konkludent vereinbarter Ausschluss der Abtretbarkeit nicht angenommen werden.

bb) Verstoß gegen ein gesetzliches Verbot

(1) § 134 BGB i.V.m. dem Bankgeheimnis

9 Möglich ist aber, dass die Abtretung gegen ein gesetzliches Verbot verstößt. In Betracht kommt hier § 134 BGB i.V.m. dem Bankgeheimnis. Ein Verbotsgesetz muss sich gegen den Inhalt und nicht nur gegen die Umstände des Rechtsgeschäfts richten.[9] Ob das Bankgeheimnis ein solches Verbot darstellt, ist schon deshalb zweifelhaft, weil es nicht gesetzlich normiert ist. Diese Hürde ließe sich aber gegebenenfalls noch dadurch überwinden, dass im Rahmen des § 134 BGB anerkanntermaßen auch Gewohnheitsrecht ein Verbotsgesetz begründen kann, wenn es das Rechtsgeschäft, hier die Abtretung, unmissverständlich verwirft.[10] Gewohnheits-

---

[4] Zum Ausnahmecharakter des § 399 BGB im Verhältnis zu § 137 BGB vgl. schon Fall 15 Rn. 10.
[5] BGHZ 171, 180 Rn. 14 = NJW 2007, 2106.
[6] BGHZ 171, 180 Rn. 15 = NJW 2007, 2106; *Lieth* BKR 2007, 198, 199.
[7] OLG Frankfurt NJW 2004, 3266, 3267.
[8] BGHZ 171, 180 Rn. 19 = NJW 2007, 2106; *Bitter* ZHR 2009 (173), 379, 405; *Toth-Feher/Schick* ZIP 2004, 491, 494.
[9] MünchKommBGB/*Armbrüster* § 134 BGB Rn. 42.
[10] MünchKommBGB/*Armbrüster* § 134 BGB Rn. 32.

recht entsteht durch eine lang andauernde Übung, die von den Verkehrsteilnehmern als rechtlich bindende Norm anerkannt wird.[11] Zum Teil wird das Bankgeheimnis an diesem Maßstab dem Gewohnheitsrecht zugeordnet.[12] Der BGH ist dem nicht gefolgt mit der Begründung, dass es gerade an einer solchen durch Rechtsüberzeugung getragenen lang dauernden Übung fehle.[13] Dem ist zuzustimmen. Selbst wenn man das Bankgeheimnis als solches als Gewohnheitsrecht anerkennen wollte, belegt doch die durch Banken häufig praktizierte Forderungsabtretung, dass die gemeinsame Rechtsüberzeugung der Verkehrsteilnehmer jedenfalls nicht so weit reicht, dass ein Verstoß gegen das Bankgeheimnis auch die Unwirksamkeit der Abtretung nach sich ziehen soll.[14] Folglich scheitert die Abtretung nicht an § 134 BGB i. V. m. dem Bankgeheimnis.

(2) § 134 BGB i.V.m. § 203 Abs. 1 StGB

Des Weiteren könnte über § 134 BGB auch § 203 Abs. 1 StGB die Unwirksamkeit 10
der Abtretung begründen. Der Charakter des § 203 Abs. 1 StGB als Verbotsgesetz ist allgemein anerkannt.[15] Seine Anwendung scheitert hier jedoch daran, dass keiner der aufgeführten Berufsangehörigen handelt. Eine analoge Anwendung des § 203 Abs. 1 StGB kommt aufgrund von Art. 103 Abs. 2 GG nicht in Betracht.[16] Ein Abtretungsverbot ergibt sich damit auch nicht aus § 134 BGB i.V.m. § 203 Abs. 1 StGB.

(3) § 134 BGB i.V.m. § 28 BDSG

Daneben kommt auch ein Verstoß gegen das BDSG in Betracht. Der Zedent ist 11
gem. § 402 BGB verpflichtet, dem Zessionar Auskunft zu erteilen und Urkunden auszuliefern. Dabei handelt es sich um eine Übermittlung von Daten i.S.d. § 3 Abs. 4 Satz 2 Nr. 3 Buchst. a BDSG. Dies ist gem. § 4 Abs. 1 Alt. 2 nur zulässig, soweit es das BDSG erlaubt. Bei Datenübermittlung für eigene Geschäftszwecke normiert § 28 BDSG die Voraussetzungen und könnte somit Verbotsgesetz i.S.d. § 134 BGB sein. Ein Verstoß gegen diese Datenschutzbestimmungen wird jedoch bereits durch §§ 43, 44 BDSG als Ordnungswidrigkeit sanktioniert, sodass die Annahme eines Verbotsgesetzes nicht zwingend ist.[17] Eine andere rechtliche Beurteilung ergibt sich auch nicht daraus, dass bei einem Verstoß gegen § 28 BDSG neben einer Ordnungswidrigkeit auch eine Schutzgesetzverletzung i.S.d. § 823 Abs. 2 BGB gegeben ist, da die Einordnung als Verbotsgesetz einer gesonderten Prüfung bedarf.[18] Dem BDSG kommt im Verhältnis zum Bankgeheimnis eine Auffangfunktion zu, wie sich aus § 1 Abs. 3 Satz 2 BDSG und der Gesetzesbegründung ergibt.[19] Es kann somit nicht weiter reichen als das Bankgeheimnis. Gegen die Annahme eines Verbotsgesetzes spricht auch, dass sie zu einem Wertungswiderspruch führen

---

[11] BVerfGE 28, 21, 28 = NJW 1970, 851.
[12] *Klüwer/Meister* WM 2004, 1157; *Koberstein-Windpassinger* WM 1999, 473, 474.
[13] BGHZ 171, 180 Rn. 24 = NJW 2007, 2106; *Lieth* BKR 2007, 198, 199.
[14] *Jobe* ZIP 2004, 2415, 2418; *R. Koch* BKR 2006, 182, 191; MünchKommBGB/*Armbrüster* § 134 BGB Rn. 32.
[15] BGHZ 171, 180 Rn. 22 = NJW 2007, 2106.
[16] BGHZ 171, 180 Rn. 22 = NJW 2007, 2106.
[17] BGHZ 171, 180 Rn. 32 = NJW 2007, 2106.
[18] BGHZ 171, 180 Rn. 34 = NJW 2007, 2106.
[19] Vgl. Regierungsbegründung, BT-Drs. 11/4306, S. 39 zu § 1 Abs. 5; BGHZ 171, 180 Rn. 30 = NJW 2007, 2106; *Koberstein-Windpassinger* WM 1999, 473, 476f.

Fall 17. Forscher Financier

würde, da nach § 3 Abs. 1 BDSG nur die Daten natürlicher, nicht aber juristischer Personen in den Anwendungsbereich des Gesetzes fallen.[20] Darüber hinaus würde eine solche Lesart auch das Verhältnis von Regel und Ausnahme der §§ 398 und 399 BGB umkehren, was nicht im Sinne des Gesetzgebers sein kann.[21] § 28 BDSG ist danach kein Verbotsgesetz i. S. d. § 134 BGB.

12 **Hinweis:** Die Wertung des § 402 BGB begegnet nach Ansicht des BVerfG keinen verfassungsrechtlichen Bedenken, da sie mit dem Erhalt der Verkehrsfähigkeit von Forderungen einem hinreichend gewichtigen Belang des Allgemeinwohls dient und Darlehensverhältnisse typischerweise keinen gesteigerten Persönlichkeitsbezug aufweisen, sodass ein „typischer besonderer informationeller Schutzbedarf des Schuldners [...] nicht ersichtlich [ist]".[22]

cc) Zwischenergebnis

13 Mangels eines vertraglich vereinbarten oder gesetzlichen Abtretungsverbots ist die Abtretung der Forderung wirksam.

14 **Hinweis:** Nimmt man hier ein Abtretungsverbot an, ist § 354a HGB zu beachten. Nach § 354a Abs. 1 HGB ist ein vertraglicher Haftungsausschluss unwirksam, wenn der Darlehensvertrag – wie hier – für beide Teile ein Handelsgeschäft ist. Gegenläufig würde aber der im Rahmen des Risikobegrenzungsgesetzes neu eingefügte § 354a Abs. 2 HGB eingreifen, nach dem diese Regelung nicht auf Forderungen aus einem Darlehensvertrag angewandt werden kann, wenn der Gläubiger ein Kreditinstitut i. S. d. KWG ist.

c) Teilweiser Forderungsuntergang durch Erfüllung

15 Zum Zeitpunkt der Abtretung war die Forderung in Höhe von 60.000 EUR gem. § 362 Abs. 1 BGB bereits erloschen. Daher konnte sie nur in Höhe der restlichen 60.000 EUR auf F übergehen (vgl. § 404 BGB).

d) Auswirkungen der Stundung

16 Die restliche Darlehensforderung i. H. v. 60.000 EUR ist gem. § 488 Abs. 1 Satz 2 BGB bei Fälligkeit zurückzuerstatten. Ursprünglich war die dritte Rate über 30.000 EUR im Juli 2009 fällig. Fraglich ist, wie sich die nach Abtretung zwischen K und B vereinbarte Stundung auswirkt. Die Stundung stellt ein Rechtsgeschäft in Ansehung der Forderung i. S. d. § 407 Abs. 1 BGB dar.[23] Mangels Kenntnis des K von der Abtretung muss F die vereinbarte Stundung daher gem. § 407 Abs. 1 BGB gegen sich gelten lassen. Damit sind die letzten beiden Raten erst im Dezember 2009 fällig.

e) Möglichkeit der Kündigung

aa) § 488 Abs. 3 Satz 1 BGB

17 Etwas anderes könnte sich allerdings aus der von F ausgesprochenen Kündigung ergeben. Wäre sie wirksam, so käme es nicht mehr auf den ursprünglich vertraglich vereinbarten oder den nachträglich modifizierten Fälligkeitstermin an, sondern die Fälligkeit würde sich nach den einschlägigen Gesetzesvorschriften für den jeweiligen

---

[20] BGHZ 171, 180 Rn. 31 = NJW 2007, 2106.
[21] BGHZ 171, 180 Rn. 33 = NJW 2007, 2106.
[22] BVerfG NJW 2007, 3707 f.
[23] *Looschelders,* Schuldrecht Allgemeiner Teil, 12. Aufl. 2014, Rn. 1217.

Kündigungsfall ergeben. Die Kündigung könnte zunächst auf § 488 Abs. 3 Satz 1 BGB beruhen. Diese Vorschrift ist aber nur dann einschlägig, wenn für die Rückerstattung des Darlehens eine Zeit nicht bestimmt war. Der zwischen K und B geschlossene Darlehensvertrag enthält eine solche Bestimmung, sodass dem F nach dieser Vorschrift kein Kündigungsrecht zusteht.

bb) § 490 Abs. 1 BGB

In Betracht kommt aber eine außerordentliche Kündigung gem. § 490 Abs. 1 BGB. 18 Damit ein Kündigungsgrund vorliegt, müsste in den Vermögensverhältnissen des K eine wesentliche Verschlechterung eingetreten sein oder einzutreten drohen, die den Rückgewähranspruch des F gefährdet. Der bloße Verdacht einer solchen Verschlechterung begründet noch kein Kündigungsrecht.[24] Die von K erwirkte Stundung könnte ein Indiz für eine wesentliche Verschlechterung seiner Vermögensverhältnisse sein. Zu verneinen ist eine Gefährdung des Rückerstattungsanspruchs i.S.d. § 490 Abs. 1 BGB allerdings, wenn werthaltige Sicherheiten vorliegen.[25] Hier bietet jedenfalls die Grundschuld hinreichende Sicherheit für den Rückerstattungsanspruch, sodass die Voraussetzungen des § 490 Abs. 1 BGB nicht vorliegen.

cc) §§ 490 Abs. 3, 314 BGB

Des Weiteren ist an eine mögliche Kündigung des Darlehensvertrages aus wichtigem Grund gem. §§ 490 Abs. 3, 314 BGB zu denken. Sie umfasst nach h.M. den Fall, dass der Darlehensnehmer mit der Ratenzahlung in Verzug ist.[26] F kann sich auf diese Regelung jedoch nicht berufen, da er die Stundung gegen sich gelten lassen muss, sodass K schon nicht in Verzug ist. 19

f) Zwischenergebnis

K kann für den Restbetrag des Darlehens von 60.000 EUR die fehlende Fälligkeit 20 einwenden, sodass die Vollstreckungsgegenklage gegen die Zwangsvollstreckung aus der Darlehensforderung auch begründet ist.

3. Grundschuld

a) Grundschuldbestellung und Abtretung

K hat für B wirksam eine Grundschuld bestellt, die sodann durch B unter Übergabe 21 des Briefs schriftlich an F abgetreten wurde (§§ 1192, 1154 BGB). Da B auch Berechtigte aus der Grundschuld war, ist die Abtretung wirksam.

b) Auswirkung der Stundung

Fraglich ist, wie sich die zwischen B und K vereinbarte Stundung auf F auswirkt, 22 dem diese Vereinbarung unbekannt ist. Der durch das Risikobegrenzungsgesetz vom 12.8.2008[27] eingefügte § 1192 Abs. 1a BGB regelt, dass sich der neue Gläubiger alle Einreden des Eigentümers aus dem Sicherungsvertrag entgegenhalten lassen

---

[24] MünchKommBGB/*Berger* § 490 BGB Rn. 8.
[25] Regierungsentwurf des Schuldrechtsmodernisierungsgesetzes, BT-Drs. 14/6857, S. 32, 64; MünchKommBGB/*Berger* § 490 BGB Rn. 8f.
[26] MünchKommBGB/*Berger* § 490 BGB Rn. 49. Typischerweise wird gefordert, dass der Darlehensnehmer mit mindestens zwei aufeinanderfolgenden Raten in Verzug ist.
[27] BGBl. I S. 1666.

muss.[28] Diese Rechtsfolge tritt unabhängig von der Gut- oder Bösgläubigkeit des neuen Gläubigers ein. Damit kann K die Stundungseinrede gegen die Darlehensforderung als Einrede aus dem Sicherungsvertrag unmittelbar auch gegen die Grundschuld geltend machen. F kann also nicht aus der Grundschuld gegen K vorgehen.

23 **Hinweis:** Gemäß § 1192 Abs. 1 a. F. i. V. m. § 1156 Satz 1 BGB wäre die nachträgliche Stundung der Grundschuld gegenüber dem Erwerber unbeachtlich gewesen. Bei Einwendungen, die bereits vor der Abtretung begründet wurden, wäre darüber hinaus nach der Rechtsprechung des BGH und der h. L. gem. § 1192 Abs. 1 a. F. i. V. m. §§ 1157 Satz 2, 892 BGB auch ein gutgläubiger einredefreier Erwerb möglich gewesen; dem Erwerber konnten nur positive Kenntnis oder ein Widerspruch schaden. Das Risikobegrenzungsgesetz gestattet dem Schuldner nunmehr in beiden Fällen, sich auf die Einwendung zu berufen. Der Gesetzgeber wurde dabei von der Befürchtung geleitet, Banken könnten notleidende Kreditforderungen an Finanzinvestoren übertragen, die sodann mit besonders rigiden Verwertungsmaßnahmen gegen Verbraucher und Kleinunternehmer vorgehen. Der Gesetzgebungsakt ist rechtspolitischer Kritik ausgesetzt, da die Missbrauchsfälle, aus denen der Gesetzgeber vermeintlichen Handlungsbedarf ableitete, zwar vereinzelt, aber keinesfalls flächendeckend aufgetreten sind. Überdies führt die Regelung zu dogmatischen Verwerfungen, da sie nur für die Grundschuld gilt, wodurch sich ein Wertungswiderspruch zur rechtlichen Behandlung der Verkehrshypothek ergibt.[29]

c) Fälligkeit der Grundschuld (§ 1193 BGB)

24 Darüber hinaus könnte die Grundschuld als solche noch nicht fällig sein. Gemäß § 1193 Abs. 1 BGB wird die Grundschuld erst nach der Kündigung fällig; die Kündigungsfrist beträgt sechs Monate. Zwischen K und B wurde jedoch das Erfordernis einer vorherigen Kündigung ausgeschlossen. Dies ist nach § 1193 Abs. 2 Satz 1 BGB grundsätzlich zulässig. Es greift jedoch die entgegenstehende Ausnahme des § 1193 Abs. 2 Satz 2 BGB. Dieser erklärt § 1193 Abs. 1 BGB für zwingend, wenn die Grundschuld der Sicherung einer Geldforderung dient. Daher ist die Grundschuld mangels wirksamer Kündigung noch nicht fällig.

d) Zwischenergebnis

25 K kann F die Stundung des Darlehens aus dem Sicherungsvertrag sowie die fehlende Fälligkeit der Grundschuld entgegenhalten.

IV. Ergebnis

26 Die Vollstreckungsgegenklage des K ist sowohl hinsichtlich der Forderung als auch hinsichtlich der Grundschuld zulässig und begründet.

Teil 2: Drittwiderspruchsklage nach § 771 ZPO

I. Zulässigkeit

27 Fraglich ist, ob eine Klage auf vorzugsweise Befriedigung nach § 805 ZPO oder eine Drittwiderspruchsklage nach § 771 ZPO zulässig ist. Eine Ansicht will bei einem Eigentumsvorbehalt § 805 ZPO anwenden, da dieser für den Vorbehaltsver-

---

[28] Es ist unerheblich, ob die Einreden bereits im Zeitpunkt der Abtretung bestehen oder sich erst danach aus dem Sicherungsvertrag ergeben, vgl. den Wortlaut der Norm sowie den Regierungsentwurf, BT-Drs. 16/9821, S. 16 f.

[29] Vgl. nur *Baur/Stürner* § 45 Rn. 67 l.

käufer wirtschaftlich mit einem Pfandrecht vergleichbar sei.[30] Die h. M. spricht ihm dagegen die Klage nach § 771 ZPO zu.[31] Hier geht jedoch nicht der Vorbehaltsverkäufer H vor, sondern D, sodass der Streit dahinstehen kann. Statthaft ist die Klage aus § 771 ZPO, denn D macht geltend, dass er nicht mit der Maschine für die Schulden des K hafte und durch die Vollstreckung widerrechtlich in seine Rechte eingegriffen werde. Die Drittwiderspruchsklage ist auch ansonsten zulässig. Insbesondere ist auch das Rechtsschutzbedürfnis gegeben, da die Zwangsvollstreckung begonnen hat und noch nicht beendet ist.

II. Begründetheit

1. Prüfungsmaßstab

Die Drittwiderspruchsklage ist begründet, wenn D ein die Veräußerung hinderndes Recht hat und diesem kein Recht des Beklagten entgegensteht.

28

2. Veräußerungshinderndes Recht des D

a) Anwartschaft als veräußerungshinderndes Recht

Ein die Veräußerung hinderndes Recht als solches kennt die deutsche Rechtsordnung nicht, denn selbst das Eigentum als stärkstes dingliches Recht kann gutgläubig von einem Nichtberechtigten erworben werden.[32] Die Voraussetzung des § 771 ZPO ist allerdings gegeben, wenn der Vollstreckungsschuldner, würde er den Gegenstand veräußern, widerrechtlich in den Rechtskreis eines Dritten eingriffe.[33] Als ein die Veräußerung hinderndes Recht kommen insbesondere dingliche Rechte in Betracht. Die h. M. erkennt auch das Anwartschaftsrecht als ein solches Recht an, da andernfalls der Ersteher in der Versteigerung kraft Hoheitsaktes lastenfreies Eigentum erwerben würde und dem Vorbehaltskäufer die Möglichkeit genommen würde, durch Zahlung des Kaufpreises den Eigentumsübergang herbeizuführen.[34] In Betracht kommt ein unbelastetes Anwartschaftsrecht an der Maschine als ein die Veräußerung hinderndes Recht.

29

b) Entstehen des Anwartschaftsrechts bei K

Zunächst war H Eigentümer der Maschine. K erwarb diese unter Eigentumsvorbehalt. § 449 Abs. 1 BGB enthält dafür die Auslegungsregel, dass die dingliche Einigung im Zweifel unter der aufschiebenden Bedingung der vollständigen Kaufpreiszahlung erfolgt.[35] Demnach ist bei K ein Anwartschaftsrecht entstanden.

30

c) Einigung zur Übertragung des Anwartschaftsrechts auf D

Das Anwartschaftsrecht könnte auf D übertragen worden sein. Problematisch ist, dass die Einigung zwischen K und D den Eigentumsübergang betraf, obwohl K nur

31

---

[30] *Hübner* NJW 1980, 729, 733 und 735.
[31] BGHZ 54, 214, 218 = NJW 1970, 1733; MünchKommZPO/*Gruber* § 805 ZPO Rn. 15; *Musielak/Voit* Rn. 1334.
[32] *Musielak/Voit* Rn. 1331.
[33] BGHZ 55, 20, 26 = NJW 1971, 799; *Musielak/Voit* Rn. 1331.
[34] BGHZ 55, 20, 26 f. = NJW 1971, 799; *Brox/Walker*, Zwangsvollstreckungsrecht, 10. Aufl. 2014, § 44 Rn. 1412; MünchKommZPO/*Schmidt/Brinkmann* § 771 ZPO Rn. 21; Musielak/*Lackmann*, ZPO, 11. Aufl. 2014, § 771 ZPO Rn. 17.
[35] MünchKommBGB/*Westermann* § 449 BGB Rn. 1.

das Anwartschaftsrecht zustand. Grundsätzlich erfolgt die Auslegung von Willenserklärungen gem. §§ 133, 157 BGB. Meinten aber beide Parteien dasselbe, kommt es nicht auf den objektiven Empfängerhorizont an, da keine der Parteien geschützt werden muss.[36] D kannte die Vereinbarung des Vorbehaltseigentums zwischen H und K sowie die Zahlungsmodalitäten. K und D waren sich einig, dass D bekommen sollte, was K zustand, also das Anwartschaftsrecht. Daher handelt es sich um eine unschädliche übereinstimmende Falschbezeichnung (falsa demonstratio non nocet). Somit haben sich K und D geeinigt, das Anwartschaftsrecht zu übertragen. Auch die Übergabe der Maschine ist erfolgt.

d) Verfügungsbefugnis

32 D kann analog § 929 Satz 1 BGB[37] das Anwartschaftsrecht an der Maschine erwerben, wenn K verfügungsbefugt ist. Dem könnte das relative Veräußerungsverbot des § 23 Abs. 1 ZVG entgegenstehen, wenn das Grundstück beschlagnahmt ist und das Anwartschaftsrecht in den Haftungsverband der Grundschuld fällt (§§ 1192 Abs. 1, 1120 BGB). Dazu müsste zunächst die Maschine Teil des Haftungsverbandes geworden sein. Dies ist der Fall, wenn es sich bei ihr um Zubehör i. S. d. § 97 Abs. 1 Satz 1 BGB handelt. Der Begriff des Zubehörs umfasst alle beweglichen Sachen, die, ohne Bestandteil der Hauptsache zu sein, dem wirtschaftlichen Zwecke der Hauptsache zu dienen bestimmt sind und zu ihr in einem dieser Bestimmung entsprechenden räumlichen Verhältnis stehen. Die Maschine ist eine bewegliche Sache und kein wesentlicher Bestandteil des Grundstücks nach § 94 BGB. Sie wurde für die Produktion auf dem Grundstück benötigt und befand sich auf diesem. Schließlich liegt kein Ausschluss nach § 97 Abs. 1 Satz 2 BGB vor. Daher handelte es sich um Zubehör, das nach § 1120 BGB zum Haftungsverband gehört.

33 Allerdings stand die Maschine nie im Eigentum des K. Daran ändert sich auch dann nichts, wenn D die letzte Rate bezahlt, da er direkt von H das Eigentum erlangt. Ein Durchgangserwerb bei K findet nicht statt.[38] Somit ist zu fragen, ob das Anwartschaftsrecht an der Maschine in den Haftungsverband fällt. Dagegen spricht der Wortlaut des § 1120 BGB a. E., der ausdrücklich das Eigentum nennt. Das Anwartschaftsrecht wird dem Eigentum aber als wesensgleiches Minus in vielerlei Hinsicht gleichgestellt. Dies ist auch im Rahmen des Haftungsverbandes sachgerecht.[39] Damit war die Eigentumsanwartschaft mit der Grundschuld belastet. Zahlt D die ausstehende Rate, setzt sich die Haftung am Zubehörstück fort.[40]

e) Enthaftung (§ 23 Abs. 1 ZVG, §§ 136, 135 Abs. 2, 1121 Abs. 2 Satz 2 BGB)

34 Es könnte jedoch eine Enthaftung hinsichtlich des Anwartschaftsrechts eingetreten sein. Dies ist nach der Beschlagnahme und dem daraus folgenden relativen Veräußerungsverbot (§ 23 Abs. 1 ZVG) nur noch bei Redlichkeit möglich. Der gutgläu-

---

[36] Palandt/*Ellenberger* § 133 BGB Rn. 7 f.
[37] Siehe zur analogen Anwendung der Norm auf das Anwartschaftsrecht nur MünchKommBGB/*Oechsler* § 929 BGB Rn. 17 f.
[38] Vgl. dazu BGHZ 35, 85, 87 = NJW 1961, 1349; BGHZ 28, 16, 22 = NJW 1958, 1133; BGHZ 20, 88, 101 = NJW 1956, 665; *Reischl* JuS 1998, 516, 517.
[39] *Baur/Stürner* § 39 Rn. 38; *Reischl* JuS 1998, 516, 517.
[40] *Reischl* JuS 1998, 516, 517 f.: Es findet eine dingliche Surrogation statt, vgl. den Rechtsgedanken des § 1287 BGB.

bige lastenfreie Erwerb bestimmt sich nach §§ 136, 135 Abs. 2, 1121 Abs. 2 Satz 2 BGB. Fraglich ist, was der Bezugspunkt für die Gutgläubigkeit ist. Die Veräußerung fand nach der Beschlagnahme statt, weshalb sich die Gutgläubigkeit auf die Beschlagnahme beziehen muss.[41] Nach §§ 136, 135 Abs. 2, 932 Abs. 2 BGB schaden positive Kenntnis und grobe Fahrlässigkeit. Maßgeblich für das Vorliegen der Gutgläubigkeit ist der Zeitpunkt des Entfernens der Maschine vom Grundstück des K (vgl. § 1121 Abs. 2 Satz 2 BGB). D wusste nicht, dass die Beschlagnahme erfolgt war, und hatte auch keine Anhaltspunkte dafür, sodass ihm grobe Fahrlässigkeit nicht vorzuwerfen ist. Folglich hat er das Anwartschaftsrecht gutgläubig lastenfrei erworben. Das Abstellen der Maschine auf dem Grundstück des K führt nicht zu einer erneuten Einbeziehung in den Haftungsverband. Somit hat D das Anwartschaftsrecht von K gutgläubig lastenfrei erworben.

Hinweis: Hier hätte F die Enthaftung verhindern können, indem er D von dem Versteigerungsantrag in Kenntnis gesetzt hätte (vgl. § 23 Abs. 2 Satz 1 ZVG). Wäre der Versteigerungsvermerk bereits eingetragen, würde die Fiktion des § 23 Abs. 2 Satz 2 ZVG greifen, wonach die Beschlagnahme auch in Ansehung der mithaftenden Sachen als bekannt gilt. In beiden Fällen wäre D bösgläubig gewesen. 35

III. Ergebnis

Die Drittwiderspruchsklage des D ist zulässig und begründet. 36

---

[41] MünchKommBGB/*Lieder* § 1121 BGB Rn. 28.

Stichwortverzeichnis

Fette Zahlen verweisen auf die Fälle, magere auf deren Randnummern.

Abfangen von Kunden 12 25, 41
Abhandenkommen 2 8 ff., 46, 50 ff.
Abtretung 3 31 ff.; **5** 10; **15** 10 ff., 29 ff.
– Ausschluss **15** 10 ff.; **17** 7 ff.
– ~ bedingter Ansprüche **5** 10
– gefälschte Abtretungserklärung **15** 29 ff.
– Grundschuld **17** 21
– ~ künftiger Ansprüche **3** 31
– ~ vermeintlicher Ansprüche **3** 38
Aneignung 1 1
Anfechtung 8 2 f.; **16** 20 ff.
Antizipierte Einigung 3 11
Anwartschaftsrecht 4 38; **6** 4 ff., 24; **7** 11 ff.; **17** 29
– ~ als Besitzrecht **4** 38; **7** 16 ff.
– Erstarken zum Vollrecht **6** 15 ff.
– gutgläubiger Ersterwerb **6** 6 ff.; **7** 14 f.
– gutgläubiger Zweiterwerb **6** 24
– Übertragung **6** 9 ff.; **17** 31
– Untergang **6** 13 f.
Arglisteinrede 1 9
Aufgedrängte Bereicherung 11 54
Auflassung 12 4
Auflösende Bedingung 4 39; **5** 8
Ausschlagung 8 24 f.

Bedingung, auflösende 4 39; **5** 8
Befriedigungsrecht 5 15 f.
Bereicherung, aufgedrängte 11 54
Beschränkung der Erbenhaftung 8 27 f.
Beseitigungs- und Unterlassungsanspruch (§ 1004 BGB) 8 14 ff.; **9** 1 ff., 12 ff.
– Anwendbarkeit neben § 910 BGB **9** 13
– Duldungspflicht **9** 20
– Eigentumsbeeinträchtigung **8** 15; **9** 1, 14
– Störereigenschaft **9** 15 ff.

– Umfang der Beseitigungspflicht **9** 21 ff.
Besitz 1 6 ff., 26 f., 33; **2** 5 ff., 35, 46 ff.; **3** 13, 62; **4** 26 ff.; **7** 3 f.
– Aufgabe **4** 31
– Besitzdiener **1** 6; **2** 5, 10, 18, 46 f., 50 ff.
– Besitzer **2** 46
– Besitzherr **2** 54
– Besitzkonstitut **3** 13; **7** 3 f.
– Besitzmittler **2** 54
– Besitzmittlungsverhältnis **2** 9
– Besitzschutz **1** 9, 26 f.; **4** 43 f.
– Besitzverschaffungsmacht **3** 62
– bösgläubiger Besitzerwerb **4** 60
– Entzug **1** 27; **2** 59
– fehlerhafter Besitz **1** 7; **2** 59
– Fremdbesitzer **4** 26
– mittelbarer Besitz **2** 54; **4** 43 f.
– nicht-so-berechtigter Besitzer **2** 35
– unbefugter Besitz **2** 55
– unentgeltlicher Besitzerwerb **4** 63
Besitzrecht 1 3; **2** 35; **3** 45; **4** 36 ff.; **7** 8 ff., 16 ff.; **8** 6; **12** 15 ff.
– Anwartschaftsrecht als ~ **7** 16 ff.
– Besitzrechtskette **7** 9 f.
– Kenntnis vom Fehlen **4** 61
– Zurückbehaltungsrecht als ~ **8** 6
Bürgschaft 16 16 ff.

Darlehensvertrag 4 1, 8
Direktionsrecht 2 47
Dolo-Agit-Einrede 1 9
Drittwiderspruchsklage 3 1; **17** 27 f.
Duldungspflicht nach § 906 BGB 9 2 ff.

Eigenmacht, verbotene **1** 7, 26; **2** 17 f., 59; **4** 42
Eigentümer-Besitzer-Verhältnis 2 35; **4** 54 ff.; **8** 8, 17 f.; **11** 35 ff.; **12** 18 ff.
– Nutzungsersatz **12** 28 ff.
– Schadensersatz **8** 22 f.; **12** 25 ff.

- Sperrwirkung **4** 65; **8** 17
- Verhältnis zum Bereicherungsrecht **4** 66 ff.
- Verwendungsersatz **12** 18 ff.
- Vindikationslage **2** 35; **4** 54
- Zurückbehaltungsrecht nach § 1000 BGB **8** 8, 21, 32 f.; **11** 35 ff.

Eigentumsvorbehalt 6 3 ff.
Eingriffskondiktion 2 21
Einheitstheorie 15 27, 42
Einigung, antizipierte **3** 11
Erbenhaftung 8 17 ff.
Erbschein 13 16 ff.
Ersitzung 7 25 ff.

Feststellungsklage 13 32 f.
Fremdgeschäftsführungswille 1 21 f.
Fund 1 2

Garantie 16 16
Gefälschte Abtretungserklärung 15 29 ff.
Geheißperson 3 58
Genehmigung 3 48; **4** 6
Gesamtbetrachtungslehre 10 10 ff.
Gesamtschuld 16 26 ff.
Geschäftsführung ohne Auftrag 1 19 ff.; **3** 18; **9** 12 ff.; **11** 47 ff.
Gläubigerverzug 2 33
Grundbuch 11 29; **12** 9 ff.; **15** 5 ff.
- Antragsrücknahme **12** 9
- Antragstellung **12** 13
- Grundbuchberichtigungsanspruch **11** 29; **13** 1 ff.; **16** 1 ff.
- Widerspruch im Grundbuch **15** 5 ff.

Grundschuld 5 5; **14** 18 ff., 39 ff.; **16** 1 ff.; **17** 21 ff.
- Abtretung **17** 21 ff.
- Bestellung **14** 19; **16** 1 ff.
- Erfüllung **16** 6 ff.
- Fälligkeit **17** 24
- Grundschuldbrief **16** 3, 9 ff.
- Grundschuldverband **5** 5; **17** 32
- Kündigung **17** 24
- Sicherungsabrede **14** 23
- Sicherungsgrundschuld **5** 5
- Übertragung **14** 22, 24, 40 ff.

Gutgläubiger Erwerb 2 6 f.; **3** 41 f., 61 ff.; **4** 30 ff.; **5** 19
- Erschwerung durch Nacherbschaft **13** 27 ff.
- ~ der Hypothek **15** 4 ff., 21 ff., 36 ff.
- ~ bei Verwertung der Pfandsache **5** 19
- ~ der Vormerkung **13** 13 ff., 21 ff.

Hypothek 14 10 ff.; **15** 1 ff.
- Bestellung **14** 11 ff.; **15** 1 ff.
- Erfüllung **14** 14 ff., 33 ff.
- Erwerb vom Nichtberechtigten **15** 4 ff., 21 ff.
- gefälschte Abtretungserklärung **15** 29 ff.
- gutgläubiger einredefreier Erwerb **15** 36 ff.
- Hypothekenbrief **15** 2 ff.
- Übertragung **14** 14 ff., 33 ff.; **15** 9 ff., 19 ff.

Inhaberpapier 16 10
Insichgeschäft (§ 181 BGB) **10** 2 ff.
- Ausnahmen vom Verbot **10** 5
- Gesamtbetrachtungslehre **10** 10
- Rechtsfolge eines Verstoßes **10** 32
- teleologische Reduktion **10** 8 f., 12 f., 36 ff.

Insolvenzverfahren 12 6 ff., 14 ff., 29
- Verfügungsbefugnis **12** 8 ff.
Inventar 4 18 f.

Kündigung, Darlehen **17** 17 ff.

Leistungskondiktion 2 21; **3** 69; **4** 65

Mitreißtheorie 15 27, 42

Nachbarrechtlicher Ausgleichsanspruch 9 34 f.
Nacherbschaft 13 26 ff.
Nacherfüllung 5 22
Nachlassverbindlichkeiten 8 17 ff.
Nachträgliche Verfügungsbeschränkung 12 8 ff.
Nichteigentümer, verfügungsberechtigter **4** 28; **5** 18

Nichtleistungskondiktion 3 71; 4 68
Notwendige Verwendungen 8 11, 21, 34 f.; **11** 42 ff.
Nützliche Verwendungen 8 11 ff.; **11** 55
Nutzungsersatz 4 52 f., 57, 62; **12** 28 ff.

Offenkundigkeitsgrundsatz 3 6

Pacht 4 18 f.
Pfandrecht an beweglichen Sachen 5 15 ff.; 7 31 ff.
– Bestellung 7 36 f.
– gutgläubiger Ersterwerb des ~ 7 38 f.
– gutgläubiger Erwerb der Pfandsache 7 40 ff.
– Verwertung 7 31 ff.
Publizität 3 16 f.
– irreführende 3 17
– ~ der Übereignung 3 16

Recht zum Besitz 1 3; 2 35; 3 45; 4 36 ff.; 7 8 ff., 16 ff.; 8 6; **12** 15 ff.
– Anwartschaftsrecht als ~ 7 16 ff.
– Besitzrechtskette 7 9 f.
– Kenntnis vom Fehlen 4 61
– Zurückbehaltungsrecht als ~ 8 6
Rechtfertigung 1 19
Rechtsschein 3 61 f.
Rektapapier **16** 10

Sache 1 2; 4 21
– verlorene Sache 1 2
– wesentlicher Bestandteil 4 21
Schadensersatz 5 11; 8 22 f.; **12** 25 ff.
– ~ im Eigentümer-Besitzer-Verhältnis 8 22 f.; **12** 25 ff.
– ~ statt der Leistung 5 11
Scheingeheißerwerb 3 59, 63
Schuldbeitritt **16** 18
Schuldübernahme 4 5, 9
Selbsthilferecht 1 28 f.; 9 13
Sicherungsabrede 4 11; 5 1, 4
Sicherungsübereignung 4 15; 5 2; 7 2 ff.
Sicherungsvertrag 4 11; 5 1, 4; **16** 12
Sperrwirkung des Eigentümer-Besitzer-Verhältnisses 4 65; 8 17

Stellvertretung 2 3; 3 6, 10; 5 25

Trennungstheorie **15** 27, 42
Treuhand 3 20 ff.

Übergabe 2 5; 3 25, 57
Übergabesurrogat 3 29, 37; 4 24; 5 4, 9; 6 10; 7 3 f.
Umdeutung **11** 5 f.

Veranlassungsprinzip 2 54
Verarbeitung 4 13
Verbotene Eigenmacht 1 7, 26; 2 17 f., 59; 4 42
Verbraucherkredit **16** 19
Verfügungsbefugnis 3 9; 5 5, 18
Verfügungsberechtigter Nichteigentümer 4 28; 5 18
Verfügungsbeschränkung **12** 8 ff.; **13** 28
– nachträgliche **12** 8 ff.
– – ~ des Vorerben **13** 28
Verrichtungsgehilfe 2 37
Vertreter ohne Vertretungsmacht 3 47
Verwendungsersatz 8 8 ff., 11 ff., 21, 32 ff.; **11** 40 ff.; **12** 18 ff.
– notwendige Verwendungen 8 11, 21, 34 f.; **11** 42 ff.
– nützliche Verwendungen 8 11 ff.; **11** 55
– Verwendungsbegriff 8 9 f., 21; **11** 41
Vindikationslage 2 35; 4 54
Vollstreckungsgegenklage **17** 1 ff.
Vorerbschaft **13** 26 ff.
Vorkaufsrecht **11** 1 ff.
– Ausübung des schuldrechtlichen ~ **11** 10 ff.
– dingliches **11** 1 f.
– Entstehung des schuldrechtlichen ~ **11** 4 ff.
– Umdeutung des unwirksamen dinglichen in ein durch eine Vormerkung gesichertes schuldrechtliches ~ **11** 5 f., 23 ff.
Vormerkung **11** 21, 23 ff.; **13** 1 ff.
– Bestellung **11** 23 ff.
– Ersterwerb **13** 11 ff.
– gutgläubiger Erwerb **13** 13 ff., 21 ff.

Stichwortverzeichnis

- Rechtsfolge **11** 21, 27
- Zweiterwerb **13** 7 ff.

Wesentlicher Bestandteil einer Sache **4** 21
Wettlauf der Sicherungsgeber 16 26 ff.
Widerklage 1 17
Widerspruch im Grundbuch 15 5 ff.

Wirtschaftliches Eigentum 3 20 ff.

Zubehör 4 21; **5** 5
Zurückbehaltungsrecht nach § 1000 BGB 8 8, 21, 32 f.; **11** 35 ff.; **12** 18 ff.
Zwangsvollstreckung 14 10 ff.
- Rechtsbehelfe **17** 1 ff., 27 f.